◎ 高等学校公共管理专业精品教材

公共经济学

杨 龙◎主编 张文礼◎副主编

中国社会科学出版社

图书在版编目（CIP）数据

公共经济学/杨龙主编 . —北京：中国社会科学出版社，2014.2
ISBN 978-7-5161-3189-3

Ⅰ.①公…　Ⅱ.①杨…　Ⅲ.①公共经济学—高等学校—教材
Ⅳ.①F062.6

中国版本图书馆 CIP 数据核字 (2013) 第 204678 号

出 版 人	赵剑英
责任编辑	王　茵
责任校对	胡新芳
责任印制	王炳图

出　　版	中国社会科学出版社
社　　址	北京鼓楼西大街甲 158 号（邮编 100720）
网　　址	http://www.csspw.cn
	中文域名：中国社科网　010-64070619
发 行 部	010-84083685
门 市 部	010-84029450
经　　销	新华书店及其他书店
印　　刷	北京君升印刷有限公司
装　　订	廊坊市广阳区广增装订厂
版　　次	2014 年 2 月第 1 版
印　　次	2014 年 2 月第 1 次印刷
开　　本	787×1092　1/16
印　　张	27.75
插　　页	2
字　　数	480 千字
定　　价	49.00 元

凡购买中国社会科学出版社图书，如有质量问题请与本社联系调换
电话：010-64009791
版权所有　侵权必究

高等学校公共管理专业精品教材编委会

主　编：胡税根　浙江大学
副主编：周志忍　北京大学
　　　　蓝志勇　中国人民大学
　　　　倪　星　中山大学
编　委：周志忍　北京大学
　　　　燕继荣　北京大学
　　　　赵成根　北京大学
　　　　邓国胜　清华大学
　　　　杨永恒　清华大学
　　　　蓝志勇　中国人民大学
　　　　孙柏瑛　中国人民大学
　　　　唐亚林　复旦大学
　　　　朱春奎　复旦大学
　　　　顾建光　上海交通大学
　　　　朱正威　西安交通大学
　　　　吴建南　西安交通大学
　　　　林闽刚　南京大学
　　　　孔繁斌　南京大学
　　　　朱新力　浙江大学

胡税根	浙江大学
傅荣校	浙江大学
徐　林	浙江大学
谭　荣	浙江大学
米加宁	哈尔滨工业大学
杨　龙	南开大学
孙　涛	南开大学
倪　星	中山大学
岳经纶	中山大学
何艳玲	中山大学
丁　煌	武汉大学
张贤明	吉林大学
黄新华	厦门大学
姜晓萍	四川大学
张　毅	华中科技大学
王佃利	山东大学
沙勇忠	兰州大学
金太军	苏州大学
张长立	中国矿业大学
周亚越	浙江工业大学

前　　言

　　本教材是集体合作的结晶。首先我要对各位合作者表示衷心的感谢，有了你们的支持，本教材才能顺利问世。

　　全书由杨龙拟定写作提纲，经过征求各位作者的意见，确定全书的大纲。具体分工如下：第一章和第二章的作者为南开大学周恩来政府管理学院的杨龙教授，第三章和第四章的作者为南昌大学公共管理学院的吴光芸副教授，第五章的作者为杨龙，第六章的作者为广东外贸外语大学公共管理学院的王达梅副教授，第七章、第八章的作者为西北师范大学公共管理学院张文礼教授，第九章的作者为西北师范大学公共管理学院张文礼、张志红，第十章的作者为周恩来政府管理学院的蔡声霞副教授，第十一章和第十二章的作者为天津财经大学经济学院的刘畅博士，第十三章的作者为河北师范大学公共管理学院的李艳副教授，第十四章的作者为西北师范大学公共管理学院张文礼、刘海兵。全书由张文礼和杨龙统稿，南开大学周恩来政府管理学院的研究生寇大伟、陈新，以及秦运巧协助杨龙做了收集资料等文字性工作。

　　作为教材，我们在编写过程中参考了国内外同类的教材和相关论著，已经在书中引用之处分别注明，在这里再次对同行们表示感谢。由于水平有限，书中的缺点和错误之处难免存在，敬请读者批评指正。

目 录

第一章 导论 ……………………………………………………………… (1)

 第一节 公共经济学概述 …………………………………………… (1)

  一 公共经济学的定义 …………………………………………… (1)

  二 公共经济学的研究对象 ……………………………………… (3)

  三 公共经济学的发展脉络 ……………………………………… (5)

 第二节 公共经济学的学科特点 …………………………………… (8)

  一 公共经济学与微观经济学 …………………………………… (9)

  二 公共经济学与宏观经济学 …………………………………… (9)

  三 公共经济学与福利经济学 …………………………………… (10)

  四 公共经济学与政治学 ………………………………………… (11)

  五 公共经济学与行政管理学 …………………………………… (11)

 第三节 公共经济学的基本框架 …………………………………… (12)

第二章 市场与政府的一般关系 ………………………………………… (15)

 第一节 市场机制存在的问题 ……………………………………… (15)

  一 垄断对竞争的破坏 …………………………………………… (16)

  二 外部效应降低市场效率 ……………………………………… (18)

  三 不完全信息造成的逆向选择和道德风险 …………………… (19)

  四 收入和财富分配不公平 ……………………………………… (21)

  五 公共物品供应不足 …………………………………………… (23)

  六 合成谬误导致经济波动 ……………………………………… (23)

 第二节 政府的经济职能定位 ……………………………………… (25)

  一　限制垄断 ………………………………………………… (25)
  二　克服外部效应 …………………………………………… (26)
  三　克服逆向选择和道德风险 ……………………………… (27)
  四　实现社会公平 …………………………………………… (29)
  五　提供公共物品 …………………………………………… (30)
  六　维持宏观经济稳定 ……………………………………… (31)
 第三节　政府失灵问题 ………………………………………… (32)
  一　限制垄断的困难 ………………………………………… (33)
  二　公共失灵问题 …………………………………………… (34)
  三　再分配政策的弊端 ……………………………………… (35)
  四　宏观经济调控失灵 ……………………………………… (36)
  五　政府行为的低效率 ……………………………………… (37)

第三章　公共物品及其提供 ………………………………… (40)
 第一节　公共物品的类型 ……………………………………… (40)
  一　公共物品的特性 ………………………………………… (40)
  二　公共物品分类 …………………………………………… (43)
 第二节　公共物品供给的主体 ………………………………… (45)
  一　政府 ……………………………………………………… (46)
  二　私人企业 ………………………………………………… (50)
  三　社区 ……………………………………………………… (54)
  四　第三部门 ………………………………………………… (56)
  五　国际组织 ………………………………………………… (59)
  六　公共经济主体的多中心趋势 …………………………… (61)
 第三节　公共物品的供给方式 ………………………………… (63)
  一　资源捐献与成本分担 …………………………………… (63)
  二　强制性融资 ……………………………………………… (65)
  三　非政府提供方式 ………………………………………… (67)

第四章　外部性及其矫正 …………………………………… (73)
 第一节　外部性与资源配置效率 ……………………………… (73)

一　负的外部性与资源配置效率 …………………………………… (74)
　　二　正的外部性与资源配置效率 …………………………………… (78)
　　三　外部边际效益递减的情况 ……………………………………… (80)
　　四　公共资源问题与资源过度使用 ………………………………… (81)
　第二节　外部性的矫正 ………………………………………………… (82)
　　一　市场机制自身纠正外部性 ……………………………………… (82)
　　二　政府对外部性的纠正 …………………………………………… (89)
　　三　联合矫正 ………………………………………………………… (93)
　第三节　解决外部性问题的环境保护政策 …………………………… (94)
　　一　环境保护政策概述 ……………………………………………… (94)
　　二　环境保护政策分析 ……………………………………………… (96)
　　三　环境保护政策评估 ……………………………………………… (102)

第五章　规制市场和监管企业 ………………………………………… (109)
　第一节　政府规制概述 ………………………………………………… (109)
　　一　规制的含义与政府规制的种类 ………………………………… (109)
　　二　政府规制的依据与目标 ………………………………………… (111)
　　三　公共利益与集团利益 …………………………………………… (113)
　第二节　经济性规制 …………………………………………………… (116)
　　一　经济性规制的目标与方式 ……………………………………… (116)
　　二　进入规制 ………………………………………………………… (117)
　　三　价格规制 ………………………………………………………… (119)
　第三节　社会性规制 …………………………………………………… (122)
　　一　社会性规制的依据与目的 ……………………………………… (122)
　　二　社会性规制的内容与方法 ……………………………………… (124)
　　三　规制放松与激励性规制 ………………………………………… (129)

第六章　公共选择的性质与规则 ……………………………………… (136)
　第一节　公共选择概述 ………………………………………………… (136)
　　一　公共选择理论的产生与发展 …………………………………… (136)
　　二　三个理论假设 …………………………………………………… (138)

三　基本内容 …………………………………………………… (140)
　第二节　政治行为分析 ……………………………………………… (141)
　　　一　选民行为分析 ……………………………………………… (141)
　　　二　政党行为分析 ……………………………………………… (143)
　　　三　官僚行为分析 ……………………………………………… (148)
　第三节　利益集团和寻租理论 ……………………………………… (155)
　　　一　利益集团 …………………………………………………… (155)
　　　二　寻租产生的原因 …………………………………………… (156)
　　　三　寻租的后果 ………………………………………………… (158)
　　　四　解决寻租问题的办法 ……………………………………… (161)

第七章　公共收入的理论与实践 ………………………………………… (163)
　第一节　公共收入概述 ……………………………………………… (163)
　　　一　公共收入的定义 …………………………………………… (163)
　　　二　公共收入的形式 …………………………………………… (165)
　　　三　公共收入的特征 …………………………………………… (168)
　　　四　公共收入的原则 …………………………………………… (169)
　第二节　税收理论 …………………………………………………… (170)
　　　一　税收的概念 ………………………………………………… (170)
　　　二　税收的特征 ………………………………………………… (171)
　　　三　税收的要素 ………………………………………………… (172)
　　　四　税收的分类 ………………………………………………… (179)
　第三节　公债 ………………………………………………………… (181)
　　　一　公债的概念及分类 ………………………………………… (182)
　　　二　公债的发行与管理 ………………………………………… (184)
　　　三　公债对经济的影响 ………………………………………… (187)
　　　四　公债政策及其完善 ………………………………………… (189)
　第四节　公共收费 …………………………………………………… (190)
　　　一　公共收费概述 ……………………………………………… (190)
　　　二　公共收费的原则和定价 …………………………………… (192)
　　　三　中国的"费改税"问题 …………………………………… (194)

第八章 公共支出的理论与实践 (198)
第一节 公共支出概述 (198)
一 公共支出的概念 (198)
二 公共支出的原则 (199)
三 公共支出的范围和方式 (200)
四 公共支出的意义 (201)
第二节 公共支出的结构和分类 (202)
一 公共支出结构分析 (202)
二 公共支出的理论分类 (205)
三 公共支出的统计分类 (208)
第三节 购买性公共支出 (209)
一 行政支出 (209)
二 国防支出 (211)
三 教育支出 (213)
四 医疗卫生支出 (215)
五 公共投资支出 (217)
第四节 转移性公共支出 (218)
一 社会保障支出 (218)
二 财政补贴支出 (220)
第五节 公共支出规模与评价 (222)
一 公共支出规模 (222)
二 公共支出效益分析 (226)

第九章 公共预算的理论与实践 (231)
第一节 公共预算概述 (231)
一 公共预算起源与演进 (231)
二 公共预算分类 (235)
三 公共预算的功能 (241)
四 公共预算原则 (243)
第二节 公共预算基本理论 (245)

  一　均衡预算理论 …………………………………… (245)
  二　功能预算理论 …………………………………… (247)
  三　高度就业预算理论 ……………………………… (248)
 第三节　公共预算的管理 ………………………………… (250)
  一　公共预算的编制 ………………………………… (250)
  二　公共预算的执行 ………………………………… (252)
  三　公共预算的监督 ………………………………… (254)
  四　公共预算的决算 ………………………………… (256)

第十章　政府采购的理论与实践 ……………………………… (258)
 第一节　政府采购的概念和特点 ………………………… (258)
  一　政府采购的概念和分类 ………………………… (258)
  二　政府采购的特点 ………………………………… (261)
 第二节　政府采购的目标和原则 ………………………… (263)
  一　政府采购的目标 ………………………………… (263)
  二　政府采购的原则 ………………………………… (265)
 第三节　政府采购的组织体系 …………………………… (267)
  一　政府采购管理机构 ……………………………… (268)
  二　政府采购执行机构 ……………………………… (268)
  三　政府采购代理机构 ……………………………… (269)
  四　政府采购仲裁机构 ……………………………… (269)
  五　政府采购监督机构 ……………………………… (270)
  六　供应商 …………………………………………… (270)
 第四节　政府采购的模式与方式 ………………………… (271)
  一　政府采购模式 …………………………………… (271)
  二　政府采购方式 …………………………………… (273)
 第五节　政府采购的审计与监督 ………………………… (275)
  一　政府采购的审计 ………………………………… (275)
  二　政府采购的监督 ………………………………… (278)
 第六节　中国政府采购制度 ……………………………… (280)
  一　中国政府采购制度的发展 ……………………… (280)

二　中国政府采购制度中存在的问题 …………………………… (282)
　　三　健全中国政府采购制度的措施 …………………………… (284)

第十一章　国有资产管理 ………………………………………… (287)
第一节　国有资产的概念及分类 ………………………………… (287)
　　一　国有资产的概念 …………………………………………… (287)
　　二　国有资产的分类 …………………………………………… (288)
第二节　国有资产管理的含义及目标 …………………………… (293)
　　一　国有资产管理的含义 ……………………………………… (293)
　　二　国有资产管理的基本目标 ………………………………… (294)
第三节　国有资产管理的相关理论 ……………………………… (295)
　　一　国外关于国有资产管理的相关理论 ……………………… (295)
　　二　国内关于国有资产管理的相关理论 ……………………… (298)
第四节　中国的国有资产管理 …………………………………… (301)
　　一　中国国有资产的形成 ……………………………………… (302)
　　二　计划经济体制下的国有资产管理体制 …………………… (305)
　　三　国有资产管理体制改革探索 ……………………………… (307)
　　四　国有资产监督管理委员会的设立及职责 ………………… (308)

第十二章　公共分配与社会保障 ………………………………… (315)
第一节　收入分配制度概述 ……………………………………… (315)
　　一　收入分配的含义 …………………………………………… (316)
　　二　收入分配的测量指标 ……………………………………… (318)
　　三　收入分配的主要机制 ……………………………………… (323)
第二节　社会保障制度概述 ……………………………………… (326)
　　一　社会保障的含义和特征 …………………………………… (326)
　　二　社会保障的主要内容 ……………………………………… (329)
　　三　社会保障的主要模式 ……………………………………… (331)
第三节　中国社会保障制度改革 ………………………………… (336)
　　一　中国社会保障改革的历程 ………………………………… (336)
　　二　中国现行的社会保障体系 ………………………………… (347)

三　中国现行社会保障制度存在的问题 ………………………… (347)
　　四　中国社会保障改革的基本思路 ……………………………… (350)

第十三章　政府的宏观调控 ……………………………………… (352)
第一节　宏观调控的目标和手段 ………………………………… (352)
　　一　宏观调控的内涵 ……………………………………………… (352)
　　二　宏观调控的目标 ……………………………………………… (354)
　　三　宏观调控的手段 ……………………………………………… (357)
第二节　财政政策 …………………………………………………… (358)
　　一　财政政策的含义 ……………………………………………… (358)
　　二　财政政策的功能 ……………………………………………… (359)
　　三　财政政策的工具 ……………………………………………… (361)
　　四　财政政策的应用 ……………………………………………… (364)
第三节　货币政策 …………………………………………………… (366)
　　一　货币政策的含义 ……………………………………………… (366)
　　二　货币政策的目标 ……………………………………………… (367)
　　三　货币政策的工具 ……………………………………………… (368)
　　四　货币政策的类型及其应用 …………………………………… (371)
　　五　财政政策、货币政策的联合运用 …………………………… (373)
第四节　其他宏观调控政策 ………………………………………… (376)
　　一　产业政策 ……………………………………………………… (376)
　　二　就业政策 ……………………………………………………… (383)

第十四章　地方公共经济 …………………………………………… (387)
第一节　中央与地方分权理论 ……………………………………… (387)
　　一　斯蒂格勒的最优分权模式 …………………………………… (387)
　　二　奥茨的分权定理 ……………………………………………… (388)
　　三　布坎南的"俱乐部理论" ……………………………………… (389)
　　四　特里西的偏好误识论 ………………………………………… (389)
　　五　中央集权与地方分权的逻辑 ………………………………… (390)
第二节　地方政府的职能与规模 …………………………………… (392)

一　地方政府的职能 …………………………………………（392）
　　　二　地方公共产品 …………………………………………（394）
　　　三　地方政府的最优规模 …………………………………（395）
　第三节　地方公共收入 …………………………………………（398）
　　　一　地方与中央公共收入的划分原则 ……………………（398）
　　　二　地方政府的税收收入 …………………………………（400）
　　　三　地方政府的非税收收入 ………………………………（401）
　　　四　主要的地方政府收入项目 ……………………………（402）
　　　五　地方政府融资 …………………………………………（405）
　第四节　地方公共支出 …………………………………………（405）
　　　一　地方与中央公共支出的划分原则 ……………………（406）
　　　二　地方公共支出的范围 …………………………………（406）
　　　三　影响地方公共支出的因素 ……………………………（408）
　　　四　现实中的地方公共支出 ………………………………（409）
　第五节　中国地方公共经济的发展 ……………………………（411）
　　　一　分税制 …………………………………………………（412）
　　　二　地方公共收入现状 ……………………………………（413）
　　　三　地方公共支出现状 ……………………………………（417）

各章参考文献 ……………………………………………………（420）

第 一 章

导　　论

公共经济学是有关公共部门在经济中的作用的学科，国内外出版了诸多教材，本教材以政府的经济职能为出发点，同时也注意政治因素对政府经济行为和管理行为的影响，体现公共管理学的背景。本章主要对公共经济学的概念、研究对象、发展脉络和基本框架进行分析，阐述公共经济学与微观经济学、宏观经济学、福利经济学、政治学、行政管理学的关系，从而把握公共经济学的学科特点。

第一节　公共经济学概述

公共经济学的形成是现代学科发展现象，但其学术渊源可以回溯到古代西方。在政府介入市场不可或缺的今天，学习和研究公共经济学是一种必要的知识积累。

一　公共经济学的定义

理解公共经济学的关键在于"公共"二字，这里的"公共"是指公共部门（Public Sector），包括政府以及其他掌握公共权力的机构。作为经济学的分支，公共经济学所说的公共部门是与私人部门（Private Sector）相区别的，经济学里的私人部门包括企业和家庭等。根据这个区分，国外也有称其为"公共部门经济学"（Public Sector Economics）的。这个区分也意味着政府等公共部门和企业及个人一样，都是经济活动的主体，也以自己的方式参与经济的运行，影响经济的发展方向和速度。

本教材所涉及的公共部门以政府为主，因此我们所说的公共经济学以政府在经济中的作用为主线，研究内容包括两个方面：政府自身的经济行为；政府对社会经济的管理、控制、调节等行为。正因为此，也有人把公共经济学称为政府经济学。

政府的经济行为包含广泛，其中以政府支出为主，政府购买性支出直接进入经济总量；政府出售政府债券直接影响居民的储蓄和投资行为；政府对公共项目的投资也是其主要的经济行为。政府对社会经济的管理、控制和调节主要针对市场机制存在的问题，目前多数国家实行的是市场经济制度，而市场机制在运行中会出现收入差距过大、财富分配不平等、公共服务短缺以及经济垄断等阻碍市场机制正常运转、损害居民的基本权利的现象。因此，需要政府对市场行为的规制，对经济总体运行的宏观调控；还需要政府提供私人部门无法提供或不愿意提供的公共服务。

政府作为公共部门，其介入经济的行为方式和目的与企业和家庭是不同的。"企业和居民作为私人部门是以收益最大化为前提和目标的。政府却不能，它的经济活动一方面不能忽视收益与成本；另一方面又必须以全社会公正和公平为前提和目标。市场经济是有生命力的，但并不是任何时候都有效的。市场也有其失败之处，而政府有时可以弥补市场的不足与失灵。"[1] 正由于政府的经济行为和政府干预市场时的行为逻辑与市场不同，政府对经济的介入就需要限制，不能因为政府的经济活动阻碍企业和家庭的经济活动，也不能因为政府对市场的规制和对经济的宏观调控而限制私人部门的效率。政府对市场的介入必须局限于市场管不了和管不好的事情。

公共经济学主要研究政府对市场的影响，包括政府自身的经济活动和政府对市场的干预。更广义上，公共经济学关注的是政府在经济发展中的作用，是"论述各级政府部门及其附属物（如国有企事业）的存在意义和行为方式，回答政府必须做什么以及应该怎样做的学问"[2]。

---

[1] 樊勇明、杜莉：《公共经济学》（第二版），复旦大学出版社2007年版，第2页。
[2] 同上书，第3页。

二 公共经济学的研究对象

根据本教材对公共经济学的定义，公共经济学的研究对象包括政府的经济行为和政府对经济的干预行为。

政府的经济行为比私人部门的经济行为复杂，其中有市场性的行为，也有非市场性的行为。政府的收入与支出是最主要的公共经济行为，但其与市场经济行为有明显的不同。公共支出是政府经济行为中最为主要的部分，除了购买性支出，如国防支出和教育支出等，还有用于财政转移支付和社会保障等方面的转移性支出。后者属于非市场性支出，其规律与市场行为不同，为公共经济学特有的研究对象。

关于政府购买性支出的使用和管理，已经有公共预算制度和政府采购制度，以及相应的财务和审计制度。本教材将重点考察公共预算和政府采购。关于政府转移性支出，也有相应的制度，本教材重点介绍公共分配和社会保障制度。

政府的收入主要来自税收和行政性收费，税费的强制性和无偿性也使得其与市场行为完全不同，因此成为公共经济学特有的研究对象。公共收入的其他来源还有政府的借贷和国有企业利润的上缴，本教材也设了专门的章节分析公债和国有资产的管理。公共收入的来源和数量决定了政府的支出，两者的连接体现在公共预算制度里。政府的公共投资也是公共支出的一个方面，限于篇幅，本教材暂没有专门分析。国有资产的运营既有投资也有收益，因而其效益也体现在公共支出和公共收入中。作为国有资产的国有企业的管理是与私营企业不同的。

政府对经济干预的理由是市场自发运行过程中存在难以避免且无法克服的问题，政府通过对宏观经济的调控和对微观经济行为的规制来解决这些问题。对微观经济行为的规制来自政府和其他公共部门（如行业协会），内容包括对垄断行业的规制和对企业的监管。这两种规制的目标都是维持竞争机制的有效性，保护消费者的利益，政府规制的方式基本上是"反"市场的，不管是经济性规制，还是社会性规制，不管是直接干预市场配置机制，还是间接改变企业和消费者的供需决策，都是以限制企业的行为为特征的。

宏观经济调控的依据是市场经济本身具有内在的不稳定性，社会总供给和社会总需求经常处于不平衡的状态，造成经济的波动，如果完全由市场自发调节，其成本是社会所不愿意承担的，政府因此负起保持经济总体健康和协调发展的任务。宏观调控是政府对经济活动的间接干预，主要工具包括货币政策、财政政策、产业政策、收入分配政策、汇率政策以及经济计划等。广义的宏观经济调控还包括对国际经济活动的管理和控制，限于篇幅，本教材暂不涉及。

人口和国土达到一定规模的国家通常都会设有中央和地方两级及以上的政府体制，地方政府与中央政府在职能上有分工，地方政府也有经济行为和管理经济的职能，因而也需要研究地方公共经济问题。宏观经济调控和市场规制的任务由中央政府与地方政府共同完成，中央与地方因而在职能上有所分工，在立法、行政与司法诸方面各司其职。中央政府与地方政府职能分工的依据在于中央政府与地方政府在公共事务的管理和公共物品的提供中各有优势。[1]

像中国这样的大型发展中国家，在经济发展的初期和中期，难免会有区域发展不平衡问题。因此政府的一项重要职能是实现区域协调发展，区域发展战略和区域政策成为一种公共经济职能，进入公共经济学的视野。

公共经济学分析政府的微观经济管理职能和宏观经济调控职能的依据是市场失灵（market failure）理论，通常公共经济学的教材都会以介绍政府与市场的关系的一般理论开始。市场失灵指的是市场自身存在的、使市场无法正常运行的缺陷，包括垄断、外部效应问题、道德风险和逆向选择、分配不平等、公共物品的短缺、宏观经济波动等问题。这些现象都阻碍市场的运行，给市场的秩序带来破坏。"当今没有什么东西可以取代市场来组织一个复杂的大型经济。问题是，市场既无心脏，又无头脑，它没有良心，也不会思考，没有什么顾忌。所以，要通过政府制定政策，纠正某些由市场带来的经济缺陷。"[2] 市场失灵现象是市场无法自我克服的，因而需要政府介入，补救市场缺陷。政府的任务是逐一解决市场失灵问题。

鉴于市场无法自发提供公共物品，且公共物品是社会各方面都须臾不可离

---

[1] 参见洪银兴、刘建平《公共经济学导论》，经济科学出版社2003年版，第245页。
[2] ［美］保罗·A. 萨缪尔森等：《经济学》上册，高鸿业等译，中国发展出版社1993年版，第38页。

开的，所以公共物品如何提供，以及如何提高公共物品生产和使用的效率，成为一个重要的经济问题和社会问题。公共物品主要依赖政府来提供，或由政府组织提供，所以公共经济学的一个重要内容是研究公共物品的提供。

外部效应是市场行为经常性的一种副产品，其主要的负面影响是降低资源配置的效率。由于通过市场机制本身无力解决外部效应问题，只能借助政府机制。外部效应问题发生在交易或当事双方无法通过市场实现交换，而又必须进行交换的时候，此时需要一种来自第三方的力量来推进这个交换过程。这种力量必须是双方都不得不服从的，目前来看，能够担当这一使命的，多数情况下是公共权威机构，其中多数情况下是政府。政府借助政治权力，规定交易双方的权利，议定交易价格，强迫双方进行交易。

最后，尽管政府介入市场出自市场本身的缺陷，但由于政府的运作规律与市场的运行规律完全不同，政府纠正市场失灵的过程中也会产生"政府失灵"（government failure）问题。政府干预在一定程度上扭曲了市场机制的运行，造成了资源配置的低效率，并带来许多新的问题。关于如何矫正政府失灵问题，其要义在于合理界定政府的职能，在政府与市场之间寻求恰当的平衡。

三　公共经济学的发展脉络

公共经济学是一种政治经济学，其思想渊源与政治经济学相同。关于政府在经济中的作用的思想可以追溯到古希腊时期，那时的城邦学说已经初步涉及国家在经济发展中的作用问题。古希腊思想家柏拉图在《理想国》中勾画了理想国家的政治经济制度，认为财产所有制、家庭构成、人口繁衍、教育等社会经济政治各个方面都要由城邦管起来。他在晚年所著的《法律篇》中，对理想国家的人口规模、产品分配、婚姻制度、财产制度、政府的组成和产生办法都做出了规定，提出了包括政治、经济、家庭等完整的城邦制度构想[1]。近代政治经济学提出了国家在经济中的地位和作用问题，认为经济的目标是增加财富，国家的任务是保证财富的增加。近代政治经济学关注国家的作用，与公

---

[1] ［苏］涅尔谢相茨：《古希腊政治学说》，蔡拓译，商务印书馆1991年版，第145—147页；马啸原：《西方政治思想史纲》，高等教育出版社1997年版，第73—74页。

共经济学所关心的问题是一致的。近代的重商主义强调国家在经济中的地位，主张国家的干预是国家致富的保证，把增加财富当作国家的主要功能。重商主义认为商业是国家活动的基础，国家应保护本国商人的利益，英国重商主义者托马斯·孟在《英国得自对外贸易的财富》(1630)一书中把商人称为国家财产的管理者，商人肩负着与其他各国往来的商务。[①]

重商主义的国家干预主义受到重农学派的批评，重农学派认为自然秩序支配着自然界和人类社会，人们只能了解和遵循自然秩序，而不能改变它，发展经济的办法是使人为秩序符合自然秩序。与重农学派国家观一致的是近代自由主义经济学，18世纪末英国经济学家亚当·斯密认为人们面对的是一个有序的社会，政府的作用主要是提供公共产品，即那些对个人极为有益、却不能由任何个人或群体提供的产品或服务。在斯密看来，政治与经济是不可避免地结合在一起的，"英国经济在18世纪后期及19世纪初明显地政治化，从斯密等古典学者的分析中，既产生了对经济过程的实证理解，也产生了对于特定制度的哲学观点。关于自由放任主义的规范观点，与对于在特定的约束结构（主要特点是最低限度的、保护性的或守夜人的政府）的相互作用的实证分析，这二者是（也许是不可避免地）混合在一起"[②]。斯密的国家观体现了公共经济学的政治经济相结合的特点，他的国家观也成为公共经济学的政治哲学基础。

现代早期国家一度离开了经济学家的视野，经济学是从政治经济学变为经济学，主要研究对象略有变化，不再关注国家问题，集中于微观领域。英国经济学家马歇尔把注意力集中在微观经济分析上，把制度当作不变的常量，只考察既定制度下，稀缺资源的配置和效率问题，经济学研究"谁、为何、如何生产"的问题。从此，西方的经济学与政治问题脱开，"18世纪原本名为'政治经济学'的学科，到了19世纪末变成了'经济学'"[③]。20世纪30年代爆发了世界性资本主义经济危机，关于市场可以自行调节，经常保持供求平衡的经济学"一夜之间变成了神话"，无法解释西方的经济现实，也无力提出解

---

① [英]托马斯·孟：《英国得自对外贸易的财富》，袁南宇译，商务印书馆1959年版，第1页。
② [美]詹姆斯·布坎南：《宪法经济学》，载《市场社会与公共秩序》，生活·读书·新知三联书店1996年版，第335页。
③ [美]福山：《信任——社会道德与繁荣的创造》，李宛蓉译，远方出版社1998年版，第26页。

决经济危机的药方。凯恩斯的经济学应运而生,凯恩斯把经济危机归咎于自由市场制度,主张通过国家纠正市场的缺陷,解决经济危机。他主张"国家最重要的议事日程不是涉及那些由私人已经在完成的活动,而是那些落在个人活动范围之外,如果国家不出面不会有人去做出决定的事情。对政府来说,重要的不是去干那些正在由私人做的事情,或把这些事做得更好些或更坏些的问题,而是去做那些根本就没人去做的事"①。凯恩斯主义成为西方经济学的主流,由此国家再次进入经济学家的视野。

公共经济学的形成与20世纪70年代经济自由主义的复兴有密切关系。当时西方主要国家结束二战后发展的黄金时期,纷纷陷入滞胀的困境,长期的国家干预主义政策使政府背上了沉重的财政负担,通货膨胀居高不下,同时生产停滞,失业率又降不下来。自由主义经济学家对凯恩斯的国家干预主义学说提出尖锐的批评,认为造成滞胀的原因是政府对经济的干预及其错误政策,价格机制能自发地调节供求。他们的批评把政府在经济中的作用问题的研究引向深入,有关问题的研究成为一个研究领域,公共经济学建立学科的条件也成熟了。

公共经济学直接的来源是财政学,财政学以国家的收支作为研究对象,也开始于近代。20世纪30年代世界性经济危机爆发以后,西方国家干预经济成为正常现象,财政收支扩大已经不是政府的唯一职能。随着政府职能扩大到对经济进行调节和管理,财政学的内容因此而扩展。美国著名的财政经济学家马斯格雷夫(Musgrave, R. A.)把国家财政纳入经济理论体系,注重公共经济部门的作用,他在《财政学原理:公共经济研究》一书中首次提出了"公共经济"概念。马斯格雷夫认为:"我一直不愿把本教材看作是对财政理论的研究。从很大程度上,问题不是财政问题,而是资源利用和收入分配问题……因此,最好把本教材看成是对公共经济的考察。"② 马斯格雷夫于1964年出版了《公共经济学基础:国家经济作用理论概述》,1965年出版《公共经济学》。当代影响较大的西方公共经济学家有美国著名经济学家约瑟夫·斯蒂格利茨

---

① [英]凯恩斯:《自由放任主义的终结》,载《预言与劝说》,赵波等译,江苏人民出版社1997年版,第317页。
② [英]彼德·M. 杰克逊主编:《公共部门经济学前沿问题》,郭庆旺等译,中国税务出版社等2000年版,"译者的话"第2页。

(Stiglitz, Joseph E.)、安东尼·B. 阿特金森（Atkinson, A. B.）、彼德·M. 杰克逊（Jackson, P. M.）等。

国外的公共经济学最初介绍到中国来的时候，使用的是"政府经济学"的译名，1988年春秋出版社（北京）出版了美国著名经济学家约瑟夫·斯蒂格利茨的《公共部门经济学》（*Economics of Public sectors*, 1986），当时书名译为"政府经济学"。[①] 斯蒂格利茨与安东尼·B. 阿特金森合著的《公共经济学》的中译本也于1994年出版。[②] 此后，由经济学者和行政学者翻译和编写的公共经济学不断问世，其中的不少教材在介绍西方公共经济学理论的同时，以中国的经济转型为背景，针对中国的政府主导型发展模式，增加了关于中国公共经济问题研究的内容，丰富了公共经济学理论，在经济学、行政学和政治学领域引起反响。

第二节　公共经济学的学科特点

公共经济学的学科交叉特点明显，其中既有经济学的内容，也有行政管理学和政治学的内容，还部分地包含了法学和社会学的内容。公共经济学所关注的问题，如哪些方面必须靠市场？哪些方面必须靠政府部门？如何纠正市场缺陷？如何避免政府失灵？解决这些问题的学科不仅有经济学，还有政治学、行政管理学以及法学和社会学。公共经济学综合了众多与政府有关的经济学学科分支的内容，主要包括微观经济学、宏观经济学、福利经济学，发展经济学、国际经济学和新制度经济学等分支的内容也部分地包括在公共经济学中。公共经济学与政治学及行政管理学的交叉体现在政府研究的部分，政治学与公共经济学都研究政府。公共经济学的重点是研究政府在经济中的作用，政府首先是政治学的研究对象，政府本质上是政治组织，在更根本的意义上，政府在经济发展中的作用是个政治问题。

[①] ［美］约瑟夫·斯蒂格利茨：《政府经济学》，高曾强等译，春秋出版社1988年版。

[②] ［英］安东尼·B. 阿特金森等：《公共经济学》，蔡江南等译，上海三联书店、上海人民出版社1994年版。

一 公共经济学与微观经济学

美国著名经济学家斯蒂格利茨把公共经济学当作一种经济学,认为公共经济学也要解决"生产什么、怎么生产、为谁生产和如何决策"等基本问题,这些问题是微观经济学面临的基本问题。

微观经济学研究厂商和居民等单个经济单位的经济行为,微观经济学通过对居民的效用最大化和厂商的利润最大化的研究,来探索整个社会的资源最优配置。微观经济学认为价格机制是实现资源配置最优化的手段,居民、厂商的行为均受其支配。

公共经济学把政府也看成一个经济单位,对其经济行为是否实现效用最大化进行分析,政府本身既是消费者也是生产者,需要解决效用最大化问题。公共经济学认为政府的经济行为的效率也是社会资源配置实现最优的重要部分。公共经济学对政府行为也进行成本—收益分析,因此,微观经济学主要分析工具,如需求与供给理论、成本与收益理论、均衡理论、边际效应理论等也被公共经济学使用。

二 公共经济学与宏观经济学

宏观经济学以整个国民经济活动为考察对象,关注的是经济总量的平衡和宏观经济的稳定,它以失业、通货膨胀、经济增长作为表示经济总量的指标,考察这三个指标之间的关系。"宏观经济学试图找出决定总产量水平、就业与通货膨胀的力量,它研究是什么原因引起劳动、产品与资本市场上需求与供给曲线的移动。"[①] 宏观经济学研究居民和企业的行为如何对经济总量产生影响,政府的政策如何对经济的总量产生影响。从这个角度,宏观经济学分析货币、财政、价格、收入等政策的使用效果。

公共经济学吸取了宏观经济学的研究视角,从这个角度出发,对政府行为进行研究,考察政府的经济行为和政府干预经济的政策后果。公共经济学不仅

---

① [美] 约瑟夫·斯蒂格利茨:《经济学》下册,姚开建等译,中国人民大学出版社1997年版,第56页。

研究政府的收支活动,还探讨政府的职能问题。由于市场机制在宏观经济领域会失灵,价格调节的作用失灵的情况下,政府调节的作用就十分必要。如何保持宏观经济总量平衡、熨平经济的周期性波动、提供市场无法满足的公共物品等,需要政府来保证。因此,公共选择过程、市场与国家的关系、政府经济职能定位、多级政府理财(中央与地方关系)的关系等超出宏观经济学的问题,进入公共经济学的研究视野。

三 公共经济学与福利经济学

福利经济学是一种规范经济学,主要研究一个社会的资源配置如何达到最优,国民收入如何分配能使社会全体成员的经济福利达到最大化;研究一个国家如何实现公平与效率,以及如何在两者之间权衡。福利经济学认为,实现资源的最优配置是增进社会福利的基本途径。由于市场经济条件下,资源配置和国民收入的分配都是通过市场机制实现的,福利经济学不可避免地把对市场经济的分析纳入研究范围。由于市场机制存在缺陷,有时可能会妨碍资源的有效配置和造成收入分配的不平等,福利经济学把如何通过政府纠正市场缺陷、实现社会福利最大化纳入自己的研究中。"最好把福利经济学看成是研究经济体系的一种形态比另一种形态是好还是坏,以及一种形态是否应当转变另一种形态的问题。"[①] 福利经济学认为,市场是实现资源有效配置的最佳手段;由于理想的市场状况并不存在,政府的存在有天然合理性;政府是纠正市场缺陷的必要手段。

公共经济学正是从这个基本假设出发,进而把帕累托最优、效用可能性边界、社会福利函数、社会福利最大化、次佳理论等福利经济学的基本概念也当作评价政府经济行为的出发点。因此可以说,福利经济学中的基本假设是公共经济学的出发点。公共经济学接受了福利经济学中的帕累托最优原则,也用帕累托最优作为评价资源配置效率的标准。经济增长、社会资源配置和福利分配都应该以帕累托最优原则作为基本的评价原则。

---

① [英]李特尔:《福利经济学评述》,陈彪如译,商务印书馆1965年版,第304页。

四 公共经济学与政治学

政府首先是一种政治组织,有关政府职能和行为的研究是政治学的主要研究对象。从政治学的角度,通常把政治分为统治和管理两个方面,统治主要涉及压迫敌对阶级和敌对分子以及保卫国家不受外来侵犯;管理则是国家机关对社会的经济、文化和各种公共事务的管理活动[1]。公共经济学所研究的对象属于管理层次的政治,与公共经济学交叉的政治学内容主要在政治的管理层面。两者相比,国家管理的活动更为经常,"政府的政治统治职能是以管理公共事务的社会职能为基础的"[2]。从而公共经济学与政治学的联系也更为紧密。

政府同时也具有经济行为,政府有责任干预经济,因而政府行为的经济后果也需要研究。由于政府本身的公共属性,政府的经济行为既是经济问题,也是政治问题。生产什么公共产品、生产多少公共产品、通过什么方式生产公共产品,要依据居民和企业对公共物品的需求,而这些需求要经过利益表达和利益综合等政治程序来体现。如何做到政府的财政收支合理,以及公共事业的恰当规模和经济政策的合理性等问题,也要加入政治考虑。政府的决策首先考虑到政治影响,政治因素对政府经济行为有重要的影响力。"因此,公共经济学的很多问题涉及甚至基于政治学,而现代政治学也越来越重视经济分析方法的运用,这就决定了公共经济学与政治学之间难以割断的紧密联系。"[3]

五 公共经济学与行政管理学

作为政治学科的另一个分支,"行政学是研究国家行政组织对社会事务进行有效管理的规律的科学"[4]。政府的职能是国家职能的具体化,政府作为国

---

[1] 王邦佐等:《新政治学概要》,复旦大学出版社1998年版,第87页。
[2] 《中国大百科全书·政治学卷》,中国大百科全书出版社1992年版,第480页。
[3] 黄恒学:《公共经济学》(第二版),北京大学出版社2009年版,第7页。
[4] 黄达强等:《行政学》,中国人民大学出版社1988年版,第5页。

家的主要机关之———行政机关，职责之一是"制定各项政策，发布行政命令，管理社会经济、文化、科学、教育和卫生等各方面的工作"①。行政的功能包括政治功能、经济功能、文化功能和社会功能，其中的经济功能指的是"国家行政机关对经济部门（如工业农业部门、交通部门、工商贸易部门、经济计划部门等）实施领导，组织和管理社会经济"②。行政管理学在研究对象上与公共经济学有交叉，行政管理学研究行政体制、行政程序、行政组织、行政决策、行政效率等，在"财务行政"部分涉及政府的经济行为。作为"公共管理"之一的行政管理，政府如何管理经济成为重要的内容，行政管理学随之进入了政府与市场的关系及其相关问题的领域，公共经济学的部分内容也就成为行政管理学的研究对象。政府的对内职能和对外职能中都包括对社会的经济生活进行控制或施加影响、管理公共服务事业、发展社会福利事业、发展与其他国家的经济关系等方面③。

由于公共经济学的跨学科特点，经济学、政治学和行政管理学这三个学科均学习和研究公共经济问题。在政治学和行政管理学领域，公共经济学学科发展的一个推动力是公共管理专业硕士（MPA）教育近年来在中国的迅速发展，公共经济学或者政府经济学被确定为公共管理专业硕士的必修课程，各个主办学校纷纷编写公共经济学或政府经济学的教材，使得公共经济学得以发展和繁荣。

第三节　公共经济学的基本框架

根据本教材对公共经济学研究对象的理解，综合国内外已有教材的内容，从政府的经济行为和政府干预经济的方式和后果这两种公共经济行为的内容出发，公共经济学应该包括以下主要内容。

开篇前二章对公共经济学进行总体描述和介绍政府与市场的关系。在第一章里介绍公共经济学的一般含义，界定公共经济学的研究对象，划定公共经济

---

① 王浦劬：《政治学基础》，北京大学出版社1995年版，第261页。
② 《中国大百科全书·政治学卷》，中国大百科全书出版社1992年版，第404页。
③ 同上书，第480页。

学的基本内容，探讨公共经济学的学科特色，回顾公共经济学的历史演变，指出当代公共经济学的来源。在第二章里从指出市场机制本身存在的问题开始，然后针对市场失灵问题，提出政府解决市场失灵问题的理由和方法，接着指出政府固有的缺陷及其克服思路。

第三至第五章介绍政府纠正市场失灵的几个主要职能。第三章研究提供公共物品的类型、供给的主体和供给方式。第四章探讨如何解决外部性问题，比较外部性的市场矫正方式与政府矫正方式，分析政府在提高资源配置效率中的作用，并且以环境保护政策为例，分析政府在矫正外部性问题中的作用。第五章分析政府规制，从规制的目的和手段的角度分析经济性规制和社会性规制，比较放松规制与激励规制。

第六至十一章对公共的经济行为进行分析。第六章把公共的经济行为定义为公共选择，探讨公共抉择的性质，然后分析政府行为的基本特点。第七章讨论公共收入的理论依据与实践效果，分别对税收，以及免税与补贴，对政府收费，对公债等项公共收入进行分析。第八章讨论公共支出的理论依据与实践效果，分为购买性支出和转移性支出两个部分。第九章从公共预算的角度，探讨如何平衡政府的收支，以及如何提高政府支出的效率。下面两章主要针对中国经济转型的需要，中国刚刚开始实行政府采购制度，需要检讨其效果。第十章分析政府采购，从政府采购的目标和机构、模式与方式等方面对政府采购这一政府直接支出进行监管。这是目前迫切需要研究的政府任务。中国拥有大量的国有资产，急需研究如何监管。第十一章研究如何对国有资产进行管理，分析国有资产的类型，研究国有资产管理的模式，探讨如何实现国有资产的保值和增值。

第十二至十三章研究政府宏观经济行为。第十二章分析政府如何通过再分配政策和社会保障制度，实现社会公平，参照已有的分配理论和社会保障制度，探讨如何在中国实现分配公平和建立适当的社会保障制度。作为一个大型国家，中国在经济赶超过程中也遇到了区域发展差距加大问题，区域协调成为进一步发展无法回避的任务。第十三章重点分析政府的宏观调控。通过对宏观调控的目标和手段，以及主要几种宏观政策进行分析，探讨如何对经济实行恰当的调控。

最后一章专注于中央与地方的关系。像中国这样的大型国家，通常实行多级政府体制，中央与地方之间除了政治关系和行政关系之外，也有经济关系。

第十四章讨论地方公共经济,从中央与地方在宏观经济调控、市场监管、社会保障等方面的分工入手,讨论地方政府的职能与规模,以及地方公共收入与支出。

思考题:

1. 如何全面理解公共经济学的含义?
2. 公共经济学的研究对象有哪些?
3. 公共经济学的理论体系包括哪些内容?
4. 如何理解公共经济学的学科特点?
5. 如何理解公共经济学与宏观经济学的关系?
6. 如何理解公共经济学与政治学的关系?

第二章

市场与政府的一般关系

公共经济学研究政府对市场干预的时机、方法、深度及限度，政府何时、如何干预市场，以政府与市场的边界划分为依据。本章探讨市场与政府的一般关系。市场机制存在着垄断、外部效应、不完全信息、收入和财富分配不公平、公共物品供应不足、合成谬误等诸多问题，市场失灵是政府干预的基本前提，这是处理市场与政府关系的基础。政府的经济职能主要是为了弥补市场失灵，包括限制垄断、克服外部效应、克服逆向选择和道德风险、实现社会公平、提供公共物品、维持宏观经济稳定等。政府干预会造成政府失灵，因此，政府要妥善处理与市场间的关系。本章观点将为后面的各章节奠定理论基础。

第一节 市场机制存在的问题

市场机制是资源配置的基础方式，但也存在着较多问题。政府介入经济的理由来自市场本身的缺陷，市场的自发运行过程中垄断难以避免，而垄断不利于市场的正常运转。市场中个人或企业的活动会给他人带来损失，受损一方又无法以交易的方式从肇事一方得到补偿，从社会的角度看，这就是一种效率损失。市场不会自动提供个人和社会所需的公共物品，也无法避免不完全信息对交易的破坏，及由此给个人或企业带来的损失。宏观经济的不稳定也是市场自发运行的一个消极后果。

一　垄断对竞争的破坏

竞争是市场秩序的核心，市场的正常秩序以竞争的存在为前提。但竞争本身不具备自我持续的功能，垄断随时可能产生。这是因为完全竞争市场在现实经济生活中只是理想化的，它只存在于特定行业中每个企业都很小，小到单个企业无法影响市场的价格的情况下。现实中总会存在一些企业能够通过改变出售数量来影响其产品的市场价格，这些企业就属于"不完全竞争者"。不完全竞争的极端情况就是垄断，即单一的出售者完全控制某一产业。当存在几个生产者可以控制某一产业时，是为寡头垄断，此时，每个企业都可以影响市场价格。这两种情况下都存在某种程度的垄断，背离了市场的竞争状态。

如果一个行业存在规模经济，企业生产经营规模越大，产品的成本越低。能够做到这点的企业以低于其他企业的价格提供产品，使其他企业在本行业无利可图而退出，这时形成了自然垄断。来自技术提升、管理改进或营销成功的垄断并不可怕，因为这种垄断的地位不牢固，随时可能被新的竞争者打破。但是来自行政权力对市场准入的限制，在一个市场只允许一家企业独家经营或少数几家企业垄断生产或经营时，这种垄断对市场的破坏是致命的，给消费者带来的损失也是重大的。

垄断的出现使市场的正常运行受到抑制，妨碍了资源的有效配置，降低了经济的效率。

首先，垄断抑制了市场机制的有效运作。市场的运作依靠价格信号的引导，在价格的指引下，人们增加或减少某项消费，厂商进入或退出某个生产领域，单个厂商的均衡、消费者的收支平衡得以实现。价格信号有效的一个重要前提是它不能受到人为的干扰，而垄断的一个重要表现是垄断厂商对产品的价格进行控制，当一个厂商是某项产品的独一无二的生产者时，这个厂商可以自己决定产品的产量和价格。通常情况下，垄断厂商倾向于把价格定在高于原来的市场价格或者尽量高于成本的价格上，以获得超额利润。如果少数几个厂商包揽了某项产品的绝大部分供给，它们之间为获得超额利润而进行勾结的话，也会迫使消费者以高于边际成本的价格购买这项产品。这两种情况下，价格均已脱离供求关系，成为垄断厂商的人为产物。由于产品的价格不能正确反映市场的供求，市场失去了正确的引导，市场的运行极可能是无效的和不正常的。

所以，垄断的存在破坏了市场运行的基本机制。

其次，垄断降低了经济的效率。在市场机制的作用下，一种产品的价格会随着其供给的增加而下降，随着其供给的减少而上升。垄断厂商为了获得超额利润，也会利用市场机制。垄断厂商通过限制产量，使供给低于竞争条件下所达到的水平，然后利用供求缺口抬高价格，最终得到超额利润。"垄断问题的要害是，垄断者倾向于把产量限制在竞争状态下所能达到的'最优'水平以下。"[①] 一旦形成垄断，不管是完全垄断，还是寡头垄断，产品的供给都低于完全竞争市场。这种经济状态实际上是没有做到使每一份生产能力都用于产品的生产，而是人为地有所保留，因而这时经济是低效率的。除此之外，垄断厂商刻意压低产品数量，减少产品的种类，使得商品数量减少和消费者选择性丧失。加上这些消费者的损失，垄断所造成的社会总福利的损失是非常惊人的[②]。不仅如此，垄断厂商还缺少通过改进技术来降低成本的动力。垄断厂商没有面对压低成本的竞争压力，所以不会主动通过技术改进而降低成本。遇到生产成本上升的情况，垄断厂商可以借助提价把一部分生产成本转嫁给消费者，而不是选择通过技术或管理的改进去降低成本。垄断行业存在着技术创新缓慢现象，这也是一种效率损失。

最后，垄断妨碍资源的合理配置。完全竞争条件下，各类产品在价格机制的引导下，不断实现生产与消费的均衡。资源在价格机制的引导下，自动地流向那些供不应求的产品的生产，流出那些供大于求的产品的生产，整个社会的资源配置也达到最优状态。在不完全竞争的情况下，垄断厂商可能故意使得产品的产量低于生产能力，从而使得生产者所拥有的资源没有得到有效利用。垄断厂商也可能故意使得产品的价格高于竞争条件下的价格，消费者的利益从而受到损失，消费者的效用也没有达到最大化。垄断存在的结果是生产者和消费者两个方面都没有实现资源的有效配置。

实际上，消费者因为垄断的存在而遭受的损失并没有全部转移到垄断厂商的超额利润，由于垄断厂商既生产不足又抬高价格，其得益显然少于消费者损失。这是一种"负和"博弈的结果，"当垄断权力——即大企业影响一定市场

---

① [美] 保·R. 格雷戈里：《比较经济制度学》，葛奇等译，知识出版社1988年版，第57页。
② [美] 保罗·A. 萨缪尔森等：《经济学》下，高鸿业等译，中国发展出版社1992年版，第861页所引证的阿·哈伯格的估算。

上的价格的能力——在经济上达到重大程度时,我们便看到价格会高出有效率水平,需求和生产结构受到扭曲以及超过正常水平的利润"①。进而即使政府通过征税与补贴相结合的办法,即向垄断厂商征税,然后向消费者补贴,把垄断利润转移给消费者,也无法弥补因垄断而引起的社会福利净损失。

二 外部效应降低市场效率

企业和居民在市场条件下的生产和消费活动都不是独立的。他们的活动对他人和社会是有影响的,这种影响既可能是有益的,也可能会给他人乃至社会带来消极的结果。公共经济学把这两类影响定义为市场运行的外部效应(externalities),分为正的外部效应(Positive Externalities)(或外部经济)和负的外部效应(Negative Externalities)(或外部不经济)。由于负的外部效应对于社会已经成为问题,所以公共经济学研究的对象是负的外部效应,通常人们提到外部效应的时候,指的是负的外部效应。外部效应成为市场失灵问题的原因在于主动和被动双方都难以自觉地避免它的发生,外部效应(或溢出效应)指的是企业或个人向市场之外的其他人所强加的成本或效益。② 对他人的影响是个人或企业行为的一种"副产品",外部效应的存在表明市场运行不能自动达到最优结果。

外部效应的另一种表现是产生"拥挤"(congestive)现象。"拥挤"反映的是对公共物品的过度使用所带来的外部效应问题。这种外部效应问题是大家同时追求效率,结果由于相互干扰,大家都没有效率。"拥挤"现象在公用道路的使用方面最为典型,当道路上行驶的车过多,超过了其承载能力的时候,所有的车不得不降低速度,结果大家的效率因而都降低了。"只要存在外部效应,市场的资源配置就不会是有效的。"③

---

① [美]保罗·A. 萨缪尔森等:《经济学》上,高鸿业等译,中国发展出版社1992年版,第80页。
② [美]保罗·萨缪尔森、威廉·诺德豪斯:《宏观经济学》,萧琛等译,人民邮电出版社2004年版,第29页。
③ [美]约瑟夫·E. 斯蒂格利茨:《公共部门经济学》,郭庆旺等译,中国人民大学出版社2005年版,第69页。

三　不完全信息造成的逆向选择和道德风险

企业或个人进行商品或服务的交易时，由于交易双方对商品或服务的了解程度不同，其中一方由于对商品或服务的了解相对更充分，在交易时处于有利地位。这时进行的交易结果有利于掌握信息更多的一方。经济学把这种情况称为"信息不对称"（asymmetry of information），掌握信息少的一方处于"不完全信息"状态。

不完全信息来自交易复杂程度的提高。首先，由于生产的专业化程度提高，分工愈来愈细密，商品的技术含量逐渐增加，性能也愈加复杂。消费者对商品的质量和使用方法的了解愈来愈困难。对于许多产品，如果没有相应的专门知识，消费者难以形成完整的了解。此时消费者关于商品的信息少于生产者或经营者。其次，由于交易过程的复杂程度逐步增加，出现了交换中介，交换过程不再是买卖双方直接见面，而是经过中介。中介的存在使得卖方对买方和买方对卖方的了解都不如中介多，都可能处于不完全信息状态。再次，买与卖往往不是同时发生，也不是一次完成，而是分别都延长了，比如分期付款和售后服务把买和卖的过程分别延长了。交易过程的复杂还使参与交易的人数增多，这些都使得信息"不完全"成为经常现象。买方在交易之前无法掌握有关商品的全部信息，卖方在交易之后也无法了解买方使用商品时是否会有意给卖方造成损失。"如果消费者对市场价格或产品质量没有准确的信息，市场体系就不会有效率地运作。"① 此时交易遇到障碍，这种障碍不是来自生产行为、消费行为或产品本身，而是来自交易中的一方对商品的了解不足。

买方的不完全信息不仅会给消费者带来利益损失，并且可能导致消费者的"逆向选择"（adverse selection）。逆向选择指的是消费者违反常规的决策。通常情况下，消费者愿意购买质量好的产品，一种商品的价格下降会引起该商品的需求量增加。由于买方的信息不完全，消费者愿意购买的是质量差的产品，一种商品的价格降低不会引起消费者增加购买。我们以"劣胜优汰"现象说明逆向选择的形成。由于无法了解一项产品的全部知识，消费者可能买到的不

---

① ［美］平狄克、鲁宾菲尔德：《微观经济学》，张军等译，中国人民大学出版社 2000 年版，第 528 页。

是同类商品中价格最低且质量最优的产品，也可能买回来以后发现商品并不适用或不像商家所宣传的那么好，甚至还可能买到的是假冒伪劣产品。有些商家可能利用消费者对产品和行情不熟悉的机会，把劣质品当优质品出售。消费者多次购买以后，认定该类商品的质量和价格即应如此，产生"天下无好货"的印象。此时尽管存在优质品，但是消费者不会去选择购买，优质品被劣质品挤垮，形成"劣胜优汰"的局面。逆向选择导致与需求法则相反的消费者行为，按需求法则，商品价格下降时，消费者的需求应上升，但是由于买方的信息不完全，可能会出现价格降低需求也随之下降的现象，其原因在于消费者认为价格低的商品质量不可靠。逆向选择是一种逆淘汰，即"劣胜优汰"的过程。逆向选择与市场竞争的目标完全相悖，因此买方的不完全信息对市场机制的破坏是根本性的。由于不完全信息使得商品的效用对于消费者来说，没有达到最优，结果不仅社会的资源配置没有达到合理，而且还会破坏市场机制"优胜劣汰"的功能。

　　在交易以前，买方的信息少于卖方。在交易以后，卖方的信息少于买方。经济学把卖方处于信息劣势的情况称为"道德风险"（moral hazard）。道德风险指的是参与交易的一方所面临的对方可能改变已经约定好的行为而蒙受损害的风险。由于卖方的信息不完全，他们对于是否会受到买方欺诈，只能寄希望于买方的道德水平了，所以称之为"道德风险"。卖方遇到的不完全信息问题发生在现代市场经济活动中的某些交换形式和交易活动之中。一种情况是那些提供售后服务、实行退换制度的商品会遇到卖方因对买方买到商品以后的行为无法预料而可能遭受损失。而那些在交易中一次性交割清楚、双方没有售后关系的商品交易不存在卖方信息不完全问题。另一种情况是那些交易过程长，不是一次完成的商品交换会面临道德风险。比如保险业，投保人在保险期内随时有根据意外事故所造成的损失向保险公司索赔的权利。"当保险减小了个人躲避和防止风险的动力，从而扭曲了损失的概率时，便发生了道德风险（moral hazard）。"① 保险公司无法排除两种可能性。一种是投保人对自己投保的物品不再精心照料和保护，而是寄希望于保险公司的赔偿。结果投保物的损坏率或丢失率高于未投保的同类商品。另一种是投保人故意造成事故，并伪装成意外

---

① ［美］保罗·萨缪尔森、威廉·诺德豪斯：《微观经济学》，萧琛等译，华夏出版社1999年版，第160页。

发生的，诈取保险金。这两种情况不仅给保险公司带来损失，而且还造成社会资源的无谓浪费。道德风险不仅改变行为，而且个人对于活动的成本或收益的看法与真实的社会成本或收益不一样了，从而导致经济无效率。"保险削弱了维护健康和控制健康支出的激励，保险越多，个人承担的风险越少，但是激励越弱，因而整体成本越大。"①

道德风险也发生在社会中广泛存在的"委托—代理"关系中。在"委托—代理"关系中存在信息不对称现象，通常代理人比委托人更了解被管理或经营的机构的情况，代理人可能做出有利于自己而损害委托人利益的行为，而委托人难以控制。不完全信息的存在使得委托人准确监督代理人的行为成本很高。例如，在股份制企业中企业管理由经理或厂长担当，他们受股东的委托，代行企业的管理职责。股东作为委托人不参与企业的日常经营活动，掌握了企业权力以后，如果经理或厂长利用职权追逐个人私利，就会损害股东的利益。比如购置高档办公设备、滥用公款消费等等。这种行为虽然在一定程度上增进了经理或厂长的福利，但其所增加的福利远远低于他们这样做给股东造成的福利损失。从社会整体的高度看，这种行为的结果恰恰与那条有名的市场原则"个人追求自己的利益的同时，社会总体利益随之自然增加"相悖。"当人们觉得，由于他们所欺骗的人不知情或难以察觉，他们能机会主义地行事而不受惩罚时，就会沦入'道德风险'。"② 由于交易双方的信息不对称，双方总有一方处于信息的劣势，使逆向选择和道德风险问题普遍存在。逆向选择和道德风险都会使自愿交易发生困难，不仅造成交易市场的萎缩，而且导致社会资源的浪费，降低了资源配置的效率。

四 收入和财富分配不公平

市场运行遵循效率原则，市场中的效率原则包括两层含义：一是投入产出比的最大化；二是按劳分配或按资分配。在效率原则的引导下，一方面企业和

---

① [美] 约瑟夫·E. 斯蒂格利茨：《公共部门经济学》，郭庆旺等译，中国人民大学出版社 2005 年版，第 265 页。

② 柯武刚、史漫飞：《制度经济学——社会秩序与公共政策》，韩朝华译，商务印书馆 2000 年版，第 78 页。

个人总是希望以尽量少的投入换取尽量多的收益，另一方面社会的物质资源和各种价值也要按照效率原则进行分配。市场分配机制是按不同生产者和生产要素在生产中所发挥的作用而进行分配的，由于每个人的能力和天赋是不同的，每个人的努力程度、教育、继承权、要素价格和运气也都不同。按照效率原则，每个人得到的报酬和待遇也是不同的。效率原则下的分配导致人与人之间在财富、收入、生活状况、社会地位和荣誉等价值的拥有量等方面总是有差距的。这种分配制度的累积效应使得社会上有些人可能会很富有，另一些人可能相当贫穷，人际不平等是市场运行的结果。

在市场体制下，以效率的眼光，收入和财富分配是否公平是不考虑的。"劳动的工资、土地的地租、资本的利润都是由经济规律而不是由政治权力决定。"① 市场所创造的可能是一种失去了公平的效率。"我们所学的关于看不见的手的最早成果之一是，它是有效率的，但是它对公正或平等却是盲目的。……没有理由认为收入分配应该产生于自由放任。"②

如果对市场机制下分配的不平等结果听之任之，社会中财富的分配达到极端的不平等，"市场分配导致一些人拥有几十亿美元，而另一些人则无家可归，得不到足够的食物和医疗保障"③。这些处于社会底层的居民生活状况极差，"资产极少的个人可能得不到充足的资源来达到社会上可接受的生活水准"④。不公平发展到这样的程度，会威胁市场制度本身。"一个市场经济的生存很大程度上取决于社会是否公平。如果市场产生的不平衡奖惩持续下去，并且没有通过再分配进行的调整，那么富人和穷人之间的差距将不断扩大，结果是社会矛盾可能变得更严重并可能出现暴力。"⑤ 尽管收入分配差距有助于提高效率，但差距过大，不仅本身与社会公平的要求冲突，而且会导致诸如贫困、富裕阶层中财富的浪费、社会冲突、低收入者阶层得不到发展与改善自己

---

① ［美］保罗·A. 萨缪尔森等：《经济学》下，高鸿业等译，中国发展出版社1992年版，第1248页。

② 同上书，第1173—1174页。

③ ［美］约瑟夫·斯蒂格利茨：《经济学》上册，姚开建等译，中国人民大学出版社1997年版，第514页。

④ 世界银行编：《1997年世界发展报告》，蔡秋生等译，中国财政经济出版社1997年版，第26页。

⑤ 王绍光：《国家、市场经济和转型》，载王浦劬等主编《经济体制转型中的政府作用》，新华出版社2000年版，第59页。

处境的机会等一系列可能引发社会矛盾的结果。在市场经济下，当出现社会分配不公状态时，它本身是市场有效配置资源的结果。"但是整个社会往往要求社会分配的公正，这是市场无法做到的，也就是说出现了市场失效。"①

五 公共物品供应不足

人类的各种产品按其所有权或用途来区分，可以分为私人物品和公共物品两大类。私人物品是个人所有，主要由私人企业生产。公共物品属集体或社会所有，多数情况下是私人企业不能或不愿意生产的，因为公共物品的成本超出了私人所愿意或能够承担的程度。公共物品是免费使用的，因为无法或不值得向其受益者收取费用。"公共品是指这样一类商品：将该商品的效用扩展于他人的成本为零；无法排除他人参与共享。"② 像公路、航标灯、路灯、警察和国防军等都属于公共物品。另外，社会生活中的各种制度，包括市场制度，用于协调人际关系，维持社会秩序，也是公共物品。

私人物品可以通过市场渠道进行交换和分配，公共物品无法从市场上得到充足的供给。公共物品供给不足的原因是其使用上的非排他性，对于公共物品，"搭便车"现象的存在使得市场很难或者不可能有效地提供商品。由于私人提供公共物品普遍不足，政府必须介入以鼓励公共物品的生产。

六 合成谬误导致经济波动

市场机制本身无法保持社会经济总体上的稳定。实行市场经济多年的国家，其经济大多表现为周期性波动，经济发展经历着从波峰降到谷底，从谷底再升至波峰，"繁荣—衰退—萧条—复苏—繁荣……"这样的不断循环。这种周期性的波动和每次周期的持续时间是变化的，有的时候繁荣持续的时间较长，有的时候却长期陷入萧条；有的时候经历过较长时间的繁荣之后，经济一下子跌入谷底，有的时候衰退期或复苏期却需要较长的时间。经济波动的不确

---

① 黄恒学：《公共经济学》，北京大学出版社 2009 年版，第 39 页。
② ［美］保罗·萨缪尔森、威廉·诺德豪斯：《宏观经济学》，萧琛等译，人民邮电出版社 2004 年版，第 29 页。

定性会给企业和个人乃至整个社会带来危害。

导致经济波动的原因是"合成谬误"。"市场经济是一种没有协调者的协调机制：每个个人做出他自己的选择。这些选择无疑是相互独立的，每个个人都是机会主义者，所以说任何选择在很大程度上都依赖于他人所作的选择，也即相互作用（interaction），我的选择将影响你的选择，反过来你的选择也会影响我的选择。但是在市场经济中，我们很快就能知道个人选择的结果与他们想实现的目的可能完全不同。"[①] 个人在参与经济过程时，从个人的成本—收益出发，遇到经济繁荣时期，资本回报率高，人们争相投资，生产得以扩张。个人的收入随之增加，就业前景良好，人们放手消费，大胆地借贷。当经济由盛转衰、前景黯淡时，个人的反应是停止投资，减少消费。

上述行为对于个人来讲都是合理的，属于理性的选择。个人的理性选择导致在经济繁荣时期人人争相投资，家家扩大消费；经济衰退时期人人停止投资，家家节衣缩食。其结果必然是：经济前景看好时，社会投资膨胀，生产扩张，社会总储蓄减少，社会总需求膨胀。经济前景不好时，社会总投资急剧减少，生产全面萎缩，社会总储蓄相对增加，社会总需求不足。把所有个人的理性行为累加起来，其结果是整体利益的损失。在繁荣期，扩大投资或增加消费对于个人来说，是合理的经济行为。但从社会整体的角度，会出现生产能力的过剩和消费过度。在衰退期的情况也是一样。个人理性行为的累加效果可能是集体行为的非理性，这就是合成谬误。

作为市场经济运行的副产品，失业和通货膨胀也与经济波动关系密切。在经济衰退和萧条时期，失业率会由于投资锐减、企业开工不足而上升。通货膨胀则往往发生于经济高涨时期，此时由于需求大增，拉动物价上升，货币供应量吃紧。失业和通货膨胀对社会造成巨大危害，失业可能导致失业者陷入贫困，贫困容易使人走向绝望。处在绝望境地的人容易铤而走险，对社会稳定是一种极大的威胁。通货膨胀降低了人们的实际收入，特别是低收入阶层和工资、养老金等固定收入来源的人，在通货膨胀期间受到的影响最大。他们多年的积蓄可能在一夜之间变成"废纸"，与此同时，那些投机商人则可从中得到暴利。通货膨胀也会使某些人致贫，加大社会的不平等，引起人们的不满，激

[①] [美] 保罗·克鲁格曼、罗宾·韦尔斯：《微观经济学》，黄卫平等译，中国人民大学出版社2012年版，第17页。

化社会冲突。

经济波动和与此相关的失业及通货膨胀，理论上讲，可以通过市场自发的调节来解决。但是市场机制对经济失衡的自发调节是一种事后调节，社会为此付出的代价过于高昂。

第二节 政府的经济职能定位

为了弥补市场失灵，需要政府对经济进行干预，政府的经济职能应运而生，政府权力具有公共性、强制性、全局性，在一定程度上可以通过公共政策矫正市场失灵。

一 限制垄断

针对垄断对市场机制的破坏，政府的任务是限制垄断，恢复竞争。在确保市场的竞争秩序方面，政府的方法是限制企业的规模和市场占有率，防止企业达到垄断地位，以便于其他企业进入市场，保证正常的竞争。比如，企业利用市场垄断地位操纵价格的行为将被视为违法。

在自然垄断行业里，针对企业倾向于使产品的价格高于正常水平而产量低于正常水平，造成资源利用不足的问题，政府通过税收和财政补贴来矫正由于垄断所造成的资源浪费。具体而言，政府可以通过给予垄断厂商补贴，鼓励它们把产量扩大到生产可能性的边缘；也可以采取给消费者补贴和对垄断生产者征税相结合的办法来引导垄断厂商把产量扩大到竞争条件下的水平，与此同时还为社会提供一笔税收净收入[①]。

由于自然垄断具有经济上的合理性，所以在自然垄断行业中，政府要保护企业的垄断地位。首先需要明确的是，在保护自然垄断行业企业的垄断地位的同时，需要政府采取措施，防止该企业利用自己的垄断地位提高产品的价格，损害消费者的利益。其次，在自然垄断行业里，政府需要限制竞争。在自然垄断行业里，新加入的企业为了与垄断厂商竞争，会压低自己产品的价格，迫使

---

① [美] 保·R. 格雷戈里:《比较经济制度学》，葛奇等译，知识出版社1988年版，第57页。

已有的垄断企业也降低产品价格。由于该行业的产品价格在自然垄断状态下已经达到最低，新进入企业的压价策略导致双方都处于亏损状态，这种竞争的结果是两败俱伤，因而需要政府限制这种恶性竞争。

需要政府限制企业进入自然垄断行业的另一个理由是自然垄断企业的经营包含大量的"沉淀"资本，一次性投资规模很大，后续投资很少。比如建设电力公司，建电站、架设电网的投资很大。一旦建成送电以后，只需燃料和维修等少量费用。生产开始以后，边际成本低于包含沉淀资本投资的平均成本。电力的价格不能以边际成本为依据，而要以平均成本为依据。但是如果有竞争者加入，由于产品的差别小，竞争各方极有可能开展价格竞争，把价格压低到平均成本以下来相互竞争。长期下去，各方都无法回收沉淀资本的投资，结果也是两败俱伤。这就是所谓的"毁灭性竞争"。

需要注意的是，自然垄断并非一种固定的地位。随着科学技术的进步，沉淀成本可能会降低，以至于不再存在自然垄断的进入门槛，原先的自然垄断行业出现越来越多的竞争，比如在通信行业，技术的发展使得原来独家的垄断地位大为削弱。此时政府的规制方式也随之由限制竞争转为增强竞争的方式。

二　克服外部效应

外部效应问题无法通过市场过程自动地解决，市场活动基于自愿交易，买卖双方通过交易而各自获利。在发生外部效应时，特别是负的外部效应，一个企业或个人的行为对另一企业或个人造成了损失，但受损一方无法通过自愿交易的方式向肇事者追索损失。

外部效应问题的困难在于受损一方难以向造成损失的一方索赔。造成外部效应的原因有两个：一个原因是缺乏权利关系上的依据。企业或个人之所以难以向造成自己损失的企业或个人追索赔偿，是因为当事双方产权关系的模糊。例如，一个企业的生产活动污染了河水，由于水是公共物品，每个企业都有同等的使用权，都没有排他性的所有权。所以受到这个企业污染河水的影响的其他企业和个人无法向其索赔。另一个原因是产权模糊导致的高交易成本。在多数情况下，造成河水或空气污染的厂商或个人不止一个。作为受损一方的个人或厂商无力单个向这个群体收取费用或是补偿①。即使能够收费，但谁是最严重的污染源，向各个污染源收取多少费用，也很难确定。另外，在市场状态下每个企业和个人对公共物品的使用都缺乏约束。在这种行为倾向的影响下，每个人因而都追求个人利益最大化，其累加结果是公共财产的枯竭，每个人都受到损害。

外部效应问题只能通过政府来解决。外部效应发生在交易双方无法通过市场实现交换，而又必须进行交换的时候，需要政府借助政治权力，规定交易双方的权利，规定交易价格，强迫双方进行交易。在上述例子中，政府可以规定，造成污染的企业向受污染的企业和个人支付赔偿。当受到外部效应影响的个人和企业无法准确辨认时，可以由政府向污染源企业征收一笔费用，然后分别支付给受损失者。政府介入市场的另一个理由是避免公共财产的枯竭。出于保护公共财产的需要，政府可以强制中止企业或个人的经济行为。这样可以避免上述无法实现的交易过程的出现，从而避免了外部效应问题。对于公共资源，当个人参与者之间无法通过契约达成使用协议时，可以诉诸政府，由政府决定这部分公共物品的分配。上例中如果政府是河流等自然资源的所有者，它就有权制止个人或企业使用河流。即使资源属于个人或企业，政府仍有权对个人或企业使用自己的资源进行必要的限制。通过政府的介入，可以保护公共物品，从而保证每个人都能从公共物品中受益。

三　克服逆向选择和道德风险

由于逆向选择和道德风险源自交易过程中的信息不对称，其中有一方处于不完全信息的状态，所以克服逆向选择和道德风险的思路是解决交易双方的信息不完全问题。由于信息不完全问题来自市场自身的缺陷，单纯依靠市场的力量，比如竞争，无法消除信息不对称导致的问题，所以需要借助政府等公共部门来解决。政府解决逆向选择和道德风险问题的基本思路是解决信息不完全问题。在交易事前重点保护消费者，事后重点保护生产者，主要是保护交易中处于信息劣势的一方。

---

① ［美］米尔顿·弗里德曼：《资本主义与自由》，张瑞玉译，商务印书馆1988年版，第31—32页。弗里德曼把外部性称为邻近影响。

为了纠正逆向选择，解决消费者的不完全信息问题，政府干预的基本思路是让消费者在交易之前了解足够的关于商品的信息。有了充分的信息，消费者会根据自己的要求和愿望进行选择，市场就会自然淘汰那些不良的产品以及产品的生产者，提高资源配置的效率。由于减小了买方信息的不完全程度，所以能够形成一种使企业自我约束的机制。

首先，强制性的信息披露。政府要求生产者或销售者及时、准确、全面地公开其所生产或销售的产品的有关信息，特别是那些对买方至关重要的信息。政府的另一个重要职能是确保这些信息的真实性。针对信息在买卖双方的不对称，政府禁止虚假的或欺骗性的广告宣传，禁止在广告和商品的装潢上向消费者提供与商品实际性能不符的信息。国家对市场的这种干预旨在恢复市场优胜劣汰的功能。

其次，强制性的质量监管。政府针对各种不同类别的产品制定技术和质量标准，产品上市必须通过政府有关部门的鉴定，不合格者不得上市。对已经上市的产品，政府对产品和服务的质量进行定期的检查，并将检查的结果公之于众，继续保持消费者对产品的尽量多的了解。质量监管的重要手段是采用标准化的生产方式和销售服务，确保消费者无论在何时何地，都能得到同样质量和性能的产品。为了确保在信息不完全的情况下，消费者的利益不受损失，政府规定生产者或商家必须对所出售的商品负责，例如商品"包退、包换和包修"（即"三包"）制度对商家的强制约束。

为降低道德风险，解决生产者或销售者的不完全信息问题，政府干预的基本思路是监督买方的行为。道德风险发生在交易行为以后，卖方由于缺少关于买方可能行为的了解，无法对买方进行有效的监督，因此需要政府制定相关的法律和政策，对买方的行为加以约束。一是对于那些利用商品售后保证制度和保险业理赔制度进行欺诈的消费者，给予法律制裁，保护生产者的合法权益。二是对委托—代理关系中的代理方利用职权损害委托方利益的行为给予法律制裁，例如目前各国都建立了关于股份公司的法律，严格规定经理或厂长的资格，严格限制他们的行为。通过法律把经理或厂长的经营行为纳入股东大会和监事会的监督体制。

除了监督买方之外，政府还引入了"激励"手段。卖方信息的不完全之所以被称为道德风险，是因为卖方对买方在事后的行为没有有力的监督手段，只能寄希望于对方的道德良心。为了避免道德风险，卖方可以采取各种奖励措施，鼓励买方按道德原则行事。消极限制和积极鼓励相结合，引导消费者或代理方不做有损于生产者或委托方的事。

四 实现社会公平

市场在配置资源的同时，也进行收入的分配。但是通过市场机制自发地进行分配，会导致收入差距的加大，引起一部分人的贫穷，造成超出社会所能承受的贫富两极分化。"市场可能既不会产生经济上令人满意的（效率）结果，也不会产生社会上理想的（平等）结果。"① 贫富分化导致社会成员之间的对立和冲突，破坏经济发展的环境，所以单纯追求效率不利于社会的稳定。相反，"财富、人力资本和政治势力更平等的分配有助于增长，从这可以引申出一个社会不平等程度对制度发展路径有重要影响"②。市场机制下的收入和财富分配的不公平无法通过市场机制自发地解决，政府介入分配领域由此成为必须。"'平等的'再分配并非产生于自由发挥作用的市场，因为对于赠与者来说，由博爱和仁慈所产生的收益是外部的，并且由他们来提供也是不合适的，相反，应将社会作为一个整体来加以实现。如果听任市场自身的运行，那么它所产生的再分配将比它的'效率'（也即社会理想的）更少，原因在于与外部性、公共物品和不完全市场相联系的'无偿使用'问题。"③

政府实现社会公平需要通过对收入进行"再次"分配，市场机制下的分配为"初次"分配，初次分配遵循效率原则，导致收入差距的拉大。在市场机制作用下所决定的收入初次分配状况极不公平，因而需要有一种有助于实现公平目标的再分配机制，"由于有效配置并不必然是公平的，社会就必须在某种程度上依靠政府在家庭之间再分配收入或商品以实现公平的目标"④。政府

---

① [美] 查·沃尔夫：《市场或政府：权衡两种不完善的选择》，谢旭译，中国发展出版社1994年版，第17页。
② [美] 科斯、诺思等：《制度、契约与组织——从新制度经济学角度的透视》，刘刚等译，经济科学出版社2003年版，第148页。
③ [美] 查·沃尔夫：《市场或政府：权衡两种不完善的选择》，谢旭译，中国发展出版社1994年版，第25—26页。
④ [美] 平狄克、鲁宾菲尔德：《微观经济学》，张军等译，中国人民大学出版社2000年版，第514页。

进行再次分配的目的是纠正市场分配导致的收入差距过大问题,秉承的是公平原则。政府实现公平的手段主要是通过再分配政策,包括税收制度和社会保障制度,从两个方面实现公平。通过税收制度,包括累进制的所得税、遗产税、赠与税等,缩小贫富之间的收入和财产上的差距;借助失业救济、养老保险、医疗保险等社会保障和福利项目帮助处于困境中的人,以减少贫富差距给人们实际生活带来的伤害。

机会平等是实现社会公平的根本出发点。每个人在天赋上不可能是完全相同的,这就使得付出同样的努力,得到的结果不同,有时差距会很大。如果造成个人之间收入和财富的差距过大,也会导致人与人之间在其他方面,比如政治权利和社会发展机会等方面的不平等。因而需要通过社会的帮助,使得天赋不同的人有同样的发展机会。机会不均等的原因可能来自外部条件。即使个人之间在天赋上是接近的,但某个或某些人仍可能由于自身的某种或某些条件所限,天然处于不利的地位。条件上的差距对于个人来讲是外在的,个人凭自己的力量难以改变。条件上的差距也会导致个人之间在收入和财富上的差距,如果不加以限制,差距可能会很大。解决发展条件上不平等的途径是通过社会的帮助,给予所有的参与者同样的发展机会。机会均等的目的在于达成尽管"佃农的孩子决不可能与亿万富翁的孩子有平等的机会成为总统,但可以制定制度,使佃农的孩子不会公然被排除在这场比赛之外"这样的境界①。

五 提供公共物品

消费上的非排他性使得公共物品的生产和经营不仅无法获利,而且还要支付无法收回的成本。这种成本收益状况造成私人企业不愿意生产和经营公共物品,只能由政府来组织。

政府介入公共物品的生产和经营主要有以下几种方式。

一是政府直接承担公共物品的生产和经营。公共物品在消费上和收益上的非排他性使得公共物品的生产者或拥有者无法向所有的受益者收取费用,比如

---

① [美]詹姆斯·布坎南:《自由、市场和国家》,吴良健等译,北京经济学院出版社1988年版,第137页。

国防事业，军队无法向所有的国家安全受益者收取费用，因为确定一个人是否从国防事业中受益，以及他是否愿意受益十分困难。像这种只有投入没有利润的事情，私人企业自然不会去做，只能依靠政府来支付维持军队的费用。

二是由政府决定公共物品的分配和消费。通常根据不同的公共物品的"公共"程度和其与市场的关联程度来确定它们被政府管理的程度。对于纯粹的公共物品，像国防、治安等公共物品的占有和消费都具有非排他性，应该无偿提供，对所有的人开放。

政府生产和经营公共物品的成本来自税收制度，包括收税和收费。通过税收制度，把公共物品的成本强制性分摊到纳税人身上。像国防这样的公共物品的成本，表面上个人是免费享用的，但实际上是以纳税为代价的。有些公共物品的提供则要由消费者的人数多少来确定，也即根据这些公共物品的使用是否"拥挤"来决定如何提供。像公路、桥梁、公园等公共场所，如果没有产生拥挤现象，增加一个消费者以后的边际成本几乎等于零，所以没有必要收取费用。但是当消费者多到"拥挤"的程度时，就应该采取某种措施来限制消费，否则会由于过度消费而毁坏这些公共物品，同时也造成资源的浪费。对于某些公共物品的生产和经营，如教育、医疗等，政府也通过政策鼓励私人企业参与。引导私人企业进入公共物品领域，有助于约束官僚机构的低效率，是一种激励机制。但同时政府在保证企业盈利的同时，防止其追求利润最大化而损害公共利益。

六 维持宏观经济稳定

为了避免"合成谬误"所引起的宏观经济波动，需要政府对宏观经济总量进行调节和控制，"国家可以通过经济政策——通过支出、课税和改变货币供给量——对经济运行的表现施加重大影响"[1]。政府宏观经济调控的目标是维持宏观总量的平衡，即社会总供给和总需求的平衡，政府利用经济政策、经济杠杆、经济立法和行政手段来调控经济总量。

针对合成谬误中集体理性与个人理性之间的冲突，政府从社会整体的角度

---

[1] [美] 保罗·A. 萨缪尔森等：《经济学》上，高鸿业等译，中国发展出版社1992年版，第130页。

出发，当众多个人纷纷热衷于加大投资、增加消费，在总需求超过总供给时，政府通过政策手段设法减少总需求，使投资和消费不要过旺。当经济趋向衰退时，大多数人节衣缩食、减少消费、停止投资的时候，政府则积极干预经济，刺激总需求，鼓励投资和消费。政府宏观经济政策主要包括财政政策和货币政策，其政策目标是平衡总需求和总供给，稳定宏观经济。除了财政政策和货币政策之外，政府的宏观调控政策还包括累进税制度、失业保险和其他福利方面的转移支付。"税收（除了一次性定额税）和某些转移支付的规则被称为自动稳定器，它们会自动降低经济周期性波动的幅度。相反，相机抉择的财政政策是政策制定者的主动行为而非来自经济周期。"[①] 通过解决失业、通货膨胀等问题，减少经济波动带来的损失，这些政策起到随着经济的变化调节总供给和总需求的作用。

因为政府本身是经济中总支出的一个重要组成部分，所以税收和转移支付会影响消费者和企业的支出，政府可以通过改变税收或者政府支出来引起总需求曲线的移动。2008年的经济刺激计划是运用财政政策的典型事例：运用税收、政府转移支付或政府购买产品和服务可以移动总需求曲线，达到稳定经济的目的。政府通过移动总需求曲线来"封闭缺口，也就是当总产出水平低于潜在产出水平时的衰退缺口，或者是总产出水平大于潜在产出水平时的通货膨胀缺口"[②]。

调节经济节奏，"熨平"经济波动，还需要政府在产业结构的调整和优化方面发挥作用。对于在微观层次的众多企业和个人，政府的作为在于根据其信息方面的优势，制定一些税收政策、产业政策，引导企业和个人的经济行为，指导产业结构走向合理化，也起到控制宏观经济总量的作用。

第三节 政府失灵问题

针对市场失灵，政府对市场运行进行干预。但是由于外部条件的缺失和政

---

① ［美］保罗·克鲁格曼、罗宾·韦尔斯：《微观经济学》，黄卫平等译，中国人民大学出版社2012年版，第255页。

② ［美］保罗·克鲁格曼、罗宾·韦尔斯：《宏观经济学》，赵英军等译，中国人民大学出版社2012年版，第233页。

府的内在缺陷，这种干预有的时候能达到理想目标，有的时候反而造成更多的问题，出现"政府失灵"的现象。政府失灵现象使得政府面临着更为复杂的两难局面，一方面政府干预必不可少，另一方面政府干预却又造成新的问题。政府失灵包括限制垄断的困难、公共失灵、再分配政策弊端、宏观经济调控失灵、政府行为低效率等。

一 限制垄断的困难

政府限制垄断的目标是达到使"生产者不通过限制产量，提高产品价格的方法剥削消费者"[1]。政府要做到实现反垄断的目标会遇到一系列困难。

一是如果政府对垄断行业的产品进行价格管制，生产企业可以通过降低产品质量的办法减少成本，使得企业价格不变的情况下仍可以获得超额利润。

二是价格管制还会导致企业失去技术创新动力。一般情况下，政府定价时把价格确定在企业抵消生产成本之后的"正常"盈利水平，就是边际成本等于平均成本的水平。如果企业通过技术革新，降低生产成本，政府可能根据降低后的成本，把商品定价降下来，使企业的利润又回到原来的"正常"盈利水平。由于企业降低生产成本的努力被政府新的定价抵消，企业因而失去技术创新的动力。

三是征收超额利润税的方式难以奏效。政府可以通过向垄断企业征收超额税收的方式，把垄断利润抽出一部分用于再分配。这样虽然会改善收入分配状况，却不能改进效率。垄断企业还是可能通过追求超额利润最大化的方式，实现税后利润最大化，也即垄断企业的生产决策方式没有改变。

四是政府目前在确定对垄断企业征税的适当数额时候，缺乏计算的依据，也缺乏数据准确性的保障。

五是政府对自然垄断行业的管制会把行政垄断带到经济领域。来自政府的垄断是最严重的，对竞争的影响也是最大的。政府对经济活动的干预还会产生租金，如政府的价格管制、政府的特许权、政府的关税和进口配额、政

---

[1] [美]詹姆斯·E.米德：《效率、公平与产权》，施仁译，北京经济学院出版社1992年版，第167页。

府订货等经济行为都会出现租金，结果可能导致企业的"寻租"和政府的"创租"或"抽租"。企业和个人可以通过得到或接近政府的管制权力，享有来自行政垄断的好处。政府干预经济的一个副产品是使官员腐败的可能性大大提高，所以政府如果对经济干预不当，其对市场的破坏可能比"市场失灵"还严重。

二　公共失灵问题

市场经济中的外部效应的存在说明政府介入市场的必要性，但是：

首先，"要知道邻近影响（即外部效应——引者注）在什么时候大到足够的程度，以至值得为了克服它们而花费特殊费用是困难的，而且以适当的形式来分配这些费用甚至更困难。"① 当公共资源的使用遇到"拥挤"问题而面临枯竭的时候，需要政府的公共权力介入；当面临环境污染的时候，需要政府出面制止污染，并建立治理污染的制度。但是不同当事人对于环境污染或"拥挤"的外部效应主观感受不同，对于消除外部效应愿意支付的成本数额也不同，这使得政府介入市场的程度和时机，也即在什么时候外部效应足够大，以至于政府必须介入，并没有明确的标准。

其次，政府对经济的干预可能也会造成外部效应问题。政府在解决外部效应问题的同时，也会产生副作用——权力进入市场过程会造成市场的紊乱和中断。政府权力介入市场产生双面效果，正面的效果是解决了那些无法通过自愿交易解决的外部效应问题；负面的效果是在市场过程中插入了强制性干预，也会妨碍自愿交易，破坏市场机制。其中一个重要原因是政府对于何时介入、如何介入以及介入市场的程度，通常难以得到足够的信息。

最后，政府提供或分配公共物品也会遇到效率问题，即可能导致公共物品生产和经营的低效率。造成公共物品生产和经营低效率的原因是"搭便车"问题，公共物品消费和受益时的非排他性使得私人企业不愿意生产和经营，政府不得不介入。但是"搭便车"的现象不可避免地使得公共物品的收益无法与其支付紧密结合，这种脱离市场原则的生产如何做到高效率，目前还没有找到有效的途径。由于公共物品由政府管控，企业和个人可以通

---

① ［美］米尔顿·弗里德曼：《资本主义与自由》，张瑞玉译，商务印书馆1988年版，第33页。

过接近政府权力而得到公共物品，结果出现一种错误的行为导向：造成企业和个人对政治权力的追求胜过对经济活动的兴趣，从而减少了社会活力的来源——经济创造性活动。

三 再分配政策的弊端

政府主导的再分配政策以实现公平为目的，其中包含平等精神，而平等与效率是矛盾的。政府保障公平和市场经济追求效益，在出发点上就存在着明显的不一致。由于来自政治上的对平等的追求与市场机制的效率原则相悖，政府在寻求公平时会导致非效率。

第一种非效率是所谓的"漏桶效应"。政府收入的再分配制度通过税收和社会保障制度来实现。税收来自企业和个人的收入，政府从中拿出一部分资助低收入者。"然而，这项方案有一个无法解决的技术难题：这些钱必须通过一个漏桶从富人那儿传送给穷人。在转交过程中，一部分钱将会不翼而飞，所以穷人不会全部收到取自富人的钱。"[①] 在税收转为社会福利支出的过程中，"不翼而飞"的那部分钱实际上是政府进行税收和兴办社会福利事业时的行政管理成本。

第二种非效率来自为实现收入均等而实行的税收和福利政策对社会成员的生产积极性的消极影响。由于再分配政策是"抽肥补瘦"，会导致高收入者生产积极性下降，这也是效率损失。"紧随高税率而来的是足智多谋的人们与之抗击的尝试，这就像雪后有玩雪橇的小男孩一样肯定。错误努力的形式之一，是企业把需纳税的开支作为在职人员的奢侈性经费。"[②] 纳税是对个人收入的一种扣除，随着税率的提高，人们纳税意愿下降，企业和个人会设法减少纳税支付，其中合法的方式是用"公"款消费，把个人的一部分消费记入生产成本。

第三种非效率是导致"懒汉现象"。社会保障制度使得不工作的人也可以靠政府救济生活下去，在率先实行福利制度的一些西方国家，有的人故意不去工作，长期依靠政府的福利，安于失业，安于贫困。由于社会福利制度已经越

[①] ［美］阿瑟·奥肯：《平等与效率》，王奔洲译，华夏出版社1987年版，第83页。
[②] 同上书，第87页。

来越复杂，难免存在漏洞，使得在有的西方国家个人有工作时反而比失业时实际收入少，也促使个别人依赖政府救济。这种安排基本上也是非效率的。另外，由于用来再分配的是公共物品，难以避免"搭便车"问题，如何避免出现新的"大锅饭"现象，是再分配政策面临的挑战。

平等是每一个人都应具有的一种权利，从平等出发，要求对每个人同等对待。效率所强调的是对不同的人和付出不同劳动量的人应该给予不同的待遇，从效率出发，强调人们之间的差别。"收入再分配的根据通常并不是对经济效率的追求。它是基于超越其上的社会价值观：社会各界一致同意，当市场导致一些人收入很低以至于他们不能维持一个最低的生活水平时，政府应当救助这些人们。"① 平等造成的非效率给政府提出如何协调两者的艰巨任务。

四 宏观经济调控失灵

政府宏观经济调控立足于对经济波动进行事先控制，其作用方向是逆经济景气而动，以达到"熨平"经济波动的目的。宏观调控是否有效以对经济发展趋势的预测是否准确为基础，但是由于经济发展受到众多有差异的经济参与者主观因素的影响，难以准确预测使得宏观经济政策的调控结果一直具有不确定性。

宏观调控有效性遇到的第一个困难是难以准确预测经济发展的趋势。无论是通过数学模型来预测，还是确定领先指标指数或通过经济普查来预测，预测的准确性均取决于原始数据的可靠性、变量的选择、指数的确定和调查的范围等因素。由于经济主体的主观因素难以排除，数学模型依据的数据是否客观和可靠，并没有确定的把握。变量选择的主观因素同样难以排除，"尽管有众多的等式来说明各有关经济变量的确定，模型中总要留下一些无法用等式关系说明的各有关经济变量"②。指数的确定和调查范围的选择也难以排除偶然性。实践中对经济的预测是非常困难的事情，1997年的亚洲金融危机和2009年的国际金融风暴，事先都缺乏准确的经济预测。另外，很多模型都预测美国

---

① ［美］约瑟夫·斯蒂格利茨：《经济学》上册，姚开建等译，中国人民大学出版社1997年版，第514页。

② 魏勋等：《现代西方经济学教程》下，南开大学出版社1992年版，第365页。

1979年将出现衰退，但实际上却没有发生。

第二种困难是宏观经济政策缺乏灵活性，无法根据经济情况的变化及时调整。政策过程有自己的周期，是个政治过程，与经济的周期并不吻合。例如，财政政策中关于政府支出和税收的政策一般是以财政年度为单位的，如果经济的变化恰好不在财政年度的末尾，而是在年中，财政政策的调整会到财政年度结尾的时候才发挥作用。即使出台了应对性的新政策，还可能受到"政策时滞"的影响而不能及时发挥作用。首先是认识时滞，即从问题产生到被纳入政府决策者视野需要的时间。其次是决策时滞，即从政府认识到某一问题到政府最后得出解决方案的这段时间。再次是政策出台后还会遇到执行与生效时滞，即从公布一项政策到付诸实施并产生效果需要的时间。由于存在这些时滞，当某项政策得以实施的时候，可能已经时过境迁，政策失去针对性了。其他宏观调控政策，比如货币政策的相机抉择也受到"时滞"问题的困扰。

第三种困难来自政策的惯性，具体表现为推进扩张性政策容易，实行紧缩性调整困难。政府实行扩张性财政、货币等政策的时候，由于社会福利提高，所得税减少，银根放松，很多人随之受益，扩张性政策普遍受到欢迎。如果削减政府开支和福利项目，增加税收，收紧银根，马上会有很多人利益受损，紧缩性政策的实施阻力大。政治领导人大多不愿冒失去政治支持的风险，使得扩张性财政一再成为政府的选择，"相机抉择"宏观调控手段失去弹性。

五 政府行为的低效率

不同的国家或同一个国家在不同的时期或不同的条件下，并不总是在主动促进经济，提高国民的福利，低效的经济和不良的政府可能会存在。

第一，政府行为往往不计成本。官员花的是纳税人的钱，政府支出的目的是公共用途。这种花钱的方式就像美国自由主义经济学家弗里德曼所说的"用他人的钱，为别人办事"，政府在决定公共支出的时候既没有降低成本的压力，也没有增加利润的动机，官员行动时候的自由度比市场中私人企业家还大。为了提高公众支持率，政府尽量满足来自方方面面的要求，而不考虑其中的每一项要求是否真正需要，各项要求之间是否重复，一味提高公共福利或增加公共物品。政府的这种行为逻辑使得不计成本的政府行为不断，公共产品经常超量供应，造成资源的浪费。

第二，政府规模易于膨胀。政府行为缺乏成本约束的一个直接后果是导致政府规模的过度扩张。政府规模的膨胀表现在预算和人员两个方面。预算膨胀的一个重要原因是财政制度，通常情况下，政府中部门的年度财政节余不能自留，必须上交国库，而且如果本年度有结余，下一个年度的预算还会因此而减少。降低成本不但不能给该部门带来直接的收益，还有可能造成损失。这种结果使得政府中的部门都会尽量地扩大开支，而且各个部门都倾向于这样做，结果是政府规模的膨胀。从官员个人的动机看，自身待遇的提高、影响力的扩大、工作负担的减轻等，都要通过扩大自己机构的规模和提高预算来实现。官员个人的行为动机也是政府规模膨胀的一个推手。政府的过度扩张会造成日益沉重的财政负担，政府开支不断扩大，其结果只有利于官员，公共利益因此而受损。

第三，政府内部缺乏竞争。政府权力是垄断性的，政府中的各个部门对于各个公共物品提供与分配的决定，具有唯一的权力。政府部门相互之间没有竞争，政府部门内部也没有竞争。政府的"双重"垄断地位使得其部门缺乏降低成本、提高质量的压力。垄断免除了公共部门的外部竞争压力，同时也就免除了提高效率和服务质量的内在动力。由此导致一些公共部门效率低下。政府中的部门还可以利用这种垄断地位，在供给公共物品时降低服务质量，提高服务价格。不仅如此，由于官员的权力是垄断的，有"无穷透支"的可能，他们一旦决策失误，由此所造成的资源浪费可能远远大于一个企业家的投资失误。

第四，政府行为的低效率还表现为政府决策达不到帕累托最优。在政策制定过程中，政府官员的个人得失，官员所在部门的利益，某些对政府影响力大于其他人的集团的利益，都可能左右政策结果，因而一项公共政策很可能没有体现公共利益，其效果达不到帕累托最优。民众很难对政府进行有效的监督。民众无法直接参与政府的行政过程，对于公共政策过程的信息了解不完全，很难确定官员在行政中的政策是否符合帕累托最优，民众对政府的监督作用将会由于信息的不完备而失去效力。

第五，政府行为效率评价困难。政府的行为主要是提供或分配公共物品，公共物品的非市场性使得其产出很容易用一套明确的评估标准加以测定。政府机构在典型情况下并不供给某个数量单位的产出，而是进行不同水平的活动。这使得对公共机构所提供的许多物品和服务的产出水平难以测量。评价公共物品效率通常是通过比较社会成本和社会收益，但衡量社会成本和社会收益是困难的，关于某项政策的边际社会成本在哪一点等于边际社会收益往往难以确定。由于公共政策过程是一个公共选择过程，公共物品的产出和其效果之间存在时间上的滞后性，也给公共物品效率的评估带来困难。

思考题：
1. 如何全面理解市场机制存在的问题及其危害？
2. 如何全面理解政府的经济职能？
3. 政府失灵包括哪些方面？政府失灵产生的原因有哪些？
4. 政府失灵有哪些主要的危害？
5. 政府干预市场的界限是什么？如何正确理解政府与市场的关系？

第 三 章

公共物品及其提供

公共物品理论是公共经济学的核心内容之一。由于公共物品具有效用的不可分割性、消费的非竞争性和受益的非排他性三个特征，使得公共物品难以通过市场由私人提供，而公共部门提供公共物品又存在配置效率问题，因此，如何有效地提供公共物品成为人们关注的话题。本章在阐述公共物品基本概念的基础上，分析公共物品的类型、公共物品供给的主体以及公共物品的供给方式。

第一节　公共物品的类型

一　公共物品的特性

英国古典经济学家亚当·斯密最早论及"公共物品"的性质和供给问题。他在《国民财富的性质和原因的研究》（简称《国富论》）中写道："公共物品对于一个社会当然是有很大利益的，但就其性质说，设由个人或少数人办理，那所得利益决不能偿其所费。所以这种事业，不能指望个人或少数人出钱来创办或维持。"[①] 1919 年，瑞典经济学家林达尔（Erik Lindahl）提出了公共物品理论。在《公平赋税原理》一文中，他提出："公共物品的生产同私人物品的生产一样，都是社会成员通过交易各自获益的社会结果。人们通过公共物

---

① ［英］亚当·斯密：《国民财富的性质和原因的研究》下，商务印书馆1974年版，第284页。

品的消费获得满足，人们缴纳的税款则是为公共物品的生产支付的成本价格。"① 1954 年萨缪尔森的论文《公共支出的纯理论》被广泛地认为是讨论公共物品的最重要文献之一。萨缪尔森提出公共物品是"每个人的消费不会减少任意其他人对这种物品的消费"的物品。② 曼瑟尔·奥尔森（Mancur Olson）在《集体行动的逻辑》中定义的公共或集体物品为：任何物品，如果一个集团 $X_1, \cdots, X_i, \cdots, X_n$ 中的任何个人 X_i 能消费它，它就不能不被那一集团中的其他人消费。③ 丹尼斯·缪勒（Dennis C. Mueller）提供了一个更为精确的定义，公共物品指"能以零的边际成本给所有社会成员提供同等数量的物品"。④ 公共物品或服务的特性是将它与私人物品或服务的特性进行比较后归纳出来的，相对于私人物品或服务来说，公共物品的特性主要表现在如下三点。

（一）效用的不可分割性（Nondivision in Utility）

公共物品是向整个社会提供的，具有共同受益或联合消费的特点，其效用为整个社会的成员所享有，既不能将其分割为若干部分分别归于某些人或厂商使用，也不能按照"谁付款、谁受益"的原则，限定为支付款的个人或厂商享用。因此，国防、外交等不可分割上市销售，只能由政府拨款统一建造、统一提供，任何时候都不能分开消费。相比之下，私人物品的效用是可以被分割的。私人物品的一个重要特征就是它可以被分割为许多能够买卖的单位，而且其效用只对为其付款的人。

（二）消费的非竞争性（non‐rivalry）或供给的相联性（jointness of provision）

对产品的消费和使用一旦发生拥挤，消费者对该产品的消费行为就具有竞争性。私人物品都具有消费竞争性，公共物品则具有非竞争性或供给的"相

---

① 方福前：《公共选择理论——政治的经济学》，中国人民大学出版社 2000 年版，第 78 页。
② ［英］C. V. 布朗、P. M. 杰克逊：《公共部门经济学》，中国人民大学出版社 2000 年版，第 21 页。
③ ［英］曼瑟尔·奥尔森：《集体行动的逻辑》，陈郁、郭宇峰、李崇新译，上海三联书店、上海人民出版社 2003 年版，第 13 页。
④ ［美］丹尼斯·缪勒：《公共选择理论》，杨春学等译，中国社会科学出版社 1999 年版，第 15 页。

联性",意思是一个人的消费不会造成其他人消费数量的减少,这意味着当该产品供某人使用时,其他人消费该产品造成的额外成本很小或实际上为零。[①]因此消费者的增加既不会提高成本,也不会造成短缺。如国有电视频道,一个观众的收视不会影响其他观众收看该频道节目的数量和质量,这里不会发生拥挤现象,而且当全国观众都收看国家电视节目时,不会相应地增加国家电视台的播放成本。又如海啸预警公告,一国的接收并不妨碍另一国的接收,即使增加了新接收者,也不会增加预警方和接收者的成本。

(三) 受益的非排他性(non-excludability)

非排他性是指无须支付成本也能从某项公共物品的消费中获得好处,或者阻止不付费消费者的消费行为很困难。当个人独自追求其利益时,他经常为他人创造外部经济(或外部性),也就是说,他为别人提供好处,而别人根本不需要为之付费或仅支付部分费用。显而易见,私人物品具有排他性,也就是说一种产品只能被特定的个人或一个有限的团体来消费。公共物品一旦被生产出来,其利弊优劣就归于所有人。当它被消费和使用时,不能拒绝或排斥其他人的消费和使用,不论消费和使用者是否为之付费。

纯粹的公共产品具有效用的不可分割性、非排他性和非竞争性三个特征,我们也可以通过这三个特征从理论上判断一种产品是不是公共产品。出于简便的需要,可以按以下步骤来进行。

第一步,这种产品的效用是否具有不可分割性,如果具有不可分割性,则进入第二步。

第二步,该种产品的消费是否具有非竞争性,如果具有非竞争性,则进入第三步。

第三步,该种产品的受益在技术上是否较容易排他,如果不能排他,则该种产品或劳务必为纯粹的公共产品。

如果一种产品既不具有效用的不可分割性,又不具有消费的非竞争性和受益的非排他性,则该种产品可以看作是纯粹的私人产品。以上步骤可以用图3—1 表示。

---

① Bruce M. Russett, John D. Sullivan, "Collective Goodsand International Organization", *International Organization*, No. 4, 1971, pp. 845–865.

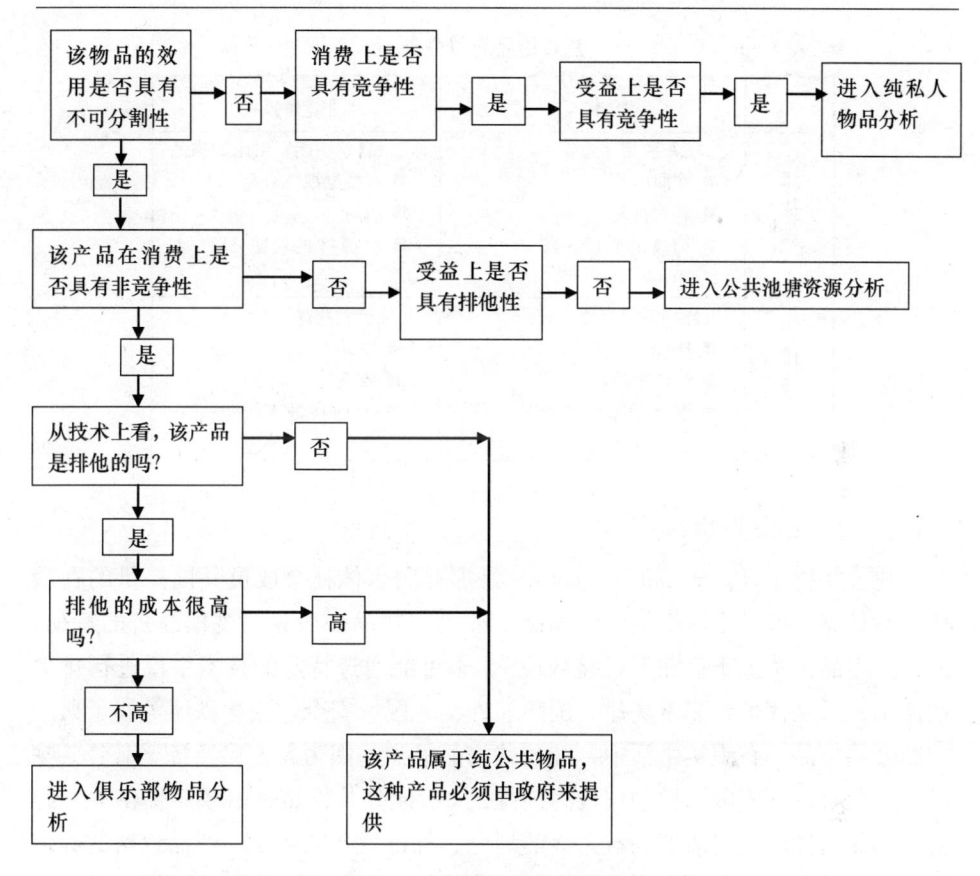

图 3—1　判断公共物品的步骤

二　公共物品分类

现代经济学中广泛接受的定义，是被后来的经济学家所发展的萨缪尔森式的定义：公共物品是同时具有非排他性（non-exclusive）和非竞争性（non-rival）的物品。物品是否具有消费的排他性和竞争性，成为判断公共物品和私人物品的两个标准（忽略其效用是否可以被分割的特性）。下表是对公共物品的简单分类（见表3—1）。

表 3—1　　　　　　　公共物品简单分类

	竞争性	非竞争性
排他性	私人物品 ■ 衣服 ■ 私人汽车 ■ 拥挤的收费公路	（自然垄断）俱乐部物品 ■ 有线电视 ■ 消防 ■ 不拥挤的收费公路
非排他性	公共池塘资源 ■ 环境 ■ 海洋中的鱼 ■ 拥挤的不收费公路	纯公共物品 ■ 国防 ■ 安全 ■ 不拥挤的不收费公路

（一）纯公共物品

纯公共物品（pure public goods）是那种向全体社会成员共同提供的在消费上不具竞争性也不具排他性的物品。纯公共物品一般具有规模经济的特征，纯公共物品消费上不存在"拥挤效应"，不可能通过特定的技术手段进行排他性使用，否则代价将非常高昂，国防、外交、国家安全、法律秩序等属于典型的纯公共物品。在现实生活中，纯公共物品极少，因为新古典经济学对公共物品的定义是以高度限制性的假设为前提的。[①] 纯公共物品是由政府提供的，纯公共物品的性质使得诸如利益边界的划分、外部效益的补偿、产品价格的确定以及如何避免"搭便车"等问题，很难按照市场运作原则加以解释，而国家可以凭借政治权力予以妥善解决。

（二）俱乐部物品

俱乐部物品（Club goods）是一种在消费上具有非竞争性，但却可以轻易地做到排他的产品。因而，俱乐部物品又称为准公共物品。由于这类物品的消费者数目通常被界定在一定范围，而这一点与各种俱乐部提供的产品和服务一样，因而被形象地称为俱乐部产品。比如，商速公路、收费公园、城市供水供电供气、校园警察、动物园、展览馆、大学、电影院、收费博物馆、娱乐设

---

① Jean Coussy, "The Adventures of a Concept: Is Neo-classical Theory Suitable for Defining Global Public Goods?" *Review of International Political'Economy*, No. 1, 2005, pp. 177 – 194.

施、诊所、图书馆等。俱乐部物品的"公共性"是相对的，被限定在一定范围之内。由于制度上的安排，俱乐部产品仅限于会员消费。会员支付服务费或使用费从而排除了不能或不愿支付相关费用的消费者。因此，俱乐部物品与纯公共物品的区别在于存在一定的排他机制。而排他成本既包括对进入者实施管理的费用，也包括使用者在等候排队过程中支付的成本。

（三）公共池塘资源

公共资源（common resource）是一种在消费上具有竞争性，但无法有效地做到排他的产品。比如，公共牧场、矿产资源、渔场、草坪、广场等。一种资源如果能称得上是公共资源的话，它必须满足下列条件：（1）这种资源是不可分的（至少在当前技术条件下）；（2）资源的规模和大小是不可知或不可度量的；（3）这种资源的开发和利用存在外部经济的特性。由于这类资源是公有的，具有向任何人开放的非排他性。但由于这类资源是有限的，如果在消费过程中不加限制，就会出现过度消费现象。个体理性导致的结果将是集体的非理性，这就是经济学里说的"公地悲剧"。

公共池塘资源就是同时具有非排他性和竞争性的物品，是一种人们共同使用整个资源系统但分别享用资源单位的公共资源。它既不同于纯粹的公益物品（不可排他、共同享用），也不同于可以排他、个人享用的私益物品，同时也有别于收费物品（Toll Goods）或者俱乐部物品（可以排他、共同享用），它是难以排他但是共同享用的。

正如奥斯特罗姆教授所言："公共池塘资源是一种人们共同使用整个资源系统但分别享用资源单位的公共资源。在这种资源环境中，理性的个人可能导致资源使用拥挤或者资源退化的问题。"

第二节 公共物品供给的主体

公共物品理论告诉我们，公共物品的非排他性和非竞争性引起的"搭便车"现象使得产品的成本—收益不对称，因此具有显著理性经济人特征的私人企业根本无法有效地为社会提供公共物品。而政府既拥有巨大的动员社会资源的能力，又具有广泛的社会代表性，有条件和能力来从事具有规模经济优势和非营利性的公共经济活动。因此，长期以来，政府被认为是公共服务的天然的、唯一的提供者，在实践上，政府几乎垄断了公共经济和公共事务领域的一切事务，成为公共经济的唯一主体。但是，随着经济和社会的迅速发展，这种公共经济主体一元化的局面受到了冲击。除了政府，市场领域的私人企业、社会领域的第三部门也参与到公共经济活动中，成为公共经济活动的重要主体。人们逐渐认识到，在现代市场经济体系中，公共物品的提供是多元的，社区、私人企业、第三部门、国际组织都可以成为公共物品的提供者。这样，公共物品的单一中心提供模式逐渐被多中心提供模式所取代。

一　政府

现代市场经济体系中公共物品的提供者是多元的。政府、社区、私人企业、第三部门、国际组织都可以提供。所谓公共物品的政府提供就是政府直接或者间接地介入公共物品生产。政府介入提供公共物品的特征使得公共物品的生产过程具有与政府融资特征、政府组织和管理特征、政府产权特征相互一致的属性。政府提供公共物品有两种基本的类型：一是政府直接生产，二是政府间接生产。

（一）政府直接生产

1. 中央政府直接生产

中央政府直接生产的公共物品大多具有纯公共物品的性质。主要有以下几种：（1）国防。国防是典型的纯公共物品，一般都由中央政府提供。（2）基础设施，包括文教、卫生、经济、科技等领域的基础设施，比如国家图书馆、国家文献中心、社会福利等。这些基础设施由国家提供可以收到规模效益，也有利于整个社会的发展。（3）国家知识创新系统。基础科学的研究和前沿科学技术的研究需要大量的投入，而且具有风险和消费的非排他性，私人一般不会进入这些行业，需要政府提供，以增强国家的竞争力和科学技术事业的发展。（4）大江大河的开发和利用，国土资源的保护和利用、开发和规划等。（5）气象、消防、环境等公共服务。对政府直接提供的公共物品还可以列举出许多。但基本的思路在于通过公共物品属性的分析、公共物品成本—效益的分析、公共物品偏好表达的分析确定是否由政府提供。

2. 地方政府直接生产

除了全国范围和跨地区的公共物品以外,其他的可以由地方政府提供。在北欧国家,由政府提供公共物品范围要大一些。在崇尚自由市场的国家,由政府提供公共物品的范围要小一些。在欧洲大多数国家,地方政府直接提供一些保健、医疗、自然资源保护、城市设施、消防、煤气、电力、图书馆、博物馆、中小学教育等。在美国,大多数公共物品都委托给私人企业来生产,但义务教育、道路建设就占了地方政府预算的一半以上。中国地方政府还承担着为经济发展创造良好的基础条件和改善资金的环境等任务。

3. 政府间协议

一个政府可以雇佣或付费给其他政府以提供公共物品。[①] 中央政府可以与地方政府签订合同,付费给后者以维护穿越地方的国家道路,省政府也可以与县政府签订合同,以提供某些社会服务。这样,在公共物品供给中就形成了"政府间市场"。其中一个政府是服务的生产者,另一个政府则是提供者。这种在政府间模拟市场的做法,有利于公共物品在不同行政区域间重新配置和调整,并能更好地解决地区性问题及应付日益上升的成本。

(二) 政府间接生产

20世纪70年代许多国家政府面临着财政危机、信任危机、管理危机,为了摆脱危机,西方政府进入"行政改革"时代,"新公共管理"(new public management)运动很快风靡西方世界。其中,将市场机制引入公共管理是这场运动的主导理念。政府治理的理念从"划桨"走向"掌舵"。政府通过规范市场秩序,充分运用预算安排和政策安排形成经济刺激,创造一个有效率的市场,使私人部门参与公共物品的生产。这就是政府间接生产的方式,主要有以下几种形式。

1. 政府与企业签订生产合同

即政府和私营企业、非营利组织签订关于公共物品和服务的生产合同。对于那些具有明显规模效益的准公共物品,如果收费不存在技术上的障碍,政府可以通过公开招标的形式,与合适的厂家签订合同。签约外包是政府提供公共

---

① [美] E. S. 萨瓦斯:《民营化与公私部门的伙伴关系》,中国人民大学出版社2002年版,第71页。

服务的常用模式,并随着财政情况、服务要求、服务标准、监督成本、服务市场的成熟程度等情况而变化。签约的范围包括公共工程、卫生和社会福利,甚至法律服务、文书工程和计算机服务等。在签约外包中,政府作为公共服务的提供者,将具体管理运营权交给受托方运作,由政府向非营利组织付费购买其生产的公共物品和服务。签约外包可以节省政府的财政支出,也可以提高服务的专业化水平,提高服务效率。签约外包常用于一些直接面向社会的公共服务,诸如街道清洁、树木维护、公共交通、交通信息服务、公共图书馆、医疗卫生等。政府合同承包制度非常普遍,在美国,大量公共物品就是由各级政府委托企业来生产的。E. S. 萨瓦斯估算,美国至少有 200 种服务是由承包商向政府提供的。[①]

2. 特许经营

特许经营是一种政府授予企业在一定时间和范围提供某项公共物品或服务进行经营的权利,并准许其向用户收取费用或出售产品以赚取利润的融资方式。特许经营方式适合公共领域中具有社会性、公益性、共享性、使用边际成本低、时空性、投资规模大和使用寿命长等特性的公共物品[②]。在特许经营模式中,由政府授予企业在一定时间和范围内提供某项弱竞争信息产品或者服务进行经营的权利,即特许经营权,准许该企业通过向用户收取费用或出售产品以回收投资并赚取利润[③]。政府通过合同协议或其他方式明确政府与获得特许权的企业之间的权利和义务,私营企业通常要向政府付费。采用特许经营模式,可以避免由政府单独提供弱竞争信息而陷入行政垄断和由于资本的相对稀缺使政府独自承担日益扩大的财政黑洞。特许经营分为排他性的特许经营和非排他的或混合式特许经营。排他性的特许经营是指政府将垄断性特权给予某一私营企业,让它在特定领域里提供特定服务,通常是在政府机构的价格管制下进行。非排他的或混合式特许经营是指,政府授权某一组织直接向消费者出售某一服务或产品,如出租车行业。特许经营把地方政府从直接的监管中解放出

---

① [美] E. S. 萨瓦斯:《民营化与公私部门的伙伴关系》,中国人民大学出版社 2002 年版,第 75 页。

② 句华:《公共服务中的市场机制——理论、方式与技术》,北京大学出版社 2006 年版,第 49 页。

③ Stem S. W., "Build – operate – transfer—a re – evaluation", *The In-ternational Construction Law Review*, No. 2, 1994, p. 103.

来，同时也提高了公共物品的供给效率。

特许经营方式特别适合于可收费物品的提供，诸如电力、天然气、自来水、污水处理、固体废物和有害物质处理、电信服务、港口、飞机场、道路、桥梁以及公共汽车等。在法国，城市间的收费公路可以由私营企业投资、建造、拥有、管理和保养，一定年限之后归还给政府。表3—2显示了特许经营方式在一些地方政府服务中的运用。

表3—2　　在特许经营安排下由私人企业供应的市镇和县政府服务

服务项目	运用特许经营方式的百分比（%）
天然气经营和管理	20
电力经营和管理	15
商业固体废物收集	14
居民固体废物收集	13
固体废物处置	7
飞机场经营	6
车辆托运和存放	5
公共事业读表服务	4
救护车服务	2

资料来源：［美］E. S. 萨瓦斯：《民营化与公私部门的伙伴关系》，中国人民大学出版社2002年版，第82页。

3. 政府参股

政府参股主要是向私人企业提供资本和分散私人投资风险。政府参股可分为政府控股、政府入股两种形式。一般来说，在项目初期，政府投入的股份比较多，而一旦项目进入正常运营期，能够依靠正常的利润来维持时，政府就卖出股份从而收回资金；或者在项目运营一段时期后，政府将私人的股份买下，从而形成完全由政府生产公共物品的BTO模式，即建设—运营—移交，就是常用的政府参股形式。

4. 补助

补助是一种政府给予生产者的补贴，补助的形式可能是资金、免税或其他税收优惠、低息贷款等。补助主要适用于那些难以盈利或盈利性不高（教育、卫生服务),或未来很长时间以后才能盈利,风险较大的公共物品(基础科学研究、宇航、生物工程、微电子技术),政府通过补贴、津贴、优惠、贷款、减免税收等形式鼓励企业生产。补助降低了特定物品对符合资格的消费者的价格,他们可以向市场上那些接受补贴的生产者购买更多如无补助他们将无力购买的物品。政府补助的例子很多,几乎每一行业都有一些接受补助或享受减税优惠的服务项目。农产品补贴就是明显的例子。

5. 凭单制

凭单制主要应用于优效物品的供给。所谓优效物品是指那些对所有人都有价值,所有人对其都有消费需求的产品,如基础教育、医疗保健、社会保障等,但单靠政府或市场很难完全满足所有公民的消费需求。凭单制就是政府向所有符合条件的消费者发放一张凭单即代金券,消费者则根据自己的消费偏好在政府和市场提供的各种产品中自主选择。其含义有三层:(1)凭单是围绕特定物品而对特定消费者群体实施的补贴,体现政府对特定消费(如基础教育、公共卫生、食品、住房等)进行鼓励、扶助的政策意向;(2)凭单不同于传统补助,是直接补贴消费者而非生产者;(3)凭单通常采取代金券的方式而非现金。凭单制被广泛运用于包括食品、住房、医疗、教育、幼儿保健等具有融合特征的"福利物品"提供领域。适合凭单制的公共物品范围有如下特征:(1)政府有支付或部分支付的意愿或义务;(2)存在多个供应主体竞争的可能;(3)该物体或服务具有有效排他性并可收费;(4)消费者有一定的选择能力。

世界各国的实践表明,私人部门的生产效率一般高于政府直接经营的效率。只要有可能,最好不要由政府直接生产公共物品,而应采取政府间接生产公共物品,这样更有利于提高公共物品供给效率,同时还能减轻政府财政负担。

二 私人企业

传统的理论将私人部门完全排斥在公共物品的生产之外,这一点今天看来并不准确,作为私人部门的厂商目前为了非营利目的而生产公共物品的现象尽管不是主流,但也已相当普遍。究其原因可能有这样几个方面:一是厂商生产公共物品是自我价值的体现。一些厂商在经济领域有了成就就要回报社会,这成了部分厂商的一个心愿，当资本积累到一定规模，自身的生产和消费都需要缓冲的时候，将一部分或一些盈利外溢于社会，既可获得好名声，赢得人们的尊重，满足精神上的需求，又不影响自己的经济利益。厂商对这些公共物品的生产，如捐赠一所学校、造一座桥梁、承包一片社区绿地之类的事，还是愿意干的。二是间接服务于经济利益，但这种经济利益并不具有可预见性或必然性，只能说可为经济利益的获得做一些铺垫。对厂商而言能产生经济效益最好，没有经济效益也无伤大雅。这时的厂商从理论上说较前更热衷于这些活动：捐钱捐物，做个公益广告，支持公益性演出，资助医生到社区义务看诊等，既可扩大企业影响，改善企业形象，又可在社区内推销相关方面的业务。三是为企业未来服务，到学校设奖学金、助学金，免费为大中专学生建实验基地，资助在企业建博士后流动站，并与个人签订今后科研成果转让协议、人才流动的协议等。这些活动总体来说既不一定能产生经济利益，但也有可能对企业今后的发展有利。许多企业出于不同考虑或者说是不同的目的，还是愿意生产我们所说的公共物品。

（一）私人部门参与提供公共物品的三种方式

1. 私人部门独立提供

私人部门独立提供公共物品，即私人部门按照市场化方式，单独生产和提供某种公共物品，通过向消费者收费来获得收益。科斯的灯塔就是很好的例证。

2. 私人部门与政府联合提供

在公共物品生产和提供过程中，私人部门和政府由于双方资源的互补，有可能形成某种联合共同提供某种公共物品。比如，政府补贴给私人部门治理沙漠；政府与企业就某种公共物品（如国防产品）签订合同，私人部门负责生产，通过政府采购提供给公众。

3. 私人部门与社区联合提供

私人部门还可以与社区通过有条件的联合来提供某种公共物品。比如，社区为私人部门提供场地，私人部门以较低价格向社区成员提供某种社区公共物品；社区从私人部门那里购买一定量的公共物品，提供给社区成员。

(二) 私人部门提供公共物品的条件

私人部门参与提供公共物品，有助于建立一个高效廉洁的节约型政府；有助于扩大公共物品的资金供给来源，提高公共物品的供给水平；有助于改变传统的政府治理结构，提高政府的经济理性。但是，私人部门参与提供公共物品有一定的条件。概括起来，主要包括如下几个方面：

第一，公共物品在技术上具有可分割性，能够做到有效排他。科斯在《经济学上的灯塔》一文中指出，在合适的条件和制度安排下，私人部门可有效地、或有效率地提供部分公共物品。

第二，私人部门没有完全熟知政府的预算约束。只要私人部门没有熟知政府的预算约束，那么通过选择恰当的补助金率，公共物品的供给就能达到帕累托最优，并实现纳什均衡。

第三，私人部门所提供公共物品只能是准公共物品。但这并不意味着私人不能涉足纯公共物品领域，关键是要区分某些纯公共物品的提供与生产。

第四，赋予私人部门对其所提供的公共物品一定年限的私有产权，并在法律上对这种产权给予保护。

第五，政府观念的转变，即放宽私人部门进入准公共物品领域的条件，改革公共物品项目审批制度。

(三) 公共服务的市场化：提高公共物品与公共服务的供给效率

公共服务市场化，即把竞争机制引入政府公共服务的一些业务领域，实现服务的最佳供给和公共资源的有效配置。公共服务领域引入竞争机制，主要有如下三种方式：一是政府内部的竞争。把政府部门内部的一些事务，如后勤服务、数据处理、调查研究等交给专门企业，签订合同，对完成任务并达到合同规定标准的企业支付报酬。二是政府与企业之间的竞争。在一些政府垄断的服务部门中，如交通、电信、邮政、水电等推向市场，打破垄断格局，形成多家竞争的局面，政府通过扶持行业协会，制定市场准入、竞争规则等方式维护竞争环境。这样既避免了国家对企业经营活动的直接干预，又达到了有效控制引导企业，使之与国家政策计划协调统一的目的。三是企业之间的竞争。政府将一些业务，如环卫清扫、医疗卫生、消防救护、职业培训等通过招标的方式出租或承包给不同企业，形成不同企业之间的竞争，不断提高服务质量。

公共服务的市场化有助于提高公共物品与公共服务的供给效率，学者们通过比较发现，私人公交服务成本远低于公共交通服务，公共服务的合同承包方式比公共交通具有更高的成本—收益比（见表3—3）。学者们还对随机选择的不同地区的同一服务的结果进行了比较，其中一半选择了公共机构提供的服务，另一半选用了私人承包商提供的服务。数据表明，与通过竞争招标选择的承包商相比，政府内部提供的这些成本要高出1/3（见表3—4）。

表3—3　　　　　　　　　公共和私营公交服务的对比

研究者	研究性质	研究结论
莫洛克、维顿（1985a）	美国、英国、澳大利亚的五项重要研究	私人承包商提供服务的成本比公共部门低50%—60%
莫洛克、莫斯利（1986b）	对31个公交系统的调查	合同外包给私营部门平均节约成本29%
佩里、巴比特斯基（1986c）	民营、成本+固定费的合同承包、国营三者之间的比较	民营效率明显高于其他两种形式
蒂尔等（1987d）	864个公交系统的比较研究	对规模较大的公交系统而言，民营部门比公共部门经营成本低44%。对拥有250辆以上汽车的公共交通公司来说，合同外包给拥有25辆以上的私人公司会节省36%—50%的费用
舍洛克、考克斯（1987e）	对567个民营公交系统的调查	1970—1983年间，民营公共汽车公司每英里的运营成本降低了3%，而同一时期的公营交通系统的成本增加了52%。公交服务的平均成本民营部门要比公营部门低32%
沃尔特斯（1987f）	五个大城市公交系统的比较研究	私营承包商总体上比公营公司运营低50%—65%，它们一般向国库交纳相当数量的税金

资料来源：[美] E. S. 萨瓦斯：《民营化与公私部门的伙伴关系》，中国人民大学出版社2002年版，第157—158页。

表 3—4　　　　　　　　　　跨部门比较研究

职能领域	承包商节省费用（%）
固体垃圾收集	25
修筑街道	49
路面清扫	30
监护设施建设	42
交通信号等维护	36
树木修剪	27

资料来源：［美］E. S. 萨瓦斯：《民营化与公私部门的伙伴关系》，中国人民大学出版社 2002 年版，第 159 页。

三　社区

社区是进行一定的社会活动，具有某种互动关系和共同文化维系力的人类群体及其活动区域。社区作为一个独立的公共经济主体，必然有它不同于政府和私人企业的经济特征。它提供公共物品的特点在于，社区公共物品的生产是基于生活聚集区居民的实际需要，由居民根据协商原则集资完成，居民缴纳的资金并不出于利润的目的。

因此，社区与政府参与公共经济活动的区别主要表现在：首先，社区不具有强制性和普遍性，而具有自愿基础上的契约性。其次，从资金的来源来看，政府主要通过税收筹集资金；社区则通过居民自愿筹集资金。再次，社区通过自愿协商和产前契约使居民的个人偏好能够较好地显示出来；而政府与个人之间的一对多的关系无法真实地表达每个人的偏好。最后，政府向全体国民提供公共物品，而社区仅仅向社区内的人员提供。因此，社区在一定范围内能使公共物品具有排他性，成本—收益偏离不大。社区提供公共物品的形式是多样的，随着市场经济的发展，国家与社会关系的不断调整，社区提供公共物品的范围、领域、形式不断扩展。

（一）通过产前契约提供公共物品

所谓产前契约，即在社区没有生产某种公共物品而该产品又为社区居民所需要时，在生产前大家进行谈判，达成协议并生产公共物品。如果居民表达各自的需求程度尚不足以生产公共物品,则资金归还社区成员。对于产前契约,社区成员可采取三种对策:一是别人提供资金,自己"搭便车"。二是自己支付,保证相应份额。三是整个社区成员都试图"搭便车",结果全体都被排除。布鲁贝克尔(E. Brubaker)通过研究证明,社区中由于人们之间的亲密关系,多次博弈后人们将选择第二种对策,可以在社区范围内解决"搭便车"问题。同时,社区的"关键人物"在争议较大的社区公共物品决策过程中,能够发挥"一锤定音"的作用,从而使公共物品得以生产出来。

(二) 组建私人管理机构

组建私人管理机构是减少社区生产公共服务决策时的谈判费用和决策成本的可行办法之一。私人管理机构具有自愿性、排他性、补充性、竞争性的特点,从而能够有效地降低社区公共物品的决策成本与供给成本。私人管理机构一般有两种形式:居民社会团体(Residential Community Associations)和社区企业促进联合体(Business Improvement Districts)。前者由住户组成,后者由社区中的大小厂商组成,他们为社区成员排他性地提供公共物品。私人管理机构作为政府的有力补充,是在社区成员自愿加入的基础上,为参加该机构的成员提供公共服务,它花费的成本可能小于政府提供公共物品的成本,因此与政府形成潜在的竞争。当然,出于节约交易费用而产生的社区私人管理机构能否真正做到自愿是一个值得探讨的问题,但只要制度安排合理,私人管理机构完全可以成为公共物品的重要提供者。

(三) 社区自愿提供

与政府和私人企业不同,社区中存在自愿提供公共物品的方式,自愿者的支付形式也多种多样。自愿提供是指一些社区成员自愿贡献自己的时间、精力和金钱,为社会免费提供公共物品。在美国,沿海救生艇的服务就是自愿供给的,许多医疗研究是靠捐赠进行的,许多剧院、交响乐团、体育俱乐部都是靠捐赠维持的,一些社区服务项目也是靠自愿服务提供支持的,如房屋维修、救助中心、社区厨房等;在新加坡、中国台湾等华人社区,市民自愿小组、义工等组织为社区提供助残、消防安全、住宅安全、成人教育等服务。当然,自愿提供公共物品与社会资本以及社区文化有着密切的关系。

四　第三部门

第三部门的概念由美国学者列维特（Levitt）较早使用。目前关于第三部门有多种界定的标准：一是从法律上界定，根据法律有没有减免税待遇，如果有就是第三部门；二是从组织的资金来源来界定，收入主要来自会员的会费或者捐赠，就属于第三部门；三是根据组织的特征来界定，这些特征包括自治性、民间性、非营利性、独立性，符合这些特征的就是第三部门；四是以服务宗旨来界定，第三部门是以服务公众为宗旨，不以营利为目的。由于界定标准不一，世界各国关于第三部门亦有着不同的表述，许多相同或相近的概念往往被各有侧重地使用或交叉使用，如"独立部门"、"非营利组织"、"非政府组织"、"志愿者组织"、"慈善组织"、"免税组织"、"公民社会组织"等等。

本教材认为，第三部门也称非营利组织（NPO），或非政府组织（NGO），是介于第一部门（政府）、第二部门（企业）之间的组织或部门。第三部门主要包括志愿团体、社会组织或民间协会等，具有组织性、自愿性、自治性、非营利性等特征。20世纪70年代以来，由于市场和政府在提供公共物品上的无能或缺位、公民意识的觉醒以及通信技术的革命，第三部门发展迅猛，在文化、教育、研究、卫生、医院与健康、诊所、危机防范、社会服务、环境保护、扶贫等各个领域，都能看到第三部门的身影。由于具有创新优势、贴近基层优势、灵活优势和效率优势，第三部门已经成为公共物品提供的重要主体之一。从西方各国的实践来看，第三部门提供公共服务主要有三种模式。

（一）第三部门独立提供公共服务

一些第三部门为了保持独立性，往往通过自筹资金（包括会费、私人捐赠、服务收费等），依靠自身力量提供各种形式的公共物品和公共服务。"食品银行"是加拿大民间志愿性救济互助组织，它的服务对象达到200万人，大部分"食品银行"不接受政府资金，以保持非机构性社会服务性质。在保证独立性的同时，为了筹集足够的资金，一些第三部门组织逐渐实行用者付费制，对以前免费的项目直接向私人受益人收取部分或全部服务费。这样可以避免使受益人产生依赖心理，又可以解决财务可持续性发展问题。①

（二）第三部门与政府合作提供公共服务

根据奥斯本和盖布勒的归纳，公共服务供给可选择的方式有 36 种，其中涉及第三部门与政府合作的方式有：（1）公共服务社区化：各社区建立公益事业，政府帮助组织社区互助，以实现政府的压缩式管理。例如，英国政府减少了国家干预社会保障的范围和项目，将一些社会保障项目交给志愿组织、工人合作社和其他社会团体承担。在埃塞俄比亚等发展中国家，政府将第三部门非营利组织引入农村支线公路、社区供水和卫生系统、灌溉水渠以及排污系统的维护等社区的公共服务供应领域。②（2）与政府签订承包合同。政府确定某种公共服务的数量和质量标准，第三部门招标承包，中标后按与政府签订的供给合同为享受福利的人群提供公共服务。美国卫生与蓝十字—蓝盾组织签订合同来掌管数百万老人的医疗保健事务。在其他国家也有许多成功的案例。日本宫城县白布市将白事滑冰场承包给市民在 1999 年建立的 NPO 法人，承包后的第一年，即 2000 年，就由赤字经营转化为 2000 万日元的盈利。③（3）与政府合伙。政府不需要以纳税人的税款去购买服务，而是以政府特许或其他形式吸引中标的第三部门提供公共服务。这可以使城市政府干一些靠它自己的力量永远也不会干的事。美国圣保罗市就同非营利组织和基金会组成了合伙关系。④（4）接受政府资助或享受免费待遇等优惠政策。政府以此鼓励志愿者组织提供公共服务。美国圣保罗市向志愿者协会提供资助要它们提供一定的服务；堪萨斯市对于选择不要政府提供资助的组织，在房地产税上给予部分减免。

（三）第三部门与企业合作提供公共服务

赫兹琳杰归纳了非营利组织与营利性企业建立协作关系从事公益事业的几

---

① 王名、贾西津：《中国 NGO 发展分析》，《管理世界》2002 年第 8 期。
② ［美］里贾纳·E. 赫兹琳杰：《非营利组织管理》，人民大学出版社 2000 年版，第 133 页。
③ 邓国胜：《非营利组织评估》，社会科学文献出版社 2001 年版，第 43 页。
④ 同上。

种方式:①（1）与交易关联的公益推广活动。营利公司将销售收入的一定比例以现金、食物或设备的形式捐赠给非营利组织。最典型的例子是美国运输卡的"反饥饿计划"。该公司与志在消除饥饿的组织"分享我们的力量"（Share Our Strength, SOS）建立了合作关系，通过资助"全国美食品尝会"，将其收入中超过1600万美元捐赠给了SOS。（2）共同主题营销。非营利组织与私人企业达成协议，通过分发企业产品和宣传资料及做广告等方式，共同解决某个社会问题。（3）核发许可证。非营利组织在收取一定费用或提取部分收入的条件下批准营利性公司使用其名称和商标。1996年4月，美国退休人员协会就宣布批准全国维护人类健康的组织使用其名称。

在中国，20世纪90年代后，政府愈渐认同市场经济体制，确立了"小政府、大社会"的改革目标，经济体制转轨和政府职能的转变为民间组织的发展提供了较为广阔的空间。在经过一段时间的调整后，社会团体的发展出现了一个新的高潮，1998年，各级各类社会团体的总数达到15万多家，这些第三部门存在于中国经济生活的各个主要领域里（见表3—5），其中，较为重要的领域依次是社会服务（44.63%），调查、研究（42.51%），行业协会、学会（39.99%），文化、艺术（34.62%），法律咨询与服务（24.54%），政策咨询（21.88%）和扶贫（20.95%）。

由此可见，改革开放以来中国第三部门发展迅速，且活动较集中的往往是社会需要旺盛，存在公共物品供给"缺位"且政府在政策上又相对允许和鼓励发展的领域，这些组织成为供给公共物品的重要力量。中国少年发展基金会开展的"希望工程"持续十年，帮助数百万贫困家庭子女完成学业。"自然之友"、绿家园广泛发展志愿者从事环保教育、宣传活动，进行内蒙古恩格贝沙漠植树、保护金丝猴与可可西里的藏羚羊等工作。志愿者与著名的国际小母牛组织合作在一些省份乡村开展提供优良种畜以扶贫脱困的活动。中华医学基金会、中国自然科学基金会等组织从事筹集社会捐款、支持科研事业的活动。中华慈善总会、宋庆龄基金会、爱德基金会等在赈灾救灾、扶贫济困、帮助妇女儿童和老弱病残等方面发挥的作用是有目共睹的。

---

① ［美］里贾纳·E. 赫兹琳杰：《非营利组织管理》，人民大学出版社2000年版，第110页。

表 3—5　　　　　　　　　中国第三部门活动领域的分布

活动领域	数量（万家）	比例（%）	活动领域	数量（万家）	比例（%）
文化、艺术	522	34.62	动物保护	47	3.12
体育、健身、娱乐	274	18.17	社区发展	257	17.04
俱乐部	80	5.31	物业管理	93	6.17
民办中小学	30	1.99	就业与再就业服务	239	15.85
民办大学	17	1.13	政策咨询	330	21.88
职业、成人教育	214	14.19	法律咨询与服务	370	24.54
调查、研究	641	42.51	基金会	130	8.62
医院、康复中心	159	10.54	志愿者协会	123	8.16
养老院	106	7.03	国际交流	173	11.47
心理咨询	147	9.75	国际援助	50	3.32
社会服务	673	44.63	宗教团体	38	2.52
防灾、救灾	170	11.27	行业协会、学会	603	39.99
扶贫	316	20.95	其他	310	20.56
环境保护	150	9.95			

注：多项选择，总比例超过 100%。

资料来源：邓国胜：《非营利组织评估》，社会科学文献出版社 2001 年版，第 41 页。

五　国际组织

随着全球经济一体化的不断深入发展，世界上国与国之间的联系越来越密切，国家之间的政治和经济关系也相互影响，相互作用，与此同时，国家之间会出现各种各样的问题。过去几十年中，像自然灾害、环境污染、全球变暖、臭氧层遭到破坏、金融动荡等具有全球影响的问题越来越严重。对这些问题，单个国家不愿而且往往也无力解决。因为这些问题的解决都具有正外部性，所有国家都能够从任何一个问题的解决中获得收益。联合国在《执行〈联合国千年宣言〉的行进图》报告中指出，在全球领域，需要集中供给 10 类公共物品：基本人权、对国家主权的尊重、全球公共卫生、全球安全、全球和平、跨越国界的通信与运输体系、协调跨国界的制度基础设施、知识的集中管理、全球公地的集中管理、多边谈判国际论坛的有效性。

根据考尔等人的观点,全球公共物品是这样一些公共物品,其受益范围,从国家看,不仅仅包含一个国家团体;从成员组成看,扩展到几个,甚至全部人群;从世代看,既包括当代,又包括未来数代,或者至少在不妨碍未来数代发展选择的情况下满足目前几代。"全球公共物品是其收益扩展到所有国家、人民和世代的产品。"[①] 可以说,全球公共物品是国际公共物品的完美形式,其他任何国际公共物品都具有相对性,在地理范围、行为体的数量或集团大小上有所限制,因此并不完全符合非排他性和非竞争性这两个约束性条件。全球公共物品则突破了国家、地区和集团等界限,并且一旦解决了供给问题,将惠及人类子孙后代。

考尔等人把全球公共物品分为三大类:(1)全球自然共享品(natural global commons),又称为"全球公地"。(2)人为的全球共享品(human-made global commons)。如世界性的规范与法则。(3)全球条件(global conditions)。如和平、健康、金融稳定、自由贸易、全球减贫、犯罪和暴力、环境可持续、平等和公正等。总起来说,由于全球公共物品供给中的"搭便车"现象最为严重,因此,全球公共物品的供给严重不足。

据估计,每年由于全球公共物品供应不足造成的损失不可估量。在一国之内,公共物品由政府提供。政府获得纳税人的税收,从而为纳税人提供必要的公共物品。但是在世界范围内并不存在一个凌驾于各国之上的政府,至少不存在一个与民族国家政府具有同等权威或合法性的全球政府。那么,谁来提供全球公共物品呢?

世界范围内存在的大量国际组织,这些国际组织是伴随世界上国与国之间的关系越来越紧密,为解决国际各种问题应运而生的一种非营利性组织,它们提供的国际公共物品和公共服务,比如国际贸易体系、国际法准则、保护环境行动、国际的人道主义救护以及国际互联网等等,都是为世界所需人群服务的,在一定范围内具有非排他性和非竞争性。国际组织可以促进国家间的合作,共同为全球或国际公共物品的供给融资。在世界范围内,联合国、世界银行、国际货币基金组织等国际组织在全球公共物品的供给中都起着极其重要的作用。但是,国际组织的维持主要是依靠国家间的合作,其合法性和权威性有

---

① 李增刚:《全球公共物品:定义、分类及其供给》,《经济评论》2006年第1期。

限。它们不能征税，不能侵犯国家主权，其经费主要依靠各民族国家缴纳的会费和各种捐献。国际组织即便有提供全球或国际公共物品的动力，也可能会面临资金不足的状况。

全球公共物品要得到充足、有效的供给，必须通过民族国家之间的协议、契约、选择性激励等手段促进合作。不同类型的全球公共物品可以采取不同的融资方式，以最大限度地发挥民族国家为全球公共物品融资的作用，保证全球公共物品得到充足、及时的供给。

六 公共经济主体的多中心趋势

在中国，随着公共服务市场化与社会化改革的深入，越来越多的公共经济主体加入公共服务的供给领域。招标投标、特许权经营、合同出租、项目融资、BOT和BOO投资模式、政府采购等方式的出现，推动传统意义上由政府垄断的公共服务进入市场，由其他主体进行经营。据《中国政府采购报》报道，2001年全国政府采购刚刚达到1000亿元，而到2012年，山东省政府采购为1073.42亿元，江苏省政府采购规模为1450.25亿元。政府采购的规模和范围继续扩大，大型建设项目如道路修建、市政设施等将向私人开放。一些省市对一些重要路段的高速公路的投资权进行公开招标，给予一定的使用年限。可见，在中国，其他主体已参与到公共经济活动之中。

在公共经济主体多中心的趋势下，政府的治理结构必然发生转型。它意味着政府存在自身的限度，并不是公共经济的唯一主体，不是公共物品的唯一供给者，在政府之外还有其他公共经济主体的存在。正如文森特·奥斯特罗姆所指出的："每一公民都不由'一个'政府服务，而是由大量的各不相同的公共服务产业所服务。……大多数公共服务产业都有重要的私人成分。"① 这意味着随着经济领域和社会领域自组织力量和自治程度的发展，政府作为公共领域垄断者的单中心治理模式已经发生改变。公共领域的治理已出现了某种多中心倾向。公共领域的多中心体制否认了政府作为单中心治理者的合理性，认为政府的作用是有限度的，主张建立政府、市场、社会乃至国际社会多维框架下的

---

① ［美］迈克尔·麦金尼斯主编：《多中心体制与地方公共经济》，毛寿龙、李梅译，生活·读书·新知三联书店2000年版，第114页。

多中心治理模式。

公共经济主体的多中心趋势决不意味着要完全脱离政府,相反,政府在公共经济活动中发挥着至关重要的作用。除了要提供基础性的公共服务和公共物品外,政府的作用主要集中在以下方面。

首先,政府要为公共经济活动的其他主体提供制度激励,包括对公共物品产权的界定以及给予某些激励措施等,从而为其他主体从事公共经济活动创造良好的制度环境。正如诺曼·尼科尔森所指出的,政府过程在任何情况下都将通过对关键性经济制度的影响来塑造私人的选择。[1] 而产权作为一种强制性的制度安排,其他公共经济主体无法进行界定,只能由具有"暴力潜能"的政府来界定。而且,由于某些公共物品具有高成本、非营利性等特点,政府可对公共物品的其他公共经济主体给予补贴或其他优惠性政策。以私人承包高速公路为例,政府规定,若私人投资某路段高速公路的建设,则可享有 20 年的收益权。那么,在这 20 年中,该路段高速公路的部分产权包括使用权、收益权则归投资者所有。政府则要保护其产权,除特殊情况外(如战时状态),其他任何部门、组织和个人不得侵犯其产权。再如,针对沙漠治理问题,政府可通过补贴、给予一定年限的产权等方式来激励私人主体投资于沙漠绿化。

其次,其他主体从事公共经济活动可能会出现某些负外部性问题,对此政府要进行必要的规制。举例来说,正如政府提供公共物品会产生垄断等负外部性一样,私人提供公共物品也可能会产生垄断等负外部性问题。私人取得某一公共物品的产权后,可形成某种垄断优势。私人凭借这种垄断优势,可能会提高此公共物品消费的准入价格,如提高高速公路的收费等;还有可能不对消费者提供完全信息,从而欺骗消费者;此公共物品在使用过程中还可能产生环境污染等负外部性。针对上述问题,政府有责任对其他公共经济主体进行必要的规制,以切实保护消费者的权益。政府允许其他主体参与公共经济活动,决不意味着政府在此方面责任的让渡。因为无论是纯公共物品,还是准公共物品,其目的都是为了满足公众需要,实现某种公共利益,因而具有公益性质和某种普适取向。而公共物品的其他主体如私人企业,由于理性经济人的特点,更由于制度约束的缺失,可能会做出某些有违公共利益的行为。而且,像政府提供

---

[1] [美]文森特·奥斯特罗姆等编:《制度分析与发展的反思——问题与抉择》,王诚等译,商务印书馆 2001 年版,第 32 页。

公共物品会出现"政府失败"一样，私人提供公共物品同样会存在低效率等情况。因此，出于公益的目的，政府的干预行为是非常必要的。为此，政府必须加强对其他主体从事公共经济活动的制度约束。

再次，在其他主体从事公共经济活动的过程中，政府有必要给予公共物品的消费者某种支持。因为公共物品的消费者一般是分散的，而且同样由于理性经济人的原因，容易陷入集体行动的困境，不太可能形成强有力的集体行动同公共物品的提供者讨价还价。这种情况下，政府有必要为消费者提供信息以及其他必要的支持。如组织消费者成立关于该种公共物品的协会等，以采取有效的集体行动，加大同其他公共经济主体博弈的筹码，促使其改善所提供的公共物品的品质。

政府在公共经济主体多中心趋势中的作用表明，在公共经济活动中，不存在政府、市场、社会乃至国家的完全分野，实际上，它们的作用是互补性的。我们不能将它们的关系割裂开来。

第三节 公共物品的供给方式

通过前面两节的分析，我们了解了公共物品的特征和类型，公共物品的供给主体，那么在理论上和现实社会中，公共物品到底怎样向社会提供呢？不同时期的不同国家，以及不同国家受不同社会历史、文化、经济发展程度、社会生活方式的影响，其向社会提供公共产品的方式也表现出差异。总结历史上的多种状况，公共经济学从理论上将其概括为三种方式。

一 资源捐献与成本分担[①]

这里采用公共经济学中较经典的"灯塔"例子来说明。假定某海域需建造一些灯塔以有效解决该地区所有成员的安全航行问题，但如何才能实现这一目标呢？

一种可选择的方式是该地区的所有成员分担为此而发生的成本。假定两

---

① 参见黄恒学《公共经济学》，北京大学出版社2002年版，第77—80页。

个消费者决定在解决他们所共同需要的安全航行方面实行合作，并为此而分担建造灯塔所需要的资金费用，两个消费者可以将其所拥有的资金集中在一起，用于建造灯塔。如果以这种方式可筹措到足够的资金，他们就能够通过享受灯塔导航所提供的安全航行来使自己的境况变好，而这种效益是他们中的任何一个人都无法或不愿意凭借自己的资金实力来实现的。在这种情况下，他们愿意以这种合作方式建造灯塔，并将建造灯塔的数量增加到所集中的资金不再足以承担最后一座灯塔的建造费用时为止。假设每建造一座灯塔需 800 元成本，据二者的个人情况，A 将为灯塔的建造捐献 1000 元，B 将为建造灯塔捐献 600 元。这些数额分别代表着两个消费者在灯塔的建造上所获得的边际效益，即 A 从中获得 1000 元的效益，B 从中获得 600 元的效益。这也是 A、B 二人分别对建造灯塔所给予的评价，二人的总评价就是 1600 元。如果他们只打算建一座灯塔，这 1600 元即是建造这座灯塔的社会边际效益。可以看出，他们二人自愿捐献的资金总额是大于建造一座灯塔的边际成本的，他们会得出结论：将灯塔建造数量增加到两座是值得的。从另一个角度看，如果只建造一座灯塔，用于安全导航的预算肯定会有剩余。这就是说，只要预算存在剩余，那就表明，这个地区所修建灯塔的社会效益超过其社会边际成本。

当灯塔的建造数量为两座时，建造总成本是 1600 元，A 将为此捐献 1000 元，B 将为此捐献 600 元，捐献的总额为 1600 元，恰好与建造两座灯塔的总成本 1600 元完全相等。这时，对两个消费者来说，社会边际效益等于社会边际成本，物有所值，这个两人世界的资源配置具有效率。

能否将灯塔的建造量增加到大于两座的水平呢？假定建造三座灯塔，其成本为 2400 元，这超过了 A、B 二人对使用灯塔安全导航所带来的社会边际效益的总和，即大于 1600 元。因此，以自愿捐献方式筹措的资金不足以抵付建造三座灯塔的成本。也可以概括地说，建造量大于两座时的社会边际效益总和小于那个建造水平的社会边际成本，所以通过自愿捐献方式将不能筹措到建造两座以上灯塔所需要的资金。

由此可见，在成员人数较少的社会中，通过自愿捐献和成本分担的合作方式，有可能使得公共物品的供给量达到最佳水平。这里的前提条件是，社会成员人数少且对公共物品的需求数量不大。

二 强制性融资[1]

为了克服公共物品提供中的"搭便车"问题，需要采取强制性方式为公共物品的生产融资。

（一）"搭便车"

从上面的分析可以得到这样一个结论：如果每一个社会成员都按照其所获得的公共产品的边际效益的大小来捐献自己应当分担的公共产品的资金费用，则公共产品供给量可以达到具有效率的水平。在西方经济理论中，这被称作"林达尔均衡"。但是，以瑞典经济学家林达尔的名字命名的这一具有效率均衡的实现，是以下面两个假设为前提的[2]。

第一，每个社会成员都愿意准确地披露自己可从公共产品的消费中获得的边际效益，而不存在隐瞒或低估其边际效益从而逃避自己应分担的成本费用的动机。

第二，每一个社会成员都清楚地了解其他社会成员的嗜好以及收入状况，甚至清楚地掌握任何一种公共产品可给彼此带来的真实的边际效益，从而不存在隐瞒个人的边际效益的可能。

易于看出，上述假设条件只有在人数非常之少的群体中，才是有可能存在的，而在人口众多的社会中，情况就有所不同。例如，如果一个群体是由生活在同一小区里的人们组成的，由于生活在同一小区，他们经常需要聚在一起协商诸如维修、提供安全以及物业等方面的事宜。所以，这个群体的人们之间彼此熟悉，任何人都可对邻居的嗜好及收入状况有充分的了解，甚至能够准确地说出任何一种产品可给彼此带来的边际效益为多少。在这样的情况下，即使处于讨价还价式的决策过程中，人们通常也不会有隐瞒其偏好的念头。既然人们不想也无法将其对公共产品的偏好隐瞒起来，依据人们所获得的边际效益的大小来确定各自应分担的公共产品的成本费用，并最终在社会边际效益与社会边际成本相一致的基础上实现公共产品的最佳供给，将不是一件十分困难的

---

[1] 参见黄恒学《公共经济学》，北京大学出版社2002年版，第77—80页。
[2] 同上书，第78页。

事情。

但是，如果一个社会是由成千上万的人所组成的，上述的假设条件就很难具备了。在一个人口众多的社会中，没有任何人能做到对其他所有成员的情况无所不知。既然不能准确地掌握社会成员的嗜好和经济状况，人们便有可能隐瞒其从公共产品上所获得的真实的边际效益。而且，如果人们知道他们所须分担的公共产品的成本份额，取决于其因此而获得的边际效益的大小，从低呈报其真实的边际效益的动机也肯定会产生。这样一来，一方面人们可以通过从低呈报边际效益而减少其对公共产品的出资份额，从而保存其收入；另一方面，由于公共产品的消费不具排他性，人们也不会因其出资份额的减少而失掉公共产品的任何效益。事实上，在这样的社会条件下，人们完全有可能在不付任何代价的情况下，享受通过其他人的捐献而提供的公共产品的效益。这时，"搭便车"现象难以避免。

"搭便车"的人是对那些寻求不付任何代价而又得到效益的人的一种形象的说法。然而，一个不容回避的事实是，如果所有的社会成员都采取这样的行为方式，其结果，公共产品将没有任何资金来源，从而也就谈不到公共产品的效益了。道路维修就是这个问题的一个突出的例子。如果道路维修的资金来源于人们的自愿捐献，那么大部分人可能倾向于这样一种行为方式，一方面依旧享受道路提供的方便，同时却不为此捐献任何资金，或者按照远远低于其边际效益的数额捐献资金。很显然，如果所有的人都如此，结果就没有任何道路可供人很好地使用，因为道路的维护需要一定的资金。这就难免发生休谟早在1740年就描绘过的"公地悲剧"。

（二）强制性融资

在西方经济学家看来，"搭便车"对任何人来讲都是一种理性的选择。这就是说，只要有公共产品存在，"搭便车"的出现就不可避免。所以，在合作性的自愿捐献和成本分担制度下，公共产品的供给量发生不足，而低于其应当达到的最佳产量水平，就是一件不言而喻的事情了。

仍以前面修建灯塔为例，那个地区的两个成员都可通过采用"搭便车"策略而使自己的境况变得更好。假设B试图成为"搭便车"者，他就会隐瞒其边际效益，对修建灯塔的捐献额为零，这时，如果A仍然按自己的边际效益的大小做出自己的捐献，第二个灯塔的修建就不可能了，因为A捐献1000

元，修建灯塔的费用为 800 元，修建第二个灯塔的费用就不足了。这就是说，由于 B 成为"搭便车"者，这个地区的灯塔数量由原来可修建两座的最佳水平减少至一座，这一水平显然是缺乏效率的。按照西方经济学的"理性经济人"假设，这个地区的任何人都有可能做出"搭便车"的选择。如果 A 也成为"搭便车"者，其结果就不会有灯塔修建了，这对于需要灯塔导航的该地区的人们来说，他们没有了安全保障，所有人的境况都会因此而变坏。进一步来看，如果这个地区的成员不是两人，"搭便车"的行为将更加严重。因为在人数较少的群体中，只要有一个成员不做出捐献，人们就会强烈地感觉到公共产品可供量的减少，这肯定会驱使他们进行合作。而在人口众多的群体中，某一成员或几个成员免费"搭便车"，对公共产品的可供量的影响就不那么显著了。所以，一个社会成员越多，人们"搭便车"的欲望就越强烈，从而因"搭便车"问题而导致公共产品的供给量下降的可能性就越大。

由上述分析可见，由于"搭便车"问题的存在，自愿捐献和成本分摊的合作性融资方式，不能保证公共产品的有效供给。既然公共产品不可或缺，"搭便车"的问题又不可避免，那就只有依靠强制性的融资方式来解决公共产品的供给问题了。

事实上，政府正是一方面以征税手段取得资金，另一方面又将征税取得的资金用于公共产品的供给的。仍然以建造灯塔为例，既然那个地区修建灯塔最佳量为两座，现最佳修建量所需的费用为 1600 元，那就完全可通过向这两个消费者采取征税的办法来筹措资金，即可按照他们的边际效益的大小，分别向 A 征收 1000 元，向 B 征收 600 元，也可以根据他们各自的收入水平或支出水平的高低，制定相应的征收标准。但不管怎样，其结果是，强制性的融资方法可以保证修建两座灯塔的资金来源，同时也排除了"搭便车"的可能性。尤其在人口众多的地区或社区，强制性融资是避免"搭便车"现象的主要手段。

三 非政府提供方式

通过前面论述可以看出，现实经济生活中并不是所有的公共物品都由政府提供，相当大一部分公共物品是通过非政府方式提供的，在发达国家尤其明显。

非政府提供的公共物品并没有固定的范围和明确的界限，这与不同的经济体制和政府的偏好有关。例如前面讲到的灯塔,虽然被大部分经济学家界定为纯公共物品的典型例证,经济学理论中也同样把它视为必须由政府直接经营甚至由政府免费提供的一种产品。但是,灯塔在英国从来就没有由政府经营过。国防安全在理论上讲,也是一种应该由国家生产的"纯而又纯"的公共物品,在社会主义经济中,国防工业无一例外地由国家垄断生产。但事实上许多西方国家都不是政府生产武器,而是"购买"武器。美国的武器库中从劳动密集型的军服到高度知识技术和成本密集型的原子、电子等高技术武器(如原子弹、核潜艇、军用飞机等等),几乎全部由私人部门生产,政府不经营兵工厂。

灯塔和国防仅仅是两个比较典型的例证,至于那些大量的准公共物品,其生产途径和提供方式更是多种多样。除了前面提到的签约外包、特许经营、政府参股、补助、凭单制等典型的非政府提供方式之外,下面再介绍几种非政府提供公共物品的供给方式,美国的民营化大师 E. S. 萨瓦斯将其称为公私合作的形式。

E. S. 萨瓦斯在其著作《民营化与公私合作的伙伴关系》中详细描述了提供城市基础设施的几种民营化模式,为中国公用事业的民营化提供了可资借鉴的模式①。

(一) 服务的外包模式

与基础设施有关的某些特定的公共服务,可以合同的形式承包给民营企业去完成。如铁路部门的售票、清洁和饮食服务;公共部门的道路和积雪清除服务等。除特定的被承包出去的服务外,公共机构仍然对这些基础设施的管理和维护承担全部的责任,并承担全部的商业风险。公共机构还必须为固定资产筹资并提供流动资本。承包者的报酬可以基于以下因素:工作量或工作时间、预先约定的一次性总额付费、固定价格收费、成本附加原则或某些物理参数(如寄发的账单数)。服务承包合同期限一般在五年以下。

美国、加拿大、英国、德国、日本、瑞士等国运用公共官员调查、对比研究、跨部门计量经济模型等方法,对合同承包进行了大量的研究。这些研究表

---

① [美] E. S. 萨瓦斯:《民营化与公私部门的伙伴关系》,中国人民大学出版社 2002 年版,第 255—261 页。

明，在服务水平和服务质量保持不变的前提下，将管理和监督实施的成本计算在内，合同承包平均节省约25%的费用（见表3—6）。

表3—6　　　　　　　　　公共服务提供机制的比较研究

服务领域	研究结论
空军基地内的维护保养服务	合同承包降低成本13%，减少雇员25%；同时，配件提供效率和飞机可使用率有所提高
航空客运服务	民营航空公司比国营航空公司的效率高12%—100%
机场运营	引入市场竞争的机场运营成本低40%
财产税评估	民营评估公司的成本低50%，而且更准确
清洁服务	政府内部机构提供的服务成本高出15%—100%
日托服务	由于教师职员人数减少，工资水平较低，私人日托节约费用45%
讨债	民营讨债服务更快捷，成本低60%
消防服务	消防服务合同外包节约费用20%—50%
林地管理	就单位产出的劳工成本而言，公共机构是民间机构的2倍
住房服务	政府机构比私营承包商多花费20%
保险索赔处理	私营保险商处理相似申请的成本要低15%—26%
洗衣服务	私人机构的成本比公共机构的成本要低46%
法律服务	合同承包更快捷，成本减少50%
军队后勤辅助服务	因较高的生产率和较低的工资，合同承包降低了成本，随着时间的推移，合同承包的成本会上升
邮政服务	合同承包商在信件传递服务方面节省费用66%，在窗口服务方面节省费用88%
监狱管理	民营部门修建监狱的成本低45%，监狱管理的成本低35%
铁路	民营铁路的维修效率比公营铁路高70%；随着竞争的引入，公营铁路的运营效率在提高
治安服务	私人保安服务节省成本50%以上
天气预报	在提供相同水平服务条件下，私营部门的成本低35%

资料来源：[美] E. S. 萨瓦斯：《民营化与公私部门的伙伴关系》，中国人民大学出版社2002年版，第159页。

（二）运营和维护的外包或租赁模式

政府部门可以通过与民营部门签订合同的方式，将基础设施的经营和维护工作交由民营部门去完成。这种制度安排与服务承包有些类似。但在这种公私合作的方式下，民营部门对基础设施的经营和维护承担全部的责任，需要做出日常经营决策，但不承担任何资本上的风险。经营和维护实行合同承包的目的在于提升基础设施服务的效率和效果。在供水系统和污水处理系统中，可以看到这种公私合作的形式。基础设施被租赁给民营部门后，民营部门通常要向用户收费，并向政府部门支付一定的租金。

（三）合作组织

一个非营利的、志愿性的合作组织也能够承担某些公共服务的责任。在美国、加拿大、芬兰等地区差异较大的国家，农村的合作组织成功地扩展了地方电话系统。在肯尼亚、印度和中国，由用水户组成的合作组织接收并管理着地方的灌溉系统，这些合作组织通过自愿劳动和自筹资金，成功地维护了运河、沟渠和堤坝。

（四）LBO（租赁—建设—经营）模式

民营企业被授予一个长期的合同，利用自己的资金扩展并经营现有的基础设施。它往往根据合同条款收回投资并取得合理回报，同时必须向政府部门缴纳租金。这种模式可以避免国有基础设施完全被私人拥有可能遇到的法律问题。在美国，最大的公私合作经营的机场是斯图尔特机场，它坐落在纽约市以北85公里处，规模庞大但发展水平很差，目前已被租赁给一家英国公司建设和经营，租期长达99年。

（五）BTO（建设—转让—经营）模式

民营部门的发展商为城市基础设施融资并负责其建设。一旦建设完毕，该民营部门就将基础设施的所有权转移给有关政府主管部门。然后，该政府部门再以长期合约的形式将其外包给发展商。在合约规定的租期内，发展商经营这些基础设施，并可以通过向用户收费的方式以及其他有关的商业活动，收回投资并取得合理回报。

(六) BOT (建设—经营—转让) 模式

在政府授予的特权下,民营部门可以为城市基础设施建设融资并建设、拥有和经营这些基础设施。在特定的经营期限内,它有权向用户收取费用。等期限结束,基础设施的所有权就要转让给有关政府部门。

(七) 外围建设模式 (Wraparound Addition)

民营部门可以投资兴建现有公共基础设施的一些附属设施,然后在一定的期限内经营整个基础设施。这个期限可以是固定的,也可以它收回投资并取得合理报酬为期限来确定。在这种形式下,民营部门可以保持对自己所建的附属设施的所有权。这种制度安排的目的在于,在资金不足的情况下仍能扩展基础设施服务。

(八) BBO (购买—建设—经营) 模式

在这种模式下,现有的基础设施被出售给那些有能力改造和扩建这些基础设施的民营部门。民营部门在特许权下,永久性地经营这些城市基础设施。在出售前的谈判中,公共部门可以通过特许协议对基础设施服务的定价、进入、噪声、安全、质量和将来的发展做出规定,实施政治控制。在美国近代史上,第一起污水处理设施的出手就是在俄亥俄州富兰克林市以这种方式进行的。在日本和德国,政府把电话系统出售给民营部门,以提高这些部门的效率和现代化程度,并通过民间资本的注入使这些部门在国际上更有竞争力。

(九) BOO (建设—拥有—经营) 模式

在这种模式下,民营部门的开发商依据特许权投资兴建基础设施,他们拥有这些基础设施的所有权并负责经营。当然,特许权的获得也不是无条件的,民营部门必须接受政府在定价和运营方面的种种管制。长期所有权为民间资本注入基础设施建设提供了重要的财政上的激励。目前以这种模式运作的基础设施很多,比如弗吉尼亚和加利福尼亚的收费公路,中国连接香港和广州、澳门和广州的收费公路,纽约肯尼迪国际机场的新航站,英吉利海峡的海底隧道等。

思考题:

1. 公共物品的特性有哪些?如何区分私人物品与公共物品?
2. 如何区分纯公共物品、俱乐部物品、公共池塘资源?
3. 公共物品供给的主体有哪些?其供给方式有何不同?
4. 如何认识和理解公共物品的非政府供给方式?

第四章

外部性及其矫正

外部性就是指某些个人或厂商的经济行为影响了其他个人或厂商，却没有为之承担应有的成本费用或没有获得应有的报酬的现象。也就是指在市场活动中没有得到补偿的额外成本和额外收益。外部性可能对承受者有利，也可能对承受者不利。公共物品与外部性之间有着密切的联系，准确地说，公共物品问题是外部性的一种表现，它是极端形态的外部经济，也称为正的外部性。微观经济学认为，只要存在外部性，完全竞争的市场就不能实现资源的帕累托最优配置。那么，为了实现资源的配置效率，除了市场机制以外，就需要有别的组织介入来解决这个问题，这个组织就是政府。在存在外部性的情况下，政府可以运用别的手段对其进行干预。但同时政府干预并不是治理外部性唯一的方法，还有别的方法可供选择。

第一节 外部性与资源配置效率

外部性问题的出现，是私人边际成本和社会边际成本、私人边际效益和社会边际效益不一致所造成的。外部性所产生的额外收益不属于从事经济活动的本人而属于他人，因而不构成私人收益，只构成社会收益；外部性所发生的额外成本不计入经济活动的主体成本而由社会来支付，因而不构成私人成本，只构成社会成本。因此，外部性使得私人收益与社会收益之间、私人成本与社会成本之间产生差异。企业和个人的生产经营决策依据的是私人边际成本和私人边际收益，而不是社会边际成本和社会边际收益。当存在外部性时，人们在进行经济活动决策时所依据的价格，既不能精确反映其全部的社会边际效益，也不能精确地反映其全部的社会边际成本。这样一来，只要存在外部性，市场进行的资源配置就不一定总是有效率的。如果人们并不承担他们所引发的负的外部性的全部成本，他们必将过度地从事这类活动；相反，如果人们得不到带来正的外部性的一些活动的全部收益，他们必将尽可能少地从事这些活动。总之，外部性导致资源配置扭曲。

一　负的外部性与资源配置效率

当负的外部性存在时，由于交易双方之外的第三者（个人或厂商）受到了影响，而该第三者因此而付出的成本在交易双方的决策中未予考虑。经济学用外部边际成本（Marginal External Cost，MEC）来表示这种因增加一个单位的某种物品的产量而给第三者所带来的额外的成本。外部边际成本是生产某一物品或提供某种服务的社会边际成本的一部分，但它未在该物品或劳务的价格中得到反映。因此外部边际成本，也即私人边际成本与社会边际成本的差额。

例如，制革厂排放的废水污染了水资源，制革厂生产皮革会给除皮革买卖双方之外的其他人或厂商造成损害。而无论买者或卖者都未考虑此交易行为给第三者带来的成本影响。皮革生产带来负的外部性的原因在于制造皮革所产生的废水导致河流被污染，从而降低水资源使用者从中获得的效益。例如，可供捕捞的鱼虾等水产品的数量和质量的减少和降低；妨碍人们进行各种水上娱乐活动；阻碍了河流周边旅游业的开展；影响了河流周边居民的身体健康；等等。

（一）外部边际成本与负的外部性

可以将外部边际成本分为三种情况来分析负的外部性。

1. 外部边际成本不变

在外部边际成本不变的情况下，外部总成本（Total External Cost，TEC）将随产量的增加而按照一个不变的比率增加。假设每张皮革的外部边际成本（MEC）为10元，且固定不变，如果某一制革厂的年产量为500张，其外部总成本将为5000元。并且，当皮革的年产量增加一倍或减少一半，外部总成本也将随之增加或减少一半，如图4—1所示。

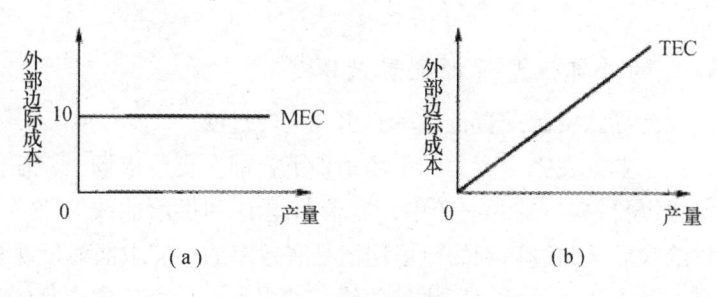

图 4—1 外部边际成本不变

2. 外部边际成本递增

外部边际成本随着产量的增加而递增,对第三者造成的外部边际损害也会递增,在这种情况下,外部总成本将随产量的增加而按照一个递增的比率增加。例如,制革厂生产的皮革产量增加一倍,那么,对第三者造成的外部总成本的增加将会大于一倍。这意味着,增加越多的皮革产量,则会造成更加严重的污染损害,如图 4—2 所示。

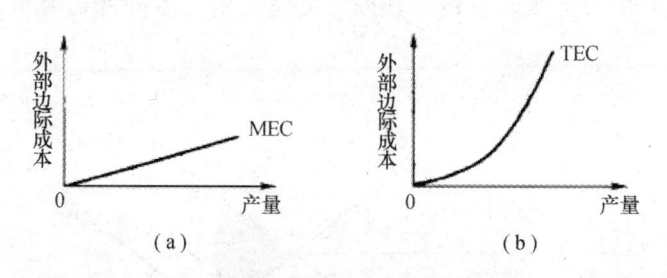

图 4—2 外部边际成本递增

3. 外部边际成本递减

这种情况是,外部边际成本随着产量的增加而趋于递减,并最终为零。对于负的外部性来讲,这种情况的可能性较小。原因在于,外部边际成本递减实际上意味着污染造成的总损害将按一个递减的比率增加;而在某一点之后,追加的污染则不会带来进一步的损害。显然,污染损害不可能存在一个最高限额。

(二) 负的外部性与资源配置效率[①]

负的外部性导致资源配置低效率，出现生产过度。

假定制革工业处在完全竞争的市场条件下，即在皮革市场上，任何买卖双方都不可能操纵价格。在图 4—3 中，需求曲线 D 和供给曲线 S 在 A 点相交，A 点表示供给和需求曲线达到的市场均衡是有效率的。需求曲线反映多生产一个单位商品的私人边际收益，而供给曲线反映多生产一个单位商品的私人边际成本。在两线的交点，私人边际收益和私人边际成本达到均衡。A 点代表的均衡价格和均衡产量分别为 500 元和 4 万张。如图 4—3 所示，需求曲线 D 代表着购买者可以从皮革的消费中所得到的边际效益。为了简化起见，假定这条曲线所代表的也就是皮革的社会边际效益（MSB），即 D = MSB。供给曲线 S 代表着厂商为生产每一追加单位的皮革所付出的边际成本。但是，存在负的外部性的情况下，该行业的供给曲线反映的不是边际社会成本，而是边际私人成本——由生产者直接承担的成本（MPC），即 S = MPC，而未将生产每一追加单位皮革所发生的全部成本包括在内，也就是未计入外部边际成本（MEC）这一数额。

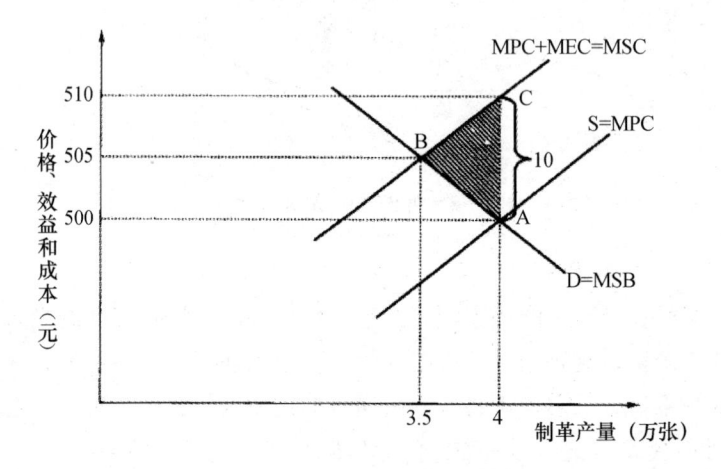

图 4—3 负的外部性与资源配置效率

[①] 参见王传纶、高培勇《当代西方财政经济理论》，商务印书馆 1995 年版，第 40—42 页。

假定生产每张皮革的外部边际成本为 10 元，且固定不变。这 10 元的外部边际成本未在生产者的产量决策中加以考虑，生产者所考虑的仅仅是私人的边际成本。依据私人边际成本做出的产量决策肯定不是最佳决策。

如果要得到社会边际成本（MSC），必须把私人边际成本（MPC）加上外部边际成本（MEC），用公式表示为：

$$MPC + MEC = MSC$$

这意味着，在负的外部性存在的条件下，某一种物品或劳务的私人边际成本小于其社会边际成本。

如果得到图 4—3 中的社会边际成本 MSC，可将 MPC 与 MEC（10 元）相加，即 MSC = MPC + 10。由于 MEC 固定不变，不随产量变动而变动，MPC 曲线应按相当于 10 元的幅度向上平行移动至 MSC。也即，MSC 曲线与 MPC 曲线之间的垂直距离为 10 元。如果 MEC 不是固定不变的，而是随产量的增加而递增，则 MSC 曲线与 MPC 曲线之间的垂直距离将呈逐渐扩大状态。

最后，总结一下上述的分析结果。

如图 4—3 所示，不加干预的皮革市场的均衡点在 A 点实现。在 A 这一点上，下式成立：

$$MPC = MSB$$

在 A 点所决定的产量水平显然不是最佳水平。其原因在于，资源配置效率的实现条件应该是 MSC = MSB，而不是 MPC = MSB。这就表明有效的均衡应当在 B 点实现。在 B 这一点上，私人边际成本（MPC）和外部边际成本（MEC）加总后计算出的社会边际成本（MSC）与社会边际效益（MSB）正好相一致，可用公式表示为：

$$MSC = MPC + MEC = MSB$$

现在，我们来看皮革生产的例子。A 点所决定的 4 万张的年产量水平是缺乏效率的。因为在这一产量水平上，外部性为每张 510 元（C 点），而其社会边际效益只有每张 500 元（A 点）。皮革生产的社会边际成本大于其社会边际效益，其结果必然是皮革以高于最佳产量的水平在市场上出售。随着皮革年产量由 4 万张减少到 3.5 万张，即降至 B 点所决定的年产量水平，将会因此而获得相当于 △ABC 面积大小的社会净效益。这时皮革的价格也将由每张 500 元升至 505 元，以促使消费者将年消费量从 4 万张降至 3.5 万张。皮革的最佳年产量水平是 3.5 万张。因为在这一产量水平上，皮革生产的社会边际成本恰好等于其社会边际效益。因此，在负的外部性存在时，物品或劳务的生产或销售将会出现过度状态。

二　正的外部性与资源配置效率[①]

当正的外部性存在时，由于交易双方之外的第三者（个人或厂商）得到了收益，而该第三者因此而获得的收益在交易双方的决策中未予考虑。经济学用外部边际效益（Marginal External Benefit，MEB）来表示这种因增加一个单位的某种物品或劳务的消费而给第三者带来的额外收益。外部边际效益是生产某一物品或提供某种服务的社会边际效益的一部分，但它未在该物品或劳务的价格中得到反映。因此，外部边际效益，也即社会边际效益与私人边际效益的差额。

如用于预防传染病的疫苗接种，是带来正的外部性的一个典型实例。疫苗接种不仅会使被接种者减少感染病菌的可能性，而且那些没有接种疫苗的人也可因此而减少接触病菌感染的概率。依此类推，整个社会都可以从疫苗接种中获益。疫苗接种的外部边际效益就是给予疫苗接种者之外的其他人所带来的减少感染病菌的可能性。通过外部边际效益的定义，可以解释正的外部性是如何导致资源配置扭曲的。

图4—4反映的是置于竞争市场上的疫苗接种服务。从图4—4中可以看出，疫苗接种的需求曲线D和供给曲线S在U点相交，U点表示供给和需求曲线达到的市场均衡是有效率的。需求曲线反映多生产一个单位商品的私人边际收益，而供给曲线反映多生产一个单位商品的私人边际成本。在U点，私人边际收益和私人边际成本达到均衡。在U点决定的均衡价格和均衡产量分别为25元和10万人次。显而易见，10万人次的疫苗接种量不是最有效率的。其原因在于，需求曲线D所能反映的仅仅是消费者自身可以从疫苗接种中得到的私人边际效益，即25元，未包括20元的外部边际效益。在存在正的外部性的情况下，该行业的供给曲线反映的不是边际社会效益，而是边际私人效益。这样一来，在需求曲线D与代表疫苗接种的社会边际成本的供给曲线S（为简化起见，这一例子假定提供疫苗接种的私人边际成本恰好等于其社会边际成本）相交点所决定的产量水平上，疫苗接种的实际社会边际效益（45

[①]　参见王传纶、高培勇《当代西方财政经济理论》，商务印书馆1995年版，第42—44页。

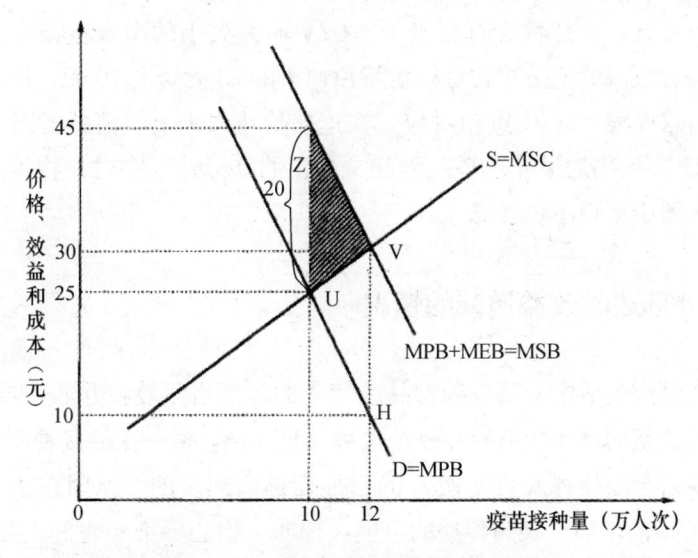

图4—4 正的外部性与资源配置效率

元）超过了私人边际效益（25元）。因此，依据私人边际效益做出的产量决策肯定不是具有效率的决策。

为了得到社会边际效益（MSB），私人边际效益（MPB）必须加上外部边际效益（MEB），用公式表示如下：

$$MPB + MEB = MSB$$

可见，在正的外部性存在的条件下，某一种物品或劳务的私人边际效益小于其社会边际效益。

如果要得到图4—4中的社会边际效益（MSB），就可以将MPB与MEB相加，得到：MSB = MPB + MEB = 25 + 20 = 45元。也就是说，原来的 D = MPB 线应当向右上方平行移动相当于20元的垂直距离，并被 MPB + MEB = MSB 线所代替。MPB + MEB = MSB 线同 S = MSC 线在 V 点相交，由此而决定的疫苗接种量为12万人次。显而易见，这一产量水平是最佳的产量状态。原因在于，它满足实现效率的边际条件，即在 V 点上，疫苗接种的社会边际效益（MSB）与社会边际成本（MSC）正好相一致，可用公式表示为：

$$MSB = MPB + MEB = MSC$$

当疫苗接种量从10万人次增加到12万人次时，就会因此而得到相当于△UZV面积大小的社会净效益。从另一个角度讲，如果不对疫苗接种的正的外部性进行矫正，社会将会有相当于△UZV面积大小的净效益损失。与此同时，向消费者收取的疫苗接种价格也将由原来的25元降至10元，以与疫苗接种的市场需求曲线上的H点相对应。在这一价格水平上，消费者对疫苗的需求量正是12万人次的最佳水平。因此，当正的外部性存在时，物品或劳务的生产与销售将会呈现不足状态。

三　外部边际效益递减的情况[①]

在现实经济生活中，某一种物品或劳务的外部边际效益并非一成不变的，一般随其消费量的增加而递减，疫苗接种就是实例。每一次的接种所带来的外部边际效益是会随接种人数（次）的增加而逐渐减少的。原因在于，随着接种人数（次）的增加，疾病传播的可能在递减，担心感染疾病的人数在递减，给外部带来的边际效益自然也会递减。一旦出现这种情况，当接种人数（次）达到一定水平时，接种疫苗所带来的外部边际效益将最终趋向于零。

如图4—5所示，假定接种疫苗的MEB逐渐下降，并在16万人次的水平上趋向于零。如图4—5，MSB大于MPB的现象只有在接种量少于16万人次的条件下才会存在。而且，由于MEB随着接种人次的增加而递减，MPB曲线和MSB曲线的距离也趋向于越来越小。

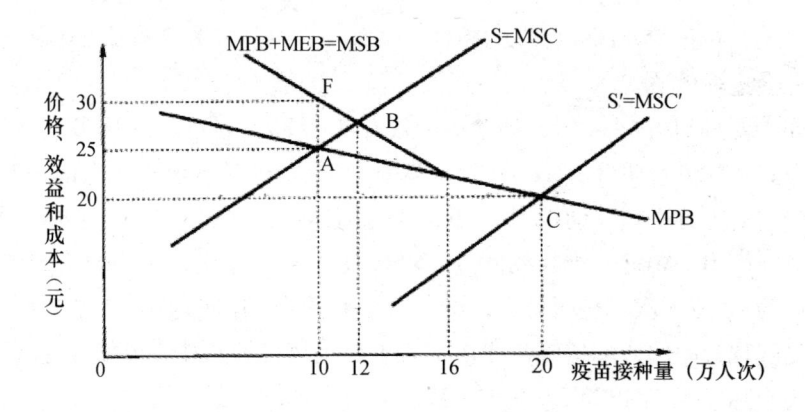

图4—5　正的外部性：外部边际效应递减的情况

[①] 参见王传纶、高培勇《当代西方财政经济理论》，商务印书馆1995年版，第45—46页。

这种形式的外部性所体现的含义对于理解市场失灵是非常重要的。

例如，假设社会边际成本曲线是 S，S 也是完全竞争市场条件下的供给曲线。这时，市场的均衡将在 A 点实现，由此而决定的接种疫苗价格为每人次 25 元，接种量为 10 万人次。这肯定不是最佳的产量水平。因为在这一点上，接种疫苗的社会边际效益大于其社会边际成本。与 B 点所对应的 12 万人次才是最具有效率的最佳水平。因为在这一点上，MSC = MSB = MPB + MEB。这说明，这时有市场失灵现象存在。

如果供给曲线不是 S = MSC，而是 S′ = MSC′。这时，市场的均衡点就为 C 点了。由此决定的接种疫苗价格为每人次 20 元，接种量为 20 万人次。那么，这一产量水平是不是也缺乏效率呢？答案是否定的。因为在 20 万人次的接种量水平上，MEB = 0，也就是社会边际成本同社会边际效益恰好相等。可由此得出的结论是，在存在外部边际效益递减的正的外部性时，市场机制作用下的产量水平并非总是缺乏效率的。只有在处于较低的产量水平——在这一水平下，MEB > 0——的条件下，市场机制才会在实现资源配置的效率方面发生失灵。

四 公共资源问题与资源过度使用

公共资源问题的主要特征是公有的稀缺资源的获得不受限制。例如，有一个湖，捕鱼总量随渔船数量的增加而增加，但是低于按比例的增加。因此，随着渔船数量的增加，如图 4—6 所示，每条船的平均捕鱼量（AR）会下降。每增加一条船，就会减少其他渔船的捕鱼量，这就产生了外部性。增加一条船的边际社会收益（SR）会低于每条船的平均收益（AR），即 SR < AR。私人只考虑自己增加船只所带来的私人收益，所以湖中的渔船数由一艘船的成本（MC）和每艘船的平均捕鱼量（AR）的交点决定，即 f。然而，从社会角度考虑，最优的渔船数应由 MC 和 SR 的交点来决定，即 f′。显然，f′ < f。因此，私人市场机制下，必然导致渔船数量过多，从而产生对公共资源的过度使用。

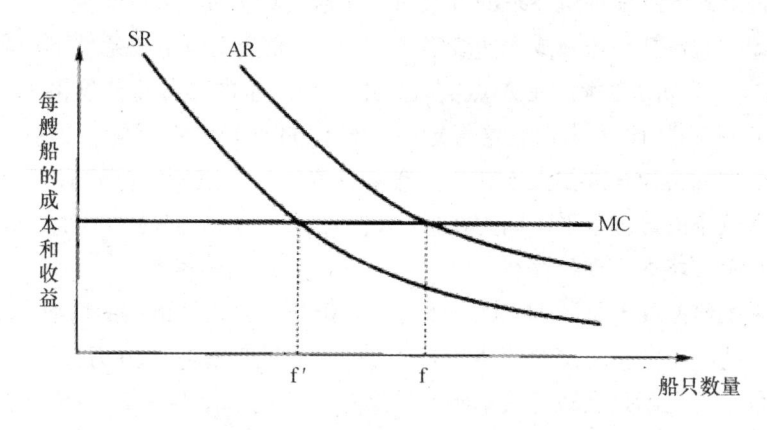

图4—6 公共资源导致资源过度使用

第二节 外部性的矫正

由于外部性的存在，完全竞争的市场无法实现资源的有效配置。这时候，为了实现资源的有效配置，就需要有纠正外部性的方法出现，来降低甚至消除外部性带来的资源配置不好所引起的损失。在众多的政策选择中，主要有三种意见占上风：（1）创造一些条件，由市场来纠正这个问题。（2）政府实行干预，由政府发挥自身的优势来纠正外部性。（3）还存在既不是完全市场也非完全政府的解决方法。

一 市场机制自身纠正外部性

一部分经济学家认为，市场存在自身克服外部性的机制。他们认为，在存在外部性的场合，市场机制的确会导致效率损失，但政府并不具有弥补效率损失的优势，在很多情况下反而会加大效率损失。因此，即使在存在外部性的场合，政府也不应该干预。因为只要创造市场交易所需要的条件，如界定财产权，市场机制同样可以解决外部性问题，从而减少甚至消除效率损失。在这些条件中，组织设计的变革和产权界定是很重要的两种途径。

（一）组织的一体化（Unitization）

一些经济学家认为，市场机制可通过扩大企业规模，组织一个足够大的经济实体来将外部成本或收益内部化，从而纠正外部性带来的效率损失。他们举果园为例，如果果园的主人同时经营养蜂生意，外部收益就内部化了。不过，只有在果园的规模足够大，使所有的蜜蜂只能在这一个果园采蜜的情况下，这种机制才会奏效。这种方法更具体的论证，是由运用经济分析方法研究政府经济政策的英国著名学者詹姆斯·E. 米德进行的。他认为，外部性的产生需要特定的技术和制度条件，如共有变量条件、所有权定义不明条件、市场组织成本条件、财政类条件、垄断类条件、引导偏好类条件等。所以，在他看来，外部效应是指某个人不参与某项决定的决策，而他的利益却受到该决定的或好或坏的影响。据此，要解决外部性，第一个最明显的办法便是对社会的组织制度进行重组，使利益受到某项决定影响的人，在做出该决定时能作为参与者发挥作用。也就是说，组织方面的适当改革可以使外部性内在化。米德认为，使外部性内在化的组织可以采取以下各种形式，如家庭、社会俱乐部、商业公司协会或合营公司、地方政府、中央政府等。[①]

不过，即使建立了使外部性内在化的统一的组织机构，利益冲突与收益分配问题还是存在的。因为统一的组织虽然使外部性内在化了，但是在制度创新之后要使有关方面达成决策上的利益一致，也并非易事。组织一体化以后的利益冲突以及由此带来的问题，实际上可能更复杂，更微妙。

组织安排解决外部性问题的关键在于以下几个方面的要素：首先，所需解决的外部性问题是大规模的还是小规模的？其次，为解决外部性问题而建立的组织中，其成员是自愿加入的，还是被迫加入的？最后，在组织中，做出集体决定的决策规则是什么？就社会组织而言，所需解决的外部性其范围一般是小规模的，而组织成员或多或少是自愿的，但在组织中做出集体决策的规则却可能是多种多样的。所以，就社会而言，决定外部性内在化之可能性的主要因素是组织集体决策的规则。可供选择的集体决策的规则，一是完全一致规则，该规则的优点是一旦形成决定，决定的执行成本比较低，但要形成全体一致本身

[①] ［英］詹姆斯·E. 米德：《效率、公平与产权》，施仁译，北京经济学院出版社 1992 年版，第 313—332 页。

却需要付出相当的代价，而且一旦不能形成完全一致，那么会一事无成。二是多数一致的原则，该规则的优点是在形成不了全体一致即存在少数人反对的情况下也可以做出有效的决定，但在执行时可能遭到少数人的反对，并且还可能使多数人肆无忌惮地滥用其多数决定权欺压少数。而且在一定的情况下，还会形成决策程序决定决策结果的情形。此外，还可以选择加权投票规则，或者甚至是由某些管理者独裁决定外部性内在化的决策，这两种规则也各有其利弊。为了使不同的决策规则更好地为不同情形的外部性解决服务，应该建立各种各样的相互竞争的组织，给人以各种各样的选择。这些组织可以是绝对民主的，也可以是绝对专制的，还可以是两者之间的。只要人们可以自由选择，自由进出，这就无关紧要。这样做的好处还不止于此，因为一旦有了许多竞争性的组织，人们根本就不需要参与组织的具体决策过程，而只要选择自己所喜欢的组织，并参与其中就可以了。不过，这仍然以移动成本不足以约束个人选择自由为限。但是事实上，政府却是一种特殊的组织。首先，某个人是否处于某个政府的管辖之内，这在很大程度上不是一个选择的问题，就是说，某个人处于某个政府的管辖之内既不是自愿的也很难说是被迫的，而个人除了极个别的例外，一般是不能选择政府的。其次，政府组织相对于社会而言其规模是巨大的，要求其解决的外部性问题范围也是巨大的。在这种情况下，政府决策的规则就成为核心的不可忽略的因素了。可以这样说，政府的许多决策都影响到许多个人的利益，但政府应该采用什么决策规则才能令人十分满意呢？米德提供了一个他认为还不成熟的答案。他设想，理想的社会应该是"社会上每个公民都要成为人格分裂的人，在市场上，他们完全个人主义地采取行动，在投票箱面前，利他主义地采取行动"[①]。也就是说，每个公民都带着自私自利的偏好出现在市场上，并以最有效的办法，照顾好他自己、他的家庭、俱乐部、公司等的福利，因为他最清楚他自己的需要。但他采取利他主义的态度来选举政治家，并使之成为他的代言人。这些政治家直接参与建立法律规则和税收结构，提供法律框架，自私自利的社会元素即个人，在这个框架内从事经营活动，经过立法这只看得见的手，最终形成公正、有效率的体系。不然，关于社会公平，对于美好社会的共同目标，人们也许会有相互冲突的看法。为了从中

---

① ［英］詹姆斯·E. 米德：《效率、公平与产权》，施仁译，北京经济学院出版社1992年版，第341—342页。

做出选择，尚需建立一些普遍的规则，这些规则只包括人数等数字计算，而不包括打击人的东西。

（二）产权界定

完整、系统地论述产权问题的最著名的学者是美国当代经济学家，1991年诺贝尔经济学奖获得者罗纳德·科斯（Ronald H. Coase）。科斯于20世纪60年代初对传统的庇古法则做了修正，他认为，外部经济从根本上说是产权界定不够明确或界定不当引起的，所以只需界定并保护产权，而随后产生的市场交易就能达到帕累托最优。

在罗纳德·科斯看来，所谓产权，通常指某种资源的所有权、使用权以及自由转让权等。比如，人们拥有自身劳动的产权，这是受法律界定并保护的，因此，要使用别人的劳动，就必须支付相应的报酬，征得别人的同意。然而，河流的产权属于谁却是一个模糊的概念，以至于企业可以将它当成一个方便的垃圾箱。如果这是一条某富翁庄园里的河流，情况就不同了，企业必须经庄园的主人同意才可以向产权有属的河流排污。而为了博得同意，企业将向庄园主支付足够的补偿（等于污染给庄园主带来的效用损失）。此时，这一项成本就进入了企业决策者的头脑中不再是外部成本了，而资源配置则能达到最优。

罗纳德·科斯系统地论述了在产权界定的条件下，外部性怎样可以得到纠正的理论。他对比了计划经济与市场经济，认为计划经济往往导致低效率，并且还会导致更大的环境污染，而市场经济往往导致高效率，并且导致的环境污染量相对来说也较为轻微。其原因是市场济比计划经济更有优势。首先，它能够通过价格机制来确定并灵活地反映资源的稀缺程度，以及动态变化。由于价格机制确定环境资源稀缺程度及其相对价格的信息要求较低，因此市场制度可以较低的信息成本来确定环境资源的相对价格，因而能够以非常低的成本及时地解决稀缺资源的定价问题。这就解决了集中的计划制度所无法解决的人类认识的困境。其次，市场制度作为一种"化私为公"的机制，可以通过亚当·斯密"看不见的手"，即价格机制把经济人的理性自利动机，转换成促进资源合理配置，促进共同繁荣的"利公"动机。因此，在市场制度条件下，经济人的天然倾向与环境资源合理开发和保护所需要的"利公"动机是可以兼容的。

在科斯看来，市场制度之所以能够保护环境，其原因就是它的两大制度基础：产权制度和价格机制。其中私有产权制度促使人们保护稀缺资源，价格机制提供不同环境资源相对稀缺程度的尺度，并以此鼓励人们寻找可替代的资源，以相对不稀缺因而不昂贵的资源来替代稀缺且昂贵的资源，从而节约使用最稀缺的资源。市场机制也会促使人们进行技术创新，来开发并有效使用既有的稀缺资源。这说明，市场制度在开发和使用稀缺资源方面是最合理的资源配置机制，与计划制度相比，它更是环境的保护者，而不是环境的破坏者。在生态问题上，市场制度的核心功能就是通过产权的界定来减少共有物，从而尽可能减少"公地悲剧"发生的广度和深度。

产权模糊，是环境资源遭到滥用的重要原因。由于产权模糊，市场经济也会滥用环境资源，但计划经济滥用公共资源的程度、规模要远远大于市场经济，因为计划经济条件下，环境资源产权模糊的问题要比市场经济在规模上更大，在程度上更深。因此在环境问题上，计划制度比市场制度更容易导致环境灾难。从理论上来看，市场制度和计划制度在生态问题上的失误的道理是一样的：缺乏界定和保护产权的法律制度，缺乏合理可靠的价格机制。不管是自由竞争的市场制度，还是严格管制的计划制度，都同样会滥用公共资源，都同样会破坏作为公共物品的人类共同生活环境。对前者来说，没有产权制度和价格机制，理性的经济人就没有可靠的积极性去阻止公有资源的滥用；对于后者来说，没有产权制度和价格机制，即使是大公无私的计划者和计划执行人员，也会滥用公共资源。亚里士多德所讲的公共的东西最少得到关怀，哈丁所讲的"公地悲剧"，在市场制度下会发生，在计划制度下很可能表现得更为严重。因为在后者不为人所关心的公共的东西更多，"公地悲剧"也会更为严重。对此，补救的办法首先就是通过政府建立符合市场经济需要的法律制度，通过市场制度建立合理的价格机制，并完善市场制度运行的制度条件，从而尽最大可能减少公有资源产权的模糊性；然后，在此基础上，通过政府的补充性直接干预来解决问题。而这时，政府需要直接管理的公共事物也很少了，如果再在管制技术上做些努力，政府的直接管制也是会有效率的。

在现实生活中，即使是最丰富的资源，由于其产权不明确，也会比哪怕是最稀缺的资源更为稀缺。比如，人们一般都认为，水、森林和清新空气这些资源的稀缺程度应该要远远小于金属、矿物等能源资源，但从实际情况来看，人们却又觉得前者比后者更为稀缺。其原因就在于前者是公共资源，它的稀缺性并不表现在价格上。人们可以随意获取，从未想到要节约使用，也没有动力去寻找更多的替代品。而后者则是产权明确的私有资源，其稀缺程度表现在价格上，人们只能花费一定的代价才能获取，这时人们总是在想如何节约使用资源，如何寻找更为便宜的替代品。水、森林和清新空气比金属、矿物和能源更容易遭到滥用，其主要原因不在于人们趋于节约还是浪费，也不在于市场体制还是计划体制，而在于水、森林和清新空气资源的产权边界是不明确的，而金属、矿物和能源的产权边界却是明确的。针对这种状况，有效的办法可能是多种多样的。

首先，最有效的办法就是确定水、森林和清新空气资源的使用价格，明确这些资源的产权，建立水、森林、清新空气等资源的市场定价制度，消除其中的市场僵化问题，确保市场的竞争性。其中最迫切的措施是加快市场建设，把国有企业推向市场。因为国有企业行为的激励机制扭曲是非常明显的。在很多国家里，国有企业对许多行业都起着左右局势的作用，如发电、水泥、铸造和矿业等，而这些企业往往是污染大户。企业越大，对行业的垄断程度越高，其所制造的污染也越多。这时，就有必要完善市场，使国有企业也像私营企业那样面临巨大的市场竞争压力，从而对环境承担较大的责任。

其次，清除扭曲市场的公共政策，其中最主要的是一系列的价格补贴政策，这些价格补贴政策使得市场机制不能正确地运行，无法准确地显示各种能源的稀缺程度，使得滥用能源现象普遍化。根据世界银行的报告，发展中国家政府每年耗费200多亿美元对能源进行补贴。如果能源补贴全部取消，就会减少能源价格扭曲，可以使全世界因使用能源而产生的二氧化碳排放量下降10%。

人们也许会问，明确的产权以及自由的价格制度为什么是减少环境污染、解决外部性问题的关键呢？科斯认为，在产权明确的情况下，如果交易成本为零或小得可以忽略不计，市场机制可以把外部性内在化，使资源得到最优配置。这就是著名的科斯第一定理。与此有关的科斯第二定理是：在产权明确的情况下，如果交易成本不为零，或者不是小得可以忽略不计，那么合理的制度选择就可以减少交易成本，使外部性内在化，使资源得到合理的配置。根据科斯第二定理，我们可以推导出解决外部性问题的重要方法，即界定产权。当然，界定产权之后，为了降低交易成本，显然还需要有自由的价格制度来确定明晰的产权所隐含的收益权与承担损失的责任。

在罗纳德·科斯看来，现代社会产权模糊是环境污染的重要祸因，这与人的本性问题关系不大。因为从人性基本倾向的角度来看，不管人性是善还是恶，只要当人们可以随意使用森林、草原或渔场时，他们一般都会过度使用这些资源。无主桃树上的桃子，除非在人烟稀少的原始森林，否则永远不可能完全成熟。因为没等到桃子成熟，人们已经争先恐后地把它摘光了。但是，只要采取适当的措施，通过明确产权，明确公共资源的权利界限，不管人性基础如何，都可以减轻对这些资源的滥用。因为桃树一旦有了主人，人们就会等到桃子成熟以后才把它摘下来。这种例子在现实生活中比比皆是。就如世界银行报告所陈述的，泰国政府向农民发放土地证书就减少了对森林的危害。印度尼西亚政府为万隆贫民窟的居民分配了产权证书后，家庭对卫生设施的投资已增加了两倍。为肯尼亚山民提供租地安全保障也降低了土壤的侵蚀。布基纳法索政府正式明确了社区的土地所有权后，土地管理得以极大改善。而为渔业资源分配可转让的捕捞权，则遏止了在新西兰海域中滥捕鱼类的趋势。

  市场机制下虽然存在着通过上述途径纠正外部性的可能性，但是，在实际生活中这些机制并不能有效地发挥作用。组织一体化的机制要求企业的规模尽可能的大，这一方面很难做到，另一方面企业规模过大，又将导致垄断等新的市场失灵。而社会制裁这种机制则过于软弱。在严厉的法律都不能消除犯罪的社会里，可以想象是不可能依赖道德规范来真正解决外部负效应问题的，在"禁止吸烟"标牌下公然吸烟者不乏其人，向公共河流中倾倒废水和垃圾的现象也远远没有杜绝。至于科斯定理，它也受到交易成本等因素的限制，不是在所有的场合都能奏效的。

  概括地说，私人经济部门纠正外部性的各种机制的局限性，主要是由两种因素决定的：（1）公共物品的特殊性问题。因为外部性的存在往往与公共物品相关，比如洁净的空气或水就是公共物品，排除人们免费享受这类产品的好处成本很高。一个不吸烟的人往往会装作并不介意有人吸烟，而希望别人去和吸烟的人交涉，自己坐享没有人吸烟的好处，这显然比由自己出面得罪人更合算。（2）交易成本（Transaction Costs）问题。让有关的个人或企业自愿联合起来将外部性内部化，其成本是相当巨大的。这项组织工作本身就是一种公共物品，人们都宁愿坐享好处而不愿出面从事这项工作，因此，从某种意义上说，政府正是私人部门所能指望的纠正这些外部性的最好的机制。

二 政府对外部性的纠正

政府对外部性的纠正措施可分为五大类：行政的、经济的、法律的、协商的和教育的。

（一）行政措施：管制与指导

当采用经济的和法律的手段不能纠正由外部性引起的资源配置不当时，就存在着国家行政调节的可能性。政府调节机构将确定资源的最优配置，从行政上指令生产者提供最优的产量组合，调整电力和石化等高污染工业布局，严格限制厂址的选择，有时还可指令把产生外部性和受外部性影响的双方厂商联合起来，使外部性"内在化"。以污水排泄工厂为例，如果它与下游工厂合并，污水净化成本将变成联合企业的私人成本，这样，作为利润最大化的自然结果，外部性也将受到限制。

当然，以政府行政命令为主要形式的国家调节手段只有在产生外部性的厂商缺乏将其污染量控制在社会最优污染控制水平上的内在动力时才成为不得不采取的措施。这一方法的主要缺点是强制执行政策的成本可能相当高，还面临大量的计算私人成本和社会成本等一系列信息方面的问题，而它们是进行国家调节所必需的。此外，直接管制还会碰到行政效率和官僚主义方面的困难，地方行政机关容易产生不公正和长期拖延等问题，造成"管制幻觉"。

在公共产品领域和市场上，有些发达国家正在建立含有行政计划因素的制度框架。在个人消费领域和一些公共场合，政府行政机构也可以颁布一些禁令和规则。美国著名经济学家斯蒂格勒认为政府的行政措施在纠正外部性因素中应发挥更大作用：第一，政府可以利用权力来签订协约。第二，政府可以坚持自己在处理一些外部性上采取的正确行动。第三，政府要采取积极行动或提供与外部性相对抗的服务措施。

（二）经济措施：税收与津贴

与政府的行政措施一样，政府利用经济手段解决外部性问题也是一种传统的方法。英国经济学者庇古提出了著名的修正性税，即税收/津贴，其目的是促使私人成本与社会成本相一致。例如，如果对外部性的产生者征收相当于外部不经济性价值的消费税，它的私人成本就会与社会成本相等，这样，利润最大化原则就会迫使生产者将其产出水平限制在价格等于社会边际成本之处，这正好符合了资源有效配置的条件。相反，对产生外部经济性价值的补贴，会鼓励他们把产量扩大到社会的最有效率的水平。在庇古看来，这样就可以达到资源配置的帕累托最优，同时这也是庇古认为政府干预经济的重要方面。

庇古税的基本原则与现行有关国际组织、国家政府及大多数经济学家所认同并倡导的"污染者付费原则"（polluter-pays principle）是相一致的。污染者付费原则是指排污企业应该承担污染或环境破坏的成本，并把这一成本纳入商品价格之中，价格指标应该反映污染的真实成本。这一原则的核心就是要求所有的污染者都必须为其造成的污染直接或者间接支付费用。征收污染税是目前各国政府所采纳的最普遍的控污措施之一。

最常见的抑制外部性的税收是"消费税"，但它是以"货物税"的形式出现的。征税的对象和目的非常明确：主要对烟、酒、石油产品这三种货物征税，因为它们对个人、家庭和社会都有一定的外部性影响。

一般说来，学术界认为征税的办法比政府直接管制的行政办法更为可行，尽管人们对税收或公路使用费这些属于价格制度的措施存在较大争议。这是因为，税收的办法可以避免行政上的低效率和官僚主义的产生，比行政措施更为方便和快捷；并且无论是污染费，还是公路使用费，对于产生外部性者，其边际税率都是一样的，都是均衡税率，而均衡税率则是最低税率。

津贴的情况有三种：首先，对外部性中受损者要给予津贴。如庇古所举的受火车火花影响的车轨旁的种田者应该得到政府的补贴。其次，还有一种情况，那就是产生外部经济性的一些厂商或公共产品应当收到政府或社会给予的津贴。如考古队、博物馆、医院等等。最后还有一种情况：给外部性生产者以津贴。有人把这种津贴称为向污染者"行贿"。我们知道，利润最大化原则使公司不愿意且没有动力花钱去减少污染，它不能给公司带来多少直接利益，这样，从全社会观点来看，就会出现在减少污染方面开支不足的问题。但许多经济学家认为，这种方法实施的结果并不能达到社会资源的最优配置，因为厂商在决定其产出水平时所考虑的仅仅是私人边际成本，所以，厂商的社会边际总成本包括了政府对控污补助的津贴成本。就津贴与税收来说，厂商偏好的当然是前者，而不愿意缴纳税金，道理很简单，获得津贴能够获得较高的利润，而且没有使厂商的股东们产生控污的压力,但在税收制度下,总产量减少,价格较高,产品的消费处境变坏。

基于上述分析,可以认为,当税收和津贴两种办法都可行时,前者可达到帕累托最优,而后者则难以达到。因此,从效果来说,税收比津贴更可取。第一,产生污染者虽然得到了津贴,但产生污染的活动在经济上仍然是有吸引力的,尽管个别公司将减少其污染,但可能会出现更多的产生污染的公司。第二,由于津贴对采用新的控制污染技术的刺激较少,所以,现有产生污染的公司将会扩大,这样,津贴制度不是导致更少的污染,反而有可能刺激产生更多的污染。第三,污染者将千方百计地提高补贴前的污染水平,以得到更多的补贴金额。

(三) 法律措施:制定规则

通过立法来定义产权以解决和处理现代社会产生的各类外部性有两个优点:一是它不受利益集团压力的影响;二是它可以通过审判过程得到恰当的阐述。

发达国家在政策实践方面将立法引入外部性的处理之中,取得了可喜的成绩。但必须注意,通过法律来解决外部性会受到如下五个方面的限制。

第一,诉讼的交易成本较大,而有些外部性的损失较小,不值得动用法律武器;况且,行政措施和经济措施在处理外部性时,其交易成本主要由公共部门负担,而在法律系统中由私人负担。

第二,由于诉讼费用昂贵,厂商会把外部性的影响削减到接近但稍小于受损者诉讼的成本,这就意味着产生了较大的效率损失。

第三,诉讼的结果具有未来不确定因素,如果诉讼成本很大,受损者就不太情愿运用法律手段来解决外部性。

第四,由于诉讼过程中存在着成本较高与未来结果不确定的因素,这就意味着与公平、正义相冲突。

第五,在存在较多外部性的受损者的情况下,作为个人来讲,如果其损失价值较小而不足以使他去起诉,就会出现"搭便车"的现象:每个人都想让别人去起诉,如果他人成功了,自己就可以坐享其成。

总而言之,虽然法律系统为我们提供了解决外部性的重要补救办法,但它难以解决各种不同类型的所有外部性,法律措施也有其局限性。

（四）资源协商：科斯定理与确立产权

科斯认为，不管权利属于谁，只要产权关系予以明确界定，那么，私人成本和社会成本就不能产生背离。虽然权利属于谁的问题会影响财富的分配，但是，如果交易费用为零，无论权利如何界定，都可通过市场的交易活动和权利的买卖者的互订合约而达到资源的最佳配置。这就是科斯定理的含义。在科斯看来，这种外部性的解决办法实际上是一种市场交易，是市场规律本身在起作用。结论是只要有人分配到产权，有效的解决方案与谁获得产权独立无关。它意味着产权一旦确立，就不需要政府干预来处理外部性问题。但是，至少有两个原因使得社会不能总是依靠科斯定理来解决外部性问题。

第一，定理要求讨价还价的成本不会阻碍双方协商以找出有效率的解决方法。但是，像空气污染这样的外部性牵涉成百万的人（既包括污染者，也包括被污染者）。很难想象能以足够低的成本让他们聚在一起谈判。

第二，定理假定资源的所有者能够鉴别对自己财产的破坏的来源，并合法地防止破坏。再考虑一下空气污染这个重要例子，即使空气的产权是确定的，我们还是不清楚空气的主人如何能够从几千个可能的污染者中认出谁对污染空气负有责任，并确知每个人对破坏应当负多大的责任。科斯定理最适用于只牵涉几方的、外部性来源清楚的情况。当然，即使这几个条件都成立，从收入分配的角度看，产权的分配也是很重要的，产权是有价值的。

（五）社会准则：良心效应与黄金率

经济学家黄有光认为，任何一件外部性事件的产生，都或大或小地存在着良心效应，即"良心"发挥着一定的作用。一般说来，良心效应在下述两种情况中，会产生两种不同的作用：其一，当外部性产生者给他人的福利带来不利的影响，而且不给予补偿时，良心效应将会降低自身的整体福利水平。其二，由于良心效应的缘故，庇古税实际上可能反而会提高产生外部性活动的水平。斯蒂格利茨认为，进行社会准则的教育是解决外部性的一种方法。这种教育的具体内容就是"黄金律"教育。他认为，用经济学的语言来解释黄金律的内容就是"要产生外部经济性，不要产生外部不经济性"。由于人们的行为是互相影响的，所以人们要时时刻刻用社会准则来要求自己，并且，父母也应该总是引导自己的孩子按"社会可接受的方式"行事，那就是不产生外部性。这种黄金律在家庭中一般来说成功地避免了外部性；但就社会化过程来说，却没有成功地解决现代社会所产生的各种各样的外部性问题。实际上，社会准则和黄金律无非是一种道德教育，即属于精神文明教育。运用这种思想教育的方式来解决外部性问题在某种范围内可发挥很大的作用，毫无疑问，这也是管理者普遍采用的应对外部性的重要手段之一。

三　联合矫正

只要在存在外部性的场合，市场经济就不可能充分实现资源的配置效率。在外部经济场合，市场制度会导致供给不足问题；在外部不经济场合，市场制度则会导致供给过分的问题。环境污染等就是最为典型的外部性问题。传统理论认为，市场在外部性问题上的失灵，需要政府的充分补充。对此，政府可以采取种种手段，来校正外部性。但实际表明，政府也是外部性的一种根源，而且在很多情况下比市场经济导致的外部性更为严重。政府失灵，在很多情况下比市场失灵的后果更为严重。市场失灵并不意味着政府应该完全垄断校正外部性的领域，政府与市场的共同努力，并且在政策上实施以市场为基础的政策，才是校正外部性问题的正道。

环境问题是典型的外部不经济问题。外部不经济是市场所难以解决的问题，事实同样表明，政府也并不是解决环境的最优的选择。

在西方发达国家，环境保护运动已经开展了20多年。通过大规模的政府管制和制定的规章条例，西方各国的空气、水、土地和自然资源的品质得到了大幅度的改善。西方国家的典型做法是通过制定规章条例，告诉企业使用哪些控制污染的技术，它们能排放多少污染物。这种做法取得了巨大的成就，但是现在人们已经发现，依靠中央集权的政府管制的方式来实现环保，代价高昂。在20世纪90年代，美国政府提出"使市场起绿化作用"的口号，认为在当代出现了新的环境挑战，而且人们对遵守规章条例的负担非常敏感。在许多情况下，市场力量能为保护环境提供一个比中央集权的管制更加强有力，影响更为深远，效率更高的并且更民主的手段。他们认为，市场的力量能比中央集权管制更加有效和影响更为深远。管制和控制的办法在防止环境退化的初期战斗中是强而有力的，但是它们在现今暴露出许多局限性，它们效率低下，阻碍了控制污染方法上的革新，忽视个人间、企业间和地区间的差别。

在他们看来，以市场为基础的环保政策，其出发点是：让企业和个人在着手保护环境时符合其自身的利益，而不是靠制定更加集权化的规则来加强环境保护。相反，要通过权力下放来加强环境保护，通过财政刺激手段，促使千千万万的企业和个人认真考虑，并决定消费什么、如何进行生产以及在何处处理垃圾。

以市场为基础的政府提供的环保政策，其优点很多：（1）对私人企业和消费者来说费用相对较低；（2）能不断地促使企业寻找新的和更好的方法治理污染，而不是把更好的控污技术束之高阁；（3）是通过征收污染税等能筹集到大笔收入，从而使政府能减少资本税等降低市场效率的畸形税。

第三节 解决外部性问题的环境保护政策

新鲜的空气、纯净的水、未遭污染的土地等这些都是我们追求的目标。然而事实上，人们对自然环境的损害一直没有停止过，从而导致了诸如温室效应、沙漠化等环境问题。这些环境问题的产生都是由于外部性的存在而导致的市场失灵。对环境进行保护的方法一直以来都是政府寻求的。从当前政府保护环境的政策看，环境保护方法可以分为两类：一类是政府直接参与管理的方法；另一类则是政府不参与、由市场解决的方法。

一 环境保护政策概述

从各国的环境管理经验来看，政府在环境管理方面的主要政策措施包括法律、行政、经济、技术以及宣传教育等手段。这些政策措施，按其性质可划分为两大类：直接管制型环境政策和间接型环境政策。

所谓直接管制，是指有关当局通过制定相关法律、法规和环境标准，直接规定当事人生产外部不经济性的允许数量及其方式。直接管制可以是对污染物的排放浓度或排放量直接进行控制，也可以是对生产原料和能源投入的前端过程进行控制。直接管制型措施主要包括法律手段和行政手段。法律手段和行政手段直接作用于污染排放主体，当污染排放主体违反国家有关环境法规或行政法规时，必须直接承担相应的法律责任。显然，法律手段和行政手段具有强制力和制裁力，是通过行政执法、司法等多个环节调整经济与环境保护之间关系的。直接管制方式包括环境立法、环境标准、设备与技术管制、行政法规等。直接管制型环保政策具有强制性，要求环保主体必须服从。

所谓间接管制措施，是指通过经济刺激手段或是通过提高环保技术、加强环保教育宣传等形式，达到环境保护的目的。间接管制措施应用最多、最普遍的是经济性手段。在以市场经济为核心的发达国家，尤其主张在环保领域中更多地利用市场机制进行调节。如经济合作与发展组织（OECD）各国，环境税和排污权交易等经济手段得到了广泛应用。

环境经济学中关于直接管制型环境政策与间接型环境政策孰优孰劣的争论存在已久。在传统环境管理中，较多采用的是直接管制型政策，间接型政策具有补充性作用。主要表现为运用各种经济手段，如环境税费制度、财政信贷制度等，通过市场机制使开发、利用、污染、破坏环境资源的生产者、消费者承担相应的经济代价，或通过建立环境标志制度、加强环保宣传等形式，推广环境友好型清洁工艺技术的研究、开发、应用等，使经济环境与资源更加协调、健康发展。

一般来说，基于环境的外部不经济性，法律手段和行政手段的适用具有普遍性和基础性的特点，因为直接管制型环境政策具有强制性，能有效、迅速地抑制污染排放。从环境政策措施的发展及在各国的具体应用情况来看，无论是发达国家还是发展中国家，直接管制都是最传统的环境管理方法。直接管制的前提是制定一系列环境法规，根据这些法规确定各类污染主体的污染物排放种类、数量、浓度、排放方式以及生产工艺的相关指标；通过建立有效的管制机构，监督和制裁相应的污染行为。通常环境管制机构包括政策制定机构、执行机构以及监控和制裁机构等。直接管制的最大优点是可以直接、迅速地达到控制和治理污染的目的。但直接管制也存在局限性，主要表现在下几个方面：首先，为了控制各类污染源，政府必须对各种污染信息进行全面而准确的把握，而在实际中，企业和政府间的信息不对称是客观存在的，为此，不全面的污染信息使直接管制失去应有的效力。其次，政府很难发现和解决"小型而分散的污染源"。再次，随着生产技术水平和环保工艺等的发展，政府需不断地出台相关法规和标准,而政府对企业的技术情况等是很难及时把握并做出反应的。另外,由于企业在环保技术和污染治理费用方面存在差异,统一的管制标准并不能使社会费用达到最小。

基于直接管制型政策的局限性以及市场经济的发展,20世纪80年代以来,很多国家开始积极地利用市场机制的调节作用,更多地采用和实施经济性政策手段,比如对污染物排放征收环境税,为环境成本内部化;推行排污权交易制度,运用市场机制抑制污染排放;实施押金返还制度,促使污染产品的生产者和消费者回收废品,以利于再生利用或安全存放等。可以说,经济手段在各国的环境管理领域发挥着越来越重要的作用。这是因为,采用税收优惠、补贴等经济手段能使严厉的直接控制措施变得"温和"而有助于其实施;建立在"自愿"基础上的经济性强制措施,是对直接控制措施的全力配合与补充;经济手段等间接政策的实施有利于预防性政策的实现,有利于提高政策的灵活性和实施效率,能为进一步消除污染及促进技术进步提供持续不断的压力并刺激创新。

综上所述,直接管制型政策措施虽然能够有效地实现社会公平,但在经济效率方面却大打折扣。而经济性手段等间接型政策的实施可以有效地弥补直接管制措施的不足。今天,各国已经充分认识到:要真正推进环境保护工作,需要法律手段、行政手段、经济手段、教育手段等多种政策手段的有效配合与协调。

二 环境保护政策分析

从1973年第一次全国环境保护会议至今,中国在环保实践中,逐步形成了一系列符合中国国情的环境管理制度。这些制度主要包括:环境影响评价(Environmental Impact Assessment,EIA)制度、"三同时"制度、"排污收费"制度、环境保护目标责任制、排污许可证制度、污染限期治理制度、污染总量控制制度、排污交易制度等。

(一)环境影响评价制度

环境影响评价是指对拟建项目、区域开发计划以及国际政策实施后可能对环境造成的影响进行分析、调查、预测、估价,提出预防不良环境影响的对策和措施，并进行跟踪监测和监督管理的方法性制度。环境影响评价制度是国家通过立法对环境影响评价的对象、范围、内容、程序等进行规定而形成的有关环境影响评价活动的规则体系。

环境影响评价制度要求可能对环境有影响的建设开发项目，必须事前通过调查、预测和评价，对项目的选址、对周围环境产生的影响以及应采取的防范措施等提出环境影响报告书，经审批然后才能进行开发和建设。环境影响评价制度在决定项目是否能够进行方面具有一定的强制性。该制度充分地贯彻了"预防为主"原则，使经济建设和环境保护得以有机结合。

虽然中国的环保法中规定，对于拟建工程项目、区域开发计划等事先必须进行环境影响调查、预测、评价，并提交环境影响报告书。但在地方的实际操作中，为了使建设工程尽快上马，地方环保部门简化审查程序，最终是环境管理服务于经济建设，先立项建设、再补办环评手续，而这些建设项目中环评不合格的现象屡见不鲜。

事实上，重大决策环境影响评价已成为国际环境影响评价发展的一个重要方向。中国的环境影响评价对象也应从建设项目推广到国家政策、规划、重大经济技术政策的制定等领域。特别是对于重大经济发展政策和建设规划等，中国应积极推行环评工作，使国家决策充分反映环保的要求。此外，我们还建议把建设项目环境影响评价的技术审查工作转移给第三部门，逐步使环境管理人员从技术审查中脱离，进而去从事现场调研、审查和指导工作，以此来提高环境管理工作的质量及效率。

（二）"三同时"制度

所谓"三同时"制度是指一切新建、改建、扩建的基本建设项目（包括小型建设项目）、技术改造项目、自然开发项目、区域开发建设项目以及可能对环境造成损害的工程建设，在设置或安装防污设施或其他环保设施时，必须与主体工程同时设计、同时施工、同时投产。"三同时"制度是中国独创的一项环保政策和环境管理制度。

现行的"三同时"制度主要内容包括：建设项目的初步设计方案，必须包括环境保护篇章，包括环境保护措施的设计依据、环境影响报告书（表）及审批规定的各项要求和措施，防治污染的处理工艺流程、预期效果，对资源开发引起的生态变化所采取的防范措施、绿化设计、监测手段、环境保护投资的概算、预算等；建设单位负责落实初步设计中的环境保护篇章的预审和监督建设项目设计中的环境保护措施的落实；各级人民政府的环境保护行政主管部门，负责初步设计中环境保护篇章的审查。建设项目在施工过程中，应当保护施工现场周围的环境，防止造成不应有的破坏和污染危害。建设项目竣工后，施工单位应当修整和复原在建设过程中受到破坏的环境；建设单位负责项目竣工后防治污染设施的正常运转；建设项目的主管部门，负责监督项目竣工后环境保护设施的正常运转；各级人民政府的环境保护行政主管部门，负责环境保护设施的竣工验收以及环境保护设施运转和使用情况的检查和监督。建设项目正式投产或使用前，建设单位必须向负责审批的环境保护部门提交《环境保护设施竣工验收报告》，说明环境保护设施运行的情况、治理的效果和达到的标准。经验收合格并发给《环境保护设施验收合格证》后方可正式投入生产和使用。

（三）"排污收费"制度

排污收费制度是对向环境排放污染物或超过国家排放标准排放污染物的排放者，按照污染物的排放重量和浓度等，征收一定数额的费用。排污收费制度是在中国长期的环保实践中产生、发展和完善起来的环境管理制度。

在中国的环境与资源保护中，一直以来行政性环保手段占主导地位，而经济性手段使用较少。中国现行的环境管理制度，"排污收费"制度是唯一一项经济性手段。《环境保护法》第 28 条规定："排放污染物超过国家或者地方规定的污染物排放标准的企事业单位，依照国家规定缴纳超标准排污费，并负责治理。水污染防治法另有规定的，依照水污染防治法的规定执行。"《水污染防治法》第 15 条中规定："企事业单位向水体排放污染物的，按照国家规定缴纳排污费；超过国家或者地方规定的污染物排放标准的，按照国家规定缴纳超标准排污费。"

由于中国的企业在设备或生产工艺方面普遍落后，污染物排放现象严重。要控制工业企业污染的根本办法是促使企业加强污染治理。而排污收费制度的实施既可以有效地促进污染治理和新技术的开发与利用，又可以使污染者承担一定的污染防治费用。排污收费制度是利用经济杠杆的调节作用，促使企业在经济利益的驱动下减少耗能，降低排污。在中国，排污收费主要以征收综合型污染税的方式体现。目前中国的环保税收政策还存在着一些问题，如征税范围窄，税率计算不够科学，在实践中起到的调节作用有限；涉及环保的税收优惠政策较少，优惠方式较为单一，使得税收政策的导向作用不能充分地发挥出来；针对环境保护问题的税收政策太过分散，目标不够明确，税种缺乏协调性等。

（四）环境保护目标责任制

所谓环境保护目标责任制是指把环境质量维护责任具体落实到地方各级政府和相关排污单位负责人的一种行政性管理制度。通过责任书的签订（环境行政合同），对环境行政机关和行政相对人在环保中的责、权、利关系加以确认。并运用目标化、定量化、制度化的管理方法，对环保目标的完成情况进行考核，并给予奖惩的制度。

环境保护目标责任制主要是通过环境保护责任书的落实，使行政领导和排污单位负责人通过履行环保目标，从而促使其实质性地思考和认真对待环保工作，最终推动环保工作全面、深入地开展。环境保护目标责任制实质上是一种内部环境行政合同。

（五）排污许可证制度

环保中的许可证制度是指凡是对环境有不良影响的各种规划、开发、建设项目、排污设施或经营活动，其建设者或经营者都需要事先提出申请，经主管部门审查批准，颁发许可证后才能从事该项活动。许可证制度是世界各国广泛采用的环境管理制度，包括以下几大类：一是防止环境污染许可证。如排污许可证、海洋倾废许可证、废物进口许可证、化学危险物品生产及经营许可证等。二是防止环境破坏许可证。如林木采伐许可证、采矿许可证、取水许可证、野生动物特许猎捕证等。三是环境保护许可证。如建设规划许可证等。

排污许可证制度便于把影响环境的各种开发、建设、排污活动等纳入国家统一管理的轨道，把各种影响环境的排污活动严格限制在国家规定的范围内，使国家能有效地进行管理。从中国排污许可证制度的实施情况来看，目前主要适用于水体污染物。从2001年开始，在全国16个城市重点开展了大气污染物排污许可证制度，并在6个城市进行了"大气排污交易"的试点。从中国排污许可证制度的相关法律规定来看，仅就污染物的排放规定了申报登记要求，对于具体执行细则等并无明确规定。整体来看，中国的排污许可证制度还处于初始阶段，其相应的法规体系还有待进一步完善，其适用范围还需进一步扩大。

（六）污染限期治理制度

污染限期治理是指国家对超标排放污染物的企业，给予一定的期限进行治理以便达标排放的制度规定。最早的污染限期治理仅限于污染点源的限期治理，近年来发展到对行业的限期治理和区域环境的限期治理。限期治理项目的确定，主要是根据污染源及区域环境调查资料，选择重大污染源、污染严重的区域环境以及群众反映强烈的项目，同时也综合考虑技术、经济、资金等的可行性。对于限期治理的项目规定有限期治理目标：对于具体污染源的限期治理，其治理目标一般是要求排放的污染物达到国家或者地方规定的污染物排放标准；对于行业的限期治理，一般规定分期分批逐步做到所有的污染源都达标排放；对于区域环境的限期治理，则要求达到适用于该地区的环境质量标准。限期治理通常采用限期治理决定通知书的形式。有的地方则以召开新闻发布会的形式向社会公布政府部门的限期治理决定。此外，也有由环境保护行政主管部门与企业主管部门签订限期治理承包合同等形式，限期治理承包合同的内容主要包括：限期治理的项目、目标、期限以及决定限期治理的机关拟采取的奖励和惩罚措施等。

污染限期治理制度是中国一项重要的环境行政管理制度。该制度与污染集中控制制度相辅相成，特别是在重点污染源防治方面发挥着积极而重要的作用。

（七）污染总量控制制度

所谓污染总量控制制度，是指对排放标准难以达到国家所规定标准的地区，对其污染排放总量所做出的最高允许限度以控制污染物排放的一项制度。通常情况下，总量控制制度与许可证制度、限期治理等制度相得益彰，配合使用。

中国的污染总量控制制度最早在 1996 年修订的《水污染防治法》中提

出。在 2000 年颁布的《大气污染防治法》中也以法律的形式对大气污染总量控制制度进行了规定。此后，污染总量控制制度又陆续在地方性环境法规中得到体现。在 2003 年 7 月 1 日开始实施的《排污费征收标准管理办法》中对这一制度的实施力度进行了强化。虽然中国已经提出了关于污染物总量控制制度的一系列法律法规，但是从总体来看，中国的污染物总量控制制度仍然处于初级阶段，并有待完善和创新。

在借鉴国外经验的基础上，我们对中国污染总量控制制度的改进提出如下建议：一是总量控制的具体标准应该由各级政府依据相关规定以及实际情况来确定，对污染总量控制标准应做出明确规定，并对其进行较为详细的分类；二是应将刑事制裁等法律制度运用于总量控制制度当中。同时，还应明确相关环保部门的消减责任，结合总量控制标准及环境保护目标责任制、城市环境综合整治定量考核制度等进行实施，使政府官员考核有依据、责任有归属，形成有效的总量消减责任追究机制，提高执法效率。[①]

（八）排污权交易制度

排污权交易制度是在污染总量控制制度的基础上发展而来的。排污权交易制度最早创建于美国，在美国运用得也较为成功。当今，许多国家也开始逐步推行排污权交易。就各国排污权交易的领域来看，大多是针对大气污染和水污染的排污权交易。

排污权交易的全称是污染物排放权交易，其主要思想是：在满足环境要求的条件下，建立合法的污染物排放权利，并允许这种权利像商品那样被买入和卖出，以此来进行污染物的排放控制。[②] 实践证明，该项政策能够在降低总的（区域或公司）污染控制成本的同时使区域环境状况得到改善。[③]

中国的排污权交易尚处于试点阶段，自 20 世纪 90 年代中期开始，中国在包头、开封、柳州、太原、平顶山、贵阳六个城市进行了"大气排污权交易"试点。2002 年 5 月，国家环保总局决定在上海、山东、山西、江苏、河南、天津、柳州七省市开展排污权交易试点，以便尽快地改善这些城市的空气环境质量。

---

① 叶文虎：《环境管理学》，高等教育出版社 2000 年版，第 193 页。
② 王金南、邹首民、洪亚雄：《中国环境政策》第 2 卷，中国环境科学出版社 2006 年版，第 143 页。
③ 宋国君：《排污权交易》，化学工业出版社 2004 年版，第 57 页。

今后中国在建立健全排污权交易制度方面，可以考虑以下意见：一是制定相应的法律、法规，确保排污权交易的顺利进行；二是科学设计初始排污权分配方案；三是积极培育排污权交易市场；四是强化对排污权交易市场的监督与管理。

三 环境保护政策评估

作为一项只经历过30多年时间的公共政策，中国环境保护政策的变化是非常快速的。政策理念越来越符合"科学发展观"的要求而表现出进步性；政策制定日趋科学化和民主化，从而形成相对完善的政策体系和制度体系；达成政策目标的工具越来越多样化，各种新型的政策工具日益得到开发并产生效应；环境权被上升到人权的高度从而体现出环境意识的不断提高。

（一）政策理念的转变

刘伯龙、竺乾威认为，纵观30多年来中国环境政策的演变，可以清楚地看到政策设计的理念逐渐从"谁污染，谁治理"向"科学发展观"的转变过程。当前环境政策的核心理念是实现环境与经济的"双赢"。"双赢"理念的主要内容，就是要在处理环境保护与经济发展关系上实现"三个转变"[①]。"三个转变"的精髓要义就是"并重"、"同步"和"综合"。"并重"强调的是环境保护与经济增长的辩证关系，要从"重经济增长、轻环境保护"转变为两者并重；"同步"阐述的是要实现环境保护与经济发展同步，是对各级政府落实"并重"的工作部署和对环保工作提出的要求；"综合"则涉及环保工作的方法问题，强调要综合运用法律、经济、技术和必要的行政办法解决环境问题。这表明中国高层决策者决心扭转长期以来"重经济、轻环境"的倾向，通过产业结构调整和加强环境保护，坚持节约发展、清洁发展、安全发展，实现可持续的经济与环保的协调与"双赢"。此后一系列的环境经济政策的实施（比如对循环经济的重视）和新的政策工具的采用（比如对公众参与的强调）就是这种理念的体现。在中国特定的政治和行政体制下，决策者尤其是高层决

[①] 温家宝在第六次全国环境保护大会上的讲话（2006年4月17日）。

策者的观念和价值取向在很大程度上决定了公共政策的实施过程。

（二）政策管理体制：从分散治理到集中治理

在 20 世纪 90 年代之前，环境治理主要以分散治理为主，从治理范围上来说，这是一种点源治理。"谁污染、谁治理"的政策就是着力于点源控制与浓度控制。针对点流域和区域，国家采取综合性治理措施，包括实施总量控制政策、排污收费政策和"以气代煤、以电代煤"的能源政策，推动企业达标排放和加快城市环境基础设施的建设，采取多元化的融资方式（世界银行、亚洲开发银行、日本国际协力银行、欧洲一些国家的政府贷款、BOT 以及国内资金等）努力使重点地区的环境恶化状况有所改善。大致上，中国从 1996 年开始环境政策发生了从点源治理向流域和区域的环境治理的转变，治理模式表现出分散治理与集中治理的结合。要进行分散与集中相结合的治理，就必须变革相应的管理体制。在相当长时间里，中国的环境管理政策体系存在着各地方、各部门各自为政的局面。虽然中国的环境立法和环境标准的制定具有高度的统一性，地方政府一般无权对环境法规和标准进行修改。但是，中国以市场为取向的改革模式带来了经济领域的分权。在既定的政府管理体制下，这种分权导致地方政府间围绕流动性要素展开竞争。财政分权和基于经济增长的政绩考核机制，诱使地方政府的环境政策出现相互攀比式的竞争，其主要表现是：周边省份环境投入多，本地区投入也多；周边省份监管弱，本地区环境监管也弱[1]。这种竞争的目的不在于解决本地区的环境问题，提高公共环境质量，而是旨在争夺流动性要素和固化本地资源，以实现本地区经济利益的最大化。这是导致中国环境状况逐年恶化的主要原因之一，也解释了为什么近年来地方政府环境投入和环境监管力度都在加大，但环境状况却始终未能得到有效改善的现象。政府把环境治理的重点转移到流域和区域的治理上来，就必须建立完整的跨行政区的环境管理政策和法律体系。但目前中国还缺乏这样的体系，突出体现在水环境管理上缺乏系统性和协调性的政策，缺乏健全的法律法规体系，缺乏相应的有效的管理制度[2]。就政策来说，表现在：在水权政策方面缺乏对

---

[1] 刘伯龙、竺乾威：《当代中国公共政策》，复旦大学出版社 2009 年版，第 11 页。
[2] 王灿发：《跨行政区水环境管理立法研究》，载《中国环境资源法学评论》第 1 卷，中国政法大学出版社 2006 年版，第 241—264 页。

上下游地区水的使用权的划分和界定,缺乏有效的水质保障政策,缺乏综合开发利用的统一规划和综合决策,缺乏明确的纠纷处理政策。就法律法规来说,中国还缺乏综合性的跨行政区水环境管理的法律。就管理制度来说,诸如上下游之间的经济补偿制度、水权交易制度、污染信息的公开和通报制度、污染损害的评估制度和保险制度等都存在着严重的缺失。《跨世纪绿色工程规划》对重点区域的集中治理内在地提出了构建这些政策、法律和制度的需求。

(三) 政策主体:从政府到民众

在相当长时期里,中国的公共政策缺乏"公共性",集中体现为把公共政策仅仅看作是国家和政府的事,而缺少社会和民众在公共政策过程中的参与。在环境保护工作的运作方式上,就存在单方面强调政府行为、强调自上而下的决策和执行方式、忽视经济活动的基本规律以及社会根本需求和民众根本利益的现象。但是,最近几年来,随着执政党"以人为本"执政理念的确立和倡导,公众参与公共政策过程成为大势所趋,并日益受到公共管理部门和学术界的关注。目前中国环境政策中的公众参与包括举报投诉、信访、听证、环境影响评价、新闻舆论监督等公民参与和监督方面的制度。其中,2005年4月13日国家环保总局举行的圆明园防渗工程听证会被称为"在中国环境保护的历史上具有里程碑意义",是"环保领域科学民主决策的范本"[①]。公众参与环境政策过程推动了中国环境政策的完善和进步,使环境政策过程日益从"暗箱操作"转变为公开透明,从政府孤军奋战转变为群策群力。

同时,国家层面上的一些制度安排为公众有效参与环境保护提供了保证。2006年通过了一项专门的法规——《环境影响评价公众参与暂行办法》,规定了公众参与环评的具体范围、程序、方式和期限,从法律上明确了公众参与环境评价是公民的一项重要权利,调动了各相关利益方参与环保决策的积极性,奠定了中国公众参与环境政策法制化的基础。当然,环境政策过程中推进公众参与的建设刚刚起步,还存在很多方面的问题。比如,环境影响评价仍然普遍存在着公众参与不足的问题,公众参与尚停留在形式参与阶段,公众的参与积

---

① 唐贤兴:《公共决策听证:行政民主的价值和局限性》,《社会科学》2008年第6期。

极性还没有被激发出来。① 其中的原因很复杂，在环境影响评估中，公众到底是选择参与还是选择不参与，受到环境偏好、公众的责任意识、制度供应和政府行为规范等方面因素的影响。正如侯小阁等人在研究中所发现的，影响公众参与不足的主要原因有：公众主观上的环境价值认识和环境责任意识不强，制度供给缺失和政府行为不规范等客观条件也制约了公众的选择，缺乏像公众参与情境设计与公众舆论的利用等方面的组织技巧②。要调动公众参与的积极性，就必须解决这些制约因素。

（四）环境政策工具的综合运用

随着市场经济体系的确立和公民社会的成长，很多市场化、社会化的政策工具正在被运用到环境治理中来，从而改变了原先单一的行政化的政策治理手段（见表4—1）。

表4—1　　　　　中国目前常用的环境保护政策手段

命令—控制手段	市场经济手段	自愿行动	公众参与
1. 污染排放浓度控制	1. 征收排污费	1. 环境标志	1. 公布环境状况公报
2. 污染排放总量控制	2. 超过标准处以罚款	2. ISO 14000 环境管理体系	2. 公布环境统计公报
3. 环境影响评价制度	3. 二氧化硫排放费	3. 清洁生产	3. 公布河流重点断面水质
4. "三同时"制度	4. 二氧化硫排放权交易	4. 生态农业	4. 公布大气环境质量指数
5. 限期治理制度	5. 二氧化碳排放权交易	5. 生态示范区（县、市、省）	5. 公布企业环保业绩试点
6. 排污许可证制度	6. 对于节能产品的补贴	6. 生态工业园	6. 环境影响评价
7. 污染物集中控制	7. 生态补偿费试点	7. 环境保护非政府组织	7. 公众听证
8. 城市环境综合整治		8. 环保模范城市	8. 加强各级学校环境教育
9. 定量考核制度		9. 环境优美乡镇	9. 中华环保世纪行（舆论媒介监督）
10. 环境行政督察		10. 环境友好企业	
		11. 绿色GDO核算试点	

---

① 侯小阁、栾胜基：《环境影响评价中公众行为选择概念模型》，《北京大学学报（自然科学版）》2007年第4期。
② 刘伯龙、竺乾威：《当代中国公共政策》，复旦大学出版社2009年版，第11页。

显然，随着体制改革的不断深入，政府在治理环境中所能够运用的政策工具将越来越丰富。更为重要的是，很多环境领域的政策革新，都是首先伴随着新的政策工具的引进而发生的，比如，当今中央政府有关部门按照"污染者付费、利用者补偿、开发者保护、破坏者恢复"的原则，在基本建设、综合利用、财政税收、金融信贷以及引进外资等方面，制定与完善有利于环保的经济政策措施，就是鼓励加强经济手段的激励效果的结果。但另一方面，环境政策变迁过程中政府为了达到治理环境的目的而所能采取的政策工具又是有限的。在政府与市场和社会的关系还没有完全理顺的情况下，要让那些市场化和社会化的政策工具很好地发挥作用，还缺乏相应的条件和基础。特别是由于中国行政管理体制的层级结构还存在着职能和事权等配置上的矛盾，国家的经济发展战略的调整还没有完全到位，地方政府在环境治理上的积极性不是很高，这使得环境政策的执行往往采取周而复始的"运动式执法"的方式，比如所谓的"环保风暴"[1]。尽管如此，多种政策手段的综合运用反映出中国环境政策的积极变迁。传统的环境治理手段主要以行政命令为主导，但20世纪90年代以来，法律和经济手段越来越受到重视。中国迄今已制定《环境保护法》、《水污染防治法》等9部环境法律，《森林法》、《水法》、《草原法》等15部资源法律，修订后的《刑法》增加了"破坏环境与资源保护罪"的规定。国务院发布的像《危险化学品安全管理条例》这样的行政法规达50多件，环境保护部门制定的规章和规范性文件近200件，地方性环境法规1600余件；制定和发布的国家环境标准500多项；国家批准和签署的多边国际环境条约51项。这些构成了较为完善的环境法体系。自1982年选择排污费作为主要的环境政策工具以来，环境治理的经济手段逐渐在全国范围内被采用。1987年进行水污染排放可交易许可证的试点，1991年在平顶山、宜昌、贵阳、柳州、开远等城市进行大气污染物排放可交易许可证试点。到2005年，全国缴纳排污费的单位达74.6万个，排污费征收总额达123.2亿元[2]。但是，排污收费政策并不能有效地控制环境污染，因为排污收费标准远远低于为达标排放所需的边际处理费用，超标收费和单因子收费不能促使企业从总量和减少污染物上控

---

[1] 唐贤兴：《政策工具的选择与中国治理的困境》，《探索与争鸣》2009年第2期。
[2] 刘伯龙、竺乾威：《当代中国公共政策》，复旦大学出版社2009年版，第11页。

制排放，而且排污费的无偿使用和贷款豁免实际上是把污染处理费转嫁到其他市场主体身上。针对企业对环境政策的抵制倾向，一种新型的环境政策——自愿型环境政策应运而生。1996年中国正式引进ISO 14001环境管理体系标准。这种基于企业自愿基础上的环境政策促进了企业环保投入的增加，有效地减轻了政府在环境保护方面的负担。社会化的手段主要体现在通过扩大公众参与来提高环境政策的透明度。《环境保护行政许可听证暂行办法》规定，对影响公众环境权益的各类建设项目和专项规划的环境审查，以及环境行政许可立法草案，实行公众听证。另外，正在实行的环境标志制度是一种行政的强制性与市场机制的引导性相结合的制度，它对于调动全社会各阶层人民积极参与环境保护有着独特的作用①。

从环境政策工具的更替进程中可以发现，在治理环境问题上，中国的环境政策工具正在从政府直接管制向间接管制转变（见图4—7）。政府的管制职能不断地降低，政府由环境政策的推动者转变为环境政策的引导者，而企业则由环境政策的被动接受者逐步转变为环境政策的主动参与者。

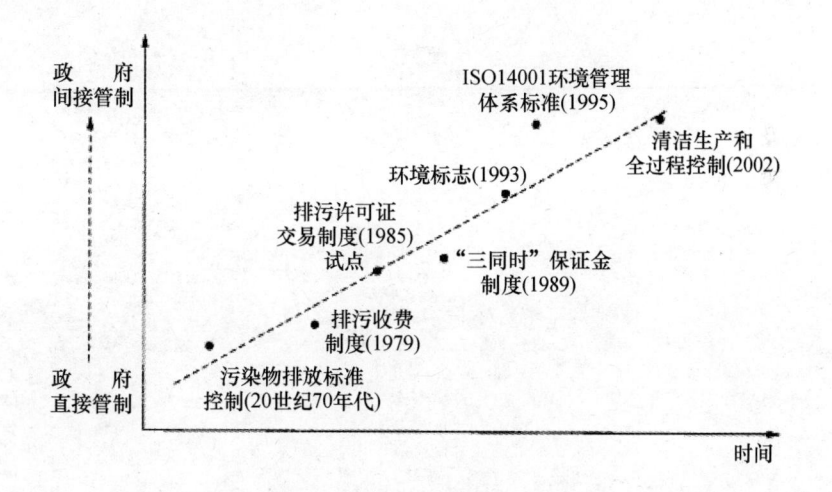

图4—7 政策工具性质的变化

资料来源：刘伯龙、竺乾威：《当代中国公共政策》，复旦大学出版社2009年版，第11页。

---

① 许罗丹、申曙光：《国际贸易中的环境与环境保护问题》，《北京大学学报》1997年第5期。

思考题：
1. 什么是外部性？
2. 政府对外部性的纠正措施有哪些？
3. 试析克服负的外部效应的主要方法。
4. 什么是科斯定理？你认为科斯定理在矫正外部效应方面能够奏效吗？
5. 如何正确认识和评价中国的环境政策工具？

第五章

规制市场和监管企业

由于市场失灵问题，需要政府介入市场。政府纠正市场失灵除了提供公共物品和解决外部性问题之外，还有其他任务，主要包括反垄断、规制市场和监管企业等几个方面。根据学界的通常用法，这里统一使用政府规制概念。

第一节 政府规制概述

市场失灵在众多领域存在。除了不能提供足够的公共物品、不能解决外部性问题之外，市场还不能自发维持宏观经济的稳定，不能实现充分就业，也不能解决收入分配不公平问题。宏观经济调控和确保就业以及收入分配问题，将在下面其他章来讨论，本章仅涉及与政府规制有关的领域。

一 规制的含义与政府规制的种类

规制是普遍存在的，在生产、经营、消费乃至休闲等活动中，都存在政府从不同方面的规制。前面提到的政府提供公共物品，分配公共物品，解决公共物品的"搭便车"问题，政府消除外部性，维护市场机制的有效性，广义上都属于政府规制的内容。

（一）规制的含义

"规制"的英文为 regulation，国内的译法还有"管制"、"监管"，在使用中，对于垄断性行业，多使用"规制"或"管制"；对于竞争性行业，多使用"监管"。几种译法和用法的基本含义相同，不过在汉语里，"管制"的含义最强，其词意里政府干预市场的程度最深。"监管"中有了"监督"的含义，其词意主要包含对组织或个人的监督和控制，所以多用在对市场的监管。"规制"的含义稍微中性，且涵盖面广，所以本教材使用"规制"，但也包含了"管制"和"监管"的意思。

政府规制是"具有法律地位的、相对独立的管制（即规制——引者注）者（机构），依照一定的法规对被管制者（主要是企业）所采取的一系列行政管理与监督行为"[1]。政府规制的主体是政府以及其他公共机构，它们均因法律规定而具有对企业、个人，以及其他类型的组织的经济行为进行规制的权力。企业政府规制的客体是上述各类经济行为体，也包括非企业性质的组织。需要说明的是，政府规制的研究者们对规制的理解不尽一致，在规制的客体的范围和规制的手段方面说法不一，本教材采用的是得到多数学者认同的定义。

规制是中国政府的一项重要职能。在中国从计划经济向市场经济转型过程中，一方面逐步放松对经济和社会的直接和全面的控制，另一方面逐步加强对市场的规制，加强环境保护、卫生健康、工作场所安全等方面的规制。

经济学、法学、政治学和行政管理学都研究规制，各学科研究的侧重点不同。经济学对规制的研究起初集中在若干特殊行业的进入、价格和市场占有率的控制，包括公共事业、通信、交通和金融等行业；后来扩展到环境质量、产品安全和工作场所安全的规制。"这些新的研究领域将管制研究的理论背景扩展到福利经济学，公共财政学及不确定条件下的决策科学等领域。"[2] 法学关注的是规制的法条及其他制度自身，以及规制的执行，法学研究规制问题的落脚点是私人利益与公共利益的平衡。"政治科学的文献则把焦点放在政策形成和执行的政治及行政作用方面。"[3] 政府规制的主要主体是政府，规制主要是行政管理行为，规制本身也是行政管理过程，行政管理学的一个重要分支是关

---

[1] 王俊豪：《管制经济学原理》，高等教育出版社2007年版，第2页。
[2] ［美］丹尼尔·F. 史普博：《管制与市场》，余晖等译，上海三联书店、上海人民出版社1999年版，第30页。
[3] 同上书，第27页。

于政府规制的研究。

（二）政府规制的种类

政府规制有直接规制和间接规制，像对产品和服务的价格、质量、规格的强制性规定，对某个产业进入和退出的限制，对商业契约和合同的强制性规定等属于直接规制。间接规制是通过影响消费者的行为和影响生产者的决策而左右市场的政策和法条，比如政府对生产者或消费者的税收或补贴，对生产或消费行为可能产生的外部性的限制等。

经常被人们使用的规制分类是经济性规制和社会性规制。关于经济性规制，日本著名规制经济学家植草益认为，是指在自然垄断和存在信息不对称的领域，为了防止资源配置的低效率和确保利用者的公平利用，政府利用法律权限，通过许可和认可等手段，对企业的进入和退出、价格、服务的数量和质量、投资、财务会计等有关行为加以管制。[①] 植草益的这一定义说明了经济性管制的领域、目标、手段和内容，因而经常被学界引用。经济性规制主要针对的是产业和企业，主要手段有价格规制、进入和退出规制、投资规制和质量规制等，主要解决的是垄断和信息不对称带来的市场失灵问题。

关于社会性规制，植草益的定义为以保障劳动者和消费者的安全、健康、卫生、环境保护、防止灾害为目的，对产品和服务的质量和伴随着提供它们而产生的各种活动制定一定标准，并禁止、限制特定行为的管制。[②] 社会性规制的客体范围广泛，不仅包括企业，也包括个人；不仅包括生产者，也包括消费者。社会性规制主要针对的是负外部性问题，主要任务是对环境污染、产品质量、工作场所安全、卫生健康等方面的规制。

二 政府规制的依据与目标

政府规制是政府对市场的介入，其依据包括市场本身的要求和市场不得不由外部力量纠正的问题。政府规制的目标既是公共利益的要求，也有集团利益的体现。

[①] 参见［日］植草益《微观管制经济学》，朱绍文等译，中国发展出版社1992年版，第7页。
[②] 同上书，第22页。

（一）政府规制的依据

政府规制的主要依据是市场失灵。市场在自发运行过程中会出现无法有效率地分配商品和劳务的情况，比如垄断的出现使市场的正常运行受到抑制，妨碍了资源的有效配置，降低了经济的效率。再比如市场中个人或企业的活动会给他人带来损失，受损一方又无法以交易的方式从肇事一方得到补偿，从社会整体的角度看，这就是一种效率损失。弥补市场的缺陷，矫正市场机制作用的消极后果，进而保证资源配置的效率是政府规制的依据。

另外，从政府的公共属性出发，政府介入市场、进行规制的主要出发点是纠正由于市场失灵对公共利益的损害，避免市场经济运作可能给社会带来的弊端。

（二）政府规制的目标

第一，实现资源的有效配置。这里主要针对的是自然垄断企业滥用其垄断地位，制定垄断价格。由于垄断价格高于边际成本水平，资源配置因而没有达到帕累托最优。通过限制垄断价格，使其接近边际成本水平，弥补资源配置非最优的损失。

第二，避免由于垄断导致的不公平的收入再分配。自然垄断企业可以利用垄断价格，将消费者剩余的一部分转化成企业的利润；还可以在向消费者提供同一服务时，通过差别价格，把消费者剩余转化为企业利润。所以垄断价格不仅损害资源配置效率，而且可以产生收入再分配效应。因此需要政府限制垄断产品的价格，要求垄断企业对所有消费者提供同样的服务。

第三，确保企业内部效率，企业的内部效率与资源配置效率是既有联系又有区别的一个概念。内部效率更偏重于动态意义的资源配置效率。企业的内部效率，日本经济学家植草益归纳为四个方面：一是在现有的可利用的条件下，实现投入品的最优组合所带来的技术效率；二是以最佳的生产规模进行生产所带来的生产效率；三是以最优的配送系统进行发送所带来的配送效率；四是实现尽可能高的设备利用率所带来的设备利用效率等。[①]

---

① 肖兴志：《现代规制经济分析》，中国社会科学出版社2011年版，第11页。

社会性管制的目标是规避生产和消费中由于外部性和信息不对称所引起的环境破坏、资源枯竭、安全威胁等问题，减少社会福利损失，实现社会的可持续发展。不仅要限制负外部性活动，也包括激励正外部性活动，鼓励那些能够给公共利益带来增益的私人行为。"市场对维持正外部性活动无能为力，必须依靠政府将其纳入到社会性规制的目标之中。"[①]

三 公共利益与集团利益

政府规制是以公共利益为出发点，但是在现实的规制立法和政策制定以及执行过程中，代表被规制企业的集团利益遵循政治程序进入立法程序和决策程序，影响着政府规制的方向和力度。

（一）以公共利益为出发点

1929年世界性经济危机爆发，市场机制暴露出重大缺陷，通过政府干预挽救了世界经济。政府是以维护公共利益的名义干预市场的，针对市场失灵而实行的政府规制是从公共利益出发的。在此基础上，形成了关于规制的公共利益理论。

公共利益理论认为，当市场失灵出现时，规制可以带来社会福利的提高。如果市场出现配置资源低效，或者市场不能满足消费者需求，通过政府规制市场可以解决。政府规制的目的是通过提高资源配置效率，以增进社会福利，公共利益理论把政府规制看作是政府对一种公共需求的反应，并假定市场是脆弱的，如果放任自流，就会导致不公正或低效率。政府规制是对社会公正和效率需求所做出的无代价、有效和仁慈的反应。[②] 公共利益理论假定政府是公众利益的保护者。政府作为公共利益的代表，而不是某些特别利益集团的代表，可以专一地追求公共利益。

根据公共利益理论，规制主要出现在自然垄断和人为垄断、外部效应、信息不对称等情况下。政府规制是针对企业和私人行为的公共政策，是从公共利益出发而制定的规则，目的是为了限制企业对价格进行垄断，对消费者滥用垄

---

① 王俊豪：《管制经济学原理》，高等教育出版社2007年版，第20页。
② 参见［美］弗朗茨《X效率：理论、证据和应用》，上海译文出版社1993年版，第26页。

断权力。经济性规制里的进入和退出规制、价格规制、质量规制，以及规定企业在合理条件下服务所有客户时的义务等，均属于从公共利益出发的规制。社会性规制的公共利益理论出发点更为明显。①

政府规制的公共利益出发点一直受到批评，原因在于规制的出发点可能是厂商的利益所在。厂商可以利用进入规制限制其他竞争者进入自己的行业，也可以利用价格规制得到稳定的、在正常利润水平之上的利润。在这些情况下，政府规制的结果偏离了提高全社会福利的目标。另一种与现实情况不符的是，大量被规制的产业既不是自然垄断产业，也不具备外部性。竞争行业的企业之所以接受规制，是因为它们可以利用本行业存在的价格规制和进入规制谋求超额利润。从以上缺陷看，政府规制带来的成本比市场失灵的成本更高。②

（二）集团利益的博弈

规制的目标不一定是公共利益，而有可能有利于生产者，以维持或提高厂商的超额利润为目标。被规制的厂商不但不害怕规制，反而有能力使得政府的规制有利于自己。在这种情况下，规制的立法或政策被规制中的产业所控制和俘获，规制机构也可能被产业所控制和俘房，规制的结果是提高了产业利润而不是社会福利。以上的观点被称为规制俘房理论。

在潜在竞争产业，如货车业和出租车产业，规制允许定价高于成本且阻止进入者。在自然垄断产业如电力事业，有事实表明规制对于价格作用甚微，因此该产业能赚取正常利润之上的利润。规制有利于生产者得到经验证据的支持。

规制俘房理论的代表性观点开始于诺贝尔经济学奖得主，美国著名经济学家乔治·施蒂格勒（J. Stigler）1971 年发表的《经济规制理论》一文（"The Theory of Economic Regulation"，*Bell Journal of Economics*，No. 2，Spring，1971）。施蒂格勒发现，"规制由产业谋取，并主要根据其利益来设计和运作"，"规制结果有利于生产者，生产者总能赢"，受政府规制的产业并不比无政府规制的产业具有更高的效率和更低的价格。这使得规制成为被规制厂商主

---

① 参见［日］植草益《微观管制经济学》，朱绍文等译，中国发展出版社1992年版，第19页。
② 徐晓慧、王云霞：《规制经济学》，知识产权出版社2009年版，第25页。

动争取的结果，规制是厂商争取来的，而且其设计和实施都主要是为了使该产业获得更大利益。以烟草行业为例，重税影响了烟草行业的利润，但是没有专卖制度，烟草行业就没有那么高的利润。烟草通过营业许可证、进口配额、生产限额等政策，控制新的竞争对手进入本行业，使其能够利用既定势力来扩大自己的利润。

厂商影响规制立法和政策说明规制是利益集团间博弈的结果，在通常情况下，规制总是满足在政治上更有影响力的利益集团。规制的立法和政策是一种公共物品，其供给受到生产者和消费者、垄断厂商与潜在的竞争者之间政治影响力对比的影响。根据集体行动理论，那些组织得好、成员数目不多、目标集中且比较一致的集团，更容易影响立法和政策。相比于消费者，生产者往往更符合有影响力的集团的条件；相比于潜在的竞争者，垄断厂商往往更具有影响政策的能力。于是就有了政府在规制中被"俘获"的现象。

实践中，规制者不会只为单独的一个经济利益主体服务，即规制并不总是有利于生产者，它也会有利于消费者。施蒂格勒在芝加哥大学的同事佩尔兹曼1976年进一步完善了施蒂格勒的理论，佩尔兹曼引入政治支持这个关键性变量，他认为，在立法或决策过程中，立法者或决策者倾向于选择使其政治支持最大化的立法或政策，由于消费者人数众多，由于代表社会福利的方面选票众多，为得到更多的政治支持，有利于消费者、有利于社会福利的规制可以做到。

其后美国政治经济学家贝克尔1983年又发展出了规制博弈中的政治均衡概念，他认为规制立法或政策是各利益集团，即规制方和被规制方力量均衡的结果，是代表不同相关利益的集团的博弈均衡。由于规制者与被规制者都是追求自身利益的最大化，所以"从本质上讲，管制问题是政府与企业组织、事业单位、居民个人相互间的关系问题"[1]。关于规制的研究需要阐明谁是规制的受益者、谁是规制的受害者，政府将采取何种规制的形式，其规制又会对资源配置产生什么样的影响等。

---

[1] 王俊豪：《管制经济学原理》，高等教育出版社2007年版，第21页。

第二节　经济性规制

经济性规制的对象包括自然垄断以及其他类型的垄断现象、信息不对称带来的逆向选择和道德风险等问题。经济性规制"是指政府对企业在价格、产量、进入和退出等方面的决策进行限制"。[①]

一　经济性规制的目标与方式

经济性规制的目标包括：（1）提高资源的配置效率，防止企业滥用市场的支配力；（2）促进企业的内部效率，使企业以最优的生产规模组织生产；（3）避免企业把消费者剩余转化为生产者剩余或企业利润，促进分配公平；（4）稳定企业财务，保护消费者的利益不受到侵害。[②]

经济性规制主要针对自然垄断行业、存在外部性的经济行为，以及存在信息不对称现象等领域。自然垄断行业的基本特征是其显著的规模经济，由一家或极少数企业提供产品和服务，通常比多家企业提供相同数量的产品和服务具有更高的生产效率。自然垄断的典型产业有通信、电力、铁路运输、自来水和管道燃气供应等。在这些产业中的经营企业具有市场垄断力量，有可能利用其垄断力量，通过制定高价而取得垄断利润，结果扭曲了社会分配效率，因而需要政府规制。政府规制的主要方式为对垄断企业设定价格标准，限制竞争者进入。

企业的经济行为给其他企业和个人带来的负外部性问题市场自身无法解决，也是政府规制的一个领域。通过政府干预，可以迫使企业或个人考虑其行为的外部成本或外溢效应，政府通过相应制度，把外部不经济转化为企业内部成本。比如，企业或个人行为对环境的破坏，环境损失并不能在企业或个人行为的成本里体现，市场机制在环境污染问题上无能为力，此时需要政府制定相关制度，如污染税、排污费等方式，把对环境破坏的损失变为企业或个人行为

---

① ［美］吉帕·维斯库斯、约翰·弗农、小约瑟夫·哈林顿：《反垄断与管制经济学》，机械工业出版社2004年版，第172页。

② 王雅莉、毕乐强：《公共规制经济学》，清华大学出版社2005年版，第111—112页。

的内部成本。通过把外部效应内部化的方式，政府规制解决了外部性问题。除了强制收取税费的方式之外，政府还可以通过界定产权，解决因产权不清而产生的外部性。比如对于污染问题，政府可以规定造成污染的企业向受污染的地区支付赔偿。

自然垄断以及其他行业都存在企业和消费者之间的信息不对称问题，在交易过程中，企业是信息的发出者和操纵者，消费者是信息的被动接收者。由企业决定发布多少信息，发布什么样的信息，消费者很可能得不到希望得到的信息。不仅如此，一些企业为了实现其利益最大化目标，完全有可能通过信息误导来欺诈消费者。由于消费者难以拥有充分的信息，所以在多种多样的服务和价格中也难以做出最优选择，因此需要政府对这些产业实行政府管制。这些产业主要包括银行、证券、保险等金融业和航空等运输业等。

经济性规制还包括投资规制等方面。在投资方面，通过对投资项目的立项、项目能力、项目收益的审批，政府既要鼓励企业投资，以满足不断增长的产品或服务需求，又要防止企业间重复投资和过度竞争，鼓励投资品的最优组合，以保证投资收益。生产者直接关心的是产品的质量，即产品能否带来最大限度的利润。消费者则直接关心的是产品的使用价值，即能否满足自己物质或精神上的需要。本教材主要介绍进入规制和价格规制。

二 进入规制

进入规制的需求来自垄断存在的行业，一旦垄断存在，特定行业内的厂商的数量就需要限定，这是资源配置效率的要求，也是保护消费者在垄断产品的消费上的权利的需要。

（一）进入规制的领域与目标

进入规制发生在自然垄断性行业中，表现为政府允许一家或者极少数几家公司存在于一个行业，以及限制新企业加入这个行业，以防止过度竞争。在邮政、电信、铁路、航空、电力供应、煤气供应、城市供水排水等自然垄断行业，其产品和服务具有规模经济效益递增的特点，因而由一家或者少数几家企业经营比由多数企业经营更有效率。如果控制进入这些行业的企业数量，维护这些行业的垄断经营，可以避免不必要的重复投资，保证这些行业的商品和服务的有效供给。

过度竞争问题主要是由信息的不充分造成的，企业由于缺少对产品供求的准确信息而盲目进入自然垄断性行业。新的厂商加入后，为了与垄断厂商竞争，新进入的厂商以低于平均成本的标准来确定其产品的价格，亏损经营的可能性极大。竞争者的价格策略还迫使垄断厂商也降低产品价格，从而也面临亏损的危险。长此下去，必然两败俱伤。这实际上是"毁灭性竞争"，因而需要政府在必要时对进入这些行业的企业的数量加以限制，以避免资源的浪费。

进入规制的同时也需要退出限制，自然垄断产业提供的产品或服务往往是社会必需品，大多属于公共物品，通常具有消费的公共性。因此，还需要对自然垄断行业设立退出壁垒，以保证这些公共产品或服务供应的稳定性。

进入规制也发生在存在信息不对称的行业，如银行、证券、保险等金融业及部分交通运输业（非铁路）等由多数企业构成的竞争性而非垄断性产业，在这些行业，也对企业的进入进行严格的限制。

（二）进入规制的主要手段

进入规制的主要手段包括注册登记、生产或营业许可、职业注册，以及质量方面的批准和规定等。

第一，对于一般企业，政府实行注册登记制度。根据相关的法律规定，比如《企业法》，企业履行注册登记手续，领到营业执照，方可从事生产经营活动。这是一般的行业进入规制，目的是约束所有的企业依法生产和经营。

第二，对于自然垄断行业，实行申请审批制度或特许经营制度。一个企业需履行特殊报批手续，经政府有关部门赋予设立企业或特许经营的权力，才能进入这些行业，开展生产或经营活动。这属于特殊的行业进入规制，目的是避免过度竞争，确保自然垄断行业的效率。

第三，对于某些产品和服务的质量或规格，以及对于某些合约的内容的规制。这类规制是为了有效限制消费者的购买范围和企业可能进入的市场及买卖双方有可能的签约机会，有效限制企业可能提供的产品品种。

第四，对从业者进入某一职业的规制。拟进入这些行业的人员，需要经过专业技术培训，通过考试，取得政府或其他权威机构颁发的资格证书，才可以进入该行业。这类规制的目的不单单是为了确保相关技术含量高的行业的从业者的资格，而且也是限制进入这些行业从业者的数量，以确保这些行业的从业者的收入。"在职业进入壁垒的情况下，企业和消费者在劳动服务的可能定约方面受到限制。由国家来颁布律师、医生、会计师、药剂师、建筑师等证书的做法，既限制了执业者本身，也限制了他们潜在的雇主。"[1]

第五，对于自然垄断行业中企业的退出规制。由于此类行业只有一家或极少数几家企业，而其产品或服务又多为必需品，企业一旦退出，公众的基本消费会受到无法弥补的损失。所以政府对这类企业提出"供给责任"，要求企业退出的时候必须给出替代供给方式。政府限制企业随意退出自然垄断行业，以确保相关必需品的供给。退出规制的目的是保证普通消费者的利益。

（三）进入规制的限度

进入规制是有限度的。如果自然垄断行业现存的企业不能做到以适当的质量、规格和价格向消费者提供必要的产品和服务，政府可以考虑适度引进新的竞争者进入自然垄断行业。新企业的适度进入，会迫使行业内原有垄断企业提高效率。原有垄断企业为了维护其独占地位，会设置进入壁垒，以阻止新企业的进入。这时候"政府规制者应该采取适当政策措施，消除市场上原有企业设置的各种进入壁垒，以帮助新企业进入市场参与竞争"[2]。

由于技术的进步，原有自然垄断行业中的规模经济效应降低，进入的技术和资本门槛降低，如果仍然坚持进入规制，可能形成保护低效率经济的结果。此时该行业已经转为垄断竞争市场结构，不再需要适用自然垄断行业的进入规制。

另外，由于进入规制总是对已有企业有利，已有企业可能通过利益集团，利用各种方式影响政治程序，迫使政府做出并非必要的行业进入规制。这个时候的进入规制也保护了低效率，成为个别企业寻租的产物，偏离了政府规制的公共利益目标。

三 价格规制

价格规制是指政府对于部分产品或服务的价格（或收费）水平和价格结构的限定。价格规制的目的是恢复价格的本来功能，即使得价格能够真实反映

---

[1] [美] 丹尼尔·F. 史普博:《管制与市场》，上海三联书店、上海人民出版社1999年版，第41页。
[2] 洪银兴、刘建平:《公共经济学导论》，经济科学出版社2003年版，第353页。

资源的稀缺程度，使其能够维持其激励生产者和消费者的功能，实现资源的有效配置。

价格规制的使用是在制定特定产业或特定业务领域在一定时期内的最高限价或者最低限价，规定价格调整的周期。

（一）价格规制的目标与原则

价格信号是否准确是市场机制是否有效的关键，由于市场存在外部性、垄断、信息不对称等失灵现象，不得不引入政府对价格的干预。企业的目标是利润最大化，政府规制的目的是社会福利最大化，政府通过对价格的管制约束企业利用垄断地位和信息不对称获取超额利润。前面提到的对于自然垄断行业的规制，除了进入规制之外，另一个重要手段是价格规制。政府控制自然垄断产品和服务价格的目的有两个：一是保护消费者的利益；二是鼓励经营者投资，实现供求平衡。价格规制不是取代市场机制，而是在市场机制失效的地方，由政府介入为市场机制发挥作用创造条件。

价格规制的目标较为复杂，其中既有普遍性原则，也有鼓励性原则。前者体现为通过价格规制，比如对自然垄断行业提供的生活必需品的价格规制，保证满足低收入人群的基本需求。后者体现为通过价格规制，保证经营者能够补偿成本，投资者获得合理的投资回报。价格规制的功能还表现为要通过控制价格促进生产者节约成本、提高生产率；通过保持适度价格水平防止消费者过度消耗和浪费资源。

价格规制包括直接价格规制和间接价格规制，直接价格规制是政府介入产品或服务的定价，直接限制拥有定价权的垄断企业的价格行为；间接价格规制是政府不介入产品或服务的定价，而是为市场价格机制的作用创造有效的运作环境。在必要的时候，即存在市场失灵的时候，政府也会对工资、利率、汇率、地租和土地价格等要素的价格进行规制，比如最低工资标准、对房价的限制等。[①]

（二）价格规制的主要手段

价格规制从设定目标开始，即设定价格标准，对于偏离这个标准的价格进

---

① 参见徐晓慧、王云霞《规制经济学》，知识产权出版社2009年版，第241页。

行规制。实行价格规制需要设计一个定价模型,体现价格规制目标的条件和标准,用以指导企业的价格。价格规制包括价格水平规制和价格结构规制。

首先,价格水平的规制。价格水平是指一种产品或服务单位的收费标准,由正常成本加上合理的报酬。价格水平的计算公式为:$TR = E + s (C - D)$,其中 TR 表示总收入,E 表示运营支出,s 表示公平资本收益率,C 表示资本总值,D 表示折旧。价格水平规制是政府部门对某一项产品或服务,就这个公式里的各个项目审查。价格水平规制决定了企业在某项产品或服务上的总收入。如果政府难以估算企业在一项产品和服务上的成本,则可以采取规定最高限价的方式规制其价格水平。

其次,价格结构的规制。价格结构是指将企业提供的产品或服务的价格与产品或服务的实际需求结构结合起来的各种价格或收费组合。价格结构规制的目的是垄断企业如何把各种相关的共同成本合理分摊到产品或服务中,由不同类型的顾客分担,"既保证价格结构有利于实现资源的充分利用,又防止发生不适当的价格或收费歧视,确保收费的合理和公正"[①]。

价格结构规制最为经常使用的方式为非线性定价,该方式大体包括四种。

一是两部定价。产品或服务的价格由基本费和从量费两部分组成,基本费定额收取,与消费量无关。从量费按照消费量收取,使用得愈多,支付的费用愈多。

二是高峰负荷定价。此种定价规制用于那些生产能力按照高峰期的需求设计的企业,比如电力企业。在负荷的高峰期制定高价,以抑制消费;在负荷的非高峰期制定低价,以鼓励消费。通过方向相反的价格组合,调节相反高峰和相反低谷的落差,通过设备的负荷率,以达到提高固定资产的利用率。

三是对差别定价的规制。在自然垄断行业,企业对同一种产品或服务对不同的消费者确定不同的价格,以获得更高的利润。政府容忍垄断企业制定差别价格的原因是,如果按照边际成本定价,企业会亏损。差别定价的依据是消费者对这种产品的需求弹性不同,对于需求弹性高的消费者,垄断企业的定价不能超过边际成本过多;对于需求弹性低的消费者,定价可以较多地高于边际成本。在自来水、电力等行业,可以通过技术手段区分不同类型的

[①] 洪银兴、刘建平:《公共经济学导论》,经济科学出版社2003年版,第355—356页。

消费者，采取差别价格。"出于对价格承受性等因素的考虑，政府允许企业对工业、商业和居民等不同用户采取不同的供应价格，而这些用户市场是分离的。"① 尽管如此，政府还是要控制企业的综合价格水平不得超过规定的规制价格水平。

四是成本定价。规制部门以产品或服务的成本结构为依据，确定其价格结构，防止出现价格歧视，防止产品之间出现交叉补贴。对成本的规制需要政府收集各类产品和服务的成本信息，了解企业从不同消费者和不同产品上获得的收益率。②

第三节 社会性规制

社会性规制标志着政府介入市场达到新的广度，经济性规制中政府面对的是企业，主要的工作是约束企业的生产和经营活动，而社会性规制的客体不仅有企业，也有个人，政府不仅要约束生产者，还要约束消费者。在社会性规制中，政府相关部门的工作对象可以是所有社会成员。

一 社会性规制的依据与目的

政府对企业和个人在广泛范围内的规制是以保障消费者和劳动者的安全、健康、卫生，确保个人的教育权利，实现个人福利为目的，对环境污染、产品质量、工作场所安全、卫生健康等方面进行的规制。

（一）社会性规制的依据

社会性规制的依据主要包括以下两个方面。一是外部性问题，特别是负外部性的存在。企业生产活动对空气的污染，对水的污染，对环境的其他污染。企业在工作场所造成对劳动者健康的损害等。消费者的个人消费行为也会有负外部性后果，如私家车的使用会污染空气，造成交通拥堵等。

---

① 王俊豪：《管制经济学原理》，高等教育出版社2007年版，第112页。
② 参见洪银兴、刘建平《公共经济学导论》，经济科学出版社2003年版，第356页。

二是信息不对称。由于消费者对产品的了解远低于生产者或经营者,卖方在产品的安全性方面比买方拥有更多的信息。这种信息不对称在某些领域会给消费者或买方带来严重的损失,比如食品和药品,由于消费者缺乏足够的知识,无法辨认质量低劣的食品和药品,一旦食用,身心都会受到伤害。另外,雇主在劳动的安全性方面比被雇佣者拥有更多的信息,劳动者的身心安全单靠其自身难以保障。

不管是污染带来的伤害和损失,还是不了解商品带来的损失和伤害,消费者个人无力向责任企业索要赔偿。因而需要政府出面,代表消费者或代表人民,以法律或政策为手段,向责任企业索要损失补偿。由于以上出现的负外部性和信息不对称无法通过市场机制克服,因而需要政府规制。

除此之外,由于消费的非排他性或非竞争性,很多公共物品无法通过市场提供,比如科技、教育、文化等。这些接近纯公共物品性质的产品和服务,需要通过政府的财政支出来提供,但需要对其提供的方法和利用的方式等进行规制,以确保这些公共物品的供给。非价值性物品的存在也是政府规制的一个理由,所谓非价值性物品是指:"人们不根据自己的最优利益消费的物品,或消费损害社会利益的物品,如毒品。这些物品的生产和流通会危害社会,并进而影响经济效率。"[①] 吸毒对个人和社会的危害极大,不仅损害吸毒者的健康,导致性病、艾滋病等传染病的流行,而且还会诱发犯罪,对社会治安造成巨大威胁。所以尽管毒品交易量巨大,利润非常高,曾经是交易量仅次于军火而高于石油的第二大宗的买卖,但毒品交易违背社会道德规范,必须由政府来禁止。与经济性规制不同,社会性规制不以特定产业为对象,而是从保护社会成员的权利、增进社会福利出发,保护消费者、被雇佣者,对生产者、雇主进行规制。相对于经济性规制,社会性规制出现得较晚,开始于20世纪70年代,但是伴随人们对环境、安全和生活质量的要求越来越高,结果是以安全保证和环境保护为目的的社会性规制会得到更大的发展。与经济性规制适当的时候会放松规制不同,社会性规制的主要趋势为加强规制。

(二) 社会性规制的目的

第一,负外部性问题的解决主要通过政府的社会性规制。针对破坏环境、

---

① 王健:《政府经济管理》,经济科学出版社2009年版,第133页。

危及劳动者安全和健康、损害消费者利益等行为，政府制定相关的法规，设立相应的部门，依法对企业或个人给他人带来负外部性影响的行为进行禁止或限制。对于已经带来伤害或损失的行为主体，界定责任人，制定赔偿标准或处罚标准。通过这些规制措施，防止或减少企业和个人行为的负外部性。

第二，交易双方的信息不对称主要依靠政府的规制措施来缓解。一方面，相对于卖方、生产者（经营者）、雇主，买方、消费者、雇工在交易中处于信息劣势，而且无力改变，因此需要政府的保护和帮助。政府通过社会性规制，确立买方、消费者、雇工对交易的知情权利，规定卖方、生产者（经营者）、雇主有信息披露的义务，把买方、消费者、雇工因为信息不对称带来的损失减到最小。另一方面，交易双方信息不对称引起的逆向选择和道德风险也需要借助政府规制来解决，即当卖方、生产者（经营者）、雇主处于信息劣势的时候，也需要政府规制的帮助。

第三，取缔非价值性物品是政府的规制责任。市场规则只考虑交易双方是否自愿，以产权明晰为基础，不管交易的内容是否合乎伦理道德。非道德性交易，像卖淫、贩卖人口等，由公安等司法机构取缔。像麻醉品既有合法的用途，如药用，也有非法的使用，如贩毒，武器用在警察和军队手中是合法的，但没有资格的人或非法使用则可能会给社会带来严重威胁，必须禁止。这些非价值性物品具有严重的负外部性，也是政府社会性规制的一个重要目的。

第四，政府有责任促进公共物品的提供。公共物品是每个社会成员都需要的必需品，但仅靠市场机制无法满足，因而需要政府组织公共物品的生产。政府规制的目的不在于直接生产公共物品，而在于公共物品的提供方式和利用方法。那些可以由民间提供的准公共物品，如医疗、教育、保险，以及可以通过外包的方式提供的公共服务，政府通过规定这些公共物品的规格、标准、使用的资格等方式进行规制，目的是增进个人福利。

二 社会性规制的内容与方法

（一）社会性规制的内容

社会性规制涉及面广，内容很多，根据社会性规制的四种目的，结合规制实践，通常把社会性规制分为以下几类（见表5—1）。

表 5—1　　　　　　　　　　社会性规制的内容

规制目标	物品类型	社会性规制	相关法律
解决负外部性问题		公害防止	大气污染防治法、水污染防治法、噪声防治法、振动管制法、矿山安全法、金属矿业等公害对策法等
		产业灾害防止	核燃料、原子反应堆规则，高压气取缔法，液化石油气安全法等
		劳动灾害和疾病防止	劳动基本法、劳动基准法、劳动安全卫生法等
		交通安全	道路交通法、道路运输车辆法、海洋交通安全法、船舶安全法、港口管理法、海上冲突预防法、水上遇难救护法、航空法等
解决信息不对称问题		保护消费者	消费者保护基本法、消费生活用品安全法、家庭用品质量表示法、食品卫生法、分期付款销售法等
解决非价值物品问题		麻药取缔	麻药取缔法、大麻取缔法、鸦片法、兴奋剂取缔法等
		枪炮取缔	枪炮刀剑类持有等取缔法
提供公共物品	纯公共物品	消防	消防法
		环境保护	自然环境保护法、自然公园法、水产资源保护法等
		自然灾害防止	国土利用法、港湾法、沿岸法、河川法、森林法、矿山法等
		文物保护	文物保护法、关于保护古都的历史性风土的特别措施法等
	准公共物品	确保健康、卫生	药品法、医疗法、传染病预防法、检疫法、水道法、有关废弃物的处理与清扫方面的法律等
		提高教育质量	学校教育法、私立学校法、社会教育法等
		提高福利服务	社会福利事业法、老人福利法、残疾人就业促进法等

资料来源：根据［日］植草益《微观规制经济学》，中国发展出版社 1992 年版，第 284—286 页整理。

像确保健康的药品法、医疗法、传染病预防法、检疫法、水道法、有关废弃物的处理与清扫方面的法律，以及大麻取缔法、鸦片法、兴奋剂取缔法等，其目的是确保社会成员的健康和公共卫生。像防止劳动灾害、疾病的规制、保护消费者的规制、确保交通安全的规制、消防相关法律、枪炮取缔相关法律等，其目的是确保社会成员的安全。像防治公害、保护环境、防治产业灾害、防治自然灾害等的规制，其目的是防治公害、保护环境。像学校教育法、私立学校法、社会教育法，像社会福利事业法、老人福利法、残疾人就业促进法等，像文物保护法、关于保护古都的历史性风土的特别措施法等，其目的是确保社会成员受教育的权利，发展文化，提高社会福利。

（二）社会性规制的方法

根据规制的目的，社会性规制主要分为两大类：一类是限制性的，包括禁止某些特定行为和限制某些特定行为；另一类是规定性的，包括要求某些特定产品或服务必须达到特定的标准，要求某些特定产品或服务必须披露足够的信息，要求某些特定的交易必须进行，如污染补偿制度。上面列出了社会性规制的各项法律，下面主要介绍社会性规制的政策。

1. 禁止某些特定行为

禁止性规制主要解决负外部性对社会成员的损害。对于侵害劳动者和消费者利益，有损于公共利益的行为，必须直接禁止。对于那些社会公认的不良行为，有可能产生社会危害的行为，必须直接禁止，例如麻药取缔、枪支刀具管制等措施。对于那些产生严重负外部性的行为，比如企业不当排放废气、废水、废物，破坏环境的行为，也必须禁止。

2. 限制某些特定行为

对于那些无法禁止的，但又有负外部性后果，有可能危害公共利益的行为，需要限制在一定的程度和范围之内，避免其发生损害。限制性规制中比较典型的是对营业活动限制，"通过批准、认可制度，对与提高公共性物品和准公共性物品、非价值性物品有关的事业者，以及有可能因外部不经济而产生社会经济危害的企事业单位进行营业活动的限制"[①]。

3. 制定标准

通过制定标准所体现的规制功能有两个：一是准予从事某种行为、确认某种权利、授予某种资格。这是门槛性标准，目的是确保从事某些特定行业的从

[①] 洪银兴、刘建平：《公共经济学导论》，经济科学出版社 2003 年版，第 363 页。

业者，确保某些特定产品和服务的提供者，具备必要的资质和能力。二是限制性标准，目的是控制那些与安全、健康、社会稳定直接相关的行为、产品和服务的质和量不会超过可能威胁安全和稳定，损害健康的程度。例如，对企业环境污染物的排放量的规定、产品安全标准规定等。

实现标准规制的方式主要有资格认证制度和标准制度。资格认证制度规定凡是从事与健康、安全、环境等方面相关业务的从业者，必须对其专门知识、经验、技能等认定和证明。资格认证主要包括三种①：（1）业务限制资格，即只批准资格取得者从事某项业务，如医生、律师等。（2）业务必置资格，即对管理、监督特定行业从业者（如危险品管理）设置资格制度，规定从业者必须在自己的机构设置取得业务必置资格的人员，如配备制造高压气安全负责人、配备制造火药类安全负责人等。（3）名称资格，即对取得一定专业知识、技能者（如某些专业院校的毕业生）加以公证，授予其一定的名称、称号，如信息处理技术员、项目工程师等。

标准制度的内容广泛，包括生活消费品安全、工业标准化等各项制度。安全标准从安全的要求出发，对产品结构、强度、爆炸性、可燃性等设定一定的标准，确保产品的安全性、设备的安全运转和操作。工业标准化的一个重要出发点也是安全。规制的法规规定，没有经过鉴定的产品、不符合安全标准的产品，不允许销售和使用。

中国制定有庞大的标准体系。在层级上分为国家标准、行业标准、地方标准、企业标准。国家标准的层级最高，企业标准的层级最低，但几种标准不是并存的，有了高一级标准的时候，已有的低一级的标准自行废止。根据标准的强制力，可以分为强制性标准和推荐性标准。有关药品、食品卫生、兽药、产品及产品安全、劳动安全、运输安全、工程建设的质量等标准属于强制性标准。推荐性标准的范围更广，强制性标准之外的标准被定义为推荐性标准。从内容上看，规制标准在几个重要领域较为集中，包括劳动者保护、社会保障、食品安全、环境保护等。

许可证是标准规制的常用方式，"许可证是规制机构颁发的一种许可状、

---

① 参见［日］植草益《微观管制经济学》，朱绍文等译，中国发展出版社1992年版，第32页。

证书、批准令、登记、特许状、会员资格、法律豁免书或其他形式的许可证明"①。政府提供颁发许可证，可以控制对社会造成危害的生产和经营行为，限制可能带来负外部性的行为，保护处于信息劣势的交易方的利益。

4. 强制信息披露和检查

针对交易双方的信息不对称，从保护信息劣势一方出发，需要制定信息公开制度。信息公开制度要求那些处于信息优势的企业或其他主体向消费者公开其产品或服务相关的信息，或者把知情权赋予消费者，规定消费者有权索取其消费的产品或服务的信息。这些规制要求通常出现在关于产品或服务的质量、规格等说明方面，特别是对食品和药品的广告和说明书。信息公开能够帮助消费者和企业估计合同风险，有效制订交易计划。

为了确保规制标准的执行，政府制定了检查制度，包括定期检查、使用前检查、使用后检查。这些检查制度的目的是确保产品的安全性，确保设备的安全运转和操作等。政府不仅有专门的职能部门负责检查标准的执行，而且规定了市场主体自我检查的义务。

5. 收费和补贴制度

解决经济主体的行为给他人带来的外部性，还可以通过收费和补贴的方式。如果一个企业的行为有正外部性效果，政府给予补贴或税收优惠，以鼓励其多生产。如果一个企业的行为有负外部性效果，则通过征税或收费，把负外部性转化为企业的内部成本。由于收费增加了企业的成本，使得企业有动力减少其行为对环境的破坏。

税费制度集中用于控制环境污染，如第四章提到的，政府提供税收排污费（税）的方式规制排污这种负外部性行为，如对不超过法定排放标准排放污染物的企业，征收排污费，对超标准排污的企业，加收超标准排污费。为了节约有限的资源，征收耗能材料税（费）。此税费征收的目的是促使人们最大效率地利用能源，如对燃料的使用征税、对交通工具的使用征税。为限制不可再生性资源的开发，对利用自然资源的行为征收定额费用，即资源补偿费，如对开采矿产资源者征收矿产资源补偿费。

政府出于规制目的的补贴也包括监管者给予生产者的某种形式的财务支持。

---

① ［美］丹尼尔·F. 史普博：《管制与市场》，上海三联书店、上海人民出版社1999年版，第96页。

补贴可以作为一种激励来刺激生产者进行污染控制，或者通过给予生产者补贴来减少监管所带来的经济影响。① 政府通过补贴，可以减少被规制的企业的损失，也可以鼓励那些有正外部性的活动，比如对博物馆类的公共文化机构、对医院和学校等提供基本公共服务的主体给予补贴。

需要注意的是，政府规制不能解决全部市场失灵问题，像公共物品的提供与分配、收入再分配，以及宏观经济调控等纠正市场失灵的任务，是通过其他手段完成的。政府规制的主要任务是维持竞争机制，解决信息不完全问题，克服外部性问题，维护良好的自然环境等问题。此外，市场失灵是政府规制的必要条件，但不是充分条件。规制的主体并非只有政府，其他公共权力机构，比如议会、法院、非政府组织等，也可以承担规制任务。另外，政府规制是政治权力对市场的强行干预，很有可能干扰资源配置效率。"管制者也是在信息不完全的情况下工作的；管制政策可能是次优的，也可能会出现失败。"②

三 规制放松与激励性规制

政府规制以市场失灵为依据，但市场本身在发展和变化，其失灵之处和失灵的程度也在变动，政府规制的范围与深度也需要随之调整。总的说来，政府规制有放松的趋势，但主要体现在经济性规制上。随着人们对生活质量要求的提高，社会性规制实际上有加强的趋势。政府规制的方向也在调整，在约束性规制之外，增加了激励性规制。

（一）规制放松

20世纪70年代开始，美国、英国、日本等实行市场经济的国家政府规制的消极作用开始显现，主要表现为政府规制效果不理想和规制失灵。针对新的问题，美英日等国家开始对政府规制进行改革，其中一个重要方面是放松已有的规制，主要表现为政府放松、减少甚至是取消不必要的规制。

1. 放松规制的原因

第一，垄断行业的变化。政府规制的一个重要依据是自然垄断的消极后

---

① 参见曲振涛、杨恺钧《规制经济学》，复旦大学出版社2006年版，第182页。
② 王俊豪：《管制经济学原理》，高等教育出版社2007年版，第24页。

果，但是技术的进步改变了自然垄断的边界，使得原来的某些自然垄断产业或者其中的某些环节失去了自然垄断的特征，具有了竞争性行业的特征。例如，在通信领域，由于光纤的使用、计算机技术的应用，以及卫星的使用，导致其固定资本投资沉淀性下降，使得新企业的加入变得容易。

第二，产品间的可替代性增加。技术的进步和产业的细分使得产业间的可替代性得以增加，传统的自然垄断行业出现了替代品，使得原有的垄断企业也面临竞争压力。例如，公路、铁路和航空运输业之间的竞争日益激烈，而这些行业由于受到规制，无法在投资、生产、价格、服务等方面及时做出反应，使得受规制行业的发展受到限制，这些行业因此被称为"结构性竞争产业"。需要政府放松对这些行业的进入管制和价格管制。

第三，规制失灵问题。政府规制的政策可能是相关利益各方博弈的结果，而且有的规制是被规制企业"要"来的，因而规制的结果可能是有利于部分社会成员，比如可能使垄断企业的利益得到保护。规制的这种结果不仅没有增进社会福利，也不能提高资源配置的效率。规制中政府权力介入市场，"租金"便存在了，加上政府规制部门本身有自由斟酌的余地，受规制企业可以通过寻租获得超额利润，而其成本则摊在广大社会成员身上。不仅如此，寻租的成本是对社会资源的浪费。为减少企业寻租和官员腐败，也要减少政府规制。

第四，规制的成本过高。规制是有成本的，在有些情况下，规制的成本高于收益，成为得不偿失的政府行为。为了规制工作的进行，政府部门需要收集、分析被规制企业的财务、会计、事业计划、需求的结构与动向、技术等方面的数据和资料，需要与立法部门进行沟通和商议，决定规制的具体措施。在规制执法过程中，规制部门与被规制企业不断"打交道"。以上这些合起来导致政府规制的行政费用巨大，而且随着被规制的行业的增加，行政成本还有扩大的趋势。在主要市场经济国家的财政普遍吃紧，政府财政赤字扩大，急需削减政府支出的背景下，减少规制也成为政府的政策选择。

政府规制还可能导致被规制企业的损失，这主要来自"规制滞后"现象。一项规制从计划、审查到认可需要相当长的时间，到规制政策失效的时候，市场已经发生了变化，以提高企业效率为目的的规制此时却造成了企业的损失。[①]

[①] 参见洪银兴、刘建平《公共经济学导论》，经济科学出版社2003年版，第361页。

2. 放松规制的方式与效果

从美英日等国家放松规制的做法来看，主要是在通信、运输、金融和能源等自然垄断行业放松了政府规制。这些行业的自然垄断性质或范围发生了变化，垄断程度降低，因而政府放松、减少甚至是取消对原自然垄断行业的规制。政府把有关企业进入、定价和投资等方面的规制从许可制改为申报制，将行业禁入改为自由进入，在某些行业取消大部分经济性规制，但保留社会性规制。

在进入规制放松方面，政府的基本思路是把已经不再具有自然垄断性的行业或市场环节从自然垄断行业剥离。通过把竞争性业务从垄断性业务剥离，可以防止居于垄断地位的厂商把其垄断势力扩展到竞争性业务。如英国的邮政总局独家经营邮资低于1英镑的国内信函等业务，而邮资高于1英镑的信函等业务作为竞争性业务开放。

通过价格规制放松，可以降低原垄断品的价格，提高原垄断企业的效率。放松规制是为了消除由于价格规制所造成的价格扭曲，总体上降低了价格。出于规制的需要，有些行业的规制价格曾被定得高于边际成本，使得厂商失去降低成本的动力。一旦放松规制，让市场而不是让规制者来决定价格，价格随之降到边际成本附近，新的厂商可以通过低成本赢得市场，竞争迫使原受规制的企业不得不努力降低成本。

放松规制提高了企业的效率。由于受规制企业无竞争压力，缺乏提高生产技术效率和开发创新新产品的动力。规制放松以后，引入市场竞争，竞争压力迫使原规制企业注重创新和技术改进，提高产品的竞争力。企业注重内部改革，以提高企业的效率。竞争的引入还推动了行业内企业的分化和重组，资源向优势企业集中，提高了行业的效率。

放松规制后，在航空、电信、铁路货运以及公共事业领域的收费水平大幅下降，收费种类和方式也多样化了，使得消费者可以根据价格和质量的不同组合在多样化的服务中选择，消费者的福利得以增进。不仅如此，放松规制可以减少规制所需的巨大的行政成本，也可以减少由于规制所造成的寻租行为和官员腐败现象。

从美英日等国家放松规制的经验看，放松规制还包括国有企业的改革，其基本方向是政企分开和国有经济退出某些行业。政企分开的做法是政府不再直接干预经济，政府规制体制从政企合一转为政企分开，企业成为独立市场主体，从市场获得发展的动力。例如日本的国有铁路公司原来是自然垄断行业中的国有垄断企业，经过公私混合制度的过渡，最终成为私有公司。国有企业肩负非经济性的社会职能，难以与私营企业竞争，因此民营化也是政府放松规制的一种途径。

(二) 激励性规制

尽管实行了规制放松，但自然垄断行业仍存在，对自然垄断行业的规制也需要新的方法，20世纪80年代以来新的规制实践不断出现，其基本方向是改变原有规制以限制和约束被规制对象为主的做法，转而通过鼓励性政策，激励垄断企业提高效率，降低成本，改进服务。

1. 激励性规制的功能

激励性规制是针对已有规制存在的问题，建立在对已有规制的反思基础上提出的，属于新的规制理论。新的规制理论把已有的规制理论称为传统规制理论，传统规制理论假设作为规制者，政府对于被规制对象的信息是完全的，而实际上规制者与被规制者之间存在信息的不对称现象，规制机构掌握的有关被规制企业的信息要远远少于企业所知道的相应信息。被规制企业可能利用自己的信息优势，隐瞒成本水平，尽量高报自己的成本，使得政府规制失效。信息的不对称性所产生的逆向选择问题在政府规制领域同样存在。规制部门与被规制企业的行为目标也存在差异，政府主要关注企业效率和社会福利最大化的实现，而被规制企业主要追求自身利润的最大化。由于规制部门与被规制企业存在信息不对称，规制失效的可能性大为增加。

传统规制方法无法解决垄断企业生产率低和生产成本高的问题，其结果是增加了消费者的负担。垄断企业效率低和成本高的问题通过垄断产品的价格，都转移到消费者身上，结果一方面消费者的利益受到损失，另一方面垄断企业又缺乏提高生产率和降低生产成本的动力。针对传统规制方法的缺陷，"通过实施激励性规制，让垄断企业分摊更高比例的成本，赋予垄断企业提高生产效率的动力。……是政府为纠正市场失灵和提高经济效率，通过激发、引导的方法使市场主体自愿按照政府意图进行经济活动的一种规制行为"①。

2. 激励性规制的种类

激励性规制有多种方式，本教材主要介绍实际应用较多的四种，包括特许投标制度、区域间比较竞争、价格上限规制以及社会契约制度。

首先，特许投标制度。

特许投标制度是指政府通过拍卖的形式，让多家企业竞争某一个产业或业务领域的独家经营权。在竞价过程中，政府给出一定的质量标准，报价最低的企业获得特许经营权。特许投标理论主张在政府规制中引入竞争机制，通过招标的形式，让多家企业竞争某个行业的"独霸权"。"独霸"是暂时的，特许经营权是有期限的，在特许经营期结束后仍然需要通过竞争，一个企业才能获得特许经营权。

特许投标制度通过引入竞争，促使垄断企业自发地提高自身的效率。在某些公共物品的生产领域，政府使用特许投标制度选择生产企业，降低了公共物品的成本。例如，20世纪80年代，英国有的地方政府在清扫街道和建筑物、垃圾收集的公共服务中采取竞争投标制以后，在保持原来服务质量的前提下，地方政府的支出减少20%左右。

其次，区域间比较竞争。

区域间比较竞争是将被规制的全国性垄断企业分成若干地区性垄断企业，不同的地区性垄断企业之间在产品或服务的质量和价格等方面有差异，通过相互间比较，产生竞争效应。区域间比较竞争可以使特定地区的企业在其他地区企业成就的刺激下，提高企业内部效率。如果一个行业本身是地区性垄断的，区域间比较竞争可以促进地区性垄断企业间竞争，提高各自的经济效率。区域间比较竞争不是在同一市场内企业间的直接竞争，而是地区间垄断企业的间接竞争。区域间比较竞争理论解释了为什么不同地区之间垄断企业展开竞争，可以刺激垄断企业提高效率、降低成本、改善服务。

区域间比较竞争的一个副产品是为政府规制机构掌握企业真实成本信息，根据不同地区性垄断企业的绩效，政府以效率高的企业的成本为基准，制定规制价格和区域标准。在具有区域性垄断特征的自然垄断行业，适合区域间比较竞争规制。英国1989年改革自来水行业政府规制体制时，使用了区域间比较

---

① 洪银兴、刘建平：《公共经济学导论》，经济科学出版社2003年版，第406页。

竞争，在英格兰和威尔士的 10 个地区性自来水公司、苏格兰的 12 个地区性自来水公司之间，政府以经营成本低的企业为基础，制定统一的价格标尺，然后适当考虑各地区的经营环境差异，制定规制价格。在这个价格下，那些经营效率高、成本低的企业能够获得较多的利润，各个地区性垄断企业为使得其成本低于平均成本而竞争。

再次，价格上限规制。

价格上限规制是指政府规制机构与被规制企业之间签订价格变动合同，合同规定价格的上限，价格在上限以下自由变动。由于规定上限以下企业具有定价权，降低价格可以增加销售量，企业从而获得更多的利润。价格上限规制可以促使企业努力在上限以下通过提高效率来降低价格，消费者因此而受益，政府也达到了规制的目的。价格上限规制是在"规制机构与被规制企业之间存在信息不对称的情况下，通过赋予垄断企业更多利润支配权的方式使其在一定程度上得到信息租金，以换得提高生产效率的激励；同时赋予被规制企业在不超过价格上限的情况下自由调整个别价格的灵活定价权，以提高资源配置效率"[1]。

价格上限规制方法的目的是寻求一个能够合理控制垄断企业价格，节约规制成本，又能够使得被规制企业主动提高内部效率的规制方法。价格上限规制方法的优点是把激励性规制的两个功能结合在一起，既鼓励企业降低成本，又允许企业在一定范围内自由调整价格。由于被规制企业得到制定价格的弹性空间，它们能够寻求更有效率的价格结构，以得到更多利润。价格上限规制方法在英国、美国等国家的电信、电力、煤气等自然垄断行业得到广泛应用。

最后，社会契约制度。

社会契约制度也称成本调整契约制度，是指政府规制机构与被规制企业签订合同，就与产品价格和成本等相关的一系列指标做出约定，如果企业能够取得比合同好的绩效，则给予奖励，否则给予处罚。

社会契约制度早在 20 世纪初就出现了，英国曾在公共物品供给中实行过公共物品的投标权拍卖，1925 年美国在电力行业的规制中使用过按比例计划的激励性定价方法。美国的电力行业在政府与电力企业在修订收费的时候，就设备运转率、热效率、燃料费、外购电力价格、建设费等签订合同。对于能够

---

[1] 洪银兴、刘建平：《公共经济学导论》，经济科学出版社 2003 年版，第 418 页。

做得比合同指标好的企业，政府给予奖励，否则根据合同给予处罚。例如，美国亚利桑那州的电力规制机构与发电企业签订了合同，规定1984年11月起以设备运转率60%—75%为基准：达到75%—85%时，将节约的燃料费的50%奖励企业，其余50%返还消费者；达到85%时，节约的燃料费全部奖励企业。设备运转率在50%—60%时，由此增加的燃料费的50%由企业负担；如只达到35%—50%时，企业负担全部增加的燃料费。如设备运转率没有达到35%，规制机构将在下一个合同期重新考虑这个基数。[①]

以上几种激励性规制使得被规制企业受到利润刺激或竞争刺激，有促进企业削减成本、提高生产效率的功能，这些规制方式最终起到了改进经济资源配置效率的作用。但是特许投标制度、区域间比较竞争、价格上限规制和社会契约规制等方法也有各自的局限性，只在各自特定的范围内有效。激励性规制不能取代其他规制，激励性规制与其他规制手段共同构成政府规制体系。

思考题：
1. 政府规制的必要性和适用领域是什么？
2. 经济性规制的常用手段有哪些？
3. 社会性规制的内容包括哪些？
4. 社会性规制的目标如何实现？
5. 简述政府采用放松性规制或激励性规制的依据。

[①] 参见徐晓慧、王云霞《规制经济学》，知识产权出版社2009年版，第370页。

第六章

公共选择的性质与规则

公共选择是采用经济学方法研究公共领域的决策问题，它认为公共决策是多元主体参与的公开选择过程。公共选择是公共经济学的一项重要内容，本章主要介绍如下内容：公共选择的产生与发展、公共选择的三个理论假设、公共选择的基本内容；对选民、政党、官僚行为进行分析；对利益集团与寻租的关系进行分析，阐述寻租的成因与后果，探讨解决寻租问题的办法。

第一节 公共选择概述

公共选择（Public Choice）是一门新兴学科，但却具有较为长远的历史渊源。公共选择的理论假设颇具独特性，将"方法论的个人主义"（methodological individualism）、"经济人"（homo economics）、"交易政治观"（exchange politics）作为政党、官员、选民行为的基本假设，在这些假设基础上，形成较为丰富和具有特色的理论体系。

一 公共选择理论的产生与发展

公共选择理论的历史渊源最早可以追溯到 18 世纪法国数学家孔多塞（Marquis De Condorcet）等人就投票规则展开的数学分析。同时，近代的政治思想家霍布斯（T. Hobbes）、斯宾诺莎（Benedict Spinoza）、洛克（J. Locke）的主张，乃至美国联邦党人的思想和托克维尔（Alexis de Tocqueville）的观点也构成公共选择理论最早的思想渊源之一。就直接的理论来源而言，按照公共选择理论的领军人物詹姆斯·布坎南（J. M. Buchanan）的说法，他本人和发表了公共选择第一部著作的邓肯·布莱克（D. Black）的研究思路均直接受益于瑞典经济学家维克塞尔（K. Wicksell）和20世纪初的意大利财政学派的研究成果[①]。公共选择理论的其他理论家，特别是安东尼·唐斯（A. Downs）和戈登·塔洛克（G. Tullock）则高度评价熊彼特（J. A. Schumpeter）的著作《资本主义、社会主义与民主主义》对他们的研究工作给予的重要启示和影响[②]。

作为一门独立的新兴学科，现代的公共选择理论从20世纪40年代末开始逐步形成。邓肯·布莱克于1948年发表的《论集体决策原理》一文一般被认为是公共选择理论的开篇之作。20世纪50年代以后，以布坎南和塔洛克为核心，公共选择学派的队伍不断壮大，公共选择理论的基本原理和理论框架也日益完善，并在内部形成了弗吉尼亚学派、罗切斯特学派、芝加哥学派等不同的学派。1986年，布坎南因在公共选择理论方面的建树而被授予诺贝尔经济学奖，从而标志着公共选择理论从过去的非主流地位进入了西方经济学的主流领域。与西方的传统经济学主要是研究经济市场上的供求行为有所不同，公共选择理论的研究对象是政治与政府过程。在公共选择理论看来，政治过程同市场一样，也是一种交易过程，同时，从事政治活动的人和从事市场交易的人也一样，都是效用最大化者。以此假设为出发点，公共选择理论试图应用经济学的分析工具和方法，来构建一种关于政治过程和政府的形式化理论，其中包括对选民和投票政治、政治家和政党政治、官僚政治等政治和政府过程诸方面的具体分析。这一理论的基本推论可以简单地概括为：与市场失灵相对，也存在着政府失灵，用布坎南的话来说，就是"政府不一定能纠正问题，事实上反倒可能使之恶化"[③]。

---

① [美]詹姆斯·布坎南：《经济学家应该做什么》，罗根基译，西南财经大学出版社1988年版，第161页。

② Dennis C. Mueller, *Public Choice III*, Cambridge: Cambridge University Press, 2003, *footnote* 1, *p.* 2.

③ [美]詹姆斯·布坎南：《自由、市场和国家》，吴良健等译，北京经济学院出版社1988年版，第280页。

二 三个理论假设

正统政治学以"政治人"作为基本假设,认为政府和官员以公共利益作为主要目标,而公共选择理论则以"方法论的个人主义"、"经济人"、与"交易政治观"作为基本假设,认为政府、政党、官员和选民都有追求自身利益最大化的倾向,政治过程是一种交易过程。

(一)方法论的个人主义

方法论的个人主义是公共选择理论的三个基本假说之一。"我们的'理论'归为'方法论的个人主义'也许最为合适。"[①] 公共选择理论坚持认为人类的一切活动都应从个体的角度来理解,个人是分析的基础。社会被看作一种个人追求其自身利益的总量效果,政治和国家被当作个人得以通过它寻求自身利益的一种机构。集体行动是一些个人为了各自的利益而共同行动,并承诺遵守相应的规则的活动,集体行动是个体利益得以实现的工具。首先,个人是政治决策的基本单位。政治决策是一种集体决策,但是由个人在集体中做出的,"只有个人才作出选择和行动,集体本身不选择也不行动,把集体当作进行选择的主体而提出分析是不符合通行的科学准则的,社会总体仅仅被看作个人作出选择和采取行动的结果"。其次,政府不是一个抽象的实体,国家"被看作不过在其中个人可以集体行动的一套程序,一种机制;集体行动不过是个人选择集体地,而不是个人地实现自己的目标时的个人行动所组成"。最后,个人主义是评价一切行为的出发点。"在政治结构中,个人是唯一的活动者,个人和个人的行为是政治研究唯一的对象。"[②] 由于个人是集体决策的最终承受者,只有个人才具备评判决策结果的资格。

(二)"经济人"假设

"经济人"假设人有两个基本特点:自利和理性。所谓自利,是指个人在

[①] Buchanan, James M., Tullock, Gordon, *The Calculus of Consent: Logical Foundation of Constitutional Democracy*, The Michigan University Press, 1962, p. 3.

[②] Peters, B. G., *Institution and theory in Political Science*, Printer, 1999, p. 13.

各种活动中以追逐自己的利益为主。所谓理性,是指个人在追逐个人利益时,力图使自己的行为符合客观约束条件,以达到追求个人利益最大化的目的。公共选择理论在研究国家、政府、官僚、政党和选民等政治问题时,一改过去政治活动参与者的"政治人"假设,将"经济人"假设引进来分析政治活动参与者的行为。公共选择理论认为,"经济人"假设也适用于政治领域,政治活动的本质是一种公共选择,与在经济活动中一样,个人在参与政治活动时也以个人利益的最大化为目的,也以成本—收益分析为根据,个人依据自己的偏好,以最有利于自己的方式进行活动。"人就是人,人并不因占有一个总经理职位,或拥有一个部长头衔就会使'人性'有一点点改变。一个人不管他是在私营企业里领薪水,还是由政府机关发给工资,或在其他什么地方,他还是他:假如有可能,他宁可选择能为自己带来更大个人满足的决策、公共物品和政治家。"[①]

(三)交易政治观

公共选择学派不仅认为经济学是关于交易的科学,而且将这种观点移植到政治学研究中来,认为政治学同样也是关于交易的科学。因此,交易的政治观成为公共选择学派的第三个基本前提假设。公共选择学派认为,政治市场上的基本活动是交易,政治是政治参与者出于自利动机而进行的一系列交易过程。政治过程与经济过程一样,其基础是交易动机、交易行为和利益的交易。用交易的方法观察政治,使人们在权力政治学之外,对政治过程的理解有一个新的视角。交易政治观可以说明政治活动中合作性的来源。传统上一直把国家看成是公正无私的,而公共选择理论把国家当作个人进行政治交易的场所。与经济市场一样,政治交易也以交易者之间的自愿合作为基础。由于人们可以通过政治交易获利,所以才参加交易,政治交易的结果是交易双方相互获利。尽管政治市场中存在一定程度的强制性,比如使用多数决定规则时的集体决策对少数的强制,但只要参与者都有选择参与或不参与、合作或不合作的自由,这时的强制性不会影响交易各方的相互获益。

---

① 方福前:《公共选择理论——政治的经济学》,中国人民大学出版社 2000 年版,第 21 页。

三　基本内容

公共选择（Public Choice）是一门介于经济学和政治学之间的新兴学科。按照丹尼斯·缪勒（Dennis C. Mueller）的定义："公共选择可以被界定为非市场决策的经济分析，或者简单地界定为把经济学应用于政治学研究。公共选择研究的主题和政治学的主题是一样的：国家理论、投票规则、投票者的行为、政党政治、官员政治等等。然而，公共选择理论的方法是经济学的。如同经济学一样，公共选择的基本行为假设是：人是自利的、理性的和效用最大化者。"公共选择理论的基本假设与正统政治学的基本假设迥然不同，从而使得公共选择理论的研究内容和研究主题与正统政治学有较大的差别。公共选择理论的基本内容包括：

一是集体决策规则理论，研究公共选择过程中各种投票规则的优缺点问题。

二是政治商业周期理论，主要研究政治因素对宏观经济波动的影响，包括机会主义模型、理性机会主义模型、党派模型、理性党派模型。

三是政党和选民行为理论，主要研究政党和选民参与政治过程中的动机和行为特点。

四是官僚理论，主要对官僚在政治过程中的动机和行为进行解释。

五是利益集团理论，主要解释利益集团的形成和行为过程。

六是寻租理论，该理论认为，寻租行为的产生与政治市场主体追求利益最大化有关，也与政府管制活动有密切关系。寻租是一种浪费性活动，寻租的社会成本是巨大的，不仅包括寻租者的寻租支出、政府官员为提升职位的付出，而且还将导致资源配置扭曲、决策失误和腐败。

七是宪政改革理论，公共选择理论认为，宪政改革是解决政府失灵的根本途径，因为政府失灵根源于宪法约束的失灵，只有通过宪法改革才能够有效约束政府的权力和政府活动的无效率扩张。宪法改革不能够采用多数票规则，必须采用一致同意规则，这样才能够保证没有任何一个人的利益受损。

第二节 政治行为分析

公共选择理论采用三个基本假设对选民、政党、官僚进行深入浅出的刻画。在选民分析方面，认为选民的投票行为受到多种因素影响。在政党行为分析方面，认为政党的行为具有多重动机，包括追求得票数最大化、追求得票差额最大化等。在官僚行为分析方面，形成垄断性官僚预算最大化理论与竞争性官僚理论。

一 选民行为分析

美国经济学家安·唐斯（Anthony Downs）从政党和选民互动的角度对民主制度进行界说。"（1）一党（或政党联盟）经唯一的普选过程执掌政权；（2）普选定期举行，在非选举年执政党不能单独改变选举时间；（3）有永久居住权，身心健全，遵守本地法律的成年人在普选中均有投票的资格；（4）每位选民在每次选举中只有一票；（5）在这样的选举中得到多数支持票的一个政党（或几个政党的联合）得到执政资格，直到下一次选举；（6）落选的党不得以武力或其他非法手段对获胜的那个党（或几个政党的联合）的政权进行颠覆活动；（7）执政党不能以武力镇压任何公民及其他政党，也不得限制他们的政治活动，只要他们没有试图进行颠覆活动；（8）每次选举时允许两个或更多的政党竞争对政权的控制。"[1]唐斯把选民、政党、政府、议会作为民主过程中的基本行动者，对选民、政党、政府、议会的活动都从制度上加以规定。以这些规定为制度框架，讨论选民、政党、政府、议会在选举中的行为动机。

选举中的主体是政党和选民。在唐斯看来，选民的动机是把票投给他认为其政策能给他带来最大效用的政党，选民是自利的，目的是获得最大的收益，从成本—收益计算的角度看待投票。这个观点后来被称为"理性投票人假

---

[1] Anthony Downs, *An Economic Theory of Democracy*, Harper & Row Publishers, 1957, pp. 23 – 24.

说"。公共选择理论认为："选民对每个候选人获胜后的预期效用进行计算，自然会把选票投向其政策承诺具有最高效用的候选人。"[①] 投票人以期望的利益为动力，他们对预期效用的估计以过去的经验为依据，他们以在任政府的政绩为参照，预计候选者能够给自己带来的潜在收益。

(一) 选民的投票行为

唐斯把影响选民参与投票的因素归纳为四种：自己投票的重要性；对不同政党的期待效用差；投票成本；长期利益。日本学者小林良彰对此做了进一步解释。自身投票的重要性取决于选民关于投票结果的主观推测，如果他认为自己的一票对选举的结果意义重大，即一票之差可能改变选举结果，出现所谓的"短兵相接"状态，他会去投票。当竞争中的各党派之间处于势均力敌状态时，单张选票的重要性突出，个人的投票积极性也会增加。对各政党间的期望效用差是指选民对参选的各政党的政策的效用差异的认识，这主要影响他决定投谁的票。一般而言，选民倾向于支持能给他带来最大预期效用的政党。投票成本包括了解候选者和政党纲领，参加投票所耗费的时间、精力和费用。投票成本难以排除偶然因素的影响，有的时候投票日当天的天气也可能成为影响投票率的重要因素。投票的长期利益源于选民参与投票有益于维持民主体制的考虑，这主要来自意识形态，比如公民尽投票义务得到的伦理上的满足感。

按唐斯的理论，似乎成本和收益对投票行为的影响是同等的。但实际上，成本方面的考虑往往多于收益。作为一个理性的选民，个人的投票动机受多方面因素的影响，主要可分为成本和收益两个方面。对于个人来说，成本比收益更为直接，更为明确，收益与成本相比，不确定的成分更多。成本支出是现实的，收益所得是一种预期。根据经济人本性，个人的投票行为更可能从现实的成本计算出发，而不是以对收益的预期为依据。有的学者甚至推断，由于在去投票站的途中遭遇车祸的可能性存在，选民可能就因此而放弃投票。上述看法成为对西方政治中投票率较低的一种解释。

(二) 超越"理性投票人"假说

按照"理性投票人"假说，如果潜在的投票成本超过了潜在收益，就会

---

① [美] 丹尼斯·C. 缪勒：《公共选择理论》，中国社会科学出版社1999年版，第423页。

没有任何理性的自利的选民去投票。然而在现实的选举过程中，也确实存在明知投票没用，却还是有很多人去投票的现象。这又如何解释呢？

按照赖克和奥德舒克的看法，假定利益的存在来源于行为本身，而不取决于行为的结果，即不取决于选票是不是决定性的。"个人可能有某种爱国的或渴望行使公民权的意识，参与投票有助于实现这种愿望，且会产生利益（效用）。"[①] 此时的投票就不再被看成是决定获胜候选人的一种工具性行为，而是一种私人的或象征性的行为，个人从这种行为中得到独立于选举结果的满足。同时，缪勒也曾指出，选民参加投票一个重要的动力是"公民义务意识"。"如果人们投票是因为他们相信投票是他们的公民义务，相信在强有力的民主制度下社区功能会更好，深信他们的投票强化了社区的民主制度，那么，投票可以被看作是人们对有利于其他人的行为先前已受到奖励的情景下的一种条件反应。"[②] 还有的学者认为选民存在着两种偏好：私人偏好和伦理偏好。在某些情况下，例如，在市场交易过程中的消费者是根据自己的私人偏好来决策的，这时最大化的私人效用就是其决策的基本依据。而在别的情况下，人们可以依据自己的伦理偏好，人的伦理偏好不完全是自利的，还具有利他性。比如，投票就被视为是受伦理偏好决定的。按照纯粹的"理性的自利的经济人"假定，在选举时，个人理性的选择往往是不去参加投票。但依据伦理偏好决策的选民，除了关心自己的效用之外，还一定程度上关心他人的福利水平是否提高。此时，哪怕即使知道自己的投票对选举结果影响不大也还是会去投票，目的是为了维护民主政治制度。显然，上述选民的投票行为已经无法用"理性的自利的经济人"来解释。

二　政党行为分析

（一）政党的行为动机：唐斯假说及其扩展

唐斯认为"在最基本的意义上，政党是一些以合法的手段谋求控制政权（governing apparatus）的人们的联合体"[③]。政党的动机是追求最大选票，以

---

① Dennis C. Mueller, *Public Choice Ⅲ*, Cambridge: Cambridge University Press, 2003, p. 306.
② ［美］丹尼斯·C. 缪勒：《公共选择理论》，中国社会科学出版社1999年版，第446页。
③ Anthony Downs, *An Economic Theory of Democracy*, Harper & Row Publishers, 1957, p. 24.

谋求在选举中获胜。政党的目的不是为了实现自己的政策而要在选举中获胜，而是为了在选举中获胜而实施其政策。"民主政治中的政党相似于追逐经济利益中的企业家。为了达到最后目的，他们制定他们认为能得到最多选票的政策，正如企业家为了同样的理由生产他们认为能得到最多利润的产品一样。"[1] 这就是说，政党从事活动是为了使政治支持最大化，而这种政治支持最大化的具体体现就是在选举中获得的选票最大化。作为执政党，追求的是连选连胜，继续执政；作为在野党，追求的则是在选举中击败执政党而夺取政权。

唐斯的选举经济学假定得票最大化是政党的唯一目的，实际上政党除了得票最大化之外，还有其他目的，比如得到民众长期的支持。有的时候，一个政党即使能够得到最多票数，也可能出现不以自己能够得到的最多数选票为目的的策略。得票的绝对数与多数票并不总是同一的，得票数的最大化不一定会使一个竞选者在选举中获胜。假设有100位选民，投票率为90%中的40票与投票率为50%中的30票的分量并不一样，前者得票的绝对数多于后者，但40票少于没有得到的50票；后者得票的绝对数少于前者，但30票多于没有得到的20票。所以后者在自己的选举中获胜。另外，候选者也未必都是以获胜为目的，有的时候候选者的目的是为了得到更多的选票，或巩固已得到的支持，如果是在比例代表制下，每一张选票对于维持已有的议席都是有用的。因此在两党竞争和多党竞争时，政党往往使用不同的竞选策略，在选举中获胜并不是唯一的目的。为此，在唐斯的上述假说的基础上，艾纳森、赫里奇和奥德舒克进一步发展了政党的目标函数。他们继承了唐斯关于政党的最终目的在于在选举中获胜的假说，但同时认为，随着选举环境和候选人的数量的变化，政党的直接目标也会变化，而不一定是得票数的最大化。政党的目标函数可能存在如下六种。[2]

1. 追求得票数最大化

在竞争对手众多的场合，或者对竞争对手的信息知之甚少的场合，每个政

---

[1] Anthony Downs, *An Economic Theory of Democracy*, Harper & Row Publishers, 1957, pp. 295–296.

[2] Peter H. Aranson, Melvin J. Hinich, Peter C. Ordeshook, "Election Goals and Strategies: Equivalent and Non Equivalent Candidate Objectives", *American Political Science Review*, Vol. 68, 1974, pp. 135–152.

党追求的是尽可能获得更多的选票。为此应当需要全力投入选战，争取最多的选票，从而确保获胜的"万无一失"。

2. 追求得票差额最大化

在两党（或者两个候选人）竞争的场合，总选票数是在两者之间分配，此消彼长，相当于一个零和博弈，甲方获得的选票越多，则乙方获得的就越少，甲方获胜的可能性就越大。因此，在此情况下，每个政党追求的是使自己获得的选票与对手获得的选票之间的差额最大化。

3. 追求得票率最大化

在实行比例代表制和比例多数制的选举中，一个政党所获得的得票数在总投票数中所占的比例愈高，则其获胜的可能性就愈大。因此，在此情况下，政党追求的目标是得票率最大化。

4. 追求得票率超过一定标准的概率最大化

当一个政党在选举中的实力不强或者感到和竞争对手相比有某种劣势的时候，其最优选择是使自己的得票率超过一定标准的概率最大化。

5. 追求得票差额超过一定标准的概率最大化

在众多竞争对手中，如果只有两个实力强大而且实力相当的竞争者，那么这两个竞争对手中的任何一方所追求的目标都将是使其和那个势均力敌的对手的得票差额超过一定标准的概率的最大化。这个概率愈大，则其战胜对手的把握就愈大。

6. 追求得票数超过一定标准的概率最大化

在众多竞争者中，实力较弱的政党在本次选举中取胜的可能性很小，而为了从长计议，稳定自己支持者的数量，以争取在下次或者以后的选举中获胜，其追求的往往是使自己的得票数超过一定标准的概率最大化。

（二）两党制与多党制的比较

在西方政党政治中，两党制和多党制是最基本的政党制度形式。为此，公共选择学派分别对两党制和多党制的政治竞争进行了进一步的研究和比较。

首先，对于两党制和多党制产生的原因，很多学者认为，既与选举制度有关，也同选民的偏好分布有关。在实行多数票获胜的选举制度下，比较容易产生两党制。在实行比例代表制的选举制度下，多党制则容易维持。因为，在前一种选举制度下，任何一个政党只要获得了超过半数的选票就可以获胜，而要获得如此多的选票，政党的规模必须足够大，规模以下的政党几乎没有获得超过半数的选票的可能。这样，小党得以生存的机会也就很小，即使通过了初选，也往往很快分化而加入其他大党或者几个小党组成政党联盟，最终形成两大政党或者政党联盟竞争的政党政治。而在比例代表制下，一个选区可以产生几个代表，得票多的几个政党可以按照各自的得票比例份额获得代表席位。这样，在选举中，即使没有获得过半数的选票，也有机会通过比例分配来获得代表席位。这就为小党的存在提供了基础。因此，比例代表制的选举制度下，往往出现多党竞争的政治现象。同时，选民的偏好分布，也与政党数目有关。如果选民偏好分布是双峰的，则容易形成两党制，如选民利益要求分散，选民偏好最佳点分布呈多峰值状，为迎合不同的选民偏好，则容易出现多个不同的政党，各家的政策主张明显有差别，从而形成多党制。

从政党竞争的理论出发，结合西方的政党政治实践，公共选择学派提出了"两党竞争模型"和"多党竞争模型"。

唐斯在分析两党竞争的时候吸收了经济学家 H. 霍特林（Harold Hotelling）和史密西斯（Arthur Smithies）的空间定点理论，把它移植到政治学中，提出了投票的空间理论（Spatial Theory of Voting），用来说明两党竞争条件下政党的政策选择与选民偏好之间的互动。[①] 空间定点理论讲的是在消费者同样沿着直线尺度分布的空间市场中相互竞争的企业如何定点，比如在同一条街上两家商店在选址时的策略。为了吸引尽量多的顾客，两家店最终都建在靠近这条街的中段。双方的竞争策略不仅包括保住靠自己一方的顾客，还要力争吸引对方的一部分买主。史密西斯关注的是，从需求的弹性方面看，如果商店转移到离开中心点的地区，就会由于增加运输成本而提高价格，还会失去离商店较远的顾客，因此还是选址靠近中心地带最有利于吸引顾客。

当两党竞争时，双方政党为了吸引大多数选民，政策与对手接近，而不是远离，否则会失去选票。[②] 政党是靠一套政策来满足选民的要求，包括就业、

[①] Hotelling, Harold, "Stability in Competition", *Economic Journal*, Vol. 39, 1929, pp. 41 – 57; Smithies, Arthur, "Optimum Location in Spatial Competition", *Journal of Political Economy*, Vol. 49, No. 3, 1941, pp. 111 – 130.

[②] Harold Hotelling, "Stability in Competition", *The Economic Journal*, Vol. 39, 1929, pp. 41 – 47, 转引自 Norman Fronlich, Joe A. Oppenheimer, *Modern Political Economy*, pp. 120 – 121。

通胀、收入、稳定、安全等政策。选民的利益要求在各个社会问题上分布，有可能集中，也有可能分散。如果选民的偏好最佳点分布呈单峰值状，为了得到这唯一的多数票，竞争中的两个党的政策主张接近。这个时候政府的政策趋于稳定，反映出社会中存在普遍的共识。

两党竞争如果处在双峰的选民偏好分布状态下，为了不失去已获得的选民支持，双方政党都不倾向于改变自己的政策立场，结果社会就此分为对立的两大派。由于两大党执行的政策明显不同，在轮流执政的制度下，政策的大幅变化和不稳定的潜在可能性始终存在。因此，可以在一些西方国家看到，左派或者右派政党执政，会推行明显不同的政策。

在多党制下，一个政党在竞选中获得过半数的选票可能比较困难，因此，多党竞争的结果往往是由几个政党组成党派联盟，合作赢得多数选票，从而组建联合政府。对于多党竞争下的党派联盟，赖克（Rike）和阿克塞尔洛德（Robert Axelrod）分别提出了"最小获胜联盟假说"和"最小关联获胜联盟假说"。赖克的"最小获胜联盟假说"是指这种党派联盟中缺少任何一方都无法竞选获胜，这种联盟是由最少成员组成的。而"最小关联获胜联盟假说"则进一步认为，在多党制下，较少利害冲突和意识形态接近的政党才会联合起来组成一个最小获胜联盟。在现实政治生活中，为了在选举中获胜并取得政权，意识形态完全不同的政党组成党派联盟固然不易，但也不是没有出现过。比如，20世纪90年代在日本出现过的村山内阁，就是由意识形态和政策主张一直尖锐对立的自民党和社民党联合组成的政权。因此，后来的学者对以上两种假说各有支持。到1971年，一位学者则对赖克的假说提出了质疑，认为其不能成立。

公共选择学派还从政治绩效的角度，对两党制和多党制进行了比较。

一般认为，两党制的稳定性高于多党制。从政府存续的时间看，根据经验研究，两党竞争下一党执政的政府的存续时间几乎是多党联合政府的两倍。联合政府中，由多数党组成的联合政府比由少数党组成的联合政府的存续时间要长。① 不过，也有学者认为，政府的稳定性不是衡量政治制度绩效的唯一指标。疏远化（alienation）也应成为评价政治制度绩效的标准。在两党制下，疏远化的程度可能更高，因为一些选民可能感到两个政党的立场都

---

① 方福前：《公共选择理论——政治的经济学》，中国人民大学出版社2000年版，第96页。

与其个人立场相差较远，从而将选择在选举中弃权或者选择其他更激烈的争执表达方式。

另外，与两党制不同，在由几个政党联合执政的情况下，选民的投票选择的结果非常不确定，他们不仅无法断定自己所支持的政党能否在选举中处于联合执政的圈内，也无法预测他人会怎样投票。在这种情况下，选民的合理选择是不参加投票，此时唯有意识形态和选择性激励（selective incentive）才能致使选民去投票站，政党和利益集团是意识形态和选择性激励的主要提供者。① 对于个人，参加选举的交易费用可能过高，一方面了解政治过程和候选者需要时间和精力，另一方面自己这一票的结果更难以断定，于是政治代理人——政党和利益集团应运而生。它们主动收集有关选举的信息，无偿提供给选民。政党和集团提供政治产品的目的是为了竞取政治权力或影响政策，从自己利益出发，它们向选民提供的政治信息是经过甄选的，目的是引导选民支持某些特定的候选人或某项特定的政策。按经济理论，生产者对产品的影响力高于消费者，在政治领域，作为政治产品的生产者的政党和集团对政策的影响力大于作为消费者的普通公民。这个结果也符合人的行为理性，"从信息成本方面来看，导致人间'政治不平等'的并不是非合理性，而恰恰是人们企图进行合理性行动的结果"②。

三　官僚行为分析

官僚（官员）是政治过程与行政过程中的重要主体，因而官僚或官僚行为一直是政治学与行政学的重要研究对象。传统官僚理论认为，官僚机构是以公共利益为出发点，其提供的服务是不偏不倚的，是有效率的，即一旦立法机构确定了公共物品的需求量，官僚机构就会自动地足量供给。传统官僚理论将官僚机构视为对需求做出有效反应的被动代理人，官僚个人的情感等因素没有被纳入政治分析，而受到不同学科学者的批评。20世纪60年代以来，经济学

---

① 选择性激励指动员个人参与集体行动的外部刺激，包括积极的鼓励和消极的威胁两大类。美国经济学家奥尔森提出此概念，参见 *The Logic of Collective Action*，Cambridge：Harvard University Press，1965。

② ［日］小林良彰：《公共选择》，经济日报出版社1989年版，第72页。

家开始涉足官僚现象的研究，他们从经济学的视角，即以"经济人"假设与成本—收益方法分析官僚行为，从而形成了公共选择学派的官僚理论。公共选择学派的官僚理论与传统官僚理论有较大差异，它将官僚视为活生生的人，他们有感情色彩，有自身的利益追求。

（一）垄断性官僚预算最大化理论

尼斯坎南的垄断性官僚预算最大化理论有两个假定前提。第一个前提是官僚的"经济人"假设。尼斯坎南认为，与市场经济组织追求利润最大化一样，官僚也追求自身利益的最大化。官僚追求自身利益最大化不是体现在其他方面，而具体体现为追求任期内的预算最大化。尼斯坎南指出："可以进入官僚效用函数中几个因变量有如下几个：薪水、职务、津贴、公共声誉、权力、任免权、官僚机构的产出、容易改变事物、容易管理机构。我坚决主张，除最后两个以外的所有这些变量，都是官僚在任期期间总预算的一个单调正相关函数。"[1]

第二个前提是官僚处于一种双边垄断的环境中。尼斯坎南认为，在公共选择过程中，立法机构由选民选举产生，它代表选民向官僚机构提出公共产品的需求，而官僚机构则应立法机构的要求生产公共产品。立法机构与官僚机构的关系相当于市场的"买家"与"卖家"的关系。之所以说这两者是双边垄断关系，是因为立法机构只能够通过某个官僚机构购买公共产品，而该官僚机构的产品也只卖给立法机构，两者的买卖关系不像自由竞争市场那样有其他更多的选择余地。立法机构与官僚机构的买卖关系与市场经济中供需关系具有较大不同，市场经济中的供需关系是零散的，而立法机构与官僚机构的买卖不是按照产生的单位价格来进行的，而是具有整体性的。立法机构通过预算来购买公共产品，官僚机构每年都从立法机构的预算中获得一次性拨款，同时允诺提供一定量的总产出来交换预算。

与市场主体在市场经济中受到各种条件约束一样，官僚机构在生产公共物品的过程中，同样要受到需求和预算两种约束。所谓需求约束，是指立法机构对官僚机构在预算拨款上的约束。立法机构代表选民决定对公共产品的需求

---

[1] William A. Jr Niskanen, *Bureaucracy and Representative Government*, Chicago: Aldine-Atherton, Inc., 1971, p. 38.

量,需求量的大小并不是由立法机构自己决定,而是根据选民需求的大小来决定。由于公共产品的边际效用是递减的,因此选民不可能对某种公共产品有无限大需求。选民对公共产品总是有一定的需求量,这个需求量就是立法机构确定的公共产品的需求量,它决定着立法机构愿意拨付的最大预算数额。所谓预算约束,是从官僚机构自身的成本开支来说的,即在公共产品的生产中,官僚机构将受到自身成本的约束。预算约束表明,官僚机构不会追求某种公共产品的最大预算数额,因为官僚机构没有足够的成本和资源来生产最大预算数额的公共产品数量。

尽管存在着需求约束和预算约束,但是在公共产品的生产中,由于一系列因素的促使作用,使得公共产品的生产往往摆脱这些约束。一方面,无论是官僚机构还是立法机构的成员(政治家)都是追求自身利益最大化的"经济人"。官僚机构追求预算最大化,而政治家追求选票最大化。如果政治家提供给官僚机构的预算小于公共产品的生产成本,那么公共产品的产量将低于选民的需求量。在这种情况下,政治家将处于选民要求增加预算规模以满足需求的压力之下。因此,为获得政治支持或选票最大化,政治家将尽可能扩大预算的规模以满足选民的需求,直到预算规模大到选民难以接受为止。政治家扩大预算规模正好符合官僚机构追求预算最大化的愿望。另一方面,立法机构与官僚机构在供需关系中处于不同地位,其原因在信息的昂贵导致双方的信息不对称,官僚机构相对于立法机构而言占有优势。立法机构做预算时需要了解有关公共产品供给与需求状况、官僚机构的成本状况等,但对此却没有足够信息,因为官僚机构会竭力保守成本秘密,并且由于存在卖方垄断,立法机构不能进行比较。相反,官僚机构对立法机构的需求却一清二楚,了解它为购买一定产出愿意出的最高价(拨款)。结果,官僚机构总是能够争取到立法机构愿拨付的最大额预算。其后果是导致预算规模越来越大,公共产品过量供给,社会资源低效率配置。

尽管尼斯坎南建立了垄断性的预算最大化官僚模型,但是他并没有提供相应的、足够的经验证据来支持这个模型的基本假设与结论,因此这种理论模型也受到一定的批评。1974年米格(Jean-Luc Migue)和毕朗哥(Gerard Belanger)对尼斯坎南的模型进行了修改。他们认为,官僚最关心的不是预算总额的最大化,而是管理的自由裁量,只有自由裁量的预算——收入超过最低成本的部分——才是官僚真正想最大化的。不过他们也承认,自由裁量的预算依赖于总预算。① 根据这些意见，尼斯坎南1975年发表了《官员与政治家》一文对预算最大模型进行修改，认为官僚的效用可能是自由裁量的预算和产出（总预算）的函数。② 1991年尼斯坎南再次对他的理论模型进行了修改。③ 一方面，他认为官僚追求的不是预算总额的最大化，而是自由裁量的预算最大化，也即是追求盈余最大化。"我先前关于官僚机构致力于最大化他们的预算的假设……应该被完全放弃，而接受他们致力最大化自由裁量的预算的假设。"因此，追求盈余最大化的官僚机构是一个常例，而追求产出（总预算）最大化的官僚机构反而是一个特例。这表明，尼斯坎南先前的官僚预算最大化模型不是一个普遍适用的理论，而只是一个特殊情况下的官僚行为理论。另一方面，尼斯坎南对立法机构与官僚机构信息不对称的情况进行了修改。他意识到，立法机构和其他预算审核机构在信息方面不是消极的，在预算审查过程中立法机构通常会设法诱导出额外的信息，并且在官僚机构与立法机构之间常常会有各种各样的讨价还价。尽管尼斯坎南对垄断性的预算最大化官僚模型进行了修改，但是他依然保留了原来模型的基本框架，尼斯坎南坚持认为，他的官僚行为理论的核心要素在经过反思后仍然成立。

（二）竞争性官僚理论

尼斯坎南的垄断性官僚预算最大化模型提出后，在西方经济学界和政治学界引起一定的轰动，它既得到了支持，又招来了不少批评。支持者认为，这个模型——由一位经济学家提出的关于官僚制角色的最杰出的著作，是关于官僚行为的最精致全面的理论分析。缪勒认为，该模型是在公共选择框架内研究官僚体制的第一次系统的努力。安德雷·帕拉斯（Andre Blais）和蒂安·斯蒂恩（Dion Stephane）认为，"这个模型对官僚体制的低效率这样一个古老而又

---

① Jean-Luc Migue, Gerard Belanger, "Toward a General Theory of Managerial Discretion", *Public Choice*, Vol. 17, No. 1, 1974, p. 46.
② William A. Jr Niskanen, "Bureaucrats and Politicians", *Journal of Law and Economics*, December 1975, p. 18.
③ William A. Jr Niskanen, "A Reflection on Bureaucracy and Representative Government, Andre Blais and Dion Stephane", *The Budget-maximizing Bureaucrat: Appraisals and Evidence*, Pittsburgh: University of Pittsburgh Press, 1991, p. 22, p. 28.

广泛传播的观念给出了一个科学的说明"。① 然而,尼斯坎南的垄断性官僚预算最大化模型引来的反对声似乎比支持声更多。反对者从不同角度对尼斯坎南的理论进行了批评,这些批评主要集中于两个方面。

一方面,对官僚预算最大化假设的批评。唐莱维(P. Dunlevy)认为,尼斯坎南官僚模型的一个致命缺点在于将复杂的官僚机构简单化了,因为并非所有的官僚机构都追求预算最大化。官僚机构有不同类型和不同级别之分,高级官僚并不一定去追求预算最大化,他们最感兴趣的是将他们的地位和工作(决策咨询)的质量最大化。缩减机构可以提高决策咨询的质量,因此在某种情况下,他们为了提高决策咨询质量宁愿主动选择预算最小化而不是预算最大化。② 詹姆斯·威尔逊(James Wilson)认为,官僚机构并不是总以预算最大化为主要目标,它常常存在着其他更为重要的目标。例如,在某些情况下,政治支持对于官僚机构的维持与发展非常重要,因此为获得政治支持,官僚机构宁可舍弃预算最大化。③ 丹尼斯·缪勒则从官僚厌恶风险的角度对官僚预算最大化假设进行了批评。他认为,官僚是厌恶风险的,如果由于隐瞒或虚报成本信息而被揭发,那么官僚将会受到减少预算、失去晋升机会甚至是免职的惩罚,因此为了避免受惩罚的风险,官僚并非总是努力追求预算最大化。④

另一方面,对双边垄断假设的批评。官僚机构与立法机构的双边垄断关系是尼斯坎南的官僚模型的重要假设之一,然而丹尼斯·缪勒对这种假设提出了质疑,他认为,政治家的目标是更好地服务选民以争取更多的选票,官僚机构的目标是获得更多的预算,两者的目标可能存在着冲突,这种目标冲突以讨价还价的方式表现出来:官僚机构拥有一定程度的垄断权和信息、专业方面的专长,但政治家掌管着预算,能够对不当的官僚行为进行惩罚,并且能够主动收集信息和选择不同的官僚机构。讨价还价的结果是达成一种妥协:官僚机构获得的预算小于官僚的目标数,但大于政治家原来只想给的数字。丹尼斯·缪勒

---

① Andre Blais, Dion Stephane, *The Budget-maximizing Bureaucrat: Appraisals and Evidence*, Pittsburgh: University of Pittsburgh Press, 1991, p. 6.

② P. Dunlevy, *Democracy, Bureaucracy and Public Choice*, New York: Prentice Hall, 1991, pp. 200–209.

③ James Wilson, *Bureaucracy*, New York: Basic Book, 1989, p. 181.

④ [美]丹尼斯·C. 缪勒:《公共选择理论》,中国社会科学出版社1999年版,第314—315页。

对官僚机构与立法机构讨价还价的分析否定了官僚机构在公共产品生产中的垄断地位。阿尔伯特·布雷顿和罗纳尔多·温特布也认为，官僚机构可能是垄断的，但其中官僚相互之间存在着竞争而不是垄断。官僚间的竞争结果之一是官员在不同官僚机构间流动，这样，为获得更大的预算的有效途径是升迁到更大或更高级别的官僚机构中，而不是扩大所在机构的预算。① 这既否定了尼斯坎南的官僚预算最大化假设，又否定了垄断假设。阿尔伯特·布雷顿和罗纳尔多·温特布在批评尼斯坎南的基础上，采用交易政治观的视角，提出了竞争性官僚理论。竞争性官僚理论是 20 世纪 80 年代以来公共选择学派中较为流行的官僚行为理论，该理论主要强调官僚之间的交易与竞争。交易、选择行为、信任与竞争是竞争性官僚理论的核心概念。

在竞争性官僚理论中，官僚机构与立法机构之间是一种交易关系，立法机构出钱购买官僚机构生产的产品，是公共产品的需求方；官僚机构则接受立法机构的金钱为其提供公共产品，是公共产品的供给方。如同市场经济一样，两者都有自身的利益追求，但是交易行为处于制度的约束之下，立法机构行使监督权和惩罚权，而官僚机构拥有专业知识与技能、信息方面的优势，因此，两者都不能够恣意地追求自身利益最大化。官僚机构与立法机构的交易过程是讨价还价的博弈过程，最终的结果只能是一种妥协。

竞争性官僚理论认为，官僚的行为并非总是遵循规章制度，而是有选择的，或者选择有效行为，或者选择无效行为。有效行为是指同政治家合作实现政治家的目标，无效行为是指不与政治家合作不实现其目标。无论是有效行为还是无效行为，都属于不规范公共产品供给，因为它们不是严格按照规章条例所规定的规范单位成本来运作。规范公共产品供给是指严格按照规章制度所规定的权力、责任、分工、任务安排提供公共产品，与此对应的成本是规范单位成本。竞争性官僚理论主要对不规范公共产品供给问题进行分析，即为什么官僚机构在实现政治家的目标时有时有效有时无效。官僚机构的选择行为与官僚机构和立法机构的交易结果有密切关系，而交易结果如何则取决于三种因素：政治家和官僚之间的信任程度；官僚之间的信任程度；无效公共产品供给的风险，这与监督程度有关，而监督程度取决于监督成本。如果政治家与官僚机构之间具有充分信任，那么交易就会顺利，官僚机构将提供有效的公共产品；反

---

① 文建东：《公共选择学派》，武汉出版社 1996 年版，第 137 页。

之如果政治家与官僚机构之间缺乏信任，那么交易就难以进行，官僚机构将提供无效的公共产品。如果监督松弛，风险较小，那么官僚机构就倾向于提供无效的公共产品供给；反之如果监管较强，那么官僚机构将面临较大的风险，从而将选择提供有效的公共产品。

官僚机构与立法机构之间的交易结果对官僚机构的行为选择产生影响。在市场经济中交易存在的前提是产权法律的存在，而在官僚机构中并不存在产权，因而官僚与立法机构的交易是以信任为基础的。信任是竞争性官僚理论中又一个重要概念。竞争性官僚理论认为，以信任作为官僚与政治家交易的基础的原因有两个：一是公共产品难以度量，因而无法建立产权法律体系；二是政治家并不知道自己所需的公共产品是什么或者公共产品的具体特征，而且公共产品的交货与付款是分开的。在这些情况下有关产权的法律既难以建立又难以实施。官僚与政治家之间的信任关系是在不断交易中建立起来的，交易次数越多，那么信任程度就越高。较高的信任程度不仅可以使官僚与政治家之间的交易顺利进行，而且能够避免类似于外在性、道德危险等市场失灵现象。因此，竞争性官僚理论并不认为官僚机构必然低效率，这与尼斯坎南的官僚机构低效率结论有较大的区别。

竞争是竞争性官僚理论的第四个重要概念，也是与尼斯坎南官僚理论相区别的显著特征，因为尼斯坎南认为官僚机构具有垄断性质，而竞争性官僚理论则认为官僚之间存在着竞争。官僚之间是否存在竞争有三个判断标准：官僚在各机构间的流动性；评价官僚表现的难易程度；立法机构撤换不称职官僚的刺激程度。竞争性官僚理论认为，官僚的职位变动比私人企业更为频繁，因为官僚都有晋升的动机；选民的压力会促使政治家撤换不称职的官僚。由于难以建立详细的评价指标，与私人企业一样，评价官僚行为存在困难。另由于官僚机构和立法机构是一种交易关系，因此官僚的竞争存在于交易关系之中。官僚的竞争主要有两种形式：某个官僚机构内部官僚的竞争；官僚机构之间的竞争。官僚机构内部的竞争是指官僚为获得正式地位或资格而展开的竞争。在这种竞争中，官僚仍然存在着选择有效行为或无效行为的可能，如果竞争是完全的，那么官僚的租金就会减少甚至消失。然而实际中，竞争并非是完全的，而是存在垄断性，因为官僚会抵制局外人进入以免减少自己的租金。这在一定程度上说明尼斯坎南关于官僚机构的垄断性假设并非完全错误。

官僚机构的竞争是指官僚机构之间为了争夺资源和权限而展开的竞争。这种竞争对官僚机构的选择行为将产生影响。从短期看，由于政治家难以辨认成本情况，因而官僚机构可以选择有效或无效地使用资源，此时的资源配置由官僚机构的选择能力确定。从长期看，官僚机构无效使用资源的选择行为肯定被发现，政治家将通过官僚撤换或机构重组来削弱其选择能力。然而，无论是长期还是短期，竞争都会使各官僚机构的边际选择能力相等，即各官僚机构的不规范公共产品供给价格相等，各官僚机构分配到的资源与其边际选择能力成比例。总之，竞争并不减弱选择能力，相反，选择能力加强了竞争资源的能力。①

第三节 利益集团和寻租理论

利益集团是西方民主国家的普遍现象，利益集团及其成员的行为受到多种因素影响。利益集团具有正面作用，是公民参与政治的重要途径，但也有负面作用，是寻租产生的重要原因。寻租造成较为巨大的社会成本，公共选择认为，解决寻租问题有多种方法，如放松政府管制、进行制度创新等，其中，宪政改革是消除寻租行为的根本途径。

一 利益集团

利益集团是指"一个由拥有某些共同目标并试图影响公共政策的个体构成的组织实体"。利益集团的重要特征是成员之间享受某种程度的共同利益，但在规模、资源、力量和政治导向上存在显著的差异。利益集团是欧美民主国家的普遍现象，一份研究表明，大约有 2/3 的美国人至少属于一个利益集团，英国和德国大约有 1/2 人口至少属于一个利益集团。②

传统利益集团理论认为，利益集团的存在是为了增进其成员的利益，特

---

① 文建东：《公共选择学派》，武汉出版社 1996 年版，第 151 页。
② [美]麦克斯·J.斯基德摩、马歇尔·卡特·特里：《美国政府简介》，中国经济出版社 1998 年版，第 118 页。

别是某些不能通过纯粹的个人行动获得的利益。然而，奥尔森对这种观点提出质疑，他认为：“实际上，除非一个集团中人数很少，或者除非存在强制或其他某些特殊手段以使个人按照他们的共同利益行事，有理性的、寻求自身利益的个人不会采取行动来实现他们共同的或集团的利益。换句话说，即使一个大集团中的所有人都是理性的或寻求自身利益的，而且作为一个集团，他们采取行动实现他们共同的利益或目标后都能获益，他们仍然不会自愿地采取行动来实现共同的或集团的利益。”[1] 奥尔森对原因进行解释，他指出，集团利益的公共物品性质会导致集团成员普遍的"搭便车"行为，因此，成员都不愿意付出成本，在大型的利益集团中更是如此。据此，奥尔森认为集团规模大小与个人行为和集团行动的效果密切相关，小集团的行动比大集团更有效。

罗伯特·萨利兹伯里（Robert Salisbur）等学者对于奥尔森的理论进行了补充，提出政治企业家理论，他们视利益集团的组织者为政治企业家。他们认为，集团提供给成员的利益可分为三种类型，即物质利益、观念利益和团结一致的利益。奥尔森只是强调物质利益，而忽视后两种非物质利益。萨利兹伯里认为，政治企业家之所以愿意作为集团行动的组织者积极参与集团的行动，是因为政治企业家不但可以从集体行动中获得物质利益，而且可以从集体行动过程中获得成就感、名声和荣誉等非物质利益。

二 寻租产生的原因

公共选择理论认为，寻租活动的产生与政治市场主体追求利益最大化、政府管制行为、利益集团对租金的需求以及制度缺陷等有着密切联系。

寻租行为的产生首先与政治市场主体追求利益最大化有关。在政治市场中，政治家追求选票最大化，官僚追求公共声誉、权力、任命权、官僚机构产出的最大化，而选民和企业则分别追求效用和效益的最大化。为了缓和或者避免严峻的市场竞争，很多企业都寻求政府对其行业的干预。作为政治性干预市场的供给方，政治家、官僚则从事设租活动（rent creation）。这给政治家和官

---

[1] [英] 曼瑟尔·奥尔森：《集体行动的逻辑》，上海三联书店、上海人民出版社1995年版，第2页。

僚带来好处：他们获得了影响权势团体的能力，也获得了政治支持和物质支持，无论这些支持是给予政党还是给予干预者个人的。政治干预通常还带来一种充当保护人的满足感……①与普通商品市场不同，政治市场还存在着委托—代理关系。选民和企业是委托人，而政治家和官僚是代理人。按照理想标准，代理人应该服务于委托人，然而在实际上代理人往往具有"受诱惑按其私利行事"的机会主义倾向。"在政府里，对委托—代理问题缺少这样的自动监察"，从而"造成了更大的信息不对称，并最终为代理人机会主义造成更多的机会"。②追求利益最大化和机会主义倾向结合在一起，加剧政治家和官僚的设租行为，从而产生出更多的租金。寻租的铁律是，哪里有租金，哪里就有寻租。

寻租行为与政府的管制活动有密切关系。在凯恩斯主义尚未诞生的自由主义时期，政府活动主要限于保护个人的权利和产权，监督执行自愿达成的私人契约，市场过程主导经济行为，并保证任何经济租金都由竞争性的进入力量来耗散，寻租活动没有存在的余地。然而凯恩斯主义诞生之后，政府的活动极大地超出了保护性国家所限定的范围。"政府的特许、配额、许可证、批准、同意、特许权分配——这些密切相关的词的每一个都意味着由政府造成的任意的或人为的稀缺"，③这种稀缺创造出大量潜在的租金。政府管制行为不仅创造租金，而且还将使租金耗散的趋势受到阻碍。公共选择理论认为，租金是政府干预和管制的结果，政府的干预与管制导致社会资源配置链条中出现的"公共领域"，于是通过非生产性手段对"公共领域"租金流攫取的寻租活动便会随影而至。

寻租行为还与利益集团有密切关系。利益集团对政府管制存在着需求，因为虽然提高生产效率是获取利润的一个途径，但是通过影响政府而设立限制别人与自己竞争的管制条例恐怕是另一条捷径，这时所获的利润是租金。尽管对全社会而言，这种做法是极大的浪费，但是对某一行业的利益集团而言，却有利可图。因此，利益集团经常采取游说、买通等手段，促使政府用行政命令的

---

① 科武刚、史漫飞：《制度经济学——社会治学与公共政策》，商务印书馆2002年版，第396页。

② 同上。

③ ［美］詹姆斯·布坎南：《寻求租金和寻求利润》，《经济社会体制比较》1988年第6期。

方式建立各式各样的可占据的租金，如设置新的市场准入、规定新的资格考试以限制他人进入某一职业等。如果政治家和官僚被利益集团俘获，并被当作建立和保护垄断的工具，那么将进一步加剧寻租行为。

尽管政治市场主体有追求租金的动机，但是如果有严格的制度约束，寻租行为将受到限制。寻租行为的产生与制度缺陷有着密切关系，公共选择理论认为，制度缺陷是寻租活动产生的根源。一方面，由于制度存在缺陷，不能够约束政府行为，使得政府活动范围远远超出市场经济所要求的必要范围，由于政府的不合理管制而产生大量租金；另一方面，在租金大量存在的情况下，由于没有严格的制度约束，政治市场主体出于追求利益的目的，自然而然会加入到寻租行列中来。布坎南认为，寻求利润的行为是好的，而寻求租金的行为是坏的，"个人价值极大化的非故意的结果从那些可以归类为'好的'结果转为看来显然是'坏的'结果，并不是因为个人变成了有不同道德的人，从而改变了他们的行为，而是因为制度结构发生了变化。作出个人选择的环境改变了。当制度从有秩序的市场移向直接政治分配的几乎混乱的状态的时候，寻求租金就作为一种重要的社会现象出现"[①]。

三 寻租的后果

只要出现租金，寻租活动随之而来。寻租活动将在若干层次上产生，每一层次的寻租活动都将产生不同的寻租支出。布坎南将寻租活动划分为三个层次，并以出租汽车执照的发放为例阐述三个层次的寻租活动。[②] 假定某市政府决定限制出租汽车的数量，那么出租汽车的牌照就成为稀缺资源，这种稀缺就创造出租金。为了获得出租汽车牌照，潜在的获得者将通过各种方式游说政府，希望能够得到出租汽车牌照的使用权，这是寻租活动的第一层。如果将拍卖出租汽车牌照所获得的款项用于增加出租汽车管理者的薪水，使得出租汽车管理者的收入高于其他政府部门的官员，那么就会有官员采取各种努力，试图获得出租汽车管理的职位，这是寻租活动的第二层。假如将出租汽车牌照拍卖所得，一部分作为报酬付给政府官员，另一部分则归还给公民，为了在这种分

[①] [美]詹姆斯·布坎南：《寻求租金和寻求利润》，《经济社会体制比较》1988 年第 6 期。
[②] 同上。

配中获得更大的份额，或者避免不公平待遇而展开的活动，就是寻租活动的第三层次。

在寻租活动的每个阶段寻租者都受理性动机支配，但是资源同时在这三个层次上都被浪费了。① 三种寻租活动分别产生三种寻租支出。第一种是潜在的垄断者谋求垄断地位所付出的努力和支出；第二种是政府官员为获得潜在垄断者的支出或对这种支出做出反应的努力；第三种是由于垄断本身或者政府所引发的第三方资源配置的扭曲。②

对于社会而言，这三种寻租支出都是不必要的支出，是纯粹的资源浪费，因为"它们不是花费在增加财富上，而是花费在试图转移财富或抵制这种转移上"。③ 这些支出构成了社会成本，而且这种社会成本是巨大的。在图6—1中，在没有垄断的自由市场竞争条件下，商品的自由竞争价格是P_c，P_c正好等于边际成本。假如垄断已经形成，并且得到政府的保护和强化，那么商品价格将上升到P_m，这样就创造出长方形R的垄断租金。由于价格上涨，商品产量就会降低，这样就会出现三角形L的消费者剩余的福利

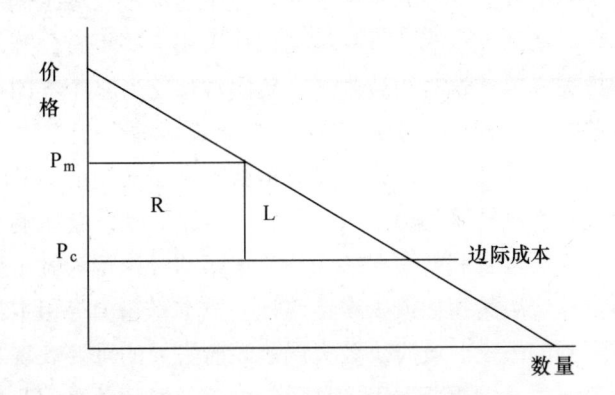

图6—1 寻租条件下垄断的社会成本

---

① Robert D. Tollison, Roger D. Congleton, eds., *The Economic Analysis of Rent Seeking*, Vermont: Edward Elgar Publishing Company, 1995, p. 371, pp. 56-57.

② J. M. Buchanan, Robert D. Tollison, G. Tullock, eds., *Toward A Theory of the Rent-Seeking Society*, College Station: Texas A&M Press, 1980, pp. 12-14.

③ Gordon Tullock, "The Welfare Costs of Tariffs, Monopolies, and Theft", *Western Economic Journal*, No. 5, 1967, p. 228.

损失，因为在完全竞争条件下会产生这一消费者剩余，但现在垄断者并不会提供这一剩余。消费者剩余的损失也称为"无谓成本"（deadweight cost），即由于垄断给消费者造成的不必要的福利损失。无谓成本随着垄断价格 P_m 的提高而增加。政府对垄断行为的保护不仅会导致 L 的消费者剩余的损失，而且还将导致租金 R 的消耗。一般而言，租金 R 具有再分配结果，即意味着社会财富从消费者的手中转移到垄断企业手中，然而事实上并非如此，租金 R 往往在寻租者为获得租金的竞争过程中被消耗掉。希尔曼和凯茨的研究表明，当所获得的租金总数占寻租者的初始财富的比例小于 50% 时，80% 以上的租金就会被为获得租金而进行的竞争所消耗；当两者的比例小于 20% 时，90% 以上的租金被消耗掉。[1]

不仅垄断，而且关税和配额、政府管制等创租行为都造成巨大的社会福利损失。克鲁格统计表明，1964 年的印度，由于进口许可证引起的寻租活动导致潜在的损失占国民收入的 7.3%，而在 1968 年的土耳其，由于竞争进口许可证的寻租活动导致的资源浪费相当于 GNP 的 15%。[2]

寻租活动导致的社会成本并不限于此。寻租活动不仅导致低效率，而且还将阻碍技术创新。塔洛克认为，寻租活动往往采用一些不宜公开的手段，包括蒙骗、贿赂、拉关系等，这是租金由一个集团转移给另一个集团往往采取低效率方法，获得垄断或特权的组织也往往采用低效率的生产方法。更为重要的是，一种允许游说活动存在并可以通过寻租获得利益的制度，其结果必将是严重阻碍资本投入到生产技术的改进上。另外，寻租活动将会影响政府决策，因为政治家和官僚为了自身利益会对特殊利益集团的寻租行为做出反应，政府决策因此被扭曲。政府决策扭曲或失误导致社会成本将超出寻租本身范围，给社会带来广泛而深刻的损失。政府决策失误是政府失灵的重要表现之一，因此寻租活动被视为政府失灵的重要原因。最后，由于寻租活动采用非公开手段，因而它还将导致腐败现象的出现，败坏社会风气。

---

[1] ［美］丹尼斯·C. 缪勒：《公共选择理论》，中国社会科学出版社 1999 年版，第 285 页。
[2] 同上书，第 296—297 页。

四 解决寻租问题的办法

由于寻租活动造成巨大的社会福利损失，因此很多学者都探索解决寻租问题的办法。K. J. 科福特和 D. C. 科兰德认为，解决寻租问题可以采用如下政策：对寻租行为予以揭露；形成一种反对寻租的道德或思想环境；改进调整财产权的程序；创造一些促使其衰败的条件，使寻租带来的那些不好的制度限制自然而然地消亡；出钱使垄断者放弃垄断地位；变革制度结构，使所有寻租活动都更加困难，例如，建立公开咨询制度；对特殊的寻租活动征税，并对破坏寻租和反寻租行为给予津贴。① 公共选择学派从其分析逻辑出发，也提出解决寻租问题的方案。

公共选择理论认为，租金是政府干预的结果，寻租活动基本上是通过政治活动进行的。因此，限制寻租的基本方式是限制政府。既然租金是由于政府行政干预产生的，浪费资源的寻租活动来源于行政管制，那么克服寻租行为最有效的办法自然是解除政府管制，在市场经济中把政府对市场的干预和行政管制限制在绝对必要的范围内。② 即政府活动范围仅限于保护财产权、人身和个人权利、保护合同履行等，除此之外是市场机制发挥作用的地方，政府不应该加以干预。

公共选择理论进一步指出，制度缺陷是寻租活动产生的根源，因此限制寻租行为的基本途径在于制度创新。制度创新的内容主要包括以下几个方面。首先，避免建立会创造租金的制度，亦即会引起寻租行为的规制和规制机构，是避免寻租问题的最简单的最好的方法。安德森和希尔指出，对公地或公共所有的矿物权采取拍卖方式，会减少寻租，因为这种方式把分配租金的工作指派给那些对租金拥有剩余索取权的人。与一个公共规制机构中的官员不同，这些人有一种激励来保证这一分配过程不会耗尽租金，因为他们对它拥有索取权。③ 其次，对产权进行重新界定。"有效的产权安排会导致寻利的竞争市场和社会

---

① K. J. 科福特：《对付寻租者的办法》，《经济社会体制比较》1988 年第 6 期。
② 贺卫：《寻租经济学》，中国发展出版社 1999 年版，第 145 页。
③ ［美］丹尼斯·C. 缪勒：《公共选择理论》，中国社会科学出版社 1999 年版，第 301 页。

环境。而无效的产权安排或产权失灵会导致寻租的社会。"[1] 因此,重新界定产权,使产权明晰,是避免寻租行为的比较有效的方法。再次,在集体决策规则上,采用特定的多数票规则,包括2/3 或 3/4 的多数票,也能够有效地避免寻租活动,因为随着所需同意票数增加,寻租者的寻租成本也将极大地提高。最后,公共选择理论认为,宪法是根本规则,其他规则或制度在它约束的范围内产生。因此,进行立宪改革,通过宪法对政治市场主体行为,尤其是政府行为进行约束,则能够严厉打击寻租行为。立宪改革是消除寻租行为的根本途径。

思考题:

1. 公共选择理论被视为是一种毁誉参半的学说,对此,你如何理解?
2. 如何理解选民行为动机的复杂性?
3. 在两党制和多党制下,政党行为动机有何差别?
4. 简述"经济人"假设对于中国政府官员行为分析的适用性。
5. 寻租产生的原因有哪些?寻租导致哪些社会成本?
6. 解决寻租问题有哪些办法?为什么说宪政改革是消除寻租行为的根本途径?

---

[1] 朱巧玲:《寻租理论:产权理论的一个扩展——兼论新产权理论的构架及其现实意义》,《中南财经政法大学学报》2006 年第 4 期。

第七章

公共收入的理论与实践

公共收入产生于公共需求。在社会发展过程中，为了解决公共事务或公共问题，就形成了公共需求。仅凭私人力量难以满足这些公共需求，于是就需要借助公共权力。公共权力在发挥作用的过程中，需要配置和使用一部分社会资源，公共收入由此产生。公共收入问题是现代财政理论与实践的重要组成部分。

第一节 公共收入概述

在现代社会中，政府为履行其各项公共职能，通过征税、收费、发债和经营国有资产等多种形式获得公共收入。公共收入是制约财政运行、衡量政府公共资源和宏观调控能力的重要标志，是化解公共风险、保证政府公共经济活动的物质基础。[①]

一 公共收入的定义

（一）公共收入的含义

对公共收入的理解始终存在着很大的分歧。卡密勒·达格穆就国民收入及分配曾谈道：经济思想史上有两条主线：一是李嘉图的生产要素收入分配论，

---

① 郭北辰：《公共收入的基本特征与规模》，《财政论坛》2005年第9期。

即收入的功能性分配；二是帕累托的收入规模分配论。[①]

政府收入、财政收入和公共收入是一组含义相近的概念。政府收入是指政府为履行其职能而筹集的一切资金的总和。但一般在分析政府收入时，都将政府收入等于财政收入。[②] 财政收入是指在一个预算年度内，政府通过各种途径依法所得的货币和实物收入，财政收入也称"岁入"，包括两层含义：一是指财政活动的结果，即政府所取得的货币收入；二是指财政活动的过程，即政府取得财政收入的活动，以及借助于这一活动介入国民收入分配的过程。[③] 公共收入（Public Revenue），亦称财政收入或政府收入，是政府为履行其职能的需要，依据政治和经济权力，主要从企事业单位和居民个人那里取得的由政府支配的一切收入。在市场经济条件下，公共收入主要表现为由政府掌握和使用的一定量的货币资金；在商品经济不发达的历史时期，公共收入还表现为由政府财政部门掌管使用的一定量的实物。其实质却反映了一部分社会产品和劳务，或一部分经济资源的支配使用权由企事业单位和居民个人转移给政府的经济关系。本教材使用公共收入概念。

公共收入通常包含两层含义：其一，公共收入是一定量的公共性质货币资金，即财政通过一定筹资形式和渠道集中起来的由国家占有的以货币表现的一定量的社会产品价值，主要是剩余产品价值。其二，公共收入又是一个过程，即组织收入、筹集资金阶段，它是财政分配的第一阶段或基础环节。

（二）公共收入类型

公共收入是政府为获得公共支出所需资金而进行的经济活动。从不同角度可以对公共收入进行分类。

第一，按收入形式分类。政府财政收入形式分类包括税收、债务收入、国有资产收益、政府费收入，以及其他收入。政府费收入包括规费收入、公产使用费、特别课征、各种摊派性费收入以及特许金。其他收入包括罚没收入和"通货膨胀税"。

第二，按管理形式分类。按管理形式可以将公共收入分为预算收入和预

---

① 巫建国：《公共财政学》，财经科学出版社2009年版，第192页。
② 郭小聪：《政府经济学》，中国人民大学出版社2003年版，第332页。
③ 马国贤：《财政学原理》，中国财政经济出版社1998年版，第214页。

算外收入。预算收入也称预算内收入，是指列入国家预算管理的公共收入，这些收入要经过预算管理程序才能安排各项支出，并列入国库管理，包括一般预算收入、基金预算收入等。预算外收入是指按现行制度不纳入预算管理的财政性资金和基金。预算外收入由各级政府自行安排，用于政府某些指定用途。

第三，按收入来源分类。按财政收入来源分类，包括：一是以财政收入来源中的所有制结构为标准，将财政收入分为国有经济收入、集体经济收入、中外合营经济收入、私营经济或外商独资经济收入、个体经济收入等；二是以财政收入来源的部门结构为标准，将财政收入分为工业部门和农业部门收入、轻工业部门和重工业部门收入、生产部门和流通部门收入。

二 公共收入的形式

公共收入主要有税收收入、债务收入、国有资产收益、政府费收入以及其他收入。

（一）税收收入

税收是国家或政府为了实现其职能，凭借政治权力，按照法律规定的标准和程序，无偿地、强制地取得财政收入的一种形式。税收的历史悠久，自古以来一直具有强制性、无偿性、固定性。政府可以通过多种形式取得履行其职能所需要的公共收入，但税收是最有效或最佳形式。[1] 税收收入也是在现代市场经济中取得收入的较为完备的形式，是世界各国财政收入的主要来源。税收收入的来源不唯一，通常其中最主要的是个人所得税。在美国，"个人所得税是联邦岁入体系中的老黄牛，1993年，归档的税收申报表共1.1亿份，总共产生了5100亿美元的岁入，占联邦预算收入的44%"。[2]

（二）债务收入

国家采取信用形式，以债务人的身份向国内和国外举借的各种债款，称为

---

[1] 江沁、杨卫：《政府经济学》，同济大学出版社2009年版，第98页。
[2] ［美］哈维·S. 罗森：《财政学》，平新乔译，中国人民大学出版社2000年版，第323页。

公债或国债。公债是国家取得财政收入的一种特殊形式。它是用来弥补国家财政开支不足或为进行大规模经济建设而动员筹集财政资金的一种收入形式。据文献记载，公元前4世纪，古希腊和古罗马就出现了国家向商人、高利贷者和神庙借债现象。封建社会，由于战争引起的财政支出的增加，公债有了进一步的发展。不过，封建社会时期，公债在社会经济生活中的作用远不及现代社会，因而那时候公债规模较小，制度也不完善。到了现代社会，随着国家干预经济的加强，公债得以发展并发挥越来越多的经济功能。

（三）国有资产收益

国有资产收益也叫经营性国有资产收入，主要是指国有资产管理部门以国有资产所有者代表的身份，以上缴利润、租金、股息、红利和权益转让等形式所得的收益。国有资产收益形式主要取决于国家对国有资产的经营方式。目前，这部分国有资产收益具体包括：国有企业缴纳所得税后应上缴国家的利润；股份有限公司中国家股应分得的股利；有限责任公司中国家作为出资者按照出资比例应分取的红利；各级政府授权的投资部门或机构以国有资产投资形成的收益应上缴国家的部分；国有企业产权转让收入；股份有限公司国家股股权转让收入；对有限责任公司国家出资转让的收入；其他非国有企业占用国有资产应上缴的收益；其他按规定应上缴的国有资产收益。

（四）政府费收入

政府费收入是指各级政府及部门所收取的各种费用和基金性收入，包括行政执法过程中收取的各种规费和公共财产使用费。它们主要是地方政府的收入，各种费收入也成为财政收入的一部分。中国现阶段政府费收入大体有如下五类。

第一，规费收入。规费是指政府部门为公民或社会组织提供某些特殊服务或实施行政管理所收取的手续费和工本费，一般包括行政规费和司法规费。[①] 如商标注册费、企业开办登记费等。

第二，公产使用费。这是按受益原则对享受政府所提供的特定公共产品或

[①] 江沁、杨卫：《政府经济学》，同济大学出版社2009年版，第102页。

劳务相应支付的一部分费用,一般说来,政府收取使用费的主要作用,一方面有利于政府所提供的公共设施的使用效率,另一方面有助于避免经常发生在政府所提供的公共设施使用时的拥挤问题。

第三,特别课征。这是指政府为新增加或是改造旧有公共设施,根据公众受益大小而按比例课征的收入,目的是用以补充工程费用的全部或一部分。特别课征和税收的相似之处在于它们均以公共目的为主,具有强制性和固定性,但特别课征对于个人享受的特殊利益是可以度量的,只限于特定的地方建设,不可用于政府行政经费支出,且须以特定公共服务作为交换。

第四,各种摊派性费收入。指政府以各种名义征收的基金,如电力建设基金、机场建设基金以及各种强制性、摊派性收入。这类收入从严格意义上讲,由于不具备有偿性特点,因此不再是真正意义上的费收入,而是一种"捐税"。

第五,特许金。是政府给予个人或企业某种行为或营业活动的特许权所取得的收入,取得特许权必须按照规定缴纳特许金,不缴纳或缴纳未清而进行该种活动,即是违法行为。

(五) 其他收入

其他收入是指上述五种收入之外的政府的各种杂项收入,比较常见的有罚没收入,对政府的捐赠,等等。此外,还有经济学意义上所谓的"通货膨胀税"。

罚没收入是指行政机关在执法和执行行政公务过程中,对违法或违章者处以的罚款、罚金。其目的是通过罚款,将他们在违法活动过程中所获得的利益收归社会所有,以补偿社会损失。对政府的捐赠是指政府的某些特定支出项目得到的来自国内外个人或组织的捐赠。

政府引致的通货膨胀实质上是将私人部门占有的一部分社会资源转移到公共部门,只不过它采取了一种较为隐蔽的形式。从这个意义上说,它和税收无异,所以也常常被称为"通货膨胀税"[1]。

---

[1] 郭小聪:《政府经济学》,中国人民大学出版社 2003 年版,第 334 页。

三　公共收入的特征

（一）公共性

这是公共收入区别于私人收入的一个最主要的特征。公共权力产生于社会共同需要，公共收入作为公共权力在经济方面的表现，同样源于社会的共同需要。在西方财政史上，"公共财政"是否定"家计财政"的产物，"家计财政"是"朕即国家"和专制王权在财政上的集中体现[①]。

（二）强制性

由于公共收入的获得主要是以公共权力为依托，而公共权力的一个主要特点即强制性，相应地公共收入也就具有了强制性的特征。如果说私人收入的获得与使用具有自由与自愿的性质，那么公共收入则具有公共强制性。

（三）规范性

相比较公共收入，私人收入具有非规范性特点，其获取与使用缺乏制度化的规定与保证，体现为一定程度的主观随意性。公共收入需要依据一定的法律和规章制度，不能随意收入和使用。公共收入的种类、规模、征收对象、征收手续、资金管理、使用方向等，都有明确的制度规定。

（四）稳定性

公共收入的征收与使用具有强制性，而且又有制度化的规定与保证，因此，公共收入具有客观的稳定性。尽管由于经济活动的复杂性与多变性，公共收入在结构方面会有所变化，在数量上会有上下波动，但从总体上讲公共收入具有稳定的来源渠道和数量保证。

[①] 杨宏山：《政府经济学》，对外经济贸易大学出版社2008年版，第119页。

四 公共收入的原则

政府收入的基本问题，就是怎样把政府部门所生产或提供的公共物品或服务的成本费用恰当地分配给其社会成员[①]。为此，经济学家们提出了不少可供遵循的原则，由于这些原则在阐述公共收入的具体形式时还要分别提到，这里重点阐述三个原则：财政原则、受益原则和支付能力原则。

（一）财政原则

财政原则指的是，财政收入应当以满足政府履行其职能的需要为主要目的，或者说财政收入应当满足财政支出的需要。根据这一原则，政府应依据财政支出的需要，确定财政收入的规模，即以支定收。这一原则的主要优点是，如果它得以成功地贯彻，可以避免财政赤字，实现财政收支平衡。应注意的是，执行这一原则应以合理界定财政支出规模为前提，否则，可能产生财政收入取之无度的不良后果。

（二）受益原则

受益原则指的是，政府所提供的产品和劳务的成本费用的分配，要与社会成员从政府提供的产品和劳务中获得的收益相联系。受益原则的主要优点在于，如果它得以成功地贯彻，那么，政府所提供产品和劳务的每单位成本可以同社会成员从这些产品和劳务的消费中获得的边际收益挂钩。所有社会成员都依据其从政府所提供公共产品和劳务中获得的边际收益的大小，做出相应的缴纳，那么就能产生一种现象——林达尔均衡[②]，避免"搭便车"的问题。这一原则的适用范围具有局限性，主要适用于个别成员或少部分社会成员受益的产品和劳务的成本费用的分配。

[①] 高培勇：《公共经济学》，中国人民大学出版社 2004 年版，第 117 页。

[②] 林达尔认为公共产品价格并非取决于某些政治选择机制和强制性税收，恰恰相反，每个人都面临着根据自己意愿确定的价格，并均可按照这种价格购买公共产品总量。处于均衡状态时，这些价格使每个人需要的公共产品量相同，并与应该提供的公共产品量保持一致。因为每个人购买并消费了公共产品的总产量，按照这些价格的供给恰好就是各个个人支付价格的总和。

（三）支付能力原则

支付能力原则指的是，政府提供的产品和劳务的成本费用的分配，要与社会成员的支付能力相联系。按照这一原则，政府所提供的产品和劳务的成本费用的分配，与社会成员所获得的边际收益大小无关，而只与其支付能力相联系。例如，收入多的多纳税，收入少的少纳税。支付能力原则的优点在于，如果它得以成功地贯彻，政府所提供产品和劳务的成本费用的分配，可以改变国民收入的分配状况，使其向收入分配的公平目标转变，可以使社会成员的境况达到相对公平的状态。

第二节 税收理论

税收的历史同国家一样久远。在中国历史上，贡、助、彻、役、银、钱、课、赋、租、捐等都是税的别称。在中亚和欧洲封建社会的早中期，"君权神授"的观念笼罩着整个社会，国家征税被看成神的意志的体现。自古以来，税收就是国家取得财政收入的重要形式。[1]

一 税收的概念

政府税收，或称税收，可以说自从产生了国家，或者说产生了公共需要便开始有了税收。关于税收产生的原因大致有奥布利支的公共需要说、巴斯德的交换说和巴斯泰布尔的牺牲说。[2] 税收是征收面最广、最稳定可靠的财政收入形式。税收是国家行使职能的经济基础，也是国家调节经济活动、平衡收入分配的重要杠杆。税收自产生之日起就体现着国家的一种内在要求，同时又在不同的历史时期呈现不同的形态变化。[3] 那么到底何谓税收？以下是一些有关税收概念的表述。

---

[1] 刘怡：《财政学》，北京大学出版社 2010 年版，第 171 页。
[2] 巫建国：《公共财政学》，财经科学出版社 2009 年版，第 214 页。
[3] 杨龙、王骚：《政府经济学》，天津大学出版社 2004 年版，第 121 页。

英国的《新大英百科全书》对税收的定义是:"在现代经济中,税收是国家公共收入最重要的来源。税收是强制的和固定的征收;它通常被认为是对政府公共收入的捐献,用以暗组政府开支的需要,而并不表明是为了某一特定的目的。税收是无偿的,它不必通过交换来取得。这一点与政府的其他收入大不相同,如出售公共财产或发行公债,等等。税收是为了全体纳税人的福利而征收,每一纳税人在不受任何利益支配的情况下承担了纳税义务。"

美国的《现代经济学词典》对税收的定义是:"税收的作用在于为了应付政府开支的需要而筹集的稳定的财政资金。"《美国经济学词典》对税收的定义是:"税收是居民个人、公共机构和团体向政府强制转让的货币(偶尔也采取实物或服务的形式)。它的征收对象是财产、收入或资本收益,也可以来自附加价格或大宗的畅销货。"

日本的《现代经济学词典》对税收的定义是:"税收是国家或地方公共团体为筹集满足社会公共需要的资金,而按照法律的规定,以货币形式对私人的一种强制性课征。"《大日本百科事典》对税收的定义是:"税收又常称税或税金,它是国家或地方自治团体为了维持其经费开支的需要而运用权力对国民的强制性征收。税收的这一强制性特点使之与公共事业收入、捐款等区别开来。尽管税收也是公共收入的一种形式,但它并不像手续费那样具有直接的交换关系,它是无偿的。尽管当税收收入转化为公共支出以后又返还给国民,但是每一个纳税人受益的大小与其纳税额并不成比例。"

从上述有关税收定义的表述中,可以明确以下几点:税收属于分配范畴;税收分配的主体是国家;税收分配的依据是国家政治权力;税收分配的对象是社会剩余产品;税收分配的目的是国家实现其职能的物质需要。

由此可以归纳出税收这一经济范畴比较简短的定义:税收是政府为实现其职能的需要,凭借其政治权力,并按照特定的标准,强制、无偿地取得公共收入的一种形式。

二 税收的特征

税收具有强制性、非直接无偿性和固定性。税收的强制性决定着税收的无偿性,而税收的强制性和无偿性又决定和要求税收收取的固定性。税收的这三性是统一的，缺一不可的。[①]

（一）强制性

税收的强制性是指国家征税是凭借政治权力，通过颁布法律或法令进行的。其实质是对社会产品的再分配。任何个人或组织都必须依法纳税，偷税、漏税、抗税会受到法律的制裁。

（二）非直接无偿性

税收的非直接无偿性是指税收是国家向纳税人进行的无须直接偿还的征收。这一方面指政府征收税收无须向纳税人直接付出任何报酬；另一方面，政府征收的税收不再直接返还给纳税人本人。

（三）固定性

税收的固定性是指国家通过法律形式预先规定了征税对象、税基及税率等要素。征纳双方必须按税法的规定征税和缴税。如美国财政部所属国内收入局在其发放给纳税人的宣传材料《纳税人权利宣言》的第5条"准额纳税"中清楚地写道："纳税人有义务依据税法准额纳税，不多不少。"[②]

三　税收的要素

税收制度，简称税制，是一国政府从公民手中获得税收所依据的各种法律、法规的总称。构成税制的要素主要包括课税主体、课税客体、税率、纳税环节、纳税期限、减税免税、违章处理、纳税地点等内容。在这些要素中，课税主体、课税客体和税率是三大基本要素。

（一）课税主体

课税主体，亦称"纳税人"或"纳税义务人"，是税法上规定的直接负有

[①] 樊勇明、杜莉：《公共经济学》，复旦大学出版社2001年版，第183页。
[②] 刘怡：《财政学》，北京大学出版社2010年版，第172页。

纳税义务的主体。① 无论什么税，总是要由有关的课税主体来承担。因此，每一种税都有关于课税主体的规定，课税主体是税制构成的一项最基本要素。

在税法上规定直接负有纳税义务的，可以是自然人，也可以是法人。法定的课税主体有缴纳税款的义务，直接同国家的财政、税务机关发生关系。在不能依法履行纳税义务时，要受到法律的制裁。然而，纳税人并不一定就是收税负担的承担者（负税人）。纳税人与负税人可能一致（如所得税），也可能不一致（如流转税，纳税人可以通过各种方式将税款全面或部分转嫁给他人负担）。理解纳税人和负税人的区别，对研究税收归宿具有重要的意义。

（二）课税客体

课税客体又称"课税对象"，即课税的目的物，也就是对什么课税。税制中，一种税区别于另一种税的标志在于征税对象不同。比如，所得税的征税对象为所得，财产税的征税对象为财产，由于所得不同于财产，所以，所得税不同于财产税。同时，征税对象也体现着不同税种的课税范围。

税目和税基是与征税对象相关的两个重要概念。税目，也称课税品目，是征税对象在内容上的具体化，它体现具体的课税界限。课税对象量的表现称为课税基数和计税依据。② 财富、收入、支出等都可以成为税基。税基可以是金额，也可以是重量、面积、数量或容积等。税基直接影响着税额的大小，在税率一定的情况下，税基的大小决定着税收数额的大小。另外，税基也影响着税率的具体形式。一般来说，当以实物量为税基时，通常采用定额税率形式；以价值量为税基时，则采用从价定率的形式。

（三）税率

税率，是所课征的税额与课税对象之间的数量关系或比例，也就是课税的尺度。税率是税收制度的中心环节，它是计算纳税人应纳税额的尺度，反映征税的深度，体现国家的税收政策。在课税对象既定的前提下，税收的负担程度

---

① 杨龙、王骚：《政府经济学》，天津大学出版社2004年版，第151页。
② 樊勇明、杜莉：《公共经济学》，复旦大学出版社2001年版，第184页。

和政府课税的程度就主要体现在税率上，一般来说，税率越高，税收负担越重，政府的税收越多。从理论上讲，税率主要有固定税额、比例税率和累进税三种形式。此外，为了分析税收的影响，在税收研究中还要区分边际税率和平均税率。

1. 固定税额

固定税额，又称定额税率，指的是征税对象的数量规定每单位征收某一固定的税额，一般适用于从量定额的税收。如现行的《消费税暂行条例》规定对每吨啤酒征收220元的消费税。考虑地区之间的差异，固定税额又可以对不同地区规定高低不等的差别税额，或者规定一个幅度，让地方在规定幅度内具体确定本地区的执行税额等。

2. 比例税率

比例税率是对同一征税对象，不论数额大小，采用相同比例征税的税率形式，它一般适用于课征流转税。[①] 现实生活中，对商品流转额征收的增值税、消费税、营业税以及关税，一般使用的就是比例税率。一般认为，采用比例税率使同一课税对象的不同纳税人的税收负担一致，有利于促进企业改善经营管理和企业之间的竞争，但在调节纳税人收入差距方面具有一定的局限性。

3. 累进税率

累进税率是将课税对象按照数额大小划分为若干等级，对不同等级规定高低不同的税率，用于对所得和财产的课征。一般来说，累进税率会随着税基的增大而提高，税基越大，税率会定得越高；税基越小，税率会定得越低。

根据累进的方式不同，可以将累进税率分为全额累进税率和超额累进税率两种形式。所谓全额累进税率，是指对征税对象的全部数额都按与之相应的税率计算税额，在征税对象提高到税收的一个等级档次时，对征税对象全部都按提高一级的税率征税。所谓超额累进税率，是指把征税对象按数额大小划分为若干等级，每个等级由低到高规定相应的税率，每个等级分别按该等级的税率计征。此时一定的课税对象同时使用几个税率，纳税人的应纳税款总额由各个等级计算出的税额加总而成。

全额累进计算比较简单、取得税收多，但负担不尽合理，主要表现为累进分界点上下负担相差悬殊。如表7—1所示，5000元所得额按30%税率课征所

[①] 樊勇明、杜莉：《公共经济学》，复旦大学出版社2001年版，第184页。

得税，税收为 1500 元，5000 元以上所得额按 40% 税率课征所得税，而 5001 元所得额应纳税额为 2500.5 元，这样所得额增加了 1 元，税额却要增加 1000.5 元。相比较全额累进，超额累进的幅度比较缓和，一定程度上克服了全额累进的缺陷。在超额累进的情况下，要采用超额税率（相当于平均税率）的概念来反映纳税人的真实负担。实际税率等于实际缴纳税款与应税所得额的比率。可以看出，超额累进的实际税率往往要低于全额累进的税率。目前各国所使用的累进税率，主要是超额累进税率。

累退税率与累进税率正好相反。

表 7—1　　　　　　全额累进和超额累进税率的比较

应税所得额 X	0 < X ≤ 1000	1000 < X ≤ 2000	2000 < X ≤ 5000	5000 < X
适用税率	10%	20%	30%	40%

应税所得额	适用税率	全额累进税额	超额累进税额	平均税率
1000	10%	100	100	10%
2000	20%	400	1000×10%+(2000−1000)×20%=300	15%
5000	30%	1500	300+(5000−2000)×30%=1200	24%
10000	40%	4000	1200+(10000−5000)×40%=3200	32%

4. 平均税率和边际税率

所谓平均税率，指的是全部应征税额占课税对象数额的比例。用比例标示，即为：

$$平均税率 = \frac{全部应征税额}{课税对象数额} \times 100\%$$

所谓边际税率，则指的是课税对象数额的增量中税额增量所占的比例，可用公式表示为：

$$边际税率 = \frac{\triangle 全部应征税额}{\triangle 课税对象数额} \times 100\%$$

假定应税收入增加 1 元，应纳税额增加 0.5 元，则边际税率为 50%。边际税率反映应税收入每增加一个单位，适用税率变化的情况。实践中，征收所得税采用的超额累进税率被等同于边际税率。也就是说，超额累进所得税税率表中的每一级税率，就是相应级距所得额的边际税率。罗伯茨在其所著《供给学派的革命》一书中将边际税率定义为对新增收入的税率①。以表7—1为例，所得税额不超过1000元的部分，边际税率为10%；所得税额超过1000元，不高于2000元的部分，边际税率为20%；所得税额超过2000元，不高于5000元的部分，边际税率为30%；所得税额超过5000元的部分，边际税率为40%。

图7—1显示了边际税率和平均税率的一种可能的关系。当收入低于OA，边际税率和平均税率都在上升，当收入高于OA，边际税率开始下降，但是由于收入很高，平均税率持续上升。只有当收入高于OB，边际税率下降到低于平均税率的水平时，平均税率才开始下降。

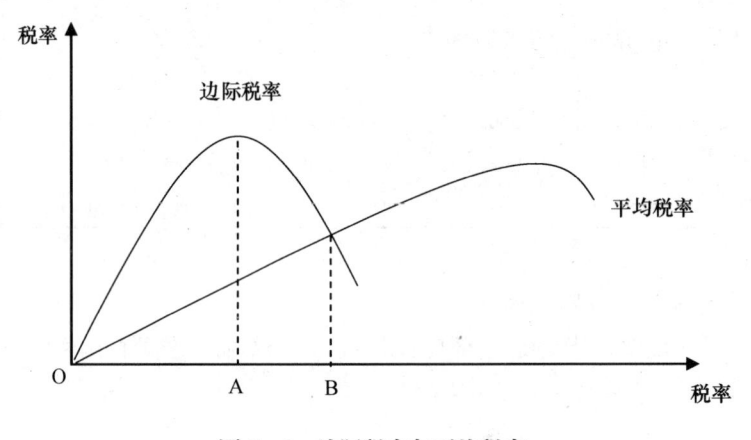

图7—1 边际税率与平均税率

判断税制是否具有累进性应以平均税率为依据。如果使用边际税率可能会造成混乱。一种税是不是累进的指的是随着收入的增长，收入中被征税拿走的部分是否也增长。这一定义包含着平均税率应该随着收入增长而增长。一个常见的错误是，认为累进税率也应该随着收入的增长而增长，实际情况并非如此。只有当累进税率高于平均税率，即如果你额外的收入要支付比现行收入高

---

① ［美］罗伯茨：《供应学派的革命》，杨鲁军等译，上海译文出版社1987年版，第11页。

的税率，才能说税制是累进的①。

下面假定应税额为 2500 元至 5000 元，适用 15% 的边际税率。如果有 A、B、C、D、E、F 六个人，他们的收入及应纳税额的情况见表 7—2。

从边际税率无法看出税制是否具有累进性，因为月收入 2500 元的 A 和月收入为 5000 元的 F 的边际税率没有区别，都是 15%。但是计算他们的平均税率，可以知道，A 的平均税率为 10%，而 F 的平均税率为 12.5%，由此可知税制体现着累进的特征。

表 7—2　　　　　　　　　　边际税率与平均税率的比较

	应纳税收入（元）	应纳税额（元）	边际税率（%）	平均税率（%）
A	2500	250	15	10
B	3000	325	15	10.8
C	3500	400	15	11.4
D	4000	475	15	11.9
E	4500	550	15	12.2
F	5000	625	15	12.5

简言之，一种税的累进程度可以通过计算平均税率来判断，即收入增加时，平均税率越高，则税制越具有累进性。除了使用平均税率的变化趋势，还可以使用另外一种方法来测量一种税的累进程度，即使用税收收入弹性（税收收入变化的百分比除以收入变化的百分比）来测量，收入弹性越大，则税制越具有累进性②。

5. 税率为零

税率为零是一个退税问题，它指的是将已经征收的税款全部退还给纳税人，其目的在于使出口产品以不含税的价格进入国际市场，增强产品在国际市场的竞争力。

6. 加成、加倍征收

加成、加倍征收是税率的延伸形式，其含义是按应征税额的一定成数

---

① Kay, King, *The British System*, Oxford University Press, 1996, pp. 12-14.
② 刘怡：《财政学》，北京大学出版社 2010 年版，第 180 页。

（或倍数）加征收款。国家为了限制某些经济活动，或调解某些纳税人的所得，可以采取加成、加倍征收税款的方法。

（四）纳税环节

所谓纳税环节，一般是指在商品流转过程中按照税法规定应当缴纳税款的环节。商品从生产到消费，中间往往要经过许多环节，如工业产品要经过工厂生产、商品采购、商业批发和商业零售等环节。具体确定在哪个环节缴纳税款，这是对商品流转额征税中的一个比较特殊又是十分重要的问题。它关系到税制结构和整体税收体系的布局；关系到对商品生产、流通是否有利，也影响物价的变化；关系到税款能否及时足额地缴交入库，国家的财政收入能否得到保证；关系到税款收入在地区间的分配；也关系到是否便利纳税人纳税等多方面的问题。

（五）纳税期限

所谓纳税期限，是指税法规定的纳税人发生纳税义务后向国家缴纳税款的期限。它是税收强制性、固定性在时间上的表现。[1] 各个税种的法律都需要明确规定缴纳税款的期限，这是由税收的及时性所决定的。规定纳税期限，是为了促使纳税人及时依法纳税，以便及时地保证国家财政支出的需要。同时，这也是税收强制性和固定性的体现。

（六）减税免税

所谓减税免税，是指税法对某些纳税人或征税对象给予鼓励和照顾的一种特殊规定。它体现着税收的严肃性和必要的灵活性的结合。它能够使税收制度按照因地制宜和因事制宜的原则，更好地贯彻国家的税收政策。税收制度的减税免税要素主要包括以下内容。

减税和免税。所谓减税，是指对应纳税额少征一部分税款；所谓免税，是指对应纳税额全部免征。除税法列举的免税项目外，一般减税、免税都属于定期减免性质，税法规定有具体的减免条件和期限，到期就应当恢复征税。

---

[1] 郭小聪：《政府经济学》，中国人民大学出版社 2003 年版，第 318 页。

起征点。所谓起征点，是征税对象达到征税数额开始征税的界限。征税对象的数额未达到起征点时不征税。而一旦征税对象的数额达到或超过起征点时，则要就其全部的数额征税，而不是仅对其超过起征点的部分征税。

免征额。所谓免征额是在征税对象总额中免予征税的数额。它是按照一定标准从征税对象总额中预先减除的数额。免征额部分不征税，只对超过免征额部分征税。

（七）违章处理

所谓违章处理，是税务机关对纳税人违反税法的行为采取的处罚性措施，它是税收强制性形式特征的体现。它主要解决对于不缴、少缴、迟缴、偷税等违背税法的现象和行为怎么处理的问题，也是维护国家税法的严肃性的保证。在目前的中国，它还有保证税收任务的完成，以及严肃财经纪律等作用。国家对纳税人违反税法采取的惩罚措施包括加收滞纳金、处以罚款、送交人民法院依法处理等。

（八）纳税地点

所谓纳税地点，是纳税人应当缴纳税款的地点。一般来说，纳税地点和纳税义务发生地是一致的。但在某些特殊情况下，纳税地点和纳税义务发生地却是不一致的，如与总公司不在同一地点的分公司的利润在总公司汇总纳税。

四 税收的分类

一国的税收制度可以由一种税构成，即单一税制。在世界税收发展的历史上，曾有过单一消费税、单一土地税等主张。从实践来看，由多个税种构成的复合税制是各国政府普遍的选择。根据不同的标准，可以将各税种分成不同的类别。

（一）以税收的征税对象为标准

以税收的征税对象为标准，税收可以分为流转税类（商品税类）、所得税类、财产税类与行为税类等。这是最基本的税收分类方法，为世界各国所普遍使用。所谓流转税类，一般是指对商品的流转额和非商品的营业额所征收的一类税收，如消费税、增值税、营业税、关税等。所谓所得税类，一般是指对纳税人的各种所得征收的一类税收，如企业所得税（公司所得税）、个人所得税等。所谓财产税类，一般是指以属纳税人所有的财产或归其支配的财产数量或价值额征收的一类税收，如房产税、契税、车船税、遗产及赠与税等。所谓行为税类，是指以某些特定行为为课税对象的税，如印花税等。

（二）以税收负担是否容易转嫁为标准

以税收负担是否转嫁为标准，税收可以分为直接税和间接税两大类。[1] 所谓直接税，是指税负不易转嫁，由纳税人直接负担的税收，如各种所得税、土地使用税、社会保险税、房产税、遗产及赠与税等。所谓间接税，是指纳税人容易将税负全部或部分转嫁给他人负担的税收，如以商品流转额或非商品营业额为课税对象的消费税、营业税、增值税、销售税、关税等。直接税与间接税的分类方法与经济分析有着密切的联系。直接税和间接税是税制发展史上针对不同的经济条件而出现的两种税收征收形式。[2]

（三）以管理权限为标准

以税收的管理权限为标准，税收可以分为中央税、地方税以及中央地方共享税等。属于中央政府管理并支配其收入的税种称为中央税。属地方政府管理，收入由地方政府支配的税种称为地方税。属中央与地方政府共同享有按一定比例分别管理和支配的税种称为中央地方共享税。各国财政管理体制（预算管理体制）具体规定哪些税种属于中央，哪些税种属于地方，哪些税种属于中央与地方共享等。

（四）以征收实体为标准

以税收的征收实体为标准，税收可以分为实物税、货币税和劳役税三类。所谓实物税，是国家以实物形式征收的税。在自然经济下，经济的货币化程度

---

[1] 樊勇明、杜莉：《公共经济学》，复旦大学出版社2001年版，第186页。
[2] 杨龙、王骚：《政府经济学》，天津大学出版社2004年版，第151页。

很低，经济活动主要是以实物形式进行的，也有相当部分是以劳役形式进行的，因而此时田赋是主要的财政收入种类，征收的形式主要是实物；此外，政府也采用劳役形式开展若干活动，诸如各类公共工程的建造等。进入市场经济社会，整个经济都逐步货币化了，货币税也逐步成为主流。以货币形式缴纳的各种税，都属于货币税类。

（五）以税收的计税依据为标准

以税收的计税依据为标准，税收可以分为从价税和从量税。所谓从价税，是指以课税对象及其计税依据的价格或金额为标准，按一定税率计征的税收。如中国现行的增值税、营业税、关税等。所谓从量税，是指依据课税对象的重量、数量、容积、面积等，采用固定税额计征的税收。如现行的资源税、车船使用税等。一般地说，从价税的应纳税额会随商品价格的变化而变化；而从量税则只会随着课征商品数量的变化而变化，计算简便，其税负高低与价格无关。

（六）以税收与价格的关系为标准

以税收与价格的关系为标准，税收可以分为价内税和价外税。凡税金构成价格组成部分的称为价内税。凡税金作为价格之外附加的，称为价外税。与之相适应，价内税的计税依据为含税价格，价外税的计税依据为不含税价格。中国的增值税，在零售以前各环节采取价外税，在零售环节采取价内税。西方国家的消费税大都采用价外税方式。

（七）以税收的用途为标准

以税收的用途为标准，税收可以分为一般税和特定税。一般税是指满足一般性财政需要和税收。特定税是指支付特定财政需要的税收，如社会保障税。

第三节 公　债

据记载，世界上第一次公债券是威尼斯政府发行的。14、15 世纪，随着地中海沿岸城市热那亚、威尼斯等地区资本主义的萌芽以及15世纪末、16世纪初美洲新大陆的发现，欧洲去往印度航路的开通，殖民制度和海上贸易的迅速发展，催生了公共信用制度。马克思指出："公共信用制度即公债制度，在中世纪的热那亚和威尼斯就已经产生，到工场手工业时期流行于整个欧洲。殖民制度以及它的海外贸易和商业战争是公共信用制度的温室。"[①] 与西方国家相比，中国发行公债的历史不长，首次发行政府债券是在1894年，当时清政府为筹措甲午战争军费，由户部向官商巨贾发行了总额为白银1100多万两的债券，当时称"息借商款"。由此看来，发行公债是各国政府增加公共收入的一种重要途径。

一 公债的概念及分类

（一）公债的概念

1. 债的概念

债是按照合同的约定或依照法律的规定，在当事人之间产生的特定的权利和义务关系。从经济学角度看，债就是一方行为主体与另一方行为主体之间在经济交往中产生的债权债务关系。其中，享有权利的一方称为债权人，享有要求另一方履行义务的权利，这种权利就是债权；另一方，即对债权人负有义务的一方，称为债务人，负有按照合同的约定或法律的规定承担一定行为的义务，这种义务就是债务。

2. 公债的概念

公债，是指政府为了实现其职能，平衡财政收支，增强政府的经济建设能力，按照有借有还的信用原则，从国内或国外筹集资金的一种方式。公债凭借的是公共信用力量向私人借款，"公共信用力量是力量与安全的一个非常重要的源泉，我们应该珍惜它"。[②]

公债有广义和狭义之分。广义上的公债包括所有公共部门举借的债务，狭义上的公债仅仅包括以政府为债务主体形成的债权债务关系。由于狭义的公债

[①] 转引自刘怡《财政学》，北京大学出版社2010年版，第292页。
[②] ［美］哈维·S.罗森：《财政学》，平新乔译，中国人民大学出版社2000年版，第412页。

概念更接近现实，所以我们采用狭义上的公债概念。

(二) 公债的分类

根据不同标准，可以将公债分为不同的种类，常见的有以下几种分类。

1. 按照发行的地域分类

按照发行地域不同，可以将公债分为国内公债和国外公债，简称内债和外债。内债的还本付息不存在本国资源向国外转移，外债的还本付息涉及本国资源向国外转移。这种划分有利于研究不同的资金来源及还本付息压力对一国经济产生的影响。正如一位名叫梅龙的18世纪作家所说的，内债是"右手欠了左手"。①

2. 按照举债主体分类

按照举债主体不同，可以将公债划分为中央政府债务与地方政府债务，简称国债和地债。国债是指中央政府举借的债务，而地方债是指各级地方政府举借的债务。

3. 按照偿还期限分类

按照偿还期限不同，可以将公债划分为短期公债、中期公债和长期公债。一般将期限为1年或1年以内的公债称为短期公债，期限在1—10年（或1—5年）的公债称为中期公债，期限在10年以上的公债称为长期公债。

4. 按照举债方式分类

按照举债方式不同，可以将公债划分为强制公债和自有公债。强制公债是指政府凭借政治权力强制推销公债，一般出现战争等特殊情况时，政府才会采用这种方式发行公债。而自有公债是相对于强制公债来说的概念，指的是公债的认购完全遵循自愿的原则。

5. 按照公债的流通性分类

按照公债是否流通，可以将公债划分为可转让公债和不可转让公债。可转让公债，也称上市公债，指可以在证券市场上公开买卖的公债。不可转让公债，也称非上市公债，指不能在证券市场上买卖的公债。通常，不可转让公债会采取记名方式发行，且利息会高于可转让公债。

---

① ［美］哈维·S. 罗森：《财政学》，平新乔译，中国人民大学出版社2000年版，第417页。

6. 按照偿付利息的方式分类

按照偿付利息的方式不同，可以将公债分为附息公债和贴现公债。

附息公债指债券上附有息票的公债券。公债持有者到政府指定的付息处剪下息票可兑换利息。而贴现公债指政府以低于公债券面额的价格发行公债，债券到期时按面额偿还本息。面额与发行价格的差额为债券持有者的收益。通常，一年期以下的短期公债采取贴现方式发行。

此外，还可以按照有无担保品，将公债分为有担保公债（担保品为黄金、外汇、矿山、铁路等）和无担保公债；按照有无证券标志，将公债分为证券公债和登录公债；按照利率的变动方式，分为固定利率公债、市场利率公债和保值公债；按照公债发行的计量单位，将公债分为货币公债、实物公债和折实公债等。

二　公债的发行与管理

公债不同于税收，税收具有强制性、无偿性和固定性的特征，而公债却相反，具有自愿、有偿和灵活的特性。公债采取自愿认购的方式发行，公债持有者在债券到期时可以得到本金和利息，并且公债发行的数量是根据当年社会经济发展的需要灵活决定的。

（一）公债的发行

公债发行的条件及方式，并不是由政府任意决定的，而取决于市场供求关系。公债发行前，首先要决定其发行条件，这包括公债的总额、价格、利率、期限等。

1. 公债发行条件的确定

一是公债的发行额。公债发行额的大小首先取决于政府所需资金的数量的多少，如果财政收支缺口大，则需要通过发行公债筹集的资金便多，相反，则无须发行公债。其次，市场资金的供求状况也会影响公债发行的数量，当市场资金充足，则政府公债的发行额可以增大，反之便要减少。此外，还应考虑还本付息的能力。

二是公债的期限。公债的期限是指公债从发行到本息完毕这段时间。其长短取决于政府对占用资金时间的需要、市场利率的走势、金融市场的发达程度以及投资者的偏好等因素。

三是公债的发行价格。公债的发行价格，就是政府债券的出售价格或购买价格。政府债券的发行价格不一定就是票面值，它可以低于票面值发行。少数情况下，也可以高于票面值发行。所以有一个发行的行市问题。按照公债发行价格与其票面值的关系，可以分为平价发行（at par）①、减价发行（at a discount）② 和增价发行（at a premium）③ 三种发行价格。

四是公债的利息率。公债的利息率，就是政府因举债所应支付的利息额与借入本金额之间的比率。公债利息率的高低，主要是参照以下三种因素来确定的：金融市场利率水平；政府信用状况；社会资金供给量。

2. 公债发行的方式

各国所采用的发行公债方式可以说是多种多样的，具体到每一国家又都有各自的特色。

一是固定收益出售方式（sale on fixed-yield basis）。这是一种在金融市场上按预先确定的发行条件发行公债的方式。其特点是：认购期限较短，发行条件固定，发行机构不限，主要适用于可转让的中长期债券的发行。在金融市场利率稳定的条件下，这种方式的采用是比较有利的。但在金融市场利率易变和不稳定的条件下，往往要辅之以"销售担保"措施。这就是：辛迪加财团包销④和中央银行包销⑤。

二是公募拍卖方式（auction technique），亦称公募投标方式。这是一种在金融市场上通过公开招标发行公债的方式。其主要特点是：发行条件通过投标决定，即认购者对准备发行的公债的收益和价格进行投标，推销机构根据预定发行量，通过决定中标者名单被动接受投标决定的收益和价格条件；拍卖过程

---

① 平价发行就是政府债券按票面值出售。认购者按公债票面值支付购金，政府按票面值取得收入，到期亦按票面值还本。

② 减价发行（亦称折价发行）就是政府公债以低于票面值的价格出售。即认购者按低于票面值的价格支付购金，政府按这一折价取得收入，到期仍按票面值还本。

③ 增价发行（亦称溢价发行）就是政府债券以超过票面值的价格出售。认购者按高于票面值的价格支付购金，政府按这一增价取得收入，到期则按票面价值还本。

④ 辛迪加财团包销，即财政部门与银行、信贷机构和证券商等组成的辛迪加金融财团通过谈判签订合同，后者对政府债券实行包销。

⑤ 中央银行包销，即由中央银行负责包销政府债券，并承购任何未能推销掉的余额，然后由其负责在市场上继续出售。

由财政部门或中央银行负责组织，即以它们为发行机构；主要适用于中短期政府债券，特别是国库券的发行。

三是连续经销方式（sale by tap technique），亦称出卖发行法。发行机构（包括经纪人）受托在金融市场上设专门柜台经销。这是一种较为灵活的发行方式。其特点是：经销期限不定，发行机构可无限期地连续经销，直到预定发售任务完成；发行条件不定，即不预先规定债券的出售价格，而由财政部或其代销机构根据推销中的市场行情相机确定，且可随时进行调整；主要通过金融机构和中央银行以及证券经纪人经销；主要适用于不可转让债券，特别是对居民家庭发行的储蓄债券。

四是直接推销方式（private placement technique），亦称承受发行法。它是一种财政部门直接与认购者谈判出售公债的发行方式。主要特点在于：发行机构只限于财政部门，如财政部或其所属公债局（署、司），即由它们直接与认购者进行交易，而不通过任何中介或代理机构；认购者主要限于有组织的机构投资者（institutional inventor），其中主要是商业银行、储蓄银行、保险公司、养老基金和政府信托基金等，个人投资者不能以此种方式认购公债；发行条件通过直接谈判确定，由财政部、公债局召集各个有组织的机构投资者分别就预备发行公债的利息率、出售价格、偿还方法、期限等条件进行谈判，协商确定；主要适用于某些特殊类型的政府债券的经销。

五是组合方式（combination of selling technique）。这是一种综合上述各种方式的特点而加以结合使用的公债发行方式。在某些国家的公债发行过程中，有时可不单纯使用上述的任何一种方式，而是将上述这些方式的一些特点综合起来，取其所长，结合运用。

（二）公债的还本付息

公债发行之后，除短期者外，在其存在的期间内必须付息。由于公债在发行时已经规定了利息率，每年应付的利息支出是固定的，政府在付息方面的主要任务，便是对付息方式、偿还方式、资金来源做出相应的安排和管理。

公债的偿还可以是现金，也可以是非现金；可以一次偿还，也可以分次偿还；可以直接偿还，也可以购销偿还。政府用于还本付息的资金来源主要有：预算拨款、设立偿还基金、财政盈余、举借新债等。

三 公债对经济的影响

公债作为一种公共收入的形式出现,在历史时序上要比税收晚得多。它是在政府职能不断扩大、支出日益增加,仅靠税收已不能满足政府支出需要的情况下产生的。也就是说公债本身就是与财政相联系的公共收入形式,是作为弥补公共收支差额的来源而产生的。弥补财政赤字是公债最基本的功能。

(一) 公债对经济增长和社会总供给的影响

无论是古典经济增长理论,还是新古典经济增长理论或者新增长理论,都揭示了经济的增长与国民经济中的消费、储蓄和投资有关,只是各理论研究的侧重点不同。公债对一个国家的消费总量或储蓄的总量以及消费和储蓄的结构都会带来影响,同样也会影响一个国家的经济增长。

实践表明,如果公债的发行是为了弥补政府较高的公共消费和转移支付支出的不足,就会对经济体系产生负反馈效应,降低国民经济的增长率;如果政府发行公债是为了增加基础设施等公共资本的投资,就会与私人资本产生互补作用,提高私人资本的效能,从而提高私人资本的边际产量,促进国民经济的增长。

(二) 公债对社会总需求的影响

现代经济是一个三部门经济体系,包括家庭、企业和政府。凯恩斯经济学派认为国民经济的增长取决于有效需求,而有效需求由家庭的消费、企业的投资和政府的购买所组成。政府购买的资金来源于税收和公债的发行,公债的发行不但直接影响有效需求,而且会继发性地影响家庭的消费支出和企业的投资支出,间接性地影响社会总需求,用于弥补政府支出不足的公债发行对总需求的直接影响是显而易见的。

1. 对消费需求的影响

公债的发行通过即期税收的减少、利率的变化途径而影响居民的消费,影响着家庭的消费支出和企业的投资支出,从而间接地影响社会总需求。具体而言,表现在以下几个方面:政府发行公债会使居民的即期可支配收入增加;会使预期可支配劳务收入折现值增加；会使总净财富的价值增加；会使消费需求增加。

2. 对投资需求的影响

在企业投资无利率弹性时，如果政府发行公债导致企业的预期资本边际收益率上升，企业的投资将增加；如果企业预期的投资收益率下降，企业的投资将下降；如果企业预期的投资收益率不变，企业投资维持在原有水平不变。

在企业投资有弹性时，政府发行公债会导致利率上升，同时，企业预期投资收益率（资本边际效率）也会变化，而企业投资会依据预期投资收益率（资本边际效率）的变化而变化。

因此，政府发行公债对企业投资需求的影响是受到投资的利率弹性、储蓄的利率弹性、市场利率的变化和预期投资收益率（资本边际效率）等多种因素的影响，同时还因这些影响因素的权重不同而呈现多种变化。

3. 公债的"挤入效应"和"挤出效应"

公债的"挤入效应"一般有两种情况。第一种情况是当公债融资的政府支出形成公共资本，且公共资本与私人资本具有互补性，能提高私人资本的边际效率和私人投资的预期收益率，诱致私人企业增加投资。如果公债融资的政府支出用于技术乘数和关联度都比较高的公共资本品如基础设施，能带动技术升级的高、精、尖的军工产品就会产生更为直接、最大效果的"挤入效应"，往往能带动一系列的相关投资。第二情况是政府发行减税公债，且减税公债的目的是降低企业所得税和企业固定资产投资税赋，而不是个人所得税和消费税，企业用于投资的资金来源相对增加，企业投资的预期回报率也相应提高，在这种情况下的减税公债就会产生"挤入效应"。

公债的"挤出效应"。由于财政赤字和政府债务的增加会导致储蓄的下降，而储蓄的减少往往引起实际利率的提高并减少私人投资，即产生挤出效应，因此公债也许会对资本形成和经济增长产生负面影响，造成后代生活水平的下降。[①] 公债融资导致政府支出扩张，政府支出的扩张通过利率上升或非利率机制，造成（私人）企业产出的下降。这种经济现象，经济学家谓之"公债的挤出效应"。

---

① 刘怡：《财政学》，北京大学出版社2010年版，第299页。

四 公债政策及其完善

(一) 公债政策的含义

公债政策即公债的管理政策，是指导公债发行、使用、流通、偿还等公债运行的基本方针和准则，这些准则又是通过具体的公债制度体现出来。[①] 此外综合其他相关定义，在此将公债政策界定为：国家宏观决策管理部门（公债部门）为履行其职能的需要，从一定时期的国情出发，根据客观经济规律的要求，依据信用原则，有偿、灵活地取得公共收入，用于弥补财政赤字以及其他资本性支出的公共政策体系。

由于公债从发行到偿还是一个动态的过程，其运行过程包括公债发行、公债流通、公债使用和公债偿还等四个相互联系的阶段。因此，相应地，公债政策包括：公债发行政策，解决诸如公债发行总量多大为宜，公债如何发行，用什么方式、通过什么渠道发行，品种、期限结构如何搭配等问题；公债流通政策，对公债买卖的方式、上市品种和证券交易机构及二级市场进行规定和管理；公债使用政策；公债偿还政策，主要对公债偿还方式进行规定。

(二) 公债政策的可持续性

可持续性（sustainability）一词来自拉丁语，意思是"维持下去"、"能够支撑"或"保持继续提高"。公债政策可持续性是指基于某些经济约束条件下的，根据经济发展需要、考虑多种经济要素协调性的国家债务的长期发展战略和模式。公债政策可持续性强调公债政策实施的空间并不是无限的，公债的扩张是受限制的。同时，特别强调经济增长水平和质量对公债政策实施的重要影响以及公债政策实施对改善经济运行状况、增加国民福利水平的重要性。

进一步完善公债政策、实现公债政策的可持续性的问题，实质上就是公债政策的举债空间和公债的风险问题，但公债政策的可持续性问题不仅仅是一个发行数量问题，而是涉及发行、流通、使用和偿还诸环节的系统工程。要实现公债政策的可持续性，需要在各环节下功夫。

---

① 邓晓兰：《宏观调控中的公债政策选择》，《当代经济科学》2000 年第 1 期。

具体来说，推进公债政策可持续的主要路径有：

第一，优化国债结构，完善国债运行机制。合理的债务结构既有利于充分挖掘社会资金潜力，满足不同偏好投资者的投资需求，也有利于国家降低债务筹资成本，减轻财政未来的负担。

第二，促进国债市场化，提高国债流动性。国债作为金融工具，一个基本的要求就是具有足够的流动性，通过市场化的途径发行与交易。这是释放国债风险的一个重要出路。

第三，适时调整国债投向及运行方式，提高国债支出的使用效益。国债资金的投向及其使用效果，直接关系到国债的负担能力，也直接影响到国债政策的可持续性。若国债主要是用于生产性支出，则可以从以后产生的直接经济效益中得到弥补，投资回收率较高，形成一种"内生"的偿还能力。反之，若存在着较强的刚性，则能真正用于偿债的资金来源就很少。

第四，强化监管，降低隐性债务和或有债务转化为财政风险的程度。中国的隐性债务和或有债务的产生主要是政府对经济的不当干预以及制度的不完善造成的，因而其存在具有长期性和体制性。只能通过政策的扶持和制度的规范来逐步化解政府的隐性及或有债务。

第四节　公共收费

公共收费是指以政府部门为主体的收费，包括管理性收费和财政收费。现代意义的公共收费是指政府向公民提供特定服务或实施特定管理所收取的规费，以及政府对其所提供的公共产品和服务而直接向使用者或受益者收取的使用费。

一　公共收费概述

（一）有关概念的比较

在谈到"公共收费"内涵时，首先有三组概念需要辨析，即中国改革开放以来常用的"行政性收费"、"事业性收费"和"经营性收费"；西方国家所用的"规费"、"使用费"和"特定用途税"；目前理论界提出的"政府收费"、"公共收费"、"非税财政收入"。此外，按照中国现行的非税收入来源和构成分类，政府非税收入范围主要包括：行政事业性收费收入、政府基金收入、罚没收入、国有企业税后利润分配收入、社会集资收入等。[①]

行政性收费是指国家机关及其授权单位在行使国家管理职能中依法收取的费用，其实质是国家意志和权威的一种经济表现。事业性收费是指非营利性的国家事业单位及类似机构在社会公共服务中，依照有关政策规定收取的费用，其实质是对服务性劳动的部分补偿。经营性收费是营利性单位向社会提供商品性服务时，在社会公共机构监管下所收取的费用，其实质是对服务性劳动的全额补偿。

西方国家并没有"规费"这一概念，它往往是指除税收、财产收入、使用费外的杂项收入。我们可以把规费看成是政府部门为公民提供某种特定服务或实施行政管理所收取的手续费和工本费，包括行政规费和司法规费。使用费是指使用者对他们所享用的公共服务直接支付的费用（这一服务可能由政府提供也可能由私人提供）。特定用途税（或称受益税，earmarked taxes）是使用费的变通形式，指对与公共服务有关的课税对象征税，并将收入专项用于该公共服务的提供。西方的规费往往指的是证照费、许可费以及司法收费，范围比中国目前的政府收费窄。而其使用费的概念虽然单指特定的公共服务收费，仍比中国事业单位的"事业性收费"范围广。

政府收费是指国家行政机关、司法机关及其授权单位依据政治权力，为行使特定的社会管理职能而向被管理者或受处罚者收取一定数量的货币或同值财产。从概念可知，政府收费这一范畴既不包括资源性收费，也不包括公共事业性收费和公用事业性收费这两类使用性收费。非税财政收入指政府为了公共利益而征收的所有非强制性、需偿还的经常收入，包括经营和财产收入、管理费和收费、罚款和没收、政府内政府雇员养老金和福利基金缴款、其他非税收入如私人捐赠等。

（二）公共收费的概念

广义上的公共收费首先包括政府收费，其次包括使用费。公共事业性收费

[①] 叶振鹏：《财政理论与实践》，中国财政经济出版社1998年版，第101页。

和公用事业性收费这两类使用性收费类似于价格，是指国家通过事业单位、国有企业或私营企业提供非纯公共产品或自然垄断产品，以商品所有权为依据，对等交换（不一定为等价交换）所收取的使用服务费。前者如教育、医疗收费，后者如水电、煤气收费，依据的是商品所有权，属于购买商品（劳务）支付的费用，与政府收费有本质的区别。公共事业性收费与我们常用的"事业性收费"类似，因为大部分"事业性收费"是事业单位提供非纯公共产品时收取的费用，而企业提供自然垄断产品时收取的费用不被当作"事业性收费"。对政府所提供的特定公共设施的使用者按照一定的标准收取使用费，也是公共收入的一个来源。这通常发生在公路、桥梁和娱乐设施等的使用上。按照受益原则，享受政府提供的特定公共物品或服务，应当相应地为此支付一部分费用，即所谓谁受益谁出钱。政府收取的使用费一般低于其提供该种物品或服务的平均成本。

广义上的公共收费还应该包括资源性收费。按照税、利、费、租分流的原则，资源性收费名费实租，是指国家依据国有财产所有权对占有使用公共资源的微观经济主体收取的使用补偿费，类似于国企利润和公产收入，其征收依据为国有财产所有权，本质上是租金而不是政府收费。

二　公共收费的原则和定价

（一）公共收费的原则

西方学者很早就提出了国家税收的原则，从亚当·斯密的公平、确实、便利、最少征收费用四原则到瓦格纳的财政、经济、公正、税务行政原则。那么，公共收费的总体原则与税收原则和政府收费原则有相似的地方，一般认为，公共收费应遵循以下原则。

1. 非营利性原则

政府收费的目的在于通过管理和收费来规范社会秩序、保障公众利益，从性质和效益的角度看，它不应作为取得财政收入的主要手段；同时从范围来看，它也不足以取得充裕的财政收入。而公共事业性收费和公用事业性收费，一般按边际成本或平均成本定价，以期解决市场失效问题、促进社会公平与效率的实现，也不是以盈利为目的的。

2. 公平原则

客观地说，公共收费对解决收入分配不公这一市场无效问题的作用甚微，其公平原则主要体现在对等受益方面——消费者支付一定的使用费及管理性收费后获得相应的社会公共服务、自然垄断物品或政府服务。还体现在支付能力原则上，具有相同费用支付能力应承担同等的公共费用，不同费用支付能力的人应承担不同的公共费用。因此，公共收费不仅要解决好资源的有效供给问题，还要保证弱势群体的利益不受侵害。

3. 效率原则

效率原则是公共收费的首要原则。在市场经济中虽然资源配置的基础性作用由市场发挥，但仍存在大量市场失效问题，其中如非纯公共物品的提供和自然垄断问题都是税收所无力解决的，而公共收费则可在其中发挥重要作用，保证社会福利的最大化和资源的较佳配置。

4. 管理原则

管理原则主要强调政府收费的易征收、易管理、易理解和征纳成本最小化以及国家对公用事业收费的管理成本最小化等问题。

（二）公共收费的定价

在市场经济中，价格是资源配置最重要的信号，主要由市场自发形成，而公共收费由于其特殊性必须由政府来确定标准或规制价格。

1. 政府收费和资源性收费的定价

政府收费旨在加强社会管理和调节经济，而不以盈利或弥补成本为目的。因此，从理论上讲，可以不遵循等价原则，标准可以定得很高，也可以定得很低。根据不同收费性质可以有不同的标准：管理性收费可以按支付者从政府服务中所获得效益的大小或政府服务和进行管理所需的成本多少（可以为完全成本也可以为不完全成本）来确定收费的标准；惩罚性收费应根据消除或减轻负外部效应所需的社会成本来制定收费的标准。

资源性收费则应参考资源的稀缺性、资源的开采或利用条件、资源的供求状况，并区分不同的资源类型，对水、土地、森林、野生动植物、各种矿产和能源分别进行定价。具体来讲，中国的资源性收费应根据中国的实际情况，确定以劣等自然条件的中期生产成本为基础，以包括开发、恢复、保护等费用在内的完全成本为依据，并以国际市场价格作为参考来加以确定。

2. 使用费的收费定价

第一，按边际成本收费。收费水平按边际成本确定，是实现资源最优配置的唯一方式。按照这种定价方法，由于平均成本总是大于边际成本，国家必须对企业的亏损给予补贴，因而势必造成以下问题：国家财政紧张，企业经营散漫，影响效率和公平。

第二，按平均成本定价。在平均成本定价法下，当产品需求的价格弹性 ε 越小时，价格与边际成本之间的差距越大，效率损失越大。在实践中可以结合税制的中性程度和产品的需求弹性来比较边际成本定价法和平均成本定价法对效率和社会福利的不同影响从而决定取舍。同时还可以从两者之间选取合适的价格作为定费的标准，其效率损失较平均成本定价法小，但仍须国家进行补贴以弥补亏损。

第三，二部收费。二部收费法可克服边际成本定价和平均成本定价的一些缺陷，被广泛运用于电力、煤气、自来水、电话等自然垄断部门。其收费分为两个部分，一是按固定成本和用户数计算收取基本费，二是按边际成本确定从量收费的标准。二部收费也存在问题，其相对高的基本费有排挤低收入者和少量需求用户的可能性，会导致总需求曲线的左移，社会福利值的减少。同时，相同的基本费会使小额消费者的一部分好处补贴给大额消费者，产生收入再分配的效应。

除二部收费法之外，还有一些其他非线性定价法，如高峰定价法和多产品企业的拉姆塞定价法及完全分摊成本定价法等。

三　中国的"费改税"问题

（一）税费的区别与联系

从理论上说，税与费的区别是明显的：一是征收主体不同，由国家税务机关代表政府征收的为税，由其他行政机关或事业单位征收的为费；二是用途不同，税务机关征收的税款由国家统一支配，用于社会公共需要，而各项收费一般采用专款专用的原则，用于本身业务支出的需要；三是特点不同，税收具有稳定性，是一种规范的分配，收费具有随意性，是一种非规范的分配。税与费也有联系，它们的共同点都是为满足政府职能需要的筹资手段。

（二）中国规模过大的行政性收费

大多数学者认为，无论从经济理论还是从西方发达国家的先进经验来看，税费都应是国家的主要收入来源。而中国改革开放以来，乱收费现象愈演愈烈，出现了费大于税的不正常情况。

从目前中国行政性收费现状来看，与规范化的要求相去甚远，主要表现在：一是各级政府的收费缺乏权威性的法律、制度约束，政府各职能部门在收费上各行其是。二是收费收入自收自支，不纳入预算管理。由于自收自支，收费项目的多少、收费数额的大小便与各地区、各部门的利益挂上了钩，相互攀比收费的积极性也就越来越高，收费项目越来越多，收费数额越来越大。三是收费项目及支出缺乏透明度。公众对哪些是合理收费、哪些是不合理收费、收费支出用到哪些地方都不得而知，这种脱离各级人大和广大人民群众监督的收费和支出，其结果必定是乱收费现象泛滥，各类腐败现象也由此产生和蔓延。以上分析表明，在中国现行政府财政收入形式中，不规范的行政性收费与规范化的税收同时并存的情况下，一旦政府财政收支发生矛盾，利用不规范的"费"随意调剂收入就容易发生了。

（三）推行"费改税"的基本思路

按照社会主义市场经济体制发展的要求，国家必须建立科学、合理的收入分配机制，扭转多头参与国民经济生产总值分配的格局，形成以税收手段筹集政府公共收入，国家财政分配为主，辅之少量必要收费的政府分配体系。

1. 合理界定税费及其规模、比例

税收是政府财政收入的主要形式，收费是其必要补充，两者统一于政府预算，构成政府统一支配的财力。税费的主辅地位是由政府所提供的公共物品的性质所决定的。收费在政府税费收入中应居于辅助地位，那么其比重多少为合理？从目前世界各国看，中央政府运用收费形式所取得的收入所占比重较低，一般为10%左右，中央财政收入主要依赖税收收入；而地方政府收费筹集的财政收入已成为地方政府主要来源，一般占同期财政收入的50%左右，这些数据比例都可供中国借鉴参考。

2. 健全收费法规，规范收费行为

由于收费具有明显的受益性、非普遍性、相对不规范性等特点，多数收费项目的方法权、收费标准的制定权应下放给地方政府。同时，为防止地方政府出于地方利益考虑而滥用立法权、定价权，导致乱收费滥收费的现象发生，国家应尽快颁布政府收费相关法律法规，其内容应包括：第一，收费的立法程序及审批权限。第二，收费的业务流程，包括收入、上缴、票据、会计核算的规范等。第三，收费资金的使用和过程监控。第四，收费的检查监督，包括控管机构及其权利职责。

3. 完善税制体系

对现行收费项目，首先要区分哪些是合理收费项目，哪些是不合理收费项目，对不合理收费项目要坚决砍掉。其次，对合理收费项目，要按照税、费对口原则，对属于税收性质的收费项目，通过扩大有关现有税种的税基或设立新的税种，将有关收费项目归位到税收范围，即通常所说的"费改税"。余下的合理收费项目，要报人大审批后向社会公布，以增强其透明度。

对合理收费要纳入规范化管理的轨道。所有政府部门的行政性收费（除需要由有关政府职能部门代收的规费外），都要归口到财税部门统一征收、统一管理。所有收费收入要纳入统一的政府预算，如果一步到位比较困难，可先采取过渡办法，由财政部门单独编制预算，收费收入归口拨付使用，待条件成熟，再纳入统一的政府预算。

4. 转变政府职能，精简政府机构，裁减政府冗员

乱收费、滥收费的根源之一是政府职能混淆，导致机构臃肿，人员超编。当政府预算内拨款不足时，地方政府部门则通过设立专门收费机构和新设收费项目增加地方政府收入，进而形成收费扩张的恶性循环。因此，通过转变政府职能，精简政府机构，裁剪政府冗员可以为"费改税"减少政策风险。一方面政府行政总开支减少，职能性部门经费得到保障，减少"费改税"的收入风险；另一方面，由于职能转变，收费机构减少，也有利于遏制非规范的收费再度产生。

思考题：

1. 公共收入的形式和原则是什么？
2. 如何判断税制是否具有累进性？
3. 公债的发行会对经济产生怎样的影响？

4. 公债政策的可持续性如何实现?
5. 如何合理确定公共收费标准(定价)?
6. 如何认识中国的"费改税"现状及未来的发展走向?

第八章

公共支出的理论与实践

公共支出既是政府实现其职能和政治经济目标的财力保证，也是政府为社会提供公共产品、满足公共需要的物质前提，它集中反映了政府执行各项职能的耗费，是国家重要的宏观经济调控手段之一。公共支出规模适度、合理增长及结构优化，将有助于巩固国家政权、促进经济可持续发展以及不断提高国民福利水平。

第一节 公共支出概述

随着政府逐渐增强和熟练运用经济干预手段，公共支出规模与日俱增，其作用也日益突出。公共支出是公共政策选择结果的具体体现，主要是将政府通过税收聚集的公共资金加以使用，以此使政府职能得以发挥。[①]

一 公共支出的概念

公共支出，亦称财政支出或政府支出，是政府为履行其职能、提供公共产品和服务、取得其所需物品和劳务而支出的一切费用的总和。从其本质上来讲，政府支出是满足社会公共需要的社会资源配置活动，是国家通过财政收入将集中起来的财政资金进行有计划的分配，以满足社会公共需要和社会再生产的资金需要，从而为实现国家的各种职能服务。

---

① 杨龙、王骚：《政府经济学》，天津大学出版社2004年版，第78页。

公共支出由两部分组成,一部分是政府购买,如政府花钱修建道路、设立法院、提供国防、开办学校等,这部分计入GDP。另一部分不计入GDP,如转移支付、公债利息等。公共支出可以确保国家职能的履行,政府经济作用的发挥,在市场经济社会中可以支持市场经济的形成和壮大。

二 公共支出的原则

随着市场经济成熟及财政理论的发展,公共支出的原则也在不断演进:早期,道尔顿从收支辩证关系提出了公共支出二原则,即经济原则和合理使用原则;毕费瑞在凯恩斯经济思想上提出了三原则,即为了实现充分就业扩大公共支出的原则,根据公共事项轻重急者优先的原则,对应支出的原则;后来小川乡太郎提出了政治原则、财政原则、国民经济原则和社会原则。[①]

在实践中各国政府普遍强调的原则如下。

(一) 经济效益原则

经济效益原则是指通过政府支出使资源得到最优化的配置,使社会得到最大的"效益"。这一原则可以从以下两方面的含义来理解。一是社会资源在公共部门和私人部门之间的最优配置。在资源配置上,政府支出与私人支出是处于同样的地位。同样的钱花在公共部门的机会成本等于花在私人部门的损失。国家公共支出给社会带来的收益应大于因为政府课税或用于其他方式取得收入使社会付出的代价。在完全竞争市场,当投资的政府边际成本等于私人边际收益时,整个经济的配置状态达到最优。二是在使用由政府财政配置的资源时也应以获得最大社会效益为原则。可以采取成本—收益分析的方法来确定某项支出是否获得最大社会收益,判定是否总收益大于总成本。

(二) 公平原则

公平原则是指通过政府支出提供劳务和补助所产生的利益在各个阶层居民中的分配应达到公平状态,能恰当地符合各个阶层居民的需要。公平中的横向

---

① 巫建国:《公共财政学》,经济科学出版社2009年版,第90页。

公平要求同等对待同一层次的居民；纵向公平要求差别对待不同层次的居民，这两个层次都要顾及。公平原则的具体体现是受益能力原则。居民的情况是否相同，是指他们对公共支出利益的需求程度是否相同，也就是居民的受益能力是否相同。公民的受益能力是同其收入水平相关的，收入水平越低，则补助对他产生的作用越大，就是受益能力越大，从全社会角度衡量效用就越大。因此，公共支出应对收入不超过规定水平的社会成员给予补助，收入越少，给予的补助就应越多。

（三）统筹兼顾原则

统筹兼顾原则是指政府公共支出的结构安排，必须从全局出发，通盘规划，区分轻重缓急与主次先后，适当照顾各个方面的需要，妥善分配财力，以保证政府各项职能的实现以及国民经济的协调发展。

事实上，分析经济运行可以看出，以上目标在实践当中往往很难同时达到，决策者经常处于两难境地，有时某些政策措施为促进就业，就不得不牺牲稳定价格水平的目标，或者会出现国际收支失衡。除此之外，要想收到满意的效果，财政政策与货币政策也需要密切配合。

三 公共支出的范围和方式

（一）公共支出的范围

当前中国财政运行绩效低下的一个重要原因是公共支出范围界定不清晰，政府与市场的职能边界模糊，财政"缺位"和"越位"并存，中央与地方政府间事权划分不科学，支出责任不明确。为了提高公共财政运行绩效就必须合理界定公共支出范围，这包括两个层面的划分：第一层面是从政府与市场关系的角度，合理划分公共支出与私人支出的范围；第二层面是从中央与地方关系的角度，合理划分中央与地方的职责和支出责任。

中国公共支出主要有两类：第一类主要是弥补市场缺陷的支出，包括：国家机构正常运转的需要，如国防安全、社会秩序、行政管理、外交事务等方面的需要；社会公益事业的需要；非竞争性基础产品投资的需要；新兴产业、高科技产业、支柱产业及风险产品投资需要等。第二类是矫正市场偏差的支出，主要是体现国家政策方面的支出，为减少经济波动以保证宏观经济持续稳定发展，调节地区、产业和个人利益的支出等。

（二）公共支出的方式

根据公共支出的性质，其支出方式有以下几种：其一，无偿拨款，这是公共支出的基本形式，主要对政府职责应担负、公共选择达成共识的由政府担负的非生产性支出均采取无偿拨款。其二，有偿贷款，对于具有一定生产性的公共建设项目，坚持市场供给原则，实行有偿贷款。其三，补贴，政府按照政策目标对特定事项给予的补贴，主要包括福利补贴、国有企业亏损补贴、产业性补贴和价格补贴等，还包括政策性优惠的税收支出、出口退税等。其四，政府担保，以政府信用为公共服务机构提供金融信誉，实际上它形成了或有支出。其五，政府参股，它形成了一种资本性支出。其六，税收支出，其是政府为实现一定的社会经济目标，给予纳税人的优惠安排（成本扣除、减税与税收抵免），它是为实现这种优惠安排的法律规定和管理制度，也是一种公共支出形式。

四 公共支出的意义

（一）实现政府财政职能的主要手段

在现代财政活动的收入、支出和资产管理三个环节中，政府支出是目的。这是因为它与政府各项职能的实现具有密切关系。只有运用一定的资金，并按照等价、有偿的原则来购买商品与劳务，将之转化为公共产品，供给社会，政府才能实现其在政治、经济、文化、社会等方面的职能。所以，支出是实现政府职能的必要条件。政府支出规模在很大程度上决定着一国政府职能的范围大小和功能强弱。没有财政的支出，任何政权都不可能得以维持。

（二）实现国民经济发展的重要资金来源和经济结构调整手段

在市场经济下，资源配置的基础环节是市场，企业自身的积累和投资是经济发展所需资金的主要来源。但是资源的浪费、盲目无序的状态，是由于投资在分散决策的基础上进行而导致的。同时在涉及关系国计民生的基础设施建设上面，企业往往缺乏积极性。公共支出的财政性资金是一种数额大、期限长的集中性投资，它不仅代表国家的宏观政策，而且投资项目具有基础性、长远性和集中性的特点，会对市场经济产生重要的影响，能够弥补市场的不足，矫正市场失灵，对经济结构的调整与优化起到重要作用。[①]

（三）实现社会公平的重要途径

社会矛盾激化、社会危机加重的一个重要原因是，单纯的市场调节分配，容易造成社会财富的集中，形成两极分化的分配格局。而社会公平至少包括两个层面：一是地区之间的公共支出公平；二是个人收入公平。

第二节 公共支出的结构和分类

公共支出分类是指按照不同的标准和需要，对公共支出进行科学的划分和归类。之所以需要对公共支出进行分类，一方面是为了正确安排、合理分配和高效地使用财政资金；另一方面是为了便于对公共支出结构、规模进行科学的分析，从而准确地把握公共支出变化发展的规律。此外，还有助于社会公众对政府财政状况的了解，便于社会公众的有效监督。

一 公共支出结构分析

（一）公共支出结构概念

公共支出结构是指公共支出总额中各类支出的组合以及各类支出在支出总额中所占的比重，也称"公共支出构成"。简单来说，公共支出结构就是各类公共支出占总支出的比重。通过一定的公共支出结构，可以考察各类公共支出项目在公共支出总额中所占的比重，分析国家在一定时期内公共支出结构的重点与政策变化，从而为优化公共支出结构提供依据。

公共支出结构通常与公共支出类别相联系，不同的支出分类标准则会形成

[①] 郭小聪：《政府经济学》，中国人民大学出版社2003年版，第268页。

不同的公共支出结构。例如，按照政府职能分类，则会形成公共支出政府职能类别结构，主要表现为政府经济建设支出、社会文教支出、行政管理支出、国防支出和其他支出在总支出中的比重。按照经济性质分类，则会形成公共支出经济性质结构，主要表现为购买性支出与转移性支出在公共总支出中的比重。

（二）影响公共支出结构的因素[①]

1. 政府职能

政府支出结构和政府职能有着直接的关系。如何正确界定政府职能，是研究公共支出结构的一个重要理论前提。随着人类社会的演进和科技的发展，政府的经济职能和公共职能都是不断变化的。政府支出是实现政府职能的手段，公共支出结构调整必须服从于政府职能的发展变化趋势。

2. 公共收入总量

政府能在多大程度上安排支出以及各种公共支出项目的满足程度，首先受一定时期内公共收入的总量和增长状况的制约。财政多收才可以多支，更多的政府支出项目才可以得到保证。但要注意的是，只有以正常的税收和其他预算收入形式所形成的公共收入来衡量时，这种制约关系才存在。国家通过公债、向银行透支及财政性货币发行所增加的收入是不能作为公共支出增长的正常来源的。

3. 经济发展水平

经济发展的水平决定了政府收入及其供给水平，同时，政府支出的结构也受到经济发展水平的影响。在一定时期内，一国的经济发展水平决定着社会需求水平和结构。相关理论研究表明，在市场经济发展的不同阶段，政府支出结构是不同的。在经济发展初期，政府的投资性支出占整个政府支出的比重较大；在经济发展中期，财政投资在社会总投资及在公共总支出中的比重都呈下降趋势；在比较成熟的市场经济中，公共品方面的支出在公共总支出中比重将大幅度上升，并将超过其他方面的支出。

以发达国家和发展中国家做对比来看，发达国家在公共支出增长的同时，用于社会福利性方面等的转移性开支增长得较快，而在国防支出、交通等购买

[①] 邓晓兰：《财政学》，西安交通大学出版社2007年版，第100页。

性支出增长得相对较慢；而发展中国家在增长过程中的结构变化有所不同，发展中国家的公共支出增长主要集中在购买性支出方面，特别是在公共投资方面，这与发达国家转移性支出增长更快有所区别。这是因为，发达国家的经济发展水平已经很高，政府所关注的问题更侧重于社会的公平问题，而不是效率问题；对发展中国家来说，追求经济发展的高速度，提高经济的效率便成为政府公共支出首先要考虑的问题，体现的是一种"效率优先，兼顾公平"的公共支出政策思想。

4. 社会经济制度

社会经济制度是指经济的运行模式，最典型的是计划经济和市场经济两种。推行市场经济制度时，一方面，必须控制经济支出中的生产性投入，特别是控制政府直接对经营性行业的投资；另一方面，政府为促进市场经济的顺利发展，对一些市场投资主体不愿承担或不能承担的重要基础设施建设反而会加大投资力度。而在实行计划经济时，生产性支出是政府支出结构中最重要的表现形式。事实上，大多数国家都认识到实行极端的市场原则和极端的计划原则均存在严重的缺陷，因而大多数转向采用市场经济为主的混合经济制度。这客观上形成了在市场发挥配置资源的基础性作用的前提下，政府对市场缺陷进行必要干预的基本格局。

（三）中国公共支出结构的现状及存在的主要问题

1. 公共支出"越位"与"缺位"并存

公共支出的"越位"，主要表现在两个方面：一方面，现行公共支出中，各类事业费庞杂，财政供养人员过多、负担过重，许多不属于公共产品或准公共产品也在财政中列支，从而在一定程度上制约了政府职能的正常履行；另一方面，各种政策性补贴支出的比重虽然有所下降，但绝对数依然在增长而且规模偏大，合理与不合理的财政补贴混在一起，这既挤占了有限的财政资源，扭曲了财政的资源配置职能，也与市场经济体制改革的深化相悖，严重束缚公共支出结构的优化。

2. 重要产业和重要领域的财政投资不足

一是对农业投入力度仍然不够。虽然中央一贯十分重视农业发展，中央财政支农支出占本级财政总支出的比重也处于上升趋势。但许多地方政府为了政绩和经济增长，一再挤占或减少对农投入，使全国财政农业支出占总支出的比重逐年下降。二是对研究与开发的投入偏低。研究与开发投入反映一国的科技发展和创新潜力，对提高国家的综合国力和增强国际竞争力具有战略意义。根据联合国教科文组织《科学应用与发展》中工业化发展过程的四个阶段划分标准，中国处于第一阶段末期和第二阶段初期。在这个时期，发达国家政府研发投入占 GDP 的比重一般均在 1% 以上，而中国 20 世纪 90 年代以来财政科技投入占 GDP 的比重一直维持在 0.8% 左右的水平，可见中国科学研究的财政投入水平是比较低的。三是基础设施、公用事业等方面的投资有待加强。经过多年改革，中国经济建设支出比重逐年下降，但仍远高于发达国家。更严重的是，其内部支出结构不尽合理，用于基础设施、公用事业等方面的支出明显低于 4% 的世界平均水平，致使能源、道路、交通等公共项目的支出缺口依然很大，导致一些地方依然存在"基础瓶颈"制约。

3. 公共支出管理和控制机制尚未健全

政府预算本是规范公共支出管理最重要、最有效的一项法律制度，是支出管理的基本法律依据。但是，中国自 1995 年颁布实施《中华人民共和国预算法》以来，至今尚未建立起一套科学规范、行之有效的公共支出管理和控制机制。

二 公共支出的理论分类

（一）按支出用途分类

按公共支出用途分类，是与中国国家预算科目设置相一致的分类方法。这一分类能全面体现国家公共支出的具体使用情况，可以反映国家为实现一定时期内社会经济发展各项方针政策的财力要求。它的理论依据是马克思主义关于社会产品价值构成理论，根据这一理论，社会总产品的运动，从静态的价值构成上可划分为补偿性支出、积累性支出和消费性支出。若从动态的再生产角度来进行归类，可分为投资性支出和消费性支出，其中投资性支出包括挖潜改造资金支出、基本建设支出、流动资金支出、国家物资储备以及新产品试制、地质勘探、支农、各项经济建设事业、城市公用事业等支出中增加固定资产的部分；消费性支出则包括文教科学卫生事业费、抚恤和社会救济费、行政管理费、国防战备费等。①

(二) 按费用类别分类

公共支出按国家职能分类，也称为按费用类别分类，就是指按照国家经济管理职能和社会管理职能的不同对公共支出进行的分类，这是国际上通用的一种分类方法。

中国依据国家职能的不同，将公共支出分为经济建设费、社会文教费、国防费、行政管理费和其他支出五大类。其中，经济建设费包括：基本建设支出、国有企业挖潜改造资金、科技发展三项费用、支援农村生产支出、地质勘探费、增拨国有企业流动资金、公交商事业费、国家物资储备支出、城市维护费等。社会文教费包括：用于文化、教育、科学、卫生、出版、通信、广播、文物、体育、地震、海洋、计划生育等方面的经费、研究费和补助费。国防费包括：各种武器和军事设备支出，军事人员给养支出，有关军事的科研支出，对外军事援助支出，民兵建设事业费支出，用于实行兵役制的公安、边防、武装警察部队和消防队伍的各种经费及防空经费。行政管理费包括：用于国家行政机关、事业单位、公安机关、司法机关、检察机关、驻外机构的各种经费、业务费、干部培训费等。其他支出包括债务支出和财政补贴等。②

(三) 按经济性质分类

不同的公共支出项目对国民经济的影响存在着差异，根据公共支出的经济性质，以公共支出是否与商品和服务相交换为标准，可以将公共支出分为购买性支出与转移性支出两类。购买性支出直接表现为政府向企业和个人购买商品或服务的支出，包括购买进行日常政务活动所需的商品和服务的支出，也包括用于进行国家投资所需的商品和服务的支出。购买性支出包括社会消费性支出和公共投资支出，前者如国防支出、行政支出、文教科卫支出，后者如各级政府的固定资产投资支出等。政府在付出这类支出的同时，获得了相应的商品和

---

① 陈共：《财政学》（第六版），中国人民大学出版社 2009 年版，第 45 页。
② 杨龙、王骚：《政府经济学》，天津大学出版社 2004 年版，第 78 页。

劳务的所有权。政府只有购买这些商品和服务，才能生产出公众所需的公共商品和服务（包括混合商品）。它是政府对经济资源的一种消耗，因此又称消耗性支出。这些支出项目的目的和用途虽然有所不同，但却有一个共同点，即财政一手付出了资金，另一手相应地获得了商品和服务，履行了国家的各项职能。在这样的一些支出安排中，政府如同其他经济主体一样，从事等价交换的活动，因此购买性支出所体现的是政府的市场性再分配活动。

转移性支出是政府为实现社会公平目标，单方面对居民和企业等微观经济主体的无偿财政拨款，不以获得同等价值的商品或服务作为补偿，受益者得到财政的转移资金后也不需要返还给政府。其实质是财政企业、居民等各社会经济主体之间进行的收入再分配。转移性支出主要包括政府部门的补助支出、捐赠支出、债务利息支出等。这些支出的目的和用途各异，但却有一个共同点：政府财政付出了资金，却无任何商品和服务所得，整个过程不存在任何交换，它所体现的是政府的非市场性再分配活动。[1]

（四）按其功能分类

公共支出按其功能分类，具体包括以下内容：一般公共服务支出；外交支出；国防支出；公共安全支出；教育支出；科学技术支出；文体广播支出；社会保障和就业支出；医疗卫生；环境保护支出；城乡社区事务支出；农林水事务支出；交通运输支出；工业商业金融等事务支出；其他政府支出。包括未划分到以上功能中的公共支出。这种公共支出划分方法，有利于体现政府各项支出在经济社会发展过程中所体现的功能、作用，可分析资源在不同领域的配置状况。

（五）其他分类方法

一般来讲，公共支出可以按照部门划分、按照预算编制方法划分、按照预算管理体制划分。

1. 公共支出按部门划分

将预算支出分为工业部门、农业部门、商务部门、交通运输部门、科技部

---

[1] 杨龙、王骚：《政府经济学》，天津大学出版社2004年版，第78页。

门、教育部门、文化部门、社会保障等部门支出,一方面,可以分析政府的部门政策导向,一般而言,政府对哪些部门投入多,哪些部门事业发展快;另一方面,将预算支出按部门分类,直接为编制部门预算服务。

2. 公共支出按预算编制方法划分

公共支出按预算编制方法,可分为经常性预算支出、资本性预算支出。经常性预算支出,是指满足政府履行日常内外职能所需要的支出,这部分支出一般都是无偿性支出;资本性预算支出,是指投入社会再生产领域,形成各类资产的支出,这些资产以后可为国家财政带来利税收入。将预算支出分为经常性预算支出、资本性预算支出,可分析政府履行基本公共管理职能与干预经济运行之间的关系。

3. 公共支出按预算管理体制划分

公共支出按预算管理体制划分,可分为中央预算支出、地方预算支出。中央预算支出,是指中央政府满足全国性和跨区域性公共物品服务的支出,体现中央政府职能实现的程度;地方预算支出,是指地方各级政府满足区域性公共物品服务的支出。这种分类方法,可以分析各级政府履行其职能的具体情况,以及政府间财政分配关系。

三 公共支出的统计分类

从 2007 年 1 月 1 日开始,中国各级政府和支出机构采用了新的分类体系,用于编制和执行预算,以及采集和处理相关的支出数据。新的政府收支分类体系充分体现了国际通行做法与国内实际的有机结合,有利于更加清晰完整地反映政府收支全貌和职能活动情况,对进一步提高政府预算的透明度,强化预算的管理与监督,从源头上遏制腐败,促进民主与法制建设都具有十分重要的意义。

新的公共支出科目体系不再按经费性质设置科目,而是按政府的职能和活动设置类、款、项三级,类级科目反映政府的某一职能,款级科目反映为完成某项政府职能所进行的某一方面工作,项级科目反映某一方面工作的具体支出。

新的政府支出分类有两种形式:

1. 支出功能分类

支出功能分类主要反映政府活动的不同功能和政策目标。根据社会主义市场经济条件下政府职能活动情况及国际通行做法，将政府支出分为类、款、项三级。其中包括：一般公共服务、外交、国防、公共安全、教育、科学技术、文化体育与传媒、社会保障和就业、社会保险基金支出、医疗卫生、环境保护、城乡社区事务、农林水事务、交通运输、工业商业金融等事务、其他支出和转移性支出。

2. 支出经济分类

支出经济分类主要反映政府支出的经济性质和具体用途。支出的经济分类设类、款两级，主要包括：工资福利支出、商品和服务支出、对个人和家庭的补助、对企事业单位的补贴、转移性支出、赠与、债务利息支出、债务还本支出、基本建设支出、其他资本性支出、贷款转贷及产权参股和其他支出。

第三节 购买性公共支出

购买性支出包括日常政务活动所需商品和劳务的社会消费性支出和公共投资支出两个大类。购买性支出占 GDP 和公共支出比重的大小，代表着公共部门对资源配置以及经济稳定影响的程度。一般来讲，政府增加购买性支出，会直接或间接地引起社会需求的扩大，其结果是企业生产规模的扩大和就业人数的增加。相反，如果政府减少购买性支出，则会引起社会需求的下降，其结果可能导致企业生产规模的缩小和就业人数的减少。

一 行政支出

行政支出是指财政用于国家各级权力机关、行政管理机关及外事机构行使其职能所需要的经费支出。行政所提供的服务，是最为典型的公共产品，最能反映公共产品的基本特征，具有典型的非排他性、非竞争性和社会性，可以为一个国家范围内的全体社会成员共同享用，而且这种效用不能为任何人所分割。因此，行政服务不能作为一种商品由市场来提供。自国家产生以来，行政费用就是政府公共支出的基本组成部分。

从国家职能实现的角度考察，行政支出是政府公共支出应首先保证的部分，财政必须提供足够的经费才能保证国家机器的正常运转，国家才能稳定，社会经济生活也才能正常进行。但从社会产品分配的角度考察，行政支出是消费的组成部分，如果行政费用过高，将造成消费比重过高，会削弱社会积累，不利于国民经济的发展。因此，尽管存在政府支出不断增长的趋势，但现代许多国家都十分重视对行政费用的适当控制，不少国家甚至有完善的制度和法律程序来实现这种控制。

由于中国公共支出分类科目的调整，2007年以后原行政管理费支出的内容反映在新分类下的一般公共服务、外交、公共安全等支出项目中（见表8—1）。

表8—1　　　　　　　　2007—2011年行政管理费支出

年份	国家财政支出（亿元）	一般公共服务（亿元）	外交（亿元）	公共安全（亿元）
2007	49781.35	8514.24	215.28	3486.16
2008	62592.66	9795.92	240.72	4059.76
2009	76299.93	9164.21	250.94	4744.09
2010	89874.16	9337.16	269.22	5517.7
2011	109247.79	10987.78	309.58	6304.27

数据来源：根据历年《中国统计年鉴》整理。

按新的支出分类口径统计，从图8—1可以看出，2007年中国行政管理费为12215.68亿元，占公共支出的24.54%，2011年，行政管理费为17601.63亿元，占公共支出的16.11%。行政管理费占比逐年下降。

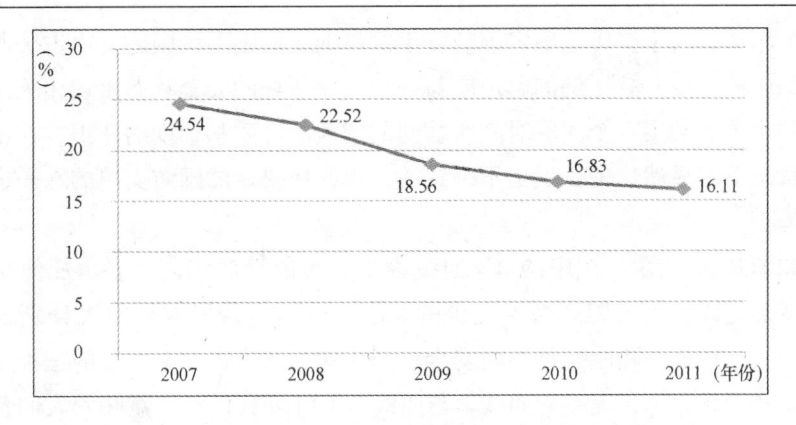

图 8—1　2007—2011 年行政管理费支出占公共支出的比重

数据来源：根据中华人民共和国国家统计局：《中国统计年鉴》（2008—2012），数据计算得出。

总的来说，在保证政府正常运转的前提下，行政管理支出越少对社会越有利。由此也反映了中国政府致力于减少行政管理支出、推动公共支出效率提升的努力。

二　国防支出

国防支出是指政府对所筹集的财政资金有计划地投向国防建设和军队建设方面的费用。国家的一项重要职能就是防御外来入侵，保卫国家安全，因而，建设军队和军事设施是必需的，这就决定了国防支出是一项基本支出，是保证国家安全与领土完整，防止外来侵略，实现国家对外专政职能的财力保证。国防支出包括国防费、国防科研事业费、民兵建设费和有关专项国防工程支出等。

国防支出水平的高低，主要取决于以下三个因素：一是经济发展水平。一国的经济实力越强，用于国防方面的支出就可以越大。二是国家管辖范围。一个国家领土越大，人口越多，用于保卫国土、保护国民安全的防护性开支就会越大。三是国际环境及国际形势。在国际环境恶化、国际形势紧张时，一国国防支出可能大幅度增长，国际环境较为平静、国际形势趋向缓和，国防支出就可能因此而压缩。

在国家经济发展的基础上，应使国防支出保持适度的增长。应优化国防支出分配结构,科学合理地确定国防支出的投向。原则上,国防支出占公共支出的比例应该适度。其比例的确定应与一个国家所处的安全状态密切相关。国防支出的水平表明了一个国家对其所受到的威胁的性质和程度的认识,在不同的安全状态下,显然这种认识是不一致的,由此所决定的国防支出的水平也是不一致的。[①]

如图 8—2 所示,图中的 AB 曲线为生产可能性曲线,它表示任何军用产品的增加是以牺牲民用产品为代价的。i_1、i_2、i_3 三条无差异曲线分别代表人们在和平、冷战、热战三种不同安全状态下对国防支出总量配置的三种不同偏好。在和平状态下,无差异曲线 i_1 与曲线 AB 相切于 E_1 点,意味着人们希望将较多的资源用于生产民用产品,而将较少的资源用于生产军用产品,这时国防支出的最优水平为 X_1;在战争状态下,生存与安全已成为人们的最大需求,为了战胜外来侵略者,保卫国家,人们愿意将较多的资源配置于军用产品,这时无差异曲线 i_3 与曲线 AB 相切于 E_3 点,相应地国防支出的合理规模为 X_3;在冷战状态下,虽然已摆脱了战争,但仍然笼罩着战争的阴云,人们在将其主要的精力用于经济建设的同时,仍然关注着战争的威胁,这时无差异曲线 i_2 与曲线 AB 相切于 E_2 点,与此相应,国防支出的最佳配置量为 X_2,介于和平和战争状态之间。[②]

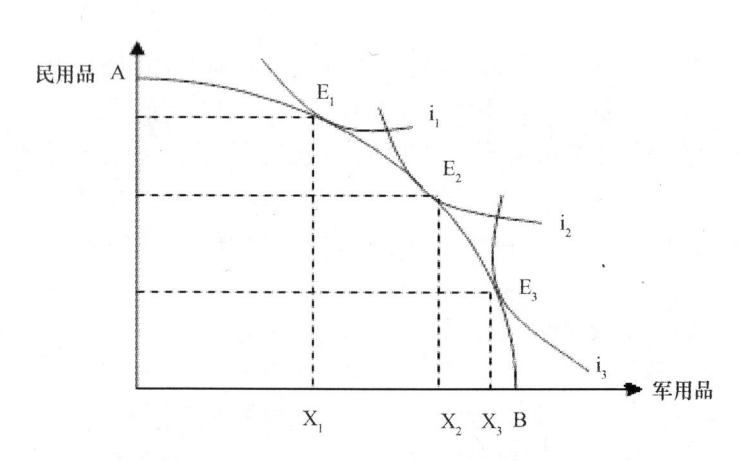

图8—2 不同安全状态下的国防支出配套

[①] 江沁、杨卫:《政府经济学》,同济大学出版社 2009 年版,第 77 页。
[②] 江沁、杨卫:《政府经济学》,同济大学出版社 2009 年版,第 78 页。

依据一般均衡的要求，要实现国防的有效供给，社会对于军用品和民用品的边际替代率（社会无差异曲线斜率的绝对值）应等于二者之间的边际转换率（社会生产可能性曲线的斜率）。因此，当两条曲线相切时，就达到现有资源和技术约束下的均衡组合。

按《2008年政府收支分类科目》，国防支出包括现役部队、预备役部队、民兵、国防科研事业、专项工程等支出内容。表8—2为中国近几年国防支出情况。从2007年至2011年，中国国防支出占公共支出的比重逐年下降，由2007年的7.14%下降至2011年的5.52%。

表8—2　　　　　　　　　　2007—2011年国防支出

年份	国家财政支出（亿元）	国防支出（亿元）	占财政支出比重（%）
2007	49781.35	3554.91	7.14
2008	62592.66	4178.76	6.68
2009	76299.93	4951.1	6.49
2010	89874.16	5333.37	5.93
2011	109247.79	6027.91	5.52

数据来源：根据《中国统计年鉴》（2008—2012）相关数据整理。

三　教育支出

（一）教育支出的必要性

教育具有私人产品的特征：受教育者能够获得更多的知识和技能，受教育有助于其将来找到更好的工作、获得更高的收入以及赢得较多的晋升机会。但是，在实践中，各国政府大都在提供教育服务方面发挥着主导作用，这是因为教育在具有私人产品特征的同时，也具备公共产品的一些特征。而且，越是基础性的教育（如初等教育或义务教育），其公共产品的特征越强，政府越有职责介入。

首先，教育具有正的外部性。一方面，教育有助于劳动力素质的提高。另一方面，教育有助于提高公民的文明程度。教育使公民形成良好的道德和世界观，并获得更强的生存能力，这有助于减少犯罪和社会的行政管理成本。

其次，教育有助于缩小贫富差距。假如教育服务完全由私人部门提供，实行严格的排他性制度，那么穷人的子女即便天资聪颖也会因为高昂的学费而无法获得教育服务。所以政府的介入，以公共产品的形式提供必要的义务教育是十分必要的。这既体现了公平，又促进了社会的稳定。

最后，教育资本市场的不完全性，也需要政府部门的介入。由于教育资本市场的不完全性，人力资本投资的回报和回报率都是事先难以确定的，这就使得私人金融部门因担心无法得到偿还而不愿为教育融资，这样，那些愿意接受高等教育的学生会因资金不足而被剥夺受教育的机会。因此，政府有必要介入教育，为教育提供一定的财政支持。

(二) 政府教育支出方式

政府提供教育支出的方式有两类：一是直接开设公立学校，对学生免费或收取较低的学费；二是在鼓励私人部门兴办教育的同时，提供各种形式的间接补贴，如对向私立学校的赠与免税，对助学贷款的利息免税以及助学贷款给予担保或财政贴息等。一般地，政府对私立学校的支持相对于向公立学校的投入要少得多。

就世界各国的实践来看，应区分不同的教育类别采取不同的措施：其一，基础教育或义务教育，其资金来源应更多地由财政提供，以公立学校教育为主要形式。其二，高等教育，应主要由受益者个人承担资金，私立学校可发挥更大的作用，而国家财政可以适当予以支持。其三，职业教育。由于其与物质生产领域有较直接的联系，带有明显的商业性，因此其资金来源应基本上由市场机制决定，由企业或受益人承担。当然，为了促进职业教育的发展，扩大就业，政府也可以适当给予支持和鼓励。

(三) 中国教育支出

按中国《2008年政府收支分类科目》，教育支出包括教育管理事务、普通教育、职业教育、成人教育、广播电视教育、留学教育、特殊教育、教师进修及干部继续教育、教育附加及基金支出、其他教育支出等十项内容。

从表 8—3 可以看出，中国教育支出规模逐年增加，由 2007 年的 7122.32 亿元增加到 2011 年的 16497.33 亿元，但占公共支出的比重却无明显增长，甚至在 2009 年、2010 年出现了下降。教育支出占 GDP 比重越来越被世界各国用来衡量政府的教育支出水平。2007 年中国教育支出占 GDP 比重仅为 2.68%，2011 年这一比例达到 3.49%，与世界其他发达国家相比，还有明显差距。这说明，中国的教育投入还明显不足，制约着中国教育事业的发展。

表 8—3　　　　　　　　　　2007—2011 年教育支出

年份	GDP（亿元）	国家公共支出（亿元）	教育支出（亿元）	占财政支出比重（%）	占 GDP 比重（%）
2007	265810.3	49781.35	7122.32	14.31	2.68
2008	314045.4	62592.66	9010.21	14.39	2.87
2009	340902.8	76299.93	10437.54	13.68	3.06
2010	401512.8	89874.16	12550.02	13.96	3.13
2011	472881.6	109247.79	16497.33	15.10	3.49

数据来源：根据《中国统计年鉴》（2008—2012）相关数据计算整理得出。

四　医疗卫生支出

（一）医疗卫生支出的必要性和支出方式

第一，公平问题与政府对保健服务的融资。人们不管收入、财产状况如何，都应该享有充分的医疗卫生服务，就如同投票权不能交给市场决定一样，医疗卫生的提供也不能交给市场提供，而应该由政府提供。

第二，医疗卫生市场的不完全信息。由于医疗卫生服务信息的不对称，在市场机制下，医生是医疗卫生服务市场的供给者，同时他们又决定着病人对医疗药品的需求，供给与需求不能相互制约，市场均衡点可以由医生随意决定，从而必然导致效率损失。因此，需要政府给医生颁发执照，或对医生开药或检查的行为进行管理等。

第三，医疗卫生服务市场中的公共产品与外部性问题。医疗方面的研究，与许多基础科学研究一样，类似于纯公共产品。因此政府对医疗卫生方面的科学研究应给予必要的财政支持。某些疾病的防治具有外部性，尤其是传染性疾病的防治具有明显的外部正效应，治疗那些可能直接传染的疾病，不仅对病人有利，也可使别人间接受益。因此有必要制定有关隔离和强制接种疫苗的管制政策，政府也应该提供相应的公共健康服务。

当前世界各国的公共保健支出的形式主要有：直接向病人或医院提供医疗补助；对私人企业提供医疗保险给予税收优惠；对个人超过一定水平的医疗费用允许从个人所得税税基中扣除[①]。

（二）中国医疗卫生支出

按中国《2008年政府收支分类科目》，医疗卫生支出包括医疗卫生管理事务、医疗服务、社区卫生服务、医疗保障、疾病预防控制、卫生监督、妇幼保健、农村卫生、中医药、其他医疗卫生支出等。从表8—4中可以看出，中国医疗卫生支出中2007年至2011年支出规模逐年扩大，由1989.96亿元增长到2011年的6429.51亿元。

表8—4　　　　　　　　2007—2011年医疗卫生支出

年份	GDP（亿元）	国家公共支出（亿元）	医疗卫生支出（亿元）
2007	265810.3	49781.35	1989.96
2008	314045.4	62592.66	2757.04
2009	340902.8	76299.93	3994.19
2010	401512.8	89874.16	4804.18
2011	472881.6	109247.79	6429.51

数据来源：根据《中国统计年鉴》（2008—2012）相关数据整理。

图8—3反映了医疗卫生支出占国家公共支出和GDP的比重，从中可以看出，两项比例也呈逐年增长趋势。其中占国家公共支出比重由2007年的4.00%增长到2011年的5.89%，占GDP比重由2007年的0.75%增长到2011

[①] 樊勇明：《公共经济学》，复旦大学出版社2001年版，第159—160页。

年的 1.36%，这说明了公共支出结构中逐步扩大了对医疗卫生服务的投入力度，政府的公共医疗卫生服务职能得到强化，服务能力得到了增强。

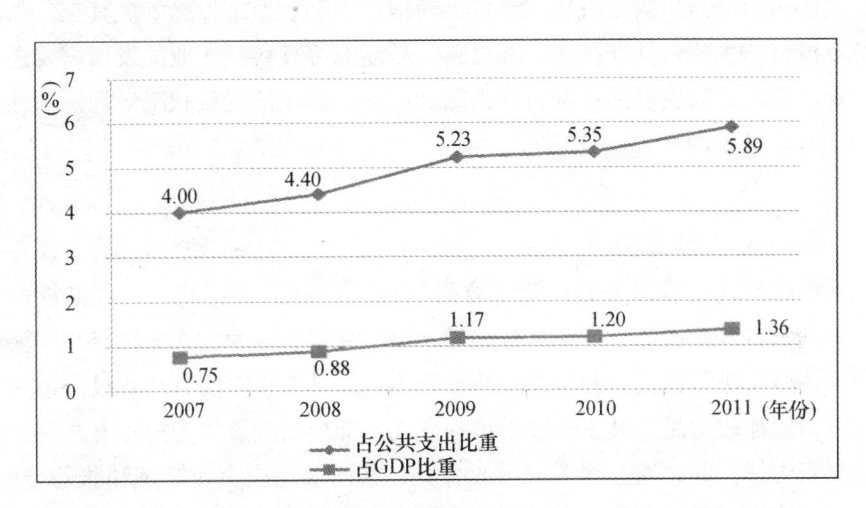

图 8—3　2007—2011 年医疗卫生支出占公共支出比重和占 GDP 比重

数据来源：根据《中国统计年鉴》（2008—2012）相关数据整理。

五　公共投资支出

（一）公共投资支出的特点

作为克服市场失灵重要手段的公共投资在追求社会资源合理配置的过程中发挥着重要作用。公共投资与私人投资的不同表现在公共投资不以私人为主体，而以政府为主体。与社会消费性支出不同，公共投资支出最终会形成收益。正是因为这一特征，这类支出所需资金才不会只采取无偿拨款的形式，而是更多地通过负债融资的形式获得投资所需要的资金，比如发行国债、向政策性银行贷款。

（二）公共投资范围

公共投资集中于私人投资表现出市场失灵的领域，就其范围来讲主要包括自然垄断行业、基础设施、风险投资以及农业等方面。其一，打破市场自然垄断而安排的投资，在铁路、邮政、供水、供电、供气等规模经济显著的行业容易出现自然垄断。其二，基础投资，基础产业包括基础设施和基础工业。基础设施主要包括交通运输、机场、港口、通信、水利、城市设施等。其三，高风险产业投资，主要包括新技术、新材料、新能源等高科技产业的发展需要进行的投资。其四，对农业的投资，作为基础产业，农业的发展状况对经济和社会的稳定具有重要的意义。

（三）公共投资形式

从投资形式来看，公共投资主要采取以下三种方式：其一，直接投资方式，即国家将其掌握的投资基金直接投入投资领域，这种方式的特点是国家以投资主体身份进行投资，并直接经营投资项目。其二，对国有企业投资，这在发展中国家比较常见。其三，股份投资方式，即公共投资作为投资方之一，与其他投资主体一起，通过购买股票或合资，共同参与投资、管理和收益分配，这种方式实现了投资主体的多元化，有利于补充公共投资资金不足，明确投资主体的责、权、利关系，并加强资本的流动性。

第四节　转移性公共支出

转移性公共支出直接表现为资金无偿的、单方面的转移，这类支出主要有社会保障支出、补贴支出、捐赠支出和债务利息支出等。虽然这些支出的目的和用途不同，但却有一个共同点：财政付出了资金，却无任何所得。在转移性支出中，不存在交换的问题。转移性支出体现的是政府的非市场性再分配活动。

一　社会保障支出

（一）社会保障支出的性质

所谓社会保障支出是指国家按照一定的法律和规定，在全体社会成员因年老、伤残、疾病、失业、丧失劳动能力或因自然灾害、意外事故等原因面临生活困难时，向其提供基本生活保障和社会服务，从而使其能达到最低生活水平所形成的一种保障制度。它是一种非市场化的再分配方式。从世界各国社会保障的理论和实践来看，有效的社会保障支出应具备的特征是：法律规定性、社会性、权利义务统一性、互济性、体现人道主义的精神等。

（二）社会保障支出的功能

第一，保障及补偿功能。社会保障是社会成员面临各种自然和社会风险时，由国家和社会为其提供最基本的生活所需要的物质帮助和服务以维护其基本生存权利。所以生存保障支出既是社会保障制度产生的原因，也是其最基本、最直接的功能，主要体现为社会救济和社会保险。

第二，社会稳定功能。在市场经济条件下，市场是基础性的调节机制，它主要依靠市场的供求关系、价格参数以及竞争来进行调节，这注重了经济效益，保证了微观经济的高效运行，却忽略了社会公平，难以保证宏观经济的顺利进行。因此，为克服市场经济的缺陷，有必要通过政府的干预，建立和健全社会保障制度。

第三，调节功能。从宏观上看，社会保障支出被称为调节经济的"蓄水池"，可以调节社会总供给与社会总需求，使其均衡协调，以促进国民经济的稳定发展。当经济衰退、失业增加时，由于失业补助给付和社会救济抑制了个人收入减少的趋势，使失去工作和生活困难的人们增加购买力，从而具有唤起有效需求的效果，一定程度上促进了经济复苏；当经济高涨、失业率下降时，社会保障支出相应缩减，社会保障基金规模因此增大，抑制了社会需求急剧膨胀，最终又使社会的总需求与总供给达到平衡。

第四，收入再分配功能。社会保障支出是国家强制地参与国民收入分配和再分配的一种重要方式，属于分配范畴。在社会保障资金的形成和使用过程中，既包含国家、集体与个人之间的利益分配，也包含各地区、各部门以及各阶层群体之间的利益分配，其基本目的在于缩小收入和财富的分配差距，实现社会公平，维护社会稳定。

（三）社会保障支出的内容

第一，社会保险。社会保险是现代社会保障的核心内容，它的项目在不同国家由于生产力发展水平和财力的性质而有所不同。在中国社会保险的项目主要有：老年保险，失业、待业保险，医疗保险，疾病、生育保险，工伤保险和伤残保险。

第二，社会救助。社会救助是通过国家财政拨款，保障生活确有困难的贫困者最低限度的生活需要。社会救助作为社会保障的一个类型，主要具有两个特点：一是全部费用由政府从财政资金中解决，接受者不需要缴纳任何费用；二是受保人享受社会救助待遇需要接受一定形式的经济状况调查，国家向符合救助条件的个人或家庭提供救助。

第三，社会福利。主要是国家民政部门提供的对盲聋哑和鳏寡孤独的社会成员给予的各种物质帮助，其资金来源大部分是国家预算拨款。

第四，社会优抚。社会优抚是对革命军人及其家属提供的社会保障。主要包括对退役军人的安置，对现役军人及其家属的优抚，对烈属和残废军人的抚恤，以及对军人退休后的保障等内容。

二 财政补贴支出

（一）财政补贴的概念

财政补贴是指一国政府根据一定时期政治经济形势及制定的方针政策，为了有计划地调节社会供求和社会经济生活，通过资金再分配给予生产者、经营者和消费者的一种财政性特定补助。这种经济手段是国家调节经济的重要财政杠杆之一，是财政调节经济过程中派生的一种分配形式，也是发挥财政分配机制作用的特殊手段。

（二）财政补贴的特征

财政补贴是国家为实现特定的政治经济任务和社会目标，在一定时期内向某些特定企业和个人提供的无偿补助和津贴，是国家协调经济运行中各方面利益分配关系的经济杠杆；也是发挥财政分配机制，配合价格杠杆，共同调节社会经济生活的一种特定手段。作为一种转移性支出，财政补贴与社会保障有很多相似性。从国家的角度来看，都是国家从纳税人取得的一部分收入无偿转移给补贴的领受者；从领受者的角度看，都意味着实际收入增加，经济状况得到改善。但是，财政补贴作为一种特殊的转移支出，与其他转移支出形式相比，具有以下特征。

第一，政策性。财政补贴的依据是国家在一定时期内的政策目标，因而具有很强的政策性。由于国家的政策包括社会、政治、经济等多方面的内容，因此，财政补贴不仅是国家调控经济的杠杆，也是协调社会各种关系，保障社会秩序和安定团结政治局面的经济手段。

第二，价格的相关性。财政补贴与有关产品、劳务或生产要素的价格升降密切联系在一起。在现实经济生活中，不是补贴引起价格变动，就是价格变动引起补贴。补贴进入市场后，必然使得原来的相对价格体系发生变动。

第三，灵活性。财政补贴是国家实现特定政治、经济任务和社会目标的一种经济手段，它可直接针对具体的对象，选择不同的补贴方式和补贴金额，迅速、直接地进行调整，以适应经济形式和政策的需要。

第四，收入效应和替代效应的兼有性。收入效应是指财政补贴的领受者领受财政补贴后，其实际收入增加，购买能力提高，经济状况得到改善。替代效应是指财政补贴可以通过改变相对价格体系，影响人们在补贴品可以替代的范围内，更多地倾向于购买补贴品，并相对减少其他商品的购买，从而发挥对消费与生产的调节作用。

（三）财政补贴的分类

财政补贴普遍存在于世界各国的公共支出中，呈现出多样性。其中，最重要、最常见的是按补贴的项目进行分类，可分为以下几种：[1] 其一，价格补贴，这是国家为了弥补因价格体制或政策原因，造成人民生活水平降低或企业利润减少而支付的补贴；其二，企业亏损补贴，这是国家对一些因客观原因造成亏损的国有企业给予的补贴，以维持企业的生产经营；其三，财政贴息，这是国家对企业的某些用于规定用途的银行贷款，就其支付的贷款利息提供的补贴；其四，税收补贴，这是国家财政对某些纳税人和课税对象给予的税收优惠，包括减税、免税、退税、税收抵免；其五，进出口补贴，这是国家为体现产业政策，给予进口国家急需产品的进口商的一种补贴。

---

[1] 刘怡：《财政学》（第二版），北京大学出版社 2010 年版，第 134 页。

财政补贴根据不同的需要,还可以进行各种不同的分类。按补贴的形式分类,分为现金补贴和实物补贴;按补贴的经济性质分类,分为生产性补贴和生活性补贴;按补贴的环节分类,分为生产环节补贴、流通环节补贴和消费环节补贴;按补贴的对象分类,分为企业补贴和个人补贴;按补贴的透明度分类,分为明补和暗补。

(四)财政补贴的经济效应

财政补贴的积极效应:稳定物价,保证经济的平稳运行和社会安定;促进产业结构调整,优化资源配置;促进对外贸易增长,增进技术交流和合作;调节需求和供给结构,保持社会总供求基本平衡。

财政补贴的负面效应:扭曲价格体系,影响价格调节作用的发挥。某些补贴不当,扭曲了价格体系,刺激了不合理消费,加大了宏观调控的难度;不利于现代企业制度的建立。"政策性亏损"掩盖了部分企业由于经营不善而导致的亏损;加重了财政负担。适度的财政补贴是必要的,但超过财政承受能力会影响国民经济的健康、稳定的发展。财政补贴过多,首先削弱了国家财力,降低了国家宏观调控能力。

鉴于上述消极作用,世界各国都对财政补贴采取谨慎的态度,尽量避免和减少其负面效应。

第五节 公共支出规模与评价

公共支出是国家经济机制、政府宏观政策及综合国力的具体体现。从世界范围看,公共支出规模不断扩大是一种历史现象和发展趋势。公共支出从宏观上遵循什么规律增长,始终是各国政府十分关注的问题。

一 公共支出规模

政府支出规模一般而言是指政府部门为实现其职能而发生的商品和劳务的购买及转移支付的总和。随着社会和经济的进步,当代政府职能逐渐扩大,职能范围几乎涉及所有的领域,相应的政府支出的范围进一步增加,政府支出的规模也日益扩大。

（一）公共支出规模的衡量

公共支出规模通常被理解为公共支出总量的货币表现，是衡量一个国家或地区政府财政活动的主要指标之一。衡量政府公共支出的方法主要有两种：一种是从绝对量考察，另一种是从相对量考察。

绝对量的指标，也可以称为公共支出的绝对规模，主要有按当期价格计算的公共支出和按不变价格计算的公共支出。它是直接用货币量表示财政规模衡量指标，可以比较直观地、具体地反映一定时期内政府财政活动规模，反映政府所提供的社会公共事务的规模。因而各个国家和地区通常采用这类指标编制政府财政预算，并向立法机关提供有关预算报告。但在需要对政府公共支出规模进行动态分析和横向或纵向比较时，运用绝对量指标往往有很大局限性。

相对量指标通常用公共支出占 GNP 或 GDP 的比重来表示，是国际上对公共支出规模进行比较时常用的指标类型。它反映了一定时期内在全社会创造的财富中由政府直接支配和使用的数额，可以全面衡量政府经济活动在整个国民经济活动中的重要性。

此外，衡量公共支出规模变化的指标还有公共支出占 GDP 比重、公共支出增长速度、公共支出增长弹性等，用来衡量支出增长态势。

（二）公共支出规模增长趋势的理论解释

经济学家们纷纷从国民收入分配、政府职能扩大乃至社会渐进发展等角度来探索其规律，曾产生广泛影响的支出增长理论主要有以下几种观点。

1. 瓦格纳法则

瓦格纳法则也被称为政府扩张论。19 世纪 80 年代，德国经济学家阿道夫·瓦格纳在考察了英、法、美、德、日等几个工业先进国家的政府支出后，发现政府职能不断扩大以及政府活动持续增加的规律，于 1882 年提出了政府支出不断增长法则，又称瓦格纳法则。这一结论建立在经验性分析的基础之上，是在对各国公共支出和人均收入增长的对比关系分析之后得出的。

这一理论的基本内容可以概括为：政府支出的增长幅度大于经济增长幅

度，是一种必然趋势；政府消费性支出占国民所得的比例是不断增加的；随着经济发展和人均所得上升，公共部门的活动将越来越重要，政府支出也就逐渐增加。

瓦格纳认为，政府职能的扩大和经济的发展，要求保证行使这些职能的政府支出不断增加。政府职能的扩大有两方面的原因：一是政治因素，二是经济因素。所谓政治因素，是指随着经济的工业化，正在扩张的市场与这些市场中的当事人之间的关系会更加复杂，市场关系的复杂化会引起对商业法律和契约的需要，并要求建立司法组织执行这些法律，这样，就需要把更多的资源用于提供治安和法律设施。所谓经济因素，是指工业的发展推动了都市化的进程，人口的居住将密集化，由此将产生拥挤等外部性问题，这样，也就需要政府进行管理和调节工作。①

很明显，瓦格纳正确预测了政府支出不断增加的历史性趋势，这已被国家发展的实践所证实。由于他最早系统地阐述政府支出的长期趋势，更为垄断资本主义国家干预经济提供了一定的理论基础；并且在崇尚"廉价政府"的情况下，明确地提出了政府支出增长将作为一条规律而存在，因此对当时财政思想的变革产生了重大的影响，对以后的财政理论和财政政策研究也同样做出了一定的贡献。

2. 皮考克和威斯曼的"梯度渐进增长理论"

梯度渐进增长理论也被称为"内外因素论"。英国经济学家皮考克和威斯曼在20世纪60年代初对英国公共支出的历史数据进行了经验分析，认为在正常年份国家的公共支出呈现一种渐进的上升趋势，但当社会经历"激变"时，比如战争、经济大萧条或其他严重自然灾害等，公共支出会急剧上涨，当这种"激变"时期过后，公共支出水平将下降，但不会低于原来的趋势水平。②

对这一理论的分析，是建立在这样的假设基础之上的：政府希望花更多的钱，但公民却不愿意交纳更多的赋税。政府必须考虑公民的意愿，注意公民能容忍的税收水平，这是政府公共支出的约束条件。

在这样假设的基础上，皮考克和威斯曼认为，政府支出增长的原因有两

---

① 刘怡：《财政学》（第二版），北京大学出版社2010年版，第161页。
② 杨之刚：《公共财政学：理论与实践》，上海人民出版社1999年版，第13页。

种：正常时期的内在原因和非正常时期的外在原因。内在原因是指由于国民生产总值（GNP）增长带来的收入增长，导致税收的上升和公共支出的增长，这时的公共支出和 GNP 的增长具有相关性。在社会发展的正常时期，随着经济的发展和收入上升，导致在税率不变的情况下税收收入相应增长，因而政府支出有可能同步增长，这就是政府支出增长与 GNP 增长的线性相关关系。外在原因则是政府支出增长超过 GNP 增长速度的主要因素。任何一个政府都愿意提供更多的公共产品和公共服务，即希望有更多的支出。然而公众虽然愿意享受更多的公共产品和公共服务，却不愿意为其缴纳更多的税收。因此，公共部门的扩展会受到公众可忍受的税收水平的限制。这种"可忍受的税收水平"就是政府支出的最高限额[①]。

皮考克和威斯曼认为政府支出的增长并不是均衡、同一速度向前发展的，而是在不断稳定增长的过程中不时出现一种跳跃式的发展过程。这种非均衡性增长是在一个较长时期内进行的。在这一时期内，稳定增长和突发性增长是交替进行的。因而这一理论主要是通过考察公共支出增长趋势中具有特定意义的时间形态，从这些特定的时间形态中来寻找政府支出增长的根本原因。

3. 马斯格雷夫和罗斯托的经济发展阶段论

这一理论模型主要是由 R. A. 马斯格雷夫和 W. W. 罗斯托提出的。两位经济学家根据经济发展阶段的不同需要，用经济发展的阶段论来解释政府支出增长的原因。[②]

马斯格雷夫和罗斯托则用经济发展阶段论来解释公共支出总量及结构变化的趋势。他们认为，在经济发展早期，政府投资占全社会投资比重较高，政府为经济发展提供社会基础设置（道路、环境卫生、法律等），这些投资成为经济起飞的必备条件，但随着经济的发展及民间经济的成熟，这种投资比例会下降；经济进入成熟阶段后，公共支出将从基础设施转向教育、社会保障等领域，而且这方面支出的增长将显著快于其他支出的增长，甚至快于 GDP 的增长速度。

[①] 杨之刚：《公共财政学：理论与实践》，上海人民出版社 1999 年版，第 14 页。
[②] ［德］理查德·A. 马斯格雷夫：《比较财政分析》，董勤发译，上海人民出版社、上海三联书店 1996 年版，第 72—73 页。

(三) 公共支出增长的影响因素

公共支出水平不断增长趋势的决定因素，主要是一国的经济体制、经济和社会的发展水平、城市化程度、工业化水平等。公共支出的规模，直接反映了政府职能的变化和公众需要。影响公共支出规模的主要因素有：

1. 经济性因素

它主要指经济发展水平、经济体制的选择和政府的经济干预政策等。关于经济发展水平对公共支出规模的影响，上面讲到的马斯格雷夫和罗斯托的分析，说明了经济不同发展阶段对公共支出规模的影响。

2. 政治性因素

政治性因素对公共支出规模的影响主要体现在三个方面：一是政局是否稳定；二是政体结构和行政效率；三是政治制度。关于政局稳定问题，皮考克和威斯曼认为，当一国发生战争或重大自然灾害等突发性事件时，公共支出的规模必然会超常规扩大，而且事后一般难以降到原来的水平。关于政体结构和行政效率，首先是与一国的政治体制和市场经济模式有关，一般而言，倾向于集中的单一制国家，公共支出占GDP的比重高一些，倾向于分权的联邦制国家则相对低一些，北欧各国由于政府包办高福利而导致公共支出规模最高。关于行政效率则涉及政府机构的设置问题，若一国的行政机构臃肿，人浮于事，效率低下，经费开支必然增多。

3. 社会性因素

例如人口、就业、医疗卫生、社会救济、社会保障、文化背景以及城镇化等因素，也在一定程度上影响着公共支出规模。

4. 技术因素

新兴工业的发展极大地提高了社会生产力，促进了经济高速发展。高经济增长和收入增长速度，为公共支出的不断增长提供了坚实的物质基础，也是新需求不断产生的一个原因。

二 公共支出效益分析

(一) 公共支出效益的内涵

公共支出效益，是指一国政府在配置资源过程中以社会福利最大化为目标，以最小的公共支出获取最大的社会福利。提高公共支出效益是公共支出的核心问题，因此，研究公共支出效益的目的是合理配置财政资源，提高其使用效率，最大限度地满足社会公共需要。

随着中国财政预算管理体制改革的不断深入和公共财政框架体系的建立，强化公共收支管理与监督，不断提高公共支出效益，已成为财政管理工作中一项十分重要的任务。按照构建公共支出制度的要求，建立科学合理的公共支出效益评价体系，既是财政管理工作的重要内容，也是转变财政管理职能、提高财政预算管理水平的重要举措。

建立科学合理的公共支出效益评价体系，其核心内容之一就是选择科学合理的公共支出效益评价方法。由于公共支出主要是用来提供公共产品，满足公共需要，有效实施社会经济宏观调控，因此，政府部门的公共支出效益和私人部门的微观经济效益有着明显的不同，政府公共支出效益追求社会效益最大化，微观经济主体追求微观经济利益最大化。也正因为政府支出决策以社会净收益为标准，其成本和收益一般无法直接采用市场价格进行衡量，使得政府支出项目的评价面临比企业项目更多的困难。

（二）公共支出效益分析方法

1. 成本—效益分析法

成本—效益分析法，是指根据政府确定的建设目标，提出若干实现建设目标的方案，详细列出各种方案的全部预期成本和全部预期效益，通过分析比较，从中选择出最优的政府投资项目的分析方法。该方法适用于成本和效益都能准确计量的项目评价，包括政府投资的各种项目，如学校、医院、道路、桥梁、机场、码头、水利工程等，还包括一些社会福利项目，如公共住房、社会保险、就业培训等。但是，对于成本和收益都无法用货币计量的项目则无能为力。一般情况下，以社会效益为主的支出项目不宜采用此方法。

1936年美国政府在一项防洪工程中的投资决策上，首次运用了成本—效益分析法。现在，该方法已经在许多国家的中央与地方政府、世界银行等国际组织中广泛使用。成本—效益分析法的具体评价方式主要有三种：

（1）净现值（NPV）法。假设政府筹建一个项目的寿命为 n 年，第 i 年的贴现率为 r_i，第 i 年的收益和成本分别为 B_i 和 C_i，$i=0, 1, 2, 3, \cdots, n$，则

第 i 年的净收益为 $B_i - C_i$。那么该项目未来效益的净现值（NPV）为：

$$NPV = \sum_{i=0}^{n} \frac{B_i - C_i}{(1+r)^i} \quad (8—1)$$

式（8—1）中，B_i 为第 i 年的收益；C_i 为第 i 年的成本，ri 为第 i 年的贴现率，n 为该项目使用年限。根据式（8—1）计算出来的结果，我们就可以对某一项目的投资可行性做出判断：如果 $NPV > 0$，该项目可行；如果 $NPV < 0$，该项目不可行；对不同项目进行选择时，则比较它们的净现值大小，同等条件下选择净现值高的项目。

（2）效益成本比率（NI）法。这种方法是在各支出方案的成本效益数量化后，折为现值，求出效益现值和成本现值的相对数，以此作为决策依据。

$$NI = \frac{\sum_{i=0}^{n} \frac{B_i}{(1+r)^i}}{\sum_{i=0}^{n} \frac{C_i}{(1+r)^i}} \quad (8—2)$$

根据式（8—2）计算结果，效益成本比率法决策原则是：如果 $NI \geq 1$，则该项目可行；如果 $NI < 1$，则该项目不可行。对几个方案进行比较，以效益成本比率最高的为最佳方案。

（3）内部报酬率（IRR）法。该种方法是指求出能使项目净现值等于零的利率，这一利率其实就是项目本身的投资报酬率。

$$NPV = \sum_{i=0}^{n} \frac{B_i - C_i}{(1+r)^i} = 0 \quad (8—3)$$

式（8—3）中，r 就是需要计算的项目本身的内部报酬率（IRR）。如果 IRR 等于或者超过所预期的报酬率，政府支出就有效率，项目可行；如果小于预期的报酬率，则该项目不可行。如果对几个项目进行选择，则具有较高内在报酬率的项目应优先选择。

采用成本—效益分析法进行项目决策时，要注意以下两点问题：一是对贴现率 r 的选择，应采用社会贴现率，这种贴现率以企业部门的贴现率为基础，但是又有别于企业部门的贴现率，一般比私人企业的贴现率要低。这是因为社会贴现率是从国家宏观经济角度，设定对其投资所应达到的收益率标准，它不但要考虑该项目在当代的收益，还要考虑子孙后代的福利，而企业往往低估消费的机会成本而高估投资者的机会成本，抬高贴现率。另外，政府支出项目往往会带来外部效应，这种外部效应也要纳入项目效益之中。二是对公共项目的投入、产出物的价格应采用"影子价格"。所谓影子价格是指当社会经济处于某种状态下，能够反映社会劳动消耗、资源稀缺程度和最终产品需求情况的价格，即不能如实反映商品与劳务的市场价格进行调整以后而产生的可以代表其成本的真正价格。[1]

成本—效益分析法的运用，最关键的是如何确定项目的收益、成本和贴现率。其中，由于社会效益和社会成本非常复杂，因而要全面深入地分析、鉴定和衡量。一般来说，效益和成本分为实际成本效益和金融成本效益、直接成本效益和间接成本效益、有形成本效益和无形成本效益、内部成本效益和外部成本效益以及中间成本效益和最终成本效益五大类。在确定效益成本后，确定贴现率、时间期界、优先次序，并要考察相应的风险与不确定性等。[2]

2. 最低费用选择法

最低费用选择法是指不用货币单位来计量备选的公共支出项目的社会效益，只计算每项备选项目的有形成本，并以成本最低为择优的标准。对于不能运用成本—效益分析法的公共支出项目，可以运用最低费用选择法进行分析，此法与成本—效益分析法的主要区别是，不用货币单位来计量备选的公共支出项目的社会效益，只计算每项备选项目的有形成本，并以成本最低为择优的标准。运用最低费用选择法来确定公共支出项目，由于免去了计算支出效益与无形成本的麻烦，其步骤同前述成本—效益分析法相比要简单得多。

运用最低费用选择法的基本步骤为：首先，根据政府确定的建设目标，提出多种备选方案；其次，以货币为统一尺度，分别计算出诸备选方案的各种有形费用并予以加总；最后，还要按照费用的高低排出顺序，以供决策者选择。最低费用选择法多被用于军事、政治、文化、卫生等公共支出项目。[3]

运用最低费用选择法来确定最佳方案，在技术上是不困难的，困难之处在

---

[1] [美]哈维·S.罗森：《财政学》（第四版），平新乔等译，中国人民大学出版社 2000 年版，第 224 页。

[2] 冯宗容、杨明洪：《财政学》（第三版），四川大学出版社 2010 年版，第 77—82 页。

[3] 耿忠平：《现代领导百科全书（第四卷）：经济与管理卷》，中共中央党校出版社 2006 年版，第 144 页。

于备选方案的确定。因为，这里提出的备选方案应能无差别地实现同一个目标，要做到这一点，可能并不容易。

思考题：
1. 公共支出的原则和方式是什么？
2. 影响公共支出结构的因素有哪些？
3. 中国公共支出结构目前存在哪些问题？
4. 购买性公共支出和转移性公共支出的必要性是什么？
5. 公共支出规模为什么呈增长趋势？
6. 公共支出效益如何评价？

第 九 章

公共预算的理论与实践

公共预算是公共部门在每一财政年度经立法程序批准的全部公共收支计划。在现代社会经济条件下，几乎所有的公共收支活动都是在公共预算的框架下进行的。本章主要探讨公共预算的分类、原则、功能以及公共预算理论和管理内容。

第一节 公共预算概述

公共预算萌芽于国家财政的初步发展时期，公共预算制度最早起源于英国，但作为一个较规范的现代公共预算制度，是经过很长时间建立起来的。关于公共预算的内涵，不同的学者从不同的角度有着不同的理解。"虽然预算具有多张面孔"[①]，但在最基本的层面上，公共预算的根本问题还是金钱或资源的配置问题，这是学界的共识。以此为基础，按照不同的分类标准，可以对公共预算进行不同的分类。此外，本节还介绍了公共预算的功能和原则。

一 公共预算起源与演进

（一）"预算"的由来

公共预算是比税收、国债都要年轻的一个财政范畴，公共预算最早起源于

---

① Donald Axelord, *Budgeting for Modern Government*, New York: St. Martin's Press, Inc, 1998, p. 7.

17世纪的英国,是资产阶级同封建贵族阶级斗争的产物。"预算"在英语中是"budget",来源于拉丁文"Bulga",原意是"皮革袋子"、"钱袋",在中国一般把其翻译为"预算"。根据《美国传统辞典》的字源分析,其进一步的字源来自古法语"Bougette"和中古英语"Bouget",是指国王存放公共支出所需货币的钱袋。依据法国文献记载,法国于1802年开始采用这一名词,用以代替"收支概算"一词。"预算"成为一个公认的名词,大约是在18世纪初期的英国,1733年英国首相瓦尔坡尔的财政提案,被一本叫作《提包打开了》(*The Budget Opened*)的小册子所讥讽。在该书中,将这位首相画成一个变戏法的,预算法案就是他的技巧袋。①

由于当时英国财政大臣到议会提请审批财政法案时,总是携带一个盛有财政收支账目的大皮包,时间一长,人们就将政府收支计划寓意为"皮包",而"预算"一词的使用也从此开始。自英国新兴资产阶级为防止封建政府财政的滥收滥支而编制第一个国家预算以来,公共预算逐渐推行于世界各国,"预算"便成为一个通用的名词。简言之,预算是指"按一定的法定程序批准的政府机关、社会团体和企事业单位在一定期间(年、季、月)的收支预计"②。

(二) 公共预算的产生

公共预算萌芽于国家财政的初步发展时期。原始社会虽然也有简单的财政活动,但只是财政本身的萌芽,作为财政范畴之一的预算自然要在财政初步发展之后才可能产生。奴隶社会虽然出现了国家财政收支活动,但在资本主义生产方式确立之前,并不存在将国家的财政收入和财政支出统一在一个计划的文件中,并经过一定法律程序审核批准才能实施的公共预算。在奴隶社会和封建社会,财政收支活动都是在没有公众约束、没有科学计划的情况下进行的,这时在国家的财政范畴中还没有预算,预算是在社会发展到封建社会末期和资本主义初期才产生的。

在西欧封建社会末期,资本主义生产方式开始出现,商品货币关系逐渐发展起来。随着商品经济的发展,新兴资产阶级开始出现,社会财富逐渐向新兴资产阶级聚集,而掌握着国家政权的封建统治阶级,对新兴资产阶级和农民横

---

① [美] 巴克:《各国预算制度》,彭子明译,商务印书馆1936年版,第5页。
② 樊勇明、杜莉:《公共经济学》,复旦大学出版社2001年版,第120页。

征暴敛,自己却挥霍浪费,不负担任何捐税,严重地损害了新兴资产阶级和广大劳动群众的利益。在这种情况下,新兴资产阶级为维护自身的利益,以议会制度为手段与封建统治阶级展开尖锐的斗争。公共预算制度就是在新兴资产阶级同封建统治阶级进行较量的过程中,作为一种经济手段而产生的。这场较量大体上经历了三个阶段:最初表现在课税权上,资产阶级为对国王的课税权进行限制,规定国王要开征新税或增加税负,必须经代表资产阶级利益的议会同意和批准;以后扩大到争夺财政资金支配权上;最后,要求取消封建统治阶级对财政的控制和在财政上享受的特权,国家财政与王室财政分离,国家的岁入、岁出受到议会的监督,现代意义上的公共预算制度基本形成。

(三) 公共预算的演进

公共预算制度最早起源于英国,但作为一个较规范的现代公共预算制度,是经过很长时间建立起来的。1789年英国议会通过了一项《联合王国总基金法案》,把全部财政收入统一在一个文件中,至此才有了正式的预算文件。到19世纪初,才确立了按年度编制和批准预算的制度,即政府财政大臣每年提出全部财政收支一览表,由议会审核批准,并且规定设立国库审计部和审计官员,对议会负责,监督政府按指定用途使用经费。英国的公共预算制度经过几百年的时间,到19世纪才发展成为典型的公共预算。[1]"'任何事物均非无中生有',在公共预算领域中这一理念得到了最好的诠释,因为在这里'历史就是命运'——有时候是一二百年以前发生的事,会对当前预算实践产生深刻的影响。"[2]

继英国之后,其他资本主义国家的现代公共预算制度也陆续建立。法国在大革命时期的《人权宣言》中对预算也做了规定,到1817年规定立法机关有权分配政府经费,从而完全确立了公共预算制度。

美国早期的宪法中没有关于预算制度的规定,直到1800年才规定了财政部要向国会报告其财政收支,但当时的报告仅仅是汇总性质。在美国南北战争结束的1865年,国会才成立了一个拨款委员会专门主管财政收支问题。1908

---

[1] 张光:《公共预算的起源与英国的崛起》,《天津经济》2006年第1期。
[2] Jack Rabin, *The Budgetary Time Line: History is Destiny*, NY: Public Budgeting and Financial Management, 1990, p.121.

年和 1909 年，美国连续出现财政赤字，这才促使美国政府考虑建立联邦预算制度，1908 年纽约市推出了美国历史上第一份现代预算。[①] 1910 年，美国总统威廉·塔夫特责成研究如何建立美国联邦预算制度。第一次世界大战后，美国国会终于在 1921 年通过了《预算与会计法》，至此才正式规定总统每年要向国会提出预算报告。从 1974 年开始，这一时期立法明显增多，为了遏制"后门筹款"之风，国会制定通过了《1974 年国会预算法》。1985 年又对此法案加以改进，制定了《1985 年平衡预算和紧急赤字控制法案》，通称《格拉姆—罗德曼—霍林斯法案》。1990 年通过《预算实施法案》。这一时期的特点主要表现为国会通过有关法律限制总统行政部门的权力。[②] 但值得一提的是，美国现代预算制度确立的过程是一个以预算为核心的现代国家制度构建的过程，对整个西方国家的政府管理产生了深远的影响。

（四）中国公共预算的发展

中国的公共预算制度是在清朝末期才开始建立的。清光绪三十四年（1908 年），清政府颁布《清理财政章程》，宣统二年（1910 年）起，由清理财政局主持编制预算工作，首先由各省汇报，然后由度支部审核，资政院加以修正，奏请施行。与此同时，又拟定《预算册式及例言》，以每年正月初一到十二月底为预算年度，预算册内先列岁入，后列岁出，各部分"经常"与"临时"两门，门内分类，类下分款，款下分项，项下分子目。由于当时清政府的统治摇摇欲坠，各省呈割据状态，所以各省凑合的数字，只是形式上的统一。尽管如此，一般认为，这次预算编制是中国 2000 多年来的封建王朝第一次正式编制的政府预算。

从现代公共预算出现到新中国成立之前，中国公共预算制度在艰难中发展。直到新中国成立后，依据《中国人民政治协商会议共同纲领》中"建立国家预算决算制度"的有关规定，着手编制 1950 年全国财政收支概算。1949 年 12 月在中央人民政府委员会第四次会议上，通过了《关于 1950 年财政收支概算草案编成的报告》，这标志着新中国公共预算的诞生。1951 年 7 月，在统一全国财政经济工作的基础上，政务院又发布了《预算决算暂行条例》，中国

---

① 於莉：《公共预算改革：承诺、责任与迷思》，《上海城市管理》2007 年第 4 期。
② 樊继达：《美法德三国公共预算管理及启示》，《哈尔滨市委党校学报》2005 年第 5 期。

的公共预算管理制度从此建立起来。

此后,中国公共预算进入了长期相对稳定阶段(1951—1992年),这是一个跨度相当长的历史时期,其间中国的公共预算大体经历了统收统支、总额分成、分级包干等多个历史阶段,基本的变动趋势是,从20世纪50年代的高度集中型;到70年代以集中为主,适度下放财权的类型;到80年代的地方分权为主,放权让利的类型。但其间的预算管理制度则总体上保持相对稳定。

以1992年开始实施的《国家预算管理条例》为标志,中国的预算管理制度进入中央政府供给主导型阶段(1992—1998年)。《国家预算管理条例》规定,中国国家预算采用复式预算编制方法,分为经常性预算和建设性预算,从1992年开始,中央预算按复式预算形式编制。1995年开始实施的《中华人民共和国预算法》又进一步明确将中央预算和地方预算划分为公共预算、国有资产经营预算和社会保障预算三部分,待条件成熟时再考虑增设其他预算。从1995年开始,地方预算也按复式预算编制。在这段时期内,部分地方政府试行了零基预算改革。

以1999年初河北省正式启动"预算管理改革方案"和同年9月财政部提出改变预算编制办法试编部门预算为标志,中国的公共预算管理进入"中间扩散型"与"供给主导型"制度变迁方式并存阶段(1999年至今)。

二 公共预算分类

(一)公共预算的内涵

关于公共预算的内涵,不同的学者有不同的理解。有的从会计学的视角,将公共预算理解为政府收入与支出的报告书[1];有的从经济学的视角,将公共预算理解为稀缺资源的配置工具[2];有的从行政学视角,将公共预算理解为一项管理的工具[3];有的从政治学的视角,将公共预算理解为一项政治活动[4];

---

[1] 彭成洪:《政府预算》,经济科学出版社2010年版,第1—2页。
[2] 陈玉:《公共预算的内涵与完善公共预算管理制度》,《东方企业文化》2011年第2期。
[3] 丛树海:《中国预算体制重构——理论分析与制度设计》,上海财经大学出版社2000年版,第11页。
[4] 张弘力:《公共预算》,中国财政经济出版社2001年版,第15页。

有的从政策的视角,将公共预算理解为一种政策工具或者政策过程[1];还有的从法律的视角,将公共预算理解为一种法律性计划[2]。由此可见,由于"公共预算服务于不同的目的"[3],对公共预算的理解是多方面的,很难形成一个统一的定义。

在最基本的层面上,公共预算的根本问题还是金钱或资源的配置问题,这是学界的共识。这一共识为我们把握公共预算的内涵提供了一个基本依据。如戴维·尼斯(David Nice)认为:"公共预算就是制定和执行政府在收入、分配和资源使用方面的各种决策,但在当代其所关注的焦点还是金钱。"[4] 唐纳德(Donald Axelord)认为,"政府预算就是为了高效、经济地实现政府优先权和目标而进行的分配资金和利用资源的一种决策制度",[5] 威尔达夫斯基则从政治学的角度给政府预算下了一个定义,他认为"公共预算是通过政治程序分配财源的尝试","大多数的预算实践都有可能发生在政治与效率的交叉地带",[6] "政治性是预算的本质属性"。[7]

在综合国内外不同视角对公共预算理解的基础上,我们从公共经济学的视角,试着对公共预算给出一个全面而适用的定义。公共预算是指具有法律规定和制度保证,经法定程序编制、审核批准和执行的中央政府和各级地方政府在一个财政年度内对公共财政收入与支出的计划,是政府各项公共收支的总体规划,是存在于市场经济中并且与公共财政相适应的国家预算类型,是国家财政实现计划管理的重要工具。作为政府的基本财政计划,公共预算反映国家的财政收支状况。具体来看,财政收入反映着可供政府集中支配的财力的来源和规模,公共支出则反映着国家财力使用的方向和目标。同时,公共预算收支的对比还反映国家财力的平衡状况。

---

[1] 王雍君:《公共预算管理》,经济科学出版社2008年版,第3页。

[2] 赵早早:《美国公共预算改革的途径:管理、政治和法律》,当代经济管理出版社2005年版,第54—55页。

[3] [美]戴维·尼斯:《公共预算》,经济科学出版社2004年版,第2页。

[4] 同上。

[5] Donald Axelord, *Budgeting for Mordern Government*, New York: St. Martin's Press, Inc., 1998, p.1.

[6] Aaron Wildasky, "Political Implications of Budgetary Reform", *Public Administration Review*, Vol. 21, No. 4, 1961, pp. 183 – 190.

[7] Aaron Wildasky, *Politics of the Budgetary Process*, Boston: Little, Brown, 1964, pp. 4 – 5.

(二) 公共预算的分类

公共预算的具体形式是在财政制度制约下形成的。公共预算作为政府收支活动的预先计划形式，顺应不同时期公共部门的不同需要，不断扩展其活动范围，内容也大为复杂，相应地形成了多种具体制度形式与种类。具体而言，按照不同的分类标准，可以对公共预算进行不同的分类。

1. 单式预算和复式预算

按照公共预算的编制形式，公共预算分为单式预算和复式预算。

单式预算，又称单一预算，是传统的公共预算编制形式。是指在某一预算年度内，将全部的财政收入与支出汇集编入单一的总预算内，而不去区分各项财政收支的经济性质。因此，单式预算具有较强的综合能力，能够全面地反映某一预算年度内政府财政收入的总体情况，整体性强，也便于立法机关审批和社会公众了解。但没有把全部的财政收支按经济性质分列和分别汇集平衡，这就不能有效地反映财政收支的机构和经济项目的效益，不利于政府对复杂的经济活动进行深入分析，更不便于进行年度间和部门间的比较。

复式预算是在单式预算的基础上发展起来的，是指在某一预算年度内将全部预算收支按经济性质归类，分别汇编成两个或两个以上的预算，以特定的预算收入来源保证特定的预算支出，并使两者保持相对稳定的对应关系。复式预算的典型形式是双重预算，即按经济性质把财政支出分别编入经常预算和资本预算（又称普通预算和特别预算、经费预算和投资预算、统一基金预算和贷本预算等）。虽然各国使用的复式预算的名称和具体项目不尽相同，但从内容上看，经常预算包括政府一般财政支出，在一般情况下，经常预算的收支应保持平衡并力争结余，这项结余转入资本预算。资本预算反映政府有关公共事业的投资支出及其借款和各种资金的结余。复式预算的另外一种形式是多重预算，特别是会计预算和政府关系机关预算，此外，还有财政投融资预算。

由于复式预算区分了各项收入和支出的经济性质和用途，便于政府权衡支出性质，分清轻重缓急，做到资金使用的有序，比较合理地安排各项资金，便于经济分析和科学地宏观调控，并能反映财政收支结构和经济建设项目的效益。但这种预算形式对总体情况的反映功能比较差，编制和审批比较复杂，对预算管理水平有着较高的要求。

中国从新中国成立直到20世纪90年代，一直采用单式预算的方式。20

世纪 90 年代之后，中国逐步改革传统的单式预算方式，建立符合中国国情的复式预算。1994 年八届人大二次会议通过的《中华人民共和国预算法》规定："中央预算和地方各级政府预算按照复式预算编制。"根据此规定，中国政府规定，从 1996 年起实现全国统一的复式预算制度。

2. 增量预算和零基预算

按照公共预算的编制方法，公共预算分为增量预算和零基预算。

增量预算，又叫基数预算，是指新预算年度财政收支计划在以前年度基础上，按预计经济发展情况加以调整后确定。增量预算保持了各项财政收支指标的连续性，是一种传统的预算编制方法。但这种预算方式也保留了上一财政年度预算指标的不合理因素，特别是形成了预算支出的刚性增长机制，不利于对预算支出进行适时的调整，因而也不利于提高财政支出效率。

零基预算是指预算年度财政收支计划指标的确定，不考虑以前年度的财政收支执行情况，只以新预算年度经济社会发展情况和财力可能为依据，重新评估各项收支的必要性及其所需余额的一种预算形式。零基预算并不是一切都要重新开始，而是对已有项目需要重新审定和安排，起点为零，故称零基预算。但零基预算是以对预算收支的科学预算和评估为基础的，其操作比较复杂和繁琐，有很高的信息技术要求，如不具备必要的信息和技术条件，以此为基础形成的公共预算也就失去了科学性和有效性。所以零基预算事实上还未成为确定编制公共预算的一种方法，通常只用于具体收支项目预算上。

中国公共预算一直采用增量预算的形式，但在某些支出项目的预算核定上也采取类似于零基预算的做法。

3. 总预算、部门预算和单位预算

按照公共预算的收支管理范围，公共预算分为总预算、部门预算和单位预算。

总预算是指各级政府的基本财政计划，它是由各级政府的本级预算和下级政府总预算组成。如果从公共预算项目的分合来看，总预算就是政府财政收支的综合计划，它分列一般经费收支和各类特别收支项目的详细款项。

部门预算是市场经济国家财政管理的基本形式，也是编制政府预算的一种制度和方法，由政府各个部门编制，反映政府各部门所有收入和支出情况的政府预算。所谓部门预算，顾名思义，就是一个部门一本预算。实行部门预算制度，需要将部门的各种财政性资金、部门所属单位收支全部纳入预算编制。部门预算收支既包括行政单位预算，也包括事业单位预算；既包括一般收支预算，也包括政府基金收支预算；既包括基本支出预算，也包括项目支出预算；既包括财政部门直接安排预算，也包括有预算分配权部门安排的预算，还包括预算外资金安排的预算。

单位预算是公共预算的基本组成部分，是各级政府的直属机关就其本身及所属行政事业单位的年度经费收支所汇编的预算，另外还包括企业财务收支计划中与财政有关的部分，它是机关本身及其所属单位履行其职责或事业计划的财力保证，是各级总预算的基本构成单位。根据经费领拨关系和行政隶属关系，单位预算可分为一级单位预算、二级单位预算和基层单位预算。

4. 中央公共预算和地方公共预算

按照公共预算的级次，公共预算可分为中央公共预算和地方公共预算。

中央公共预算是指经法定程序审批的中央政府的年度财政收支计划。它是由中央各部门（含直属单位）的预算组成，并包括地方向中央上交的收入数额和中央对地方返还或者给予补贴的数额。中国的中央预算是由中央各部门的单位预算、企业财务收支计划的税收计划组成，财政部将中央各部门的单位预算和中央直接掌管的收支汇编成中央预算草案，报国务院审定后提请人代会审查。中央预算主要承担国家的安全、外交和中央国家机关运转方面所需的经费，调整国民经济结构、地区发展、实施宏观调控的资源以及由中央直接管理的事业发展支出，因而在公共预算体系中占据主导地位。

地方公共预算是经法定程序审查批准的地方各级政府的年度收支计划的总称。它是由各省、地、县、乡（镇）总预算组成，是公共预算体系的有机组成部分，是组织、管理公共预算的基本环节。地方各级政府总预算由本级公共预算和汇总的下一级预算组成。中国公共预算收入绝大部分来自地方预算；公共预算支出中，也有很多需要通过地方总预算来实现。地方预算担负着地方行政管理和经济建设、文化教育、卫生事业以及抚恤等支出，特别是具有支持农村发展的重要职能，因此，它在公共预算中占有很重要的地位。

5. 项目预算和绩效预算

按照投入项目能否直接反映经济效果，公共预算可分为项目预算和绩效预算。

项目预算是指反映项目的用途和支出金额，而不考虑其支出效果的预算。

绩效预算是指根据成本—收益比较的原则，决定支出项目是否必要及其金额大小的预算形式，是依据政府职责和施政计划选定执行方案，确定执行方案所需的支出费用而编制的预算。绩效预算是一种比较科学的预算方法，重视对预算支出收益的考察，可明确反映产生的预计效益。除此之外，绩效预算按照职责、用途和最终产品进行分类，并根据单位成本和以前计划的执行情况来评判支出是否符合效率原则。

6. 年度预算和中长期预算

按照公共预算发挥作用的时间，公共预算可以分为年度预算和中长期预算。

年度预算是指公共预算有效期为一年的财政收支预算。这里的年度是指预算年度，又称财政年度，即政府财政收支的有效起讫年限。根据起讫时间的不同，公共预算年度可分为历年制和跨历年制。历年制的公共预算年度从1月1日起至12月31日止，目前采用历年制的国家最多，包括中国、法国、德国、比利时、奥地利、丹麦、芬兰、希腊、冰岛、意大利、荷兰、西班牙、葡萄牙、挪威和瑞士等国。跨历年制预算跨越了两个日历年度（仍是1年），即人为地确定了一个预算年度的起止日期。大致可以分为以下三种：(1) 4月制。从当年的4月1日起至次年的3月31日止，英国、加拿大、日本、印度尼西亚、新加坡、印度、缅甸、不丹和南非等国采用这种预算年度。(2) 7月制。从当年7月1日起至次年6月30日止，瑞典、澳大利亚、孟加拉、巴基斯坦、埃及、苏丹、科威特、喀麦隆、肯尼亚、毛里求斯和坦桑尼亚等国采用这一预算年度。(3) 10月制。从当年10月1日起至次年9月30日止，采用这一预算年度的国家主要有美国、泰国等国家。除了上述预算年度起止日期外，还有少数国家采用较特殊的起止日期。如土耳其的预算年度从当年的3月1日起至次年的2月28日止；伊朗的预算年度是从当年的3月21日起至次年的3月20日止；埃塞俄比亚的预算年度是从当年的7月8日起至次年的7月7日止。

中长期预算，又称中长期财政计划。一般将1年以上、10年以下的计划称为中期计划，10年以上的计划称为长期计划。在市场经济条件下，经济周期性波动是客观存在的，而制订财政中长期计划是政府进行反经济周期波动、有效调节宏观经济运行的重要手段，是实现经济持续稳定增长的重要工具。随着中国市场经济体制的日益完善和政府职能的转变，中长期财政计划将日益发挥其重要作用。

三 公共预算的功能

公共预算的功能是公共预算在经济和社会活动中固有的能力或作用，是政府职能的集中体现。通过公共预算可以全面反映公共收支状况和政府活动范围与规模，控制公共支出规模，规范政府各部门职能及部门间财政关系，提高政府管理效率。艾伦·希克（Allen Schick）把公共预算的功能划分为三种[1]：计划、管理、控制。克林顿政府财长鲁宾（Robert Rubin）认为，除了这三个功能，现代公共预算还必须具备另外两个功能：优先性排序和预算问责。[2]

（一）计划功能

计划功能是指确定组织目标、测算实现这些组织目标所需要的资源，以及决定怎样获取、使用这些资源的一系列决策过程，主要回答"做什么"的问题。公共预算作为政府年度公共收支计划，其首要功能就是反映政府的活动范围和公共收支状况。从形式上看，公共预算是按一定标准将公共管理收支分门别类地列入特定的表格，不仅表明了政府各部门及其机构是如何使用经费的，而且也表明了政府的各项收入是从何种来源筹措的，因而成为反映政府活动的一面镜子。从实际经济内容看，公共预算的编制是政府对公共收支的计划安排，公共预算的执行是公共收入筹措和使用的过程，公共预算的执行结果又会形成决算。总之，公共预算反映政府介入经济社会生活的范围、规模和程度。一本公共预算，就是一本政府活动的详细计划和记录。

20世纪60年代出现的计划项目预算最集中地体现公共预算这一功能，它极其强调根据中期战略计划设计和选择项目，然后再用项目去推动资金分配。

（二）管理功能

管理功能是指确定了组织目标之后，项目管理者确保有效地获得和利用资

---

[1] Schick, Allen, "The Mad to PPD: The Stages of Badget Reform", *Public Adminstration Revies*, Vol. 26, December, 1966, pp. 243 – 254.

[2] Robert Rubin, "Budgeting for Accountability: Municipal Budgeting for the 1900s", *Public Budgeting & Finance*, Vol. 18, 1996, pp. 112 – 312.

源以实现组织目标的过程,是解决"怎么做"的问题,它非常关注管理绩效。公共预算的宗旨就在于规范政府筹措资金、使用资金的行为,体现了政府对公共资源进行管理的作用。20世纪50年代出现的绩效预算就是这样一种预算体系。

(三) 控制功能

控制功能是指为了确保有效实施特定的工作任务而进行对具体的人、财、物的控制,所以控制功能通常是建立在对预算支出的详细分类基础上的。公共预算的控制功能主要致力于迫使支出机构消减支出和限制它们在内部重新配置资源的能力,这也是公共预算最早的功能,产生于现代预算形成之时。一种控制取向的公共预算过程通常主要关注公共预算投入,即预算拨款是否按照预先规定的方式和目的进行支出。控制功能虽然大大地约束了公共预算领域内的腐败、资金滥用和误用,但是过度地强调公共预算控制功能,会明显限制支出机构的自主性和积极性,从而降低行政效率。

19世纪形成的现代公共预算就是这种预算体系。其控制性集中体现在已形成的分项列支预算(line-item budget),它以详细收支科目体系为基础编制公共预算,罗列了详细的收入信息,方便控制。

(四) 优先性排序功能

优先性排序功能和资源的稀缺性有关,相对于需求而言,公共资源总是稀缺的,因而公共支出只能满足部分公共需求,这就需要对公共预算申请进行优先性排序,合理配置公共资源,使其获得最大限度的利用,得到较高的财政效率。"预算的实质在于配置稀缺资源,因而它意味着在潜在的支出目标之间进行选择。"[1] 优先性排序反映了决策者的政策偏好,决定了公共预算分配的结果。

对于公共预算中列示的经费增长较快的项目,表明它们是政府工作的重点,是政府拟大力发展的扩张性事业;而公共预算资金减少的项目,则意味着

---

[1] [美] 爱伦·鲁宾:《公共预算中的政治:收入与支出,借贷与平衡》,叶娟丽等译,中国人民大学出版社2001年版,第3页。

政府将对其实施收缩政策。可见，各部门从公共预算得到多少资金，就成为部门职能扩张、收缩的标志。有时，公共预算还通过项目拨款和专款专用方式，指明部门工作的内容和途径。与政党的纲领和大多数的议会立法相比，被包括进了公共预算中的内容才具有较高的变成具体行动的可能性。因为，"没有钱什么都做不了，什么能做是体现在预算中的"。[①]

（五）预算问责功能

预算问责功能，包括四个方面的内容：（1）对上负责，指一级政府预算要符合上级政府的相关政策法规；（2）对公众负责，要及时向公众全面公开；（3）要对预算的结果负责，主要是对预算官员而言；（4）保证公民对预算分配过程和结果的直接影响或控制。

虽然所有的公共预算系统都具备公共预算的这五个功能，但是，这五个功能在不同的公共预算系统中所处的地位是不同的，不同的预算系统总是强调预算的特定功能。例如，计划—项目预算系统强调的是计划功能，而结果导向的预算强调的是预算的管理和问责功能。

四 公共预算原则

现代政府的公共预算体制都是按照一些经典的预算原则构建起来的，这些预算原则主要产生于18世纪末和19世纪初。正如公共预算专家凯顿指出的那样，政府预算是一个历史现象，与特定的时间和地点相联系，而不是某种一成不变的制度。同样，预算原则也不是一成不变的。但某些公共预算原则却是基本的。具体来讲，公共预算原则主要包括以下几个方面。

（一）全面性原则

全面性原则强调所有政府收支必须纳入公共预算，进入公共预算程序，受预算机制的约束。但在以下两种情况下运用全面性原则将面临一些困难：

[①] Arron Wildavsky, *Budgeting: A Comparative Theory of Budgetary Process*, New York: Transaction Publishers, 1997, p.9.

(1) 总值的预算和净值概念的预算。全面性原则对于总值概念的强调使得运用这一原则有时比较困难,因为许多政府活动的财政独立性使得公共预算很难"全面地"计算收入和支出并将其纳入政府预算。(2) 某些财政交易很难确定地定义为收入或支出,或者某些项目很难准确地用货币来衡量,例如卖出或转移政府资产、贷款、实物支付、为其他人支付等情形。与此原则相联系的是预算的排他性原则。该原则主要关乎哪些收支不能纳入预算;换言之,公共预算必须完全集中在财政事务上。

(二) 一致性原则

一致性原则强调所有的政府收入和支出应该同等对待,同时,公共预算的各部分应该恰当地联系起来。此原则关注的是,对于所有的收支来说,是用一种预算方法还是多种预算方法来处理。多种预算方法的存在意味着某些收支是用一种预算方法来处理而另一些收支则是用另外一种方法来处理,这就违反了一致性原则所要求的同等对待。所以,一致性原则经常挑起关于特殊预算的讨论,如额外预算、紧急预算等。德国学者瓦格纳还认为一种"一般性基金"应是预算一致性的必不可少的条件。这意味着专用资金将对一致性原则构成挑战。我们认为,纽玛克所说的"收入的非专用性原则"实际上可以视为达成预算一致性原则的途径之一。因为,收入的非专用性原则强调应该用"一般性收入"来为各种支出提供资金而不能将某项收入变成某项支出的专项收入。对于那些在财政管理上追求秩序和健康财政的理论家和实践者来说,一致性原则是至高无上的原则。

(三) 年度性原则

年度性原则意味着公共预算每年都必须重新做一次并只能覆盖某一个特定的时期。在过去将近一个世纪的时间内,这个原则变得越来越不受欢迎。年度性原则无疑增加了预算官员的决策成本。此外,公共预算理论无法很好地回答为什么要采取一年作为基本的预算单位。其实,年度概念是一个非常误导人的概念。年度性原则的基本精神是预算的非连续性。只要预算是非连续的,一年做一次或两年做一次预算在本质上都达到了非连续的目的。与此相联系的是事前批准原则,即在进行支出前,必须确保所有的支出——有时也包括收入——

必须通过投票并获得批准。显然，与年度性原则一样，事前批准原则也是要确保没有任何政府支出是连续性的。

（四）严格性原则

严格性原则强调预算一经做出后就必须严格执行，并能有效地约束各个政府部门的行动。该原则又包括定性和定量两个层面的内容。在定性层面上，公共预算拨款只能用于预算规定在预算中的目的。从某一个项目（或部门）将拨款转移到另一个项目（或部门）常常被禁止。在定量层面上，该原则规定只有当政府决定在公共预算中提供某笔资金后才允许进行支出。

第二节 公共预算基本理论

公共预算理论是一定时期公共预算实践的基础，其形成与发展总是与一定时期的经济理论发展相联系。从17世纪公共预算产生到20世纪30年代经济大危机以前，是古典经济理论占主导地位的时期，与自由竞争的经济理论相适应，均衡预算理论一直是资本主义发达国家的主导理论。从20世纪30年代世界性经济大危机到20世纪70年代，是凯恩斯主义盛行的时期，与国家干预经济的理论相适应，功能财政理论取代了均衡预算理论。从20世纪70年代至今，货币主义和供给学派渐占上风，他们重拾古典经济理论武器，猛烈攻击以充分就业为条件的功能财政，在这样的背景下，强调均衡原则的高度就业预算理论便应运而生。

一 均衡预算理论

均衡预算理论是主张无赤字收支平衡预算的理论。其理论基础是古典经济学中一再强调的市场竞争原则，认为资本主义经济具有自律机制，通过市场竞争可达到资源最佳配置，反对任何形式的政府干预。以此为前提设定的各项财政制度本身就具有自动调节和稳定经济的功能，被称为自动的或内在的稳定器。

在公共预算中，税收是典型的根据经济状况而自动发生变化的项目。当经济繁荣时，税收会随着个人收入的增加而增加，由于绝大多数税收是采取比例所得税或累进所得税，人们税后可支配收入的上升会小于收入增加的幅度，从而使消费需求增长自动得到控制。反之，当经济萧条时人们收入减少，因比例所得税或累进所得税的缘故，税收会自动减少。这样，可支配个人收入的下降幅度要小于收入下降幅度，从而使消费需求下降幅度也减小，维持了一定的经济增长。

政府的转移支付也是一种重要的自动稳定器。当经济萧条时，领取失业救济金的人和享受其他社会福利的人就会增加，从而从整体上阻止了可支配收入的下降，阻止了消费滑坡。反之，失业救济和其他社会福利会自然减少，一定程度抑制了个人可支配收入的增加。

均衡预算理论在实践上有两种体现：一种是年度平衡预算，另一种是周期平衡预算。

（一）年度平衡预算

年度平衡预算，是将家庭理财的观念用于国家财政的传统理论，主张每年严格的预算平衡，即每个财政年度均是收支相抵，没有赤字，也不必发行公债。最初，这种方法消极地量入为出，即估计每年能够收入多少，就开支多少；后来演变为积极的量出为入，即估计需要开支多少，就收入多少。这一理论认为，一旦出现预算赤字，政府就必须进行弥补。

年度平衡预算是控制政府财政支出增长的有效手段，这种手段看似灵活，但是强调年度平衡预算将导致政府在调控经济周期性波动时缺乏有效的财政调控能力。尤其是在现代开放、动态的混合经济系统中，有可能会加剧经济波动或丧失机遇。正因为如此，年度平衡预算理论被越来越多的国家抛弃。

（二）周期平衡预算

周期平衡预算，是谋求整个经济循环周期的平衡，而不是逐年的平衡，实际上就是要求政府根据经济周期的波动，在经济衰退时有意安排预算赤字，在经济繁荣时有意安排预算盈余，但在整个经济周期内，要以丰补歉，做到收支平衡。按照经济学的一般法则，经济总是波动的，有萧条也有繁荣，有上升也有下降。因此硬性要求每个财政年度都收支相抵既不可能也无必要，应该在经济循环周期中，抽肥补瘦，综合平衡。即在经济高峰处造成财政盈余以抑制通货膨胀，在经济低谷处以赤字刺激经济，摆脱萧条，如图9—1所示。

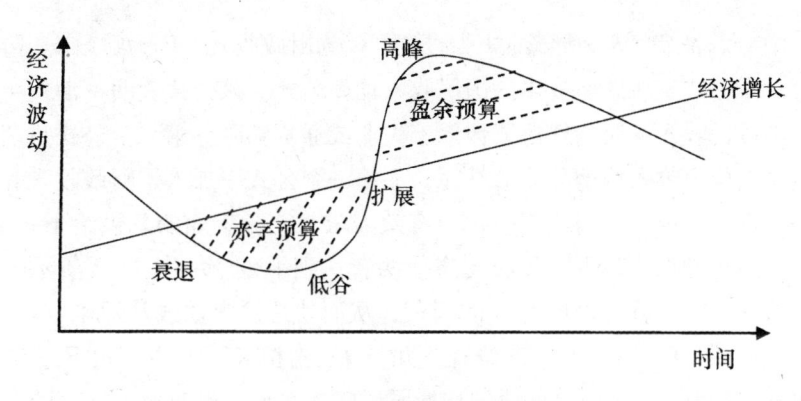

图9—1 周期平衡预算示意图

二 功能预算理论

功能预算理论，就是要求政府完全根据经济情况的需要，机动灵活地增减财政收支，并不拘泥于公共预算本身平衡与否，而是着眼于公共预算对整体国民经济的影响，追求没有通货膨胀的充分就业。其核心是实行相机抉择的财政政策，理论基础是凯恩斯主义。凯恩斯主义者认为，财政预算不在于追求政府的财政收支平衡，而在于追求没有通货膨胀的充分就业。为了实现这个目标，预算可以是盈余的，也可以是赤字的。当国民收入低于充分就业水平时，政府应该实行膨胀性财政政策，通过减少盈余或造成赤字来增加投资开支实现充分就业。反之，当出现通货膨胀时，政府应该实行紧缩性财政政策，通过减少赤字或增加盈余来抑制需求的上升，缓解和消除通货膨胀压力。

凯恩斯主义者还用数学公式和集合图形表达了这一思想。他们认为由"消费＋投资"构成的社会有效需求所决定的一般收入均衡通常要小于充分就业时的收入均衡，因此结论是有效需求不足导致了失业的存在。为了消除失业必须扩大政府投资，也即把财政收支纳入国民收入均衡之中。于是就有了下列两个国民收入均衡条件：

$$C + S = C + I$$
$$C + S + G_t = C + I + G$$

其中 C 为消费，S 为储蓄，I 为投资，G_t 为财政收入，G 为财政支出。

第一个公式是凯恩斯提出的国民收入均衡公式。该公式表明，消费+投资所决定的国民收入一般均衡总要伴随着失业或通货膨胀。第二个公式是萨缪尔森对凯恩斯国民收入均衡公式的补充，在第一个公式中加入了财政收入和财政支出两个因素。第二个公式表明，当有效需求与充分就业的总供给不一致时，政府可以通过增加或减少财政收支来使两者达到平衡。如图9—2所示，当总需求为 C_1+I_1 时，就可以加上 G 的因素，从而使总需求曲线从原来（C_1+I_1）的位置上移到（C_1+I_1+G）的位置，并与45°线相交于 E 点，由 E 点决定的国民收入水平 OY_f 便是充分就业的均衡国民收入水平。很明显，这时的国民收入水平要高出仅由市场机制所决定的国民收入水平 OY_1。

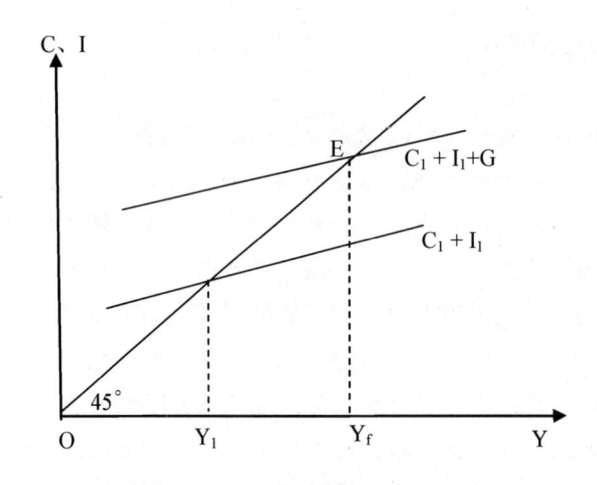

图9—2 政府支出与国民经济均衡

资料来源：转引自樊勇明《公共经济学》（第二版），复旦大学出版社2007年版，第120页。

三 高度就业预算理论

高度就业预算理论又称结构性预算理论，是在20世纪60年代由美国经济发展委员会提出的。它的提出是对凯恩斯主义的反思，是均衡预算理论的发展。这一理论刚提出时，人们称之为充分就业预算，不久人们便意识到能够达到的最高就业率也只能是 95%—96%，也就是说，总是有 4%—5% 的失业存在。此理论也就随之更名为高度就业预算理论。不久，现实又使人们不得不承认，即使到了高度就业水平之后，政府仍然有大量的赤字。因此这一理论又被更名为结构性预算理论。

高度就业预算理论的核心是政府的财政支出应该由充分就业条件下的净税收入来确定。预算要保持一定的财政盈余，用作公债的还本付息，要恢复和发挥财政制度的内在稳定器作用。这种理论强调，预算不只是着眼于熨平经济周期，而是要致力于在经济循环中取得动态平衡。即使是在经济萧条、税收水平较低时，政府支出也不必等于该年度的收入，而是可等于预计的充分就业时所达到的税收水平。换言之，高度就业预算理论所关心的是："当经济在潜在的产出水平上运行时，政府应该有多少收入和支出以及赤字会是多少。"[①]

美国经济发展委员会所主张的高度就业预算理论在实施时有三个原则：(1) 高度就业水平下的预算平衡原则，即按 95% 以上的人都有工作的前提条件来设定税率，以使预算收入与支出能保持平衡；(2) 边际预算平衡原则，即额外支出由额外税源去弥补，预算盈余通过减税来消除；(3) 货币当局独立于财政的原则，政府不可向银行透支。如果货币当局不独立于财政当局，政府仍可以向银行透支，或增加货币供应量来维持徒有虚名的平衡预算，这样货币供应数量的变化不是客观的，而是主观的。过多的货币势必造成经济运行中的信号扭曲，从而使经济的参与者决策失误。

高度就业预算理论吸收了古典经济学中关于财政制度是经济中的内在稳定器的思想，认为高度就业水平确定的税率一经设定，即会独立运行，发挥自动调节的稳定功能，从而可消除凯恩斯功能财政带来的政府对国民经济所做的主观、武断、硬性调节的危害。高度就业预算理论虽然回到了均衡预算的立场，但并没有完全排斥功能财政。美国经济发展委员会认为，当国民经济处于战争、大规模自然灾害等紧急情况或出现严重的通货膨胀和萧条时，政府仍可以相机抉择通过赤字财政来刺激经济。美国经济发展委员会还认为，当人口的增

[①] [美] 保罗·A. 萨缪尔森、威廉·D. 诺德豪斯：《经济学》，高鸿业等译，中国发展出版社 1992 年版，第 571 页。

长和生产力发展使国民经济达到高度就业，国民收入大大增加时，政府在税率上做主观变动不仅是允许的，也是必要的。

高度就业预算理论，将预算是否平衡的判断，从实际的预算收支差额转向对经济进行分析，这是公共预算平衡理论的一个重大转变。这一理论可以用于在经济衰退期证实存在预算赤字的必要性。同时，这一理论也为西方国家连年不断的公共预算赤字提供了新的理论依据。

第三节 公共预算的管理

公共预算是政府部门管理财政资源的核心环节。在市场经济条件下，几乎全部的政府收支活动都是在公共预算的框架下进行的。这种特殊地位，决定了公共预算管理更具复杂性和政治性。因此，对公共预算的管理要从公共预算的过程入手，做好公共预算的编制、执行、监督和决算。

一 公共预算的编制

公共预算的编制，是对未来一段时间内公共部门收支进行测算和计划的活动，是公共预算工作程序的起点，是公共预算管理的基础性工作。正确编制公共预算，是实现公共预算管理的前提条件，也是公共预算管理的决策环节。各国的公共预算编制基本上以一年时间（365天）为限，即所谓预算年度。许多国家的公共预算年度采用历年制，有的国家采用跨历年制，或称骑年制。公共预算编制工作必须在预算年度开始前完成，编制公共预算的工作一般由国家主管财政的行政机关负责，中国由国家财政部负责编制公共预算。在这个阶段，应主要完成公共预算草案的编撰工作，这就涉及公共预算编制的时间、依据和程序，只有经过法定程序，公共预算编制草案才能上升为正式预算。

（一）公共预算编制时间

这里所说的公共预算编制时间主要是指公共预算编制工作开始的时间，各个国家不尽相同。标准周期公共预算的预算编制一般从每个预算年度前一年的年初开始至年末结束,期限为 12 个月。美国的公共预算编制时间是从财政年度开始的十几个月前就开始。中国的预算编制一般在财政年度开始前的一个季度开始,一般是自上一年度的 9、10 月份开始。国务院一般于每年 9 月初前向省、自治区、直辖市政府和中央各部门下达编制下一年度预算草案的指示,提出编制预算草案的原则和要求。由财政部主持预算编制工作,即由财政部负责指导政府各部门编制支出预算草案并审核和协调这些草案。各地方政府应按国务院规定的时间,根据各种经济统计资料和预测,编制收入预算草案,并将本级总预算草案报国务院审核汇总。

从中国预算编制的实际来看,预算编制的时间并不充裕,预算编制时间不到半年,不利于预算执行与监督。因而,中国有必要借鉴西方国家预算管理的经验,建立标准周期预算制度,延长预算编制时间。

(二) 公共预算编制的依据

公共预算的编制要能够反映出政府的施政方针和政策,符合国民经济发展的要求,以及国家有关法律、法规、制度的规定。公共预算编制的依据主要有:国家的法律法规和方针政策;上一年度公共预算的执行情况;计划年度国民经济与社会发展计划的主要指标;公共预算管理体系所规定的管理权限和收支范围。

(三) 公共预算编制的程序

公共预算编制的程序主要包括草案编制、汇总、行政首长审批、权力机关审议通过四个环节。中国中央政府部门预算编制实行"两上两下"程序。首先,各部门将预算编制建议数上报财政部和有财政分配权的部门,此为"一上";其次,财政部和有财政分配权的部门审核建议数后下达各部门的控制数,此为"一下";再次,各部门按照控制数编制预算草案报送财政部,此为"二上";最后,财政部根据全国人大批准的中央预算草案批复部门预算,此为"二下"。

公共预算草案必须经过法律程序批准才能形成正式的国家预算。国家预算的批准权属于立法机关。中国宪法规定,国务院"编制和执行国民经济和社会发展计划和国家预算",全国人民代表大会"审查和批准国家预算和预算执行情况的报告","县级以上的各级人民代表大会审查和批准本行政区域的国民经济和社会发展计划、预算以及它们的执行情况的报告"。经立法机关批准以后的预算草案，即成为正式预算。

二 公共预算的执行

公共预算的执行是公共预算计划付诸实施的过程，是实现预算管理目标，完成预算收支任务，实施政府预算政策的过程，也是整个公共预算工作程序的重要环节。一般从每个预算年度的年初开始至年末结束均为预算执行阶段。公共预算执行机构主要由国家行政领导机关、职能部门及各类专门机构组成，并且按照国家政权级次和行政管理体制来统一执行预算。主管财政收支的政府机构即财政部负责指导和监督国家各所属预算单位具体执行收支预算。中国《预算法》规定，各级预算由本级政府组织执行，具体工作由本级政府财政部门负责。

（一）公共预算执行的特点

公共预算执行作为政府的公共预算收支计划实现的具体工作，具有四个方面的特点：一是公共预算执行是实现公共预算各项收支任务的关键环节；二是公共预算执行具有连续性，从财政年度开始到结束一直都要进行；三是公共预算执行中，要根据实际情况变化进行公共预算调整，组织新的公共预算平衡；四是公共预算执行结果为下一年度公共预算编制提供依据。

（二）公共预算执行的环节

公共预算执行包括收入执行、支出资金拨付和预算调整三个主要环节。

1. 收入执行

公共预算的收入执行是由财政部门统一负责组织，按各项预算收入的性质和征收方式，分别由财政、税务、海关等部门负责征收和管理。预算收入执行部门必须依照法律、行政法规的规定，及时、足额征收应征的预算收入；不得违反法律、行政法规的规定，擅自减征、免征或者缓征应征的预算收入；不得截留、占用或者挪用预算收入。

2. 支出资金拨付

公共预算的支出资金拨付在财政部门主导下由各支出部门具体负责执行。各级政府财政部门必须依照法律、行政法规和国务院财政部门的规定，及时、足额地拨付公共预算支出资金，加强对公共预算支出的管理和监督。

3. 预算调整

公共预算调整是指由各级政府在预算执行过程中通过改变预算收入来源、支出用途以及收支规模等方法，组织新的预算平衡，以适应经济形势变化发展的需要。它包括动用预备费、预算的追加追减、预算科目之间的经费流动及预算划转。各级政府的预算调整均须编制预算调整方案，并取得本级人民代表大会的批准。公共预算调整方案由政府财政部门负责具体编制。预算调整方案应当列明调整的原因、项目、数额、措施及有关说明，经本级政府审定后，提请本级人民代表大会常务委员会审查和批准，未经批准不得调整预算。各部门、各单位的预算支出，不同科目间需要调整使用的，也必须按照财政部门的规定报经批准。

首先，动用预备费。公共预算调整主要是动用预备费，各级政府应按照本级政府预算支出额的1%—3%设置预备费，主要是为解决在公共预算执行过程中发生突发重大事件的开支而设置的备用资金。预备费主要是以备不时之需，但在使用上也需要从严控制。地方预备费的动用方案由本级财政部门提出，经同级人民政府批准；而中央预算预备费的使用则由财政部提出，报国务院批准。

其次，预算的追加或追减。公共预算的追加或追减，是在原核定的预算收支总额以外变更数额。由于特殊原因需要追加或者追减财政收支，同样需要编制追加或者追减预算，按照规定的程序报主管部门或者财政部门审批，提交各级政府或者上报上级政府审定通过后才能执行。

（三）公共预算执行的任务

在公共预算执行过程中，各预算执行机关有以下任务：

一是按照公共预算确定的收入任务，积极组织预算收入，确保预算收入任务的完成。

二是按照公共预算确定的支出任务，及时、足额拨付预算支出资金，并加强对预算支出的管理和监督，提高预算资金的使用效益。

三是争取实现预算收支平衡或确保不突破预定的预算赤字规模。

四是加强预算执行的管理和监督。对公共预算执行的监督主要包括两个方面：一方面是财政监督，即各级政府财政部门负责监督检查本级各部门及其所属各单位预算的执行，并向本级政府和上一级政府财政部门报告预算执行情况；另一方面是审计监督，即由立法机关或对立法机构负责的专门监督机构对公共预算执行的监督，其目的是监督行政机构是否依法执行公共预算。

三 公共预算的监督

公共预算的监督是对公共预算资金的筹集、供应和使用过程中，对财政收支及相关业务活动所进行的考核、监察和督促。公共预算监督不仅是财政监督的核心，而且是公共预算管理工作的重要组成部分，贯穿公共预算管理的全过程。公共预算监督是为了保证各预算单位认真贯彻党和国家的路线、方针、政策，依法严格执行国家公共预算，坚持公共预算收支平衡，提高资金运用效益，增收节支，保证国家公共预算的完成。

(一) 公共预算监督的方法

按照公共预算编制和执行以及反映公共预算执行的顺序来说，公共预算监督方法分为事前监督、日常监督和事后监督。

第一，事前监督。是国家权力机关和其他部门对公共预算法规、预算政策、预算制度制定过程所进行的监督。具体表现为：在年度财政总预算、企业财务收支计划、基本建设财务收支计划以及行政事业单位预算的编制之前，对这些计划的编制、审核、批准过程进行的监督，以便将出现的问题消灭在萌芽状态。

第二，日常监督。是指在财政总预算、单位预算以及各项财务收支计划执行过程中的监督。通过日常监督，督促一切缴款单位努力增加并及时上缴各项预算收入，督促各支出单位严格按照计划和预算使用资金。

第三，事后监督。是指在预算、财务开支事项发生后，通过定期执行情况的检查进行的减速，在事后监督中要在研究预算计划执行结果的基础上，指出预算执行中存在的问题，以便进一步改进公共预算管理工作，提高公共预算管理水平。

(二) 公共预算监督的内容

公共预算监督的内容随预算监督对象的不同而有所不同。公共预算监督的对象涉及面很广，包括各行各业、各部门各机关、各企业各单位等。而对于收入机关和企业，对于支出预算单位和基本建设单位等的监督内容是有所区别和各有侧重的。总括来说，公共预算监督的内容主要有以下几个方面。

第一，监督公共预算的编制和执行是否符合国家的方针、政策。公共预算编制的合理性、科学性和良好效益是对公共预算编制监督的关键。

第二，监督和检查所属财政部门和公共预算单位执行各项经济事业计划和预算收支任务的完成情况，检查其进度和效果，以保证国家在各个时期的财政经济任务，以及方针、政策、计划和制度的切实贯彻执行。

第三，监督公共预算收入及时足额地上缴，帮助收入机关通过组织收入工作，促进企业加强经济核算，挖掘潜力，增产增收，增加财政积累，完成或超额完成公共预算收入计划。

第四，通过公共预算支出计划的编报和拨款、报账工作，监督企业、事业单位和机关团体贯彻勤俭建国、厉行节约的方针，合理使用公共预算资金，发挥预算资金的最大效益。

第五，监督和查处违反财经法规和财政制度的行为，保证公共预算资金的安全和财政政策的贯彻执行。

第六，通过公共预算的监督和检查，做好信息反馈工作，了解情况，总结经验，改进工作，不断提高管理水平。

(三) 公共预算监督体制

公共预算监督渗透在公共预算程序的每一个环节。在公共预算监督体制中，各级政府监督下级政府的公共预算情况，下级政府应当定期向上一级政府报告预算情况。中国法律规定，全国人民代表大会及其常务委员会对中央和地方预算、决算进行监督，县级以上地方各级人民代表大会及其常务委员会对本级和下级政府预算、决算进行监督。各级人民代表大会和县级以上各级人民代表大会常务委员会有权就预算、决算中的重大事项或者特定问题组织检查，有关的政府、部门、单位和个人应当如实反映情况并提供必要的材料。

四 公共预算的决算

公共预算的决算是对公共预算结果的总结和评价，是经法定程序批准的年度预算执行结果的会计报告，由决算报表和文字说明两部分组成。公共预算的决算是预算程序的最后一个环节，是一种事后监督。决算的目的是集中反映一年来预算活动的基本情况及政府绩效，并为新的预算编制提供参考依据。中国的决算过程主要包括四个阶段。

（一）准备阶段

由各级财政部门在每年第四季度分别下达编制本级政府决算草案的原则、要求、方法和报送期限，并组织年终清理结算。这一阶段工作的主要内容包括两个方面：一是在正确领会上级行政机关有关决算工作的各项指示精神的基础上，制订决算计划，确定决算日程，落实人员，明确责任，提出决算要求；二是组织有关部门和人员核对账务、清理资金、盘点财产、核实损益、试算平衡。

（二）编制阶段

各支出部门按照有关要求编制本部门决算草案，并逐级上报汇总。决算草案是指各级政府、各部门、各单位编制的未经法定程序审查和批准的预算收支的年度执行结果。决算草案由各级政府、各部门、各单位的每一预算年度终了后按照国务院规定的时间编制。

编制决算草案，必须按照法律、行政法规的规定，做到收支数额准确，内容完整，决算的各项数字均应以核实的基层单位汇总的会计数字为准，不能用估计数字替代，《中华人民共和国预算法实施条例》规定，财政部应当在每年第四季度部署编制决算草案的原则、要求、方法和报送期限，制发中央各部门决算、地方决算以及其他决算的报表格式。公共预算的决算编制与公共预算的编制和执行是统一的、完整的过程，在形式和内容上公共预算的决算与公共预算基本上是相互对应、相互衔接的。

（三）审查阶段

决算的审查，是指各级财政部门对同级政府收支总决算进行审查，是以决算表格数据和决算说明书提供的相关资料为基础，以财政方针、政策、计划、法规及有关规定为根据，对预算执行的过程和结果进行审核，确保决算质量，促进预算管理水平的提高。决算审查的内容包括两个方面：一是政策性审查，即从决算贯彻党和国家的方针政策、财政财务制度、财经法纪等方面进行审查；二是技术性审查，即从决算报表的数字关系上进行审查。

（四）批准阶段

经财政部门审查后的总决算草案，经各级行政首长同意后提请同级人民代表大会批准。国务院财政部门编制中央决算草案，报国务院审定后，由国务院提请全国人民代表大会常务委员会批准。县级以上地方政府财政部门编制本级决算草案，报本级政府审定后，由本级政府提请本级人民代表大会常务委员会批准。乡、民族乡、镇政府编制本级决算草案，提请本级人民代表大会批准。

经过决算，公共预算过程告一段落，新一轮公共预算过程随即展开。

思考题：
1. 公共预算是怎样产生的？
2. 中国公共预算的发展经历了哪几个阶段？
3. 公共预算有哪些分类，它的功能和原则是什么？
4. 如何认识公共预算基本理论的发展？
5. 如何对公共预算实施有效管理？

第十章

政府采购的理论与实践

政府采购是国家公共财政体系的重要组成部分，是国家公共支出中的购买性支出。它不但是保证政府日常政务活动能够顺利进行的必要支出，同时也对国家经济的发展起着重要的调控作用。本章主要对政府采购的相关理论与实践进行介绍。

第一节 政府采购的概念和特点

政府采购是区别于私人采购的一种政府行为，有其自身特定的内涵与特点。本节主要介绍政府采购的概念，然后对政府采购从不同角度进行了分类，重点对按政府采购是否需要进行招标的分类进行了介绍，最后介绍政府采购的特点。

一 政府采购的概念和分类

（一）政府采购的概念

政府采购是一种特殊形式的采购。在介绍政府采购之前先介绍一下采购的基本含义。不同学者对采购的概念有不同的认识和理解。中国台湾采购问题研究学者叶彬在其《采购学》一书中认为采购是，"采购者即以最低总成本，于需要时间与地点，以最高效率，获得适当数量与品质之物资，并顺利交于需用单位及时使用的一种技术"，他将采购看作一种技术。加拿大学者米歇尔·R.

利恩德斯和美国学者哈罗德·E.费伦在《采购与供应管理》一书中则将采购描述为一个过程,即"组织采购是这样一个过程,组织确定它们对货物与服务的需要,确认和比较现有的供应商和供应品,同供应商进行谈判或经其他方式同其达成一致的交易条件,签订合同并发出订单,最后接受货物或服务并支付货款"。简言之,采购是指采购人或采购实体基于生产、转售、消费等目的,购买商品或劳务的交易行为。

政府采购（Government Procurement），在西方也称公共采购,对其概念的界定存在许多争议。美国联邦政策办公室认为,"所谓政府采购是指直接来自于政府部门的购买,包括政府部门获得的商品和劳务合同,并且最终保证完全执行的全过程"[1]。而中国更为普遍的观点认为,政府采购的主体包括政府机构、事业单位和其他组织（政党、社团等），同时采购的对象除了货物和劳务以外还包括工程。"所谓政府采购,是指各级国家机关、事业单位和社会团体使用财政性资金采购货物、服务或者工程的行为。"[2]

综合各种观点,笔者认为,政府采购是指国家机关、事业单位和其他团体组织,为开展日常政务活动或为公众提供公共服务的需要,使用财政性资金采购依法制定的集中目录以内的或者采购限额标准以上的货物、服务和工程的行为。

（二）政府采购的分类

根据不同的划分标准,政府采购有不同的分类方式。其中最为广泛使用的分类方式是按照是否具备招标性质,将政府采购方式分为两大类：招标性政府采购和非招标性政府采购,采购金额是确定招标性政府采购和非招标性政府采购的重要标准之一。

1. 招标性政府采购

招标性政府采购是指通过招标的方式,邀请所有的或一定范围的潜在的供应商参加投标,采购实体通过某种事先确定并公布的标准从所有投标中评选中标供应商,并与之签订合同的一种采购方式。

根据招标范围的不同,可将招标性政府采购方式分为公开招标的政府采

---

[1] 刘小川、王庆华：《经济全球化的政府采购》，经济管理出版社2001年版，第176页。
[2] 张照东：《政府采购制度比较研究》，江西人民出版社2007年版，第30页。

购、选择性招标的政府采购和限制性招标的政府采购。世界贸易组织的《协议》就是按这种方法对政府采购方式进行分类的。公开招标的政府采购是指通过公开程序，以招标公告的形式，邀请所有有兴趣的供应商参加投标的经济活动。选择性招标的政府采购是指通过公开程序，邀请供应商提供资格文件，只有通过资格审查的供应商才能参加后续招标；或者通过公开程序，确定特定采购项目在一定期限内的候选供应商，作为后续采购活动的邀请对象。限制性招标的政府采购则是指不通过预先刊登公告程序，直接邀请一家或两家以上的供应商参加投标。实行限制性招标的政府采购方式，必须具备相应的条件："公开招标或选择性招标后没有供应商参加投标，无合格标；供应商只有一家，无其他替代选择；出现无法预见的紧急情况；向原供应商采购替换零配件，因扩充原有采购项目需要考虑到配套要求；属于研究试验品、试验性服务；追加工程，必须由原供应商办理，且金额未超过原合同50%；与原工程类似的后续工程，并在第一次招标文件中已做规定的采购等。"[1]

而按招标所经历的阶段不同，可将政府招标采购分为单阶段招标采购和两阶段招标采购。单阶段招标采购就是通过一次性招标，让投标商提交价格标和履行商务承诺的采购方式。两阶段招标采购是一种特殊的招标采购方式，即对同一采购项目要进行两次招标，第一次招标是采购实体要求供应商提交不含价格的技术标，目的是征求各供应商对拟采购项目在技术、质量以及其他方面的建议；第二次招标是采购实体根据第一阶段征求的建议修改招标文件，要求供应商按修改后的招标文件提交最终的技术标和价格标。两阶段招标很少使用，只是对大型复杂或技术升级换代快的货物如大型计算机和通信系统，以及特殊性质的土建工程等，且事先准备好完整、准确的技术规格有困难或不易实现时，才采用两阶段招标方式。

此外，按接收投标人的范围不同，可将招标性政府采购分为国际竞争性招标采购、国内竞争性招标采购、国际限制性招标采购和国内限制性招标采购。

2. 非招标性政府采购

除招标采购方式以外的其他采购方式统称为非招标性政府采购。达到一定金额以上的采购项目一般要求采用公开招标采购方式。但在招标限额以下的大量采购活动，也需要明确采购方法。非招标性采购方法很多，通常使用

---

[1] 倪东生：《政府采购的有效运作》，中国物资出版社2003年版，第64页。

的主要有:国内或国外询价采购、单一来源采购、竞争性谈判采购、自营工程等。这些非招标性政府采购方式主要是由于在有些情况下,如需紧急采购或者采购来源单一等,招标方式并不是最经济的方式,需要采用招标方式以外的采购方法。

例如自营工程是土建项目所采用的一种采购方式,是指采购实体或当地政府不通过招标或其他采购方式而直接使用当地的施工队伍来承建的土建工程。采用这种采购方式有严格的前提条件:如事先无法确定工程量有多大;工程小而分散,或者工程地点较远,使承包商要承担过高的动员费用;必须在不干扰正在进行的作业情况下完成的工程;没有一个承包商感兴趣的工程;如果工程不可避免地要出现中断,其风险由采购实体承担比承包商承担更为妥当的情况。对自营工程必须严格控制,否则会出现地区保护的问题。

除以上分类方式以外,政府采购也可按采购规模分类,分为小额或单价采购方式、批量采购方式和大额或大规模采购方式。按采购手段分类,可分为传统采购方式和现代化采购方式。

二 政府采购的特点

政府采购不同于个人采购、家庭采购、企业采购或团体采购,它一般具有以下特点。

(一) 资金来源的公共性

政府采购的资金来源于政府的财政拨款,属于公共资金,区别于私人采购的私有资金。政府采购与私人采购由于资金来源的不同决定了它们在采购管理、采购人员责任等方面有很大区别。政府采购行为要向国家和社会负责,既要满足社会需要,还要考虑对社会产生的重大影响问题。

(二) 采购目标的非营利性

政府采购的目的不是为了赢利,而是为了履行政府管理职能和满足公共利益,这与私人采购是为了生产、转售和赢利的需要截然不同。政府采购管理者没有私人采购需要赢利的动机。

(三) 采购行为的规范性

现代国家一般都制定了系统的政府采购法律和条例，并建立了完善的政府采购制度，政府采购活动都是在严格的法律和管理规范下进行的，这是政府采购的重要特点。政府采购活动要坚持操作的规范性，并体现公平、公正、公开的原则。

(四) 采购主体的特定性

政府采购的主体主要是指依靠国家财政资金运转的国家机关、事业单位和团体组织等公共实体，其主体的性质不同于社会其他采购主体，是依法确定的。

(五) 采购过程的透明性

政府采购不同于其他商业采购，不仅不具有商业保密性，而且政府采购的有关法律和程序都是透明公开的，采购过程也是在完全公开的情况下进行，一切采购活动都要做出公共记录，不允许有任何暗箱操作。所有的采购信息都是公开的，没有秘密可言。

(六) 政府采购的政策性

政府采购是以实现公共政策为主要出发点，与政府的宏观调控政策相协调，具有调节宏观经济的作用。公共支出管理是国家管理经济的一个重要手段，而作为公共支出管理一个重要执行环节的政府采购，必然承担着执行国家政策的使命。因此，政府在进行采购决策时，要综合考虑政府全局和整体目标。

(七) 采购活动的公平性

公平性是在政府采购中必须强调的特点。"政府进行公开招标时，应向符合标准的企业发出邀请，要有一致的标书评价标准，不得对供货企业或承包企业实行歧视。"①

（八）采购对象的广泛性

政府采购对象品种繁多，从汽车、家具、办公用品到武器、航天飞机等无所不包，涉及货物、工程和服务等各个领域。没有一个私营组织的采购能与政府采购相比。因此，采购对象的广泛性成了政府采购的一个重要特点。

（九）采购规模的巨大性

政府始终是各国国内市场最大的用户，因而政府采购数量和金额均较为巨大。据统计，欧共体各国政府采购的金额占其国内生产总值的14%左右（不包括公用事业部门的采购）；美国政府在1989—1992年间每年仅用于货物和服务的采购就占其国内生产总值的26%—27%，每年有2000多亿美元的政府预算用于政府采购。

第二节 政府采购的目标和原则

政府采购行为不是简单的商品买卖行为。政府采购不但是为了使政府这一国家机器能够正常运行，而且还能够通过这样的行为发挥政府对经济的调节作用。因此政府采购和私人商品买卖的目标和原则是不同的。本节主要介绍政府采购的基本目标、具体目标及在政府采购中遵循的原则。

一 政府采购的目标

政府采购的基本目标是实现政府职能和社会公共利益。政府可以通过政府采购进行宏观调控，影响微观经济领域的市场行为，来实现政府采购的目标。政府采购的具体目标概括起来包括如下几个方面。

---

① 李进：《政府采购实务》，江苏科学技术出版社2006年版，第3页。

（一）提高公共支出的经济性和有效性

政府采购的金额相对巨大，只有对其进行科学有效的管理，才能提高公共支出的效益与效率。所以，提高公共支出的经济性和有效性是政府采购首要且最重要的目标。政府采购的经济性和有效性目标是指在政府采购过程中以最有利的价格等条件采购到质量合乎标准的货物、服务或工程。

（二）进行宏观调控

政府采购的宏观调控目标，是政府采购在满足政府自身基本要求的前提下，所发挥的调控国家宏观经济的作用。西方经济中，政府采购是国家用来调控宏观经济总量和结构的重要政策杠杆。当前，国际上政府采购制度成熟的国家都把政府采购作为调控社会经济的主要手段之一。政府采购宏观调控的目标主要包括调节社会总需求、保持宏观经济稳定、调整经济结构、促进民族产业发展、促进中小企业发展、促进就业、促进节能环保等等。

一方面，政府可以通过调整采购总规模，调节国民经济的运行情况，如政府可以通过扩大采购规模，增加内需来刺激经济发展；也可以通过缩减采购规模，降低消费需求来抑制经济过热。另一方面，政府还可以通过调整采购结构，进行产业结构的调整，即对政府鼓励的产业，可以提高采购量，为该产业的发展开辟市场；对政府控制的产业，可以减少对这些产业产品的采购，从而限制该产业的发展。

（三）促进民族产业发展

虽然自由贸易是当今世界经济发展的潮流，但实际上许多国家仍然通过立法强制性地要求政府在一般情况下优先购买本国产品，以实现保护民族产业的目标。面对国际大市场，强调要遵循国内产品优先的原则，无疑是必需的。面对国内市场，则要鼓励竞争，通过竞争来促进产业的发展。必须明确的是政府采购对国内产业的保护，并不是对每个企业都实行同等水平的保护，只是保护先进企业，不保护落后企业。政府通过购买本国产品，以竞争为基础，实行优胜劣汰，从整体上提高国内企业的竞争力，促进民族产业的发展。

(四) 保护环境

当今环境问题已经引起全世界范围的高度重视,并制定了许多相关法规保护人类赖以生存的环境。在私人采购过程中很少考虑所购买的产品对社会环境的副作用,但政府可以通过政府采购,促使公众执行国家的环境法规和政策。政府对采购的产品、服务和工程,提出相应的环境保护的标准及要求,不符合规定标准和要求的不予采购,从而减少产品生产对环境的破坏,进而达到保护环境的目标。

二 政府采购的原则

政府采购作为行政行为与市场行为的有机结合体,既有自身需要实现的目标,又有其需要遵守的原则。在政府采购过程中需要遵守的原则很多,如效率与效益原则、防止腐败原则、竞争性原则、体现货币效益最大化原则、立足国情与遵循国际惯例相结合原则、体现产业政策原则、适度集权原则、协商原则、廉政性原则、保护扶持本国企业原则、国民待遇原则、非歧视原则、复审原则等。中国《政府采购法》第3条规定:"政府采购应当遵循公开透明原则、公平竞争原则、公正原则和诚实信用原则。"下面介绍一下政府采购的基本原则。

(一) 公开透明原则

政府采购的公开透明原则是指有关政府采购所进行的所有活动都必须公开进行,包括采购的法律、政策、程序和采购活动都要公开,这是公共支出管理的一个特征。公开透明原则既是国际政府采购规则中的一项重要原则,又是各国政府采购立法的一项基本原则。公开透明原则要贯穿于整个采购程序中。公开的具体内容包括:(1) 有关采购的法律和程序要公之于众;(2) 采购项目和合同的条件要公开刊登广告,使每个有兴趣的或已参与的供应商、承包商、服务提供者都能获得同等的信息;(3) 资格预审和评价投标的标准要事先公布并且只能按此标准进行评价;(4) 公开开标,公开中标结果;(5) 采购活动要做好采购记录,以备公众和监督机构的审查和监督;(6) 要接受投标方的质疑和申诉。公开透明原则一方面可使投标商们计算出他们参加采购活动的代价和风险，从而提出最有竞争力的价格；另一方面，还有助于防止采购机构及其上级主管部门做出随意的或不正当的行为或决定，从而增强潜在的投标商参与采购并中标的信心。只有坚持公开透明原则，才能改变以往分散采购中的"暗箱操作"现象，使政府采购时刻受到公众的监督。

（二）公平竞争原则

政府采购的公平竞争原则主要体现在以下两个方面：一是所有投标商具有均等的机会参与竞争，各供应商的地位、信息、采购标准都是一致的，不对投标商进行歧视；二是合同的授予要兼顾政府采购社会目标的实现。在政府采购竞争中，小企业、部分民族企业由于规模实力等因素处于不利地位，但在政府进行采购行为的时候，应兼顾社会目标，采取相应措施，使这样的企业也能获得采购合同的一部分，从而扶持其发展，进一步促进社会的协调发展。

竞争则是建立在公平基础之上的。通过竞争，政府采购机构可以形成一种买方市场，从而形成一种对买方有利的竞争局面。为了保证有效竞争，在政府采购中，较多地使用竞争性的采购方法，如招标采购法、征求建议采购法、谈判采购法、询价采购法。招标采购的方法是一种有组织的、公开的、规范性的竞争。招标采购方法通常是首选方法。随着市场经济体制的不断发展完善，追求公平竞争将是一种普遍的社会现象，也是政府采购必须遵循的原则。

（三）公正平等原则

公正平等原则是指在公开、公平原则的基础上所取得的公正和整个操作程序和过程的公正平等，使政府采购得到一个公正的结果。公正平等原则是采购人在处理与供应商之间关系时的基本要求，且主要由政府采购监督管理部门、采购人和采购代理机构来执行。在政府采购过程中，政府采购人是采购市场中的买方，享有交易中的主动权。因此如果采购人滥用职权或者不公正对待某些竞争参与者，无疑将会扰乱采购市场的秩序，也会危害公正平等原则的实施。为贯彻公正平等原则需要对政府采购行为加强监督，严惩违纪、违规行为，以有效防止不公正的现象。

（四）诚实信用原则

诚实信用原则要求政府采购各方都要诚实守信，不得有欺骗背信的行为，以善意的方式行使权利，尊重他人利益和公共利益，忠实地履行约定义务。学者主张将其作为政府采购的基本原则的主要理由是："政府采购合同作为合同的一种，也遵守合同的最基本的机理，应当平衡双方当事人的权利义务，基于双方的合作和彼此信赖而签订和履行。"[①] 遵守诚实信用原则有利于保障公众利益和个人利益。诚实信用原则一方面要求政府采购主体的项目发标、信息公布、评标过程等都要真实；另一方面，供应商应具有责任意识，履行其在投标时的承诺。政府采购过程中的任何一方不得有弄虚作假的行为，否则将受到相关法律的处罚和制裁。

（五）物有所值的原则

物有所值原则是西方国家在政府采购法中常确立的基本原则之一。其通常的含义是指投入（成本）与产出（收益）之比。但是价格因素并不是判断物有所值的单一可靠标准，这里的投入不是指所采购物品的现价，而是指物品寿命周期成本，即所采购物品在有效使用期内发生的一切费用再减去残值。政府采购追求的就是寿命周期成本最小而收益最大。政府采购活动中，必须做到：一方面要采购到合乎要求的货物、服务或工程；另一方面还要尽量降低采购费用，提高财政资金的使用效益。在招标采购时，供应商的报价并不是政府采购部门决策的唯一依据，而是需由专家、使用单位、财政部门业务处室、纪委、监察部门人员组成的评审委员会对其品牌、质量、售后服务进行综合评价，择优进行采购。

第三节 政府采购的组织体系

政府采购的组织体系是一个完整的有机系统，一般包括政府采购管理机

[①] 史际春、邓峰：《经济（政府商事）合同研究——以政府采购合同为中心》，载《经济法学评论》第1卷，中国法制出版社2000年版，第17页。

构、政府采购执行机构、政府采购代理机构、政府采购仲裁机构、政府采购监督机构和供应商。

一 政府采购管理机构

政府采购管理机构一般分为两种类型——委员会制和部门管理制。委员会制是指由各相关职能部门组成委员会管理政府采购，其优点在于使相关职能部门共同参与政府采购的管理，既有利于部门之间利益的协调和矛盾的化解，也有利于政府采购制度的建立和推行；其不足在于由于协调目标的复杂性，存在影响行政效率的问题。部门管理制则是指由某个政府部门作为政府采购的主管部门，其优点在于职责明确，有利于提高行政效率，但各种矛盾和冲突易集中在政府采购主管部门，不利于政府采购活动的开展。

此外，国外政府采购的发展实践也有将政府采购管理机构分为设立在政府内部的专门的政府采购机构与行使政府采购管理职能的财政部门的。中国的政府采购管理机构体制经历了由委员会制向部门管理制的转变，随着《政府采购法》的颁布，中国的采购管理机构也确定采用部门管理制。

从各国的实践来看，采购管理机构主要行使如下职能：（1）制定政府采购的相关法律、法规、制度规章以及政策，并及时修正完善；（2）收集、统计和发布政府采购信息并制定政府采购信息管理办法；（3）制定政府采购资金管理办法与合同监督管理办法；（4）进行政府采购预算管理，包括预算的编制、执行等，采购部门要严格按照批准的预算执行；（5）规定政府采购方式以及不同方式的管理办法；（6）制定政府采购投诉处理办法、受理供应商的投诉；（7）组织政府采购人员的培训；（8）管理和监督政府采购活动过程等。

二 政府采购执行机构

政府采购执行机构是政府采购组织体系的主体，是政府采购事务的实施部门，具有行政职能。根据职责范围，政府采购执行机构分为集中采购机构和分散采购机构。集中采购机构是指负责为本机构政府各部门统一提供某些采购服务的专门机构，如政府采购中心。其主要业务范围包括：组织实施纳入集中采购项目的大型政府采购项目;受其他采购机关的委托,代其采购或组织招标事宜等。而分散采购机构是指各预算单位,负责自行组织本单位除集中采购业务范围之外的政府采购项目,通常是小额采购和非通用品的采购。

政府采购执行机构主要具有以下职能:(1)负责统一组织实施集中采购目录的项目采购;(2)负责研究制定集中采购实施方案并组织实施;(3)负责自行组织招标投标活动;(4)负责签订或组织签订采购合同并督促合同履行;(5)负责制定集中采购内部操作规程;(6)负责办理各部门委托采购事宜;(7)负责政府采购专家库、采购网络建设等管理工作等。

三 政府采购代理机构

政府采购代理机构一般是指具有社会中介性质的政府采购代理机构,即"经过财政部门认定拥有资格的,依法接受采购人委托,从事政府采购货物、工程和服务的招标、竞争性谈判、询价等采购代理业务,以及政府采购咨询、培训等相关专业服务的招标竞争性谈判、询价等采购代理业务,以及政府采购咨询、培训等相关专业服务的社会中介机构,同时向采购人或中标人收取一定费用"[1]。这种社会中介性质的政府采购代理机构的行为准则是参与市场活动,遵守市场活动的基本规则。作为委托机构,政府采购代理机构利用自身招标采购的专业技术、专用开标与评标场地、评标专家库等一系列专业优势帮助招标采购人择优选择中标人或供货商,对于推进政府采购招标方式的专业化、社会化,提高政府采购工作效率,降低采购成本,提高投资效益等具有一定意义。

此外,还有一些学者认为,政府采购代理机构包括两类,除上述具有社会中介性质的政府采购机构外,由政府设立的非营利事业法人的集中采购机构也被看作是政府采购代理机构的一种。集中采购机构与社会中介机构都是采购代理机构,其职能都是受委托代理组织采购活动。

四 政府采购仲裁机构

政府采购是一种特殊的经济活动,需要平衡各方面的利益。在招标、投标

---

[1] 张璐:《政府采购理论与实务》,首都经济贸易大学出版社 2011 年版,第 156 页。

和履行合约的过程中，不可避免地会产生许多争议和纠纷，在这种情况下就需要仲裁机构。因此在政府采购过程中，当产生的问题难以通过协商解决时，采购仲裁机构应及时地进行调节和仲裁，以确保落实政府采购的"三公"原则，维护政府信誉。仲裁的内容主要是解决招标、投标和履行协议与合同中产生的争议和异议。

政府采购仲裁机构通常有三种形式。如新加坡、韩国等，政府采购仲裁机构是由财政部门负责的，而在加拿大和日本等国则设立了独立的政府采购仲裁机构，还有一些国家是通过地方的司法机构进行仲裁的。

五　政府采购监督机构

政府采购监督机构是指为了预防和制止政府采购中违法行为的发生，运用行政、经济、法律和社会舆论等手段对政府采购活动进行监督的机构。政府采购监督机构的设置有利于维护正常的政府采购市场秩序，保证政府采购政策目标的实现。

根据政府采购监督的三个层面，可将政府采购监督机构分为三类。第一类是对政府采购监督管理部门的监督，监督机构主要包括各级人大、纪检监察、审计部门。第二类是对政府采购机构的监督，监督机构是各级财政部门的政府采购管理机构。第三类是对供应商的监督，监督机构包括政府采购监督管理机构、采购机构等。

六　供应商

供应商是政府采购活动中采购方所需货物、工程和服务的提供者，是指向采购人提供货物、工程或者服务的法人、其他组织或者自然人。政府采购供应商在政府采购过程中拥有一系列正当合法的权利，并且其自主、平等、正当、合法的权益应该得到充分的尊重和保护。供应商的权利主要包括：（1）有权平等地取得政府采购供应商资格；（2）有权平等地获得政府采购信息；（3）有权自主、平等地参加政府采购的竞争；（4）有权自主、平等地签订政府采购合同；（5）有权要求采购人或集中采购机构保守自身的商业秘密；（6）有权监督政府采购依法公开、公正、公平进行；（7）有权运用行政、法律等手段维护自身合法权益。政府采购供应商在享有相应的权利的同时，还应承担一定的责任与义务。供应商的责任与义务包括以下几个方面：（1）必须遵循政府采购的各项法律法规；（2）按规定接受政府采购供应商的资格审查；（3）中标后，按规定的程序与招标采购单位签订合同；（4）严格履行政府采购合同；等等。

第四节　政府采购的模式与方式

经过多年实践的发展，政府采购已经形成了系统的采购模式与方式，并且不同的采购模式与方式各有其适用领域。本节主要对政府采购的模式与方式进行介绍。

一　政府采购模式

政府采购模式是指实施政府采购的组织管理形式。按照采购权集中程度的不同，可将政府采购模式分为集中式采购模式、分散式采购模式和混合式采购模式。

（一）集中式采购模式

集中式采购模式是指纳入政府采购范围内的项目由政府设立的集中采购机构统一进行采购的组织管理形式。集中采购模式不允许各需求单位单独进行采购，将采购权与使用权分离，使政府采购权高度统一集中。集中采购模式首先需要设立政府集中采购机构，一般是由使用单位向政府财政主管部门提出采购计划，经批准后由专门的政府集中采购机构负责具体的采购，采购结束后由使用单位进行验收，采购资金则往往由财政部门支付。

集中式采购模式具有以下特点：（1）集中式采购便于专业分工，有利于在采购过程中集中和充分利用专家的知识，可以培养专业采购人才，促进采购技术的提高，保证采购质量。（2）集中式采购使分散零星的采购转变为集中批量采购，有利于形成规模效应，能引导供应商再竞争，从而降低采购价格，提高财政资金的使用效益，同时有利于整合采购职能，减少作业和管理费用，可以精简采购部门的人员，而且由于事权的集中，有助于提高工作效率，有助于形成社会对采购活动的监督。(3) 集中式采购的政策和程序具有连续性和统一性，加强了采购管理机构对采购的直接控制与监督，与合同类型、采购方法、采购条件、采购伦理等有关的重要采购政策在采购部门的各个层次上更容易执行和贯彻，因而提高了采购活动的透明度，防止采购人员滥用职权。(4) 集中式采购有利于实现国家的宏观调控。集中式采购一方面有效地抑制了采购市场的不正当竞争，引入公开竞争机制，形成较为统一的市场价格，调节政府采购市场。另一方面，政府集中式采购有助于实现环境保护、增加就业和保护民族工业等特定的社会经济目标。但集中式采购实行分批采购，具有较强的时间性和计划性，有时不利于行政机关开展政务的需要。

（二）分散式采购模式

分散式采购模式是指各使用单位各自进行政府采购的组织管理形式。分散式采购要求在政府设立政府采购委员会，各委员会负责制定采购法规和政策，使用单位向财政主管部门上报采购预算计划，获得批准后按照采购预算自行进行采购活动。

相对于集中式采购模式，分散式采购的主要优点是比较灵活，使用单位和供货商可以进行快速和直接的沟通，使用单位可以根据需要自主确定采购物品，采购手续简单，采购周期短，并且仓储管理方便，能够避免集中式采购可能带来的时间延误，尤其在紧急情况下的采购效率较高。但分散式采购模式也存在一些缺点：(1) 难以形成规模效益基础上的价格优势，难以实现政府采购的物有所值的原则。(2) 容易导致采购官员和供应商之间的合谋，以及各种腐败现象的滋生。(3) 各单位自行进行采购的模式缺少整体的规划性，易导致重复采购，也难以使公共资源共享。(4) 分散式采购需要增加采购人员的数量，造成人力、物力及财力的浪费，降低采购的效率，难以实现经济性和效率性的目标。

（三）混合式采购模式

混合式采购模式，即集中式采购与分散式采购相结合的模式，是指政府采购中有一部分采用集中式采购的模式，另一部分则是采用分散式采购的采购模式。这种组织管理形式兼具以上两种模式的特点，将大范围的统一规模采购与一定范围内的各单位自主购买相结合，相对比较灵活。目前世界上大多数国家实行这种采购模式，即一部分物品由集中采购机构统一采购，另一部分物品由各支出单位自己采购。这种采购模式一方面有利于制定和实施统一的采购政策，有利于对高价值和高风险采购进行管理；另一方面又可以保持低价值和低风险采购的灵活性和采购速度。

中国的《政府采购法》在立法之初就确立了这一采购模式，对于这一模式在立法过程中一直没有异议，但对于集中的程度、如何集中，则一直有诸多争论意见。从国际上看，有的国家是根据采购的数额确定是否进行集中采购，如设置采购门槛，超过门槛的部分由一个部门统一采购，低于门槛的部分则由需求单位自行购买；也有的国家是根据采购物品的性质、数量和采购政策综合确定。中国《政府采购法》倾向于后一种确定方法。

各国政府一般都根据自己的实际情况采用各种不同的采购模式。例如，美国、阿根廷等国采用集中式采购模式；日本、英国等国采用分散式采购模式；瑞士、韩国等国采用集中式采购与分散式采购相结合的模式。虽然各国选择了不同的政府采购模式，但从长远的角度来看，混合式采购模式是未来发展的趋势，也是目前大多数国家普遍采用的模式。因为完全的集中模式缺少灵活性，现实情况中也很难实行，所以所谓的集中模式也只是相对的集中。而采用分散式采购的国家也不少，但这种模式的弊端前文也进行了阐述。因而，越来越多的国家采用集中式采购与分散式采购相结合的模式，"从大的方向上具有集中的趋势，对主要的商品和服务采用集中采购的模式，尤其以公共投资为主，这样可以避免重复建设造成的浪费，便于全社会的监督；而一般性的小规模的政府消费品则采用分散采购的模式，以便于政府采购的灵活性"。

二 政府采购方式

政府采购方式是指政府在采购货物、工程和服务时采取的方法和途径。政府采购的方式是多种多样的，通常根据采购的内容、条件、目标和规模选用不同的方式。政府采购方式按照不同的划分标准有不同的分类，按照是否招标分为两大类，即招标采购方式与非招标采购方式。以下介绍几种常见的具体采购方式，包括公开招标采购、邀请招标采购、竞争性谈判采购、单一来源采购、询价采购。

(一) 公开招标采购

公开招标采购是指采购人按照法定程序，通过发布招标公告的方式，邀请所有潜在的不特定供应商参加投标，采购人通过事先确定的标准从所有投标人中择优评选出中标供应商，并与之签订政府采购合同的一种采购方式。公开招标要求招标程序规范，操作透明，监督健全，能够有效地防止腐败。公开招标允许所有符合标准的投标人参加投标，充分发挥竞争作用，因此能最好地达到经济性目标。此外，正因为使所有符合资格的供应商都有均等的机会参加投标，其很好地体现公平性原则。但是也有采购时间长、手续复杂的缺点。

(二) 邀请招标采购

邀请招标采购是一种选择性招标，由采购机关或其委托的政府采购代理机构以投标邀请书的方式选择邀请符合条件的（三个以上）特定供应商作为潜在的投标人，被邀请的供应商自主决定是否参与投标竞争，由采购人从中选定中标者的采购方式。邀请招标的特点与公开招标采购方式基本相同，二者的区别是：邀请招标采购竞争性较弱，竞争仅限于被邀请的特定供应商之间；邀请招标采购信息透明度较公开招标采购较弱，但由于招标邀请书可以直接寄往被邀请的供应商处，而不必在公开媒体上发布，且投标人相对较少，确定中标人的时间、花费等都更节约一些。因此，在项目专业性强、有资格承接的潜在投标人本来就少或时间比较紧迫的情况下，采取邀请招标的办法比公开招标好处更多。

(三) 竞争性谈判采购

竞争性谈判采购是指采购实体与多家供应商进行谈判，谈判结束后要求所有参加谈判的供应商在规定时间内进行最终报价，采购人根据符合采购需求、质量和服务相等且报价最低的原则确定成交供应商，并与之签订政府采购合同的一种采购方式。采用这种方式多是由于客观原因而无法实行公开招标采购方式，不得已转而采用竞争性谈判采购的方式，竞争性谈判是公开招标以外的首选采购方式。

（四）单一来源采购

单一来源采购也称为直接采购，即没有竞争的采购，是指采购人与单一供应商直接签订政府采购合同的一种采购方式。它是指在达到竞争性招标采购的金额标准，但所购商品的来源渠道单一，或属专利、首次制造、合同追加、原有项目的后续扩充等特殊情况下，只由一家供应商供货。由于单一来源采购缺少公平竞争性，所以采用这种方式有严格的使用条件。

目前在中国政府采购中，此采购方式的应用多为出于紧急采购的时效性或者只能从唯一的供应商或承包商取得货物、工程和服务的客观原因考虑。

（五）询价采购

询价采购也称货比三家，是指采购人向符合资格条件的供应商（不少于三家）发出询价单，让其报价，要求供应商一次报出不得更改的价格，采购人根据符合采购需求、质量和服务相等且报价最低原则确定成交供应商并与之签订政府采购合同的一种采购方式。询价采购的特点：（1）通过对多个供应商报价的比较体现授予合同的竞争性；（2）质量服务相等且报价最低原则体现了授予合同的公平性；（3）适用范围单一，适用于采购货物规格、标准统一、现货货源充足且价格变化幅度小的政府采购项目，例如电脑、办公设备等。

第五节　政府采购的审计与监督

政府采购活动涉及多方参与主体与较大数额的公共资金的使用，因此应对政府采购实施的全过程进行审计和监督，以确保政府采购目标的实现以及公共资金的有效使用。本节主要对政府采购审计的内涵、意义、内容以及政府采购监督的内涵、分类及机制进行介绍。

一　政府采购的审计

政府采购是行政审计的一个重要对象，也是对政府行为进行监督的一个重要方面。

(一) 政府采购审计的内涵

政府采购审计是指依照法律的规定，由各级行政机关对政府采购的当事人实施政府采购的情况和政府采购监督管理部门的监督管理情况进行审计、监督、评价及鉴证的活动。政府采购审计的目的就是通过对政府采购的整个活动的真实性、合法性和效益情况的审计，加强财政支出管理，提高财政资金使用效益，加强宏观调控，促进经济和社会发展。政府采购审计还有助于维护公开、公平竞争的市场经济秩序，遏制腐败行为，并为以后的政府采购积累经验。

中国《政府采购法》中明确规定："审计机关应当对政府采购进行审计监督。政府采购监督管理部门、政府采购各当事人有关政府采购活动，应当接受审计机关的审计监督。"因此政府采购审计的对象主要是政府采购监督管理部门、政府采购代理机构、政府采购单位、供应商四者之间的有关政府采购的活动。

(二) 政府采购审计的意义

1. 有利于提高政府采购资金的使用效益

政府采购审计作为市场经济条件下财政制度监督机制的重要组成部分是强化财政支出管理，提高财政资金使用效率，促进廉政建设的重要手段。据有关资料统计，近几年中国政府采购的规模逐年翻番，按国际通常的节约率为GDP的1%计算，中国节约的资金量相当于当年财政支出的30%，而加强政府采购的审计监督不但能提高资金的使用率，更重要的是规范了政府采购的行为，使政府采购能够有序发展。

2. 有利于促进政府采购的公平、公正、公开原则的实施

在世贸组织的一项重要协定——《政府采购协定》中明确要求，各成员国的政府采购必须在公正、公开、竞争、经济与效率和廉洁五大原则的基础上进行。政府采购审计具有规范政府采购参与各方行为的功能，促进政府采购坚持公正、公开、竞争、经济与效率和廉洁原则。政府采购审计还有助于消除暗箱操作，净化交易环境，促进廉政建设。因而对政府采购工作实施经常性的审

计监督是提高政府采购效益，保证其公开、透明的重要手段。

3. 有利于加强参与政府采购活动的各单位进行廉政建设，完善政府采购行为

对政府采购进行审计能有效地防止政府采购活动中的一些不法行为，能有效遏制政府采购中存在的漏洞。审计工作一般要对政府采购的程序、招标过程、中介机构资质、标书制作、专家选定是否合规、合法、有效，采购方式是否恰当，手续是否完整进行审计。通过审计发现政府采购实际执行过程中与现行制度和管理规范制度方面存在的差距，提出健全和改善的措施，促进各项政府采购规章制度的完善、贯彻和执行，发挥政府集中采购的优越性。通过审计逐步在中介组织、供应商与政府采购方之间，形成既相互联系又相互制约的紧密的制衡机制。

（三）政府采购审计的内容

根据政府采购的过程，政府采购审计的内容如下：

1. 对采购预算的审计

对采购预算的审计主要有以下几个方面：（1）预算编制是否遵循法定程序，是否进行调查研究、充分论证、科学预测和是否进行可行性分析；（2）采购范围、规模、数量、品种、金额是否合理；（3）有无盲目采购、重复采购；（4）数字计算与预算执行结果是否真实，执行过程中是否增加支出、突破预算；（5）预算结余是否用于规定用途等。审查政府采购预算的形成是否规范时，重点要审查预算过程中有无任意追加或追减现象以及预算的追加或追减是否遵照规定的审批程序办理。

2. 对采购计划的审计

政府采购计划是根据政府采购预算编制的，它是政府采购预算的具体实施方案，也是年度政府采购预算执行和考核的依据。审查采购计划时主要看采购机关是否按法律规定履行自己的职责；采购部门提出的采购需求是否必要；是否符合预算和政府采购计划；预算的数字是否有依据；采购机关的拨款申请书是否符合规定；政府采购资金的筹集是否合规合法并及时足额到位，有无擅自扩大规模、挪用其他资金，有无截留转移等情况。

3. 对采购程序的审计

对采购程序的审计主要包括审计政府采购计划是否向社会公布；采购活动

是否按计划进行；采购方式的选择是否合理，是否符合规定的要求。其中特别要重视对招投标活动进行审计，防止在政府采购过程中"暗箱操作"等舞弊行为的发生。审查招投标活动的主要目的是遏制招投标过程中的违法行为，维护公平竞争的市场环境，保护社会公众和经营者的合法权益。审计时应注意投标者是否相互约定抬高或压低投标报价，招标者是否存在预先内定中标者或向投标者泄露标底等违规行为。

4. 对采购管理的审计

对采购管理的审计主要包括审计财政部门对采购的管理是否从资金分配延伸到使用环节，是否对行政事业单位现有财产进行清查登记，是否加强对新增固定资产的管理等方面。

5. 对采购绩效的审计

开展绩效审计，对政府采购行为进行独立的评价，有利于促进被审计的采购单位适应市场经济发展的需要，促使他们为达成各自的采购目标，围绕提高效率和效果而不断地改进工作，加强内部控制，实现最佳的资源管理，做到经济有效地使用资源。采购绩效审计分为三部分：一是经济性审计，要求实现货币价值最大化，使财产物资的使用充分、有效；二是效率性审计，即必要的财产物资保障及办公设施的改善是否提高了工作效率；三是效果性审计，即政府采购制度的实施是否切实加强了财政支出管理，实际支出是否比预算支出明显下降，以及是否促进了政府政策目标的实现和宏观效益的发挥。政府采购审计主要特征体现在不仅对价值形态进行监督，而且对实物形态进行监督。

由于政府采购审计主要内容是以使用财政性资金获取货物、工程和服务的政府采购活动，这就决定了其是由价值形态延伸到实物形态的监督。因而政府采购审计监督的难度更大，程度更深。

二　政府采购的监督

（一）政府采购监督的内涵

政府采购的监督是指《政府采购法》规定的有关主体依据各自的职责和权利，运用行政的、经济的、法律和舆论等手段，以预防和制止政府采购中违法行为的发生，消除其带来的不良影响及其后果，而采取的各种措施和行为，借此维护正常的政府采购市场秩序，保障政府采购政策目标的实现。

（二）政府采购监督的分类

对政府采购行为的监督一般可以概括为以下几种：立法机关监督、行政机关监督、司法机关监督和社会监督。首先，立法机关一方面通过制定法律，明确政府采购的范围、方式、程序等等；另一方面通过听取和审议工作报告、询问和质询、检查、调查等方式对政府采购法的执行和遵守情况进行监督。其次，行政机关在政府采购监督体系中作用尤为重要，一方面是实现政府对采购活动保持主动干预的基础，另一方面可以为受到损害的供应商提供迅速救济。再次，司法机关通过检察、审判职能的行使，实现对政府采购中的违法犯罪行为的监督以及对政府采购员中行政人员渎职犯罪的监督。最后，社会监督是广大人民群众以及社会团体、新闻媒体对政府采购行为的监督，包括舆论监督、公民举报、批评、建议等方式。

（三）政府采购监督机制

政府采购监督机制是指各种监督主体对政府采购法律规范、政府采购具体操作程序以及政府采购活动全过程进行监督、管理、审核的制度。"政府采购监督机制简而言之是针对政府采购活动规范化、具体化和制度化的系统监督管理。"

政府采购监督机制主要包括以下四个要素。

1. 监督主体

政府采购监督主体为三类：第一类为国家机关监督主体，具体涵盖了权力机关监督主体、行政机关监督主体和司法机关监督主体；第二类是群众和供应商监督主体；第三类是政党和社会组织监督主体。

2. 监督客体

政府采购的监督客体包括政府采购的采购人、采购供应商和采购代理机构。

3. 监督内容

政府采购监督的内容包含五个方面。（1）对有关政府采购过程中的各种相关法律、行政法规和规章的执行情况的监督。（2）对采购范围、采购方式和采购程序的执行情况的监督。（3）对公共性财政性资金使用的合法性、科学性和效益性进行监督。(4) 对政府采购人员的职业素养和专业技能进行监督。(5) 对供应商的资格条件、资信状况和招投标过程中是否存在违规违法行为进行监督等。

4. 监督形式

政府采购监督的形式根据监督主体的不同，分为行政机关监督、权力机关监督、司法监督、政党监督、社会监督、供应商通过质疑与投诉程序监督以及群众组织监督等。

第六节 中国政府采购制度

中国政府采购制度从 20 世纪 90 年代中期开始建立，经过近 20 年的发展基本建立了较为完备的政府采购制度框架，但和国际上先进的政府采购制度相比还是存在不足。本节主要对中国的政府采购制度的发展阶段、存在的问题进行介绍，并提出相应的改进对策。

一 中国政府采购制度的发展

在新中国成立以后的很长一段时间内，中国实行的是计划经济体制，各预算单位的采购行为是通过计划手段来进行的，表现为财政预算分配后各购买实体进行分散采购。改革开放以后，中国财税体制进行了一系列重大改革。按照建立公共财政框架的要求，中国财政支出管理改革的内容主要集中在三个方面：一是改革预算编制方法，实行部门预算。二是建立以国库单一账户体系为基础、资金缴拨以国库集中收付为主要形式的财政国库管理制度。三是推行政府采购制度，按照公开、公平、公正原则，规范政府各单位的采购程序和采购方式，强化对财政资金的使用监督，提高财政资金使用效益，从源头预防和治理腐败。

改革开放后中国的政府采购制度发展的历程可概括为三个阶段。

(一) 中国政府采购制度的探索初创阶段 (1995—1998 年)

1995 年，财政部开始研究财政支出改革问题，把政府采购制度作为一项重大课题进行研究。同年,中国开始了政府采购工作的试点,上海市财政局首先尝试用国际通行的规则来规范政府采购活动,制定了中国第一个政府采购试行办法即《上海政府采购管理办法》,并取得了很好的效果。1996年正式开始试点。1997年深圳对行政事业单位的各项物资的采购实行了公开招标方式。1998年建立了中国第一部政府采购法规,即《深圳经济特区政府采购条例》。此后,试点范围开始逐步扩大并在全国各地广泛展开,得到了较快的发展。

(二) 中国政府采购制度的试点推广阶段(1998—2003年)

1998年,国务院赋予财政部"拟定和执行政府采购政策"的职能,明确了政府采购管理机构。同时,地方也开始在财政部门里设立政府采购机构,加强组织机构建设。此外,政府开始利用各种宣传媒介对政府采购制度进行宣传,指定《中国财经报》作为政府采购宣传媒介,全面介绍政府采购知识和政策规定。在此阶段,"政府采购市场的'蛋糕'急速增大,全国政府采购规模为31亿元,1999年为130亿元,到2000年达到328亿元,政府采购工作已在全国铺开"[①]。随着试点工作的推广,财政部也积极着力进行制度建设,从1999年开始陆续颁布了《政府采购管理暂行办法》、《政府采购招投标管理暂行办法》、《政府采购合同监督暂行办法》、《政府采购品目分类表》等一系列规章制度。1999年4月由财政部制定印发的《政府采购管理暂行办法》是中国第一部有关政府采购的全国统一部门规章,结束了中国政府采购无法可依的局面。同年,全国人大将《政府采购法》列入立法规划。2000年财政部建立了财政预算管理制度和政府采购资金财政直接拨付制度,2002年拟定了中央国家机关全面推行政府采购制度方案。

(三) 中国政府采购制度的全面推行阶段(2003年至今)

2003年1月1日,《中华人民共和国政府采购法》正式实施,此法于2002年6月第九届全国人大常务委员会通过,这表明中国政府采购已经走上了规范化和法制化的轨道,并标志着中国政府采购制度改革进入了全面推

---

① 刘慧:《政府采购改革十年回顾、思考与展望》,《中国政府采购》2007年第1期。

行阶段。

其一，中国的政府采购范围和规模不断扩大，经济效益和社会效益也大幅度提高。政府采购范围早已经由单纯的货物类采购扩大到工程类采购和服务类采购。其二，政府采购的制度建设和管理体制建设也取得了新进展。财政部制定了《政府采购货物和服务招标投标管理办法》等配套规章和规范性制度30多个，并且政府采购管采分离成效显著，管理体制初步建立。其三，政府采购政策功能取得重大突破，政策采购、政策功能的实施初步实现了由单一管理目标向政策目标的转变。从2004年开始财政部先后在扶持采购节能产品、环境标志产品、自主创新产品和保护国家信息安全等领域实施了政府采购政策，积极发挥政府采购宏观调控的目标。其四，监管体系进一步完善，增强了政府采购的廉洁透明度。"管采分离、机构分设、政事分开、相互制约"的工作机制基本形成，采购管理机构统一监督管理下的集中采购机构和采购单位具体操作执行的采购管理体制初步形成。其五，逐步推进政府采购制度的网络信息化建设。2007年6月，中国发布《电子商务发展"十一五"规划》，将政府采购电子商务试点工程列为"十一五"期间中国政府应用电子商务的六大重点引导工程之一。近几年来，中国政府采购网、中央政府采购网、财政部网站的政府采购板块、各省市政府采购网站相继上线运行，使采购信息更加公开透明、采购过程更加规范简便。

二 中国政府采购制度中存在的问题

回顾过去，尽管中国政府采购在经历近20年的发展历程中已取得显著成效，但由于政府采购制度还处于探索阶段，不免存在许多矛盾和问题。

（一）政府采购制度的法律体系不健全

中国的《政府采购法》虽然在政府采购的法律制度建设上实现了突破性的发展，但是与国际政府采购的规范制度比较，发展仍显缓慢。同时在实践中也发现政府采购制度的法律体系仍然有待完善。

首先，相关法律之间的协调与配套不完善。如"《招标投标法》规定对通过串标而中标的供应商情节严重的，取消其一年至二年参加依法进行招标的项目的投标资格，并予以公告，而《政府采购法》规定，只要供应商与采购人、其他供应商或者采购代理机构进行恶意串通的,将其列入不良行为记录名单,在一至三年内禁止参加政府采购活动,显而易见,这两法在上述方面的规定不尽一致"[1]。其次,现行法律的某些规定过于模糊笼统,在实际工作中难以操作。如《招标投标法》、《政府采购法》以及2004年财政部制发的《政府采购货物和服务招标投标管理办法》都规定"对串标情节严重的供应商,由工商行政管理部门吊销其营业执照",但对于串标情节的严重程度却缺少行政裁量的基准,既难以操作,又存在很大的随意性。

(二) 政府采购组织管理体制有待完善

中国政府采购在管理体制上主要存在以下问题。首先,政府采购运行机构职能定位不明确,职责不清,很难发挥其应有的作用,影响了政府采购的效率。其次,政府采购运行机构的管理职能薄弱。政府采购本身是财政职能的延伸,是财政资金的使用过程。其目的不仅仅是资金数量上的节约和获取批零差价,更重要的是对财政支出的内容、规模等进行调节和管理。再次,当前政府采购机构和财政预算等业务部门还没有形成流畅的协作机制,而预算及业务部门对政府采购机制了解还不多,政府采购机构又无权去参与使用单位预算项目的审批,因而很容易产生一些新的矛盾。最后,缺少政府采购信息沟通的有效机制。

(三) 政府采购的监督与质疑机制不健全

在中国政府采购过程中,许多地方、单位普遍存在疏于监督的现象,其中重要的原因就是目前中国政府采购的监督体制仍然存在问题。其一,政府采购活动的监督缺少法律支撑,因此对政府采购中存在的违规行为缺少法律和行政的惩治手段。其二,实际操作中政府采购的监督流于形式,缺少全程的监督工作。其三,由于各种原因在一些地区还存在政府采购管理机构和操作机构人员合一使用的现象,他们既承担着管理和监督职能,又直接从事政府集中采购活动,致使政府采购的监督管理存在重大隐患和缺位,这样不利于政府采购活动

---

[1] 张照东等:《政府采购的法律属性》,载《第三届中国律师论坛论文集(实务卷)》,法律出版社2003年版,第262页。

中有关环节的相互制约和监督，易诱发新的腐败。

此外，政府采购的质疑机制不健全，责任不明确。在政府采购中出现争议时，由于质疑机制不完善，相关的责任人得不到应有的惩处，受损一方的利益得不到应有的补偿，争议得不到有效的解决，不仅妨碍了政府采购活动的健康运行，也不利于企业的公平竞争，还容易滋生腐败行为，有违实施政府采购的初衷，最终影响政府采购的质量和信誉。

（四）政府采购的相关配套措施滞后

政府采购制度的实施需要相应的各项措施和制度与之配合，如预算制度、会计制度和财务制度、人力资源管理制度等等。中国预算分配方式落后，采用传统的预算分配方式，加大了政府采购工作的难度。政府采购预算与部门预算脱节，预算编制简单粗糙，缺乏可操作性，并且缺乏可操作的年度政府采购计划。同时，中国的集中支付制度尚未建立，使得政府采购资金的使用缺少必要的制约机制。此外，中国政府采购缺少专业采购人员。政府采购不同于一般的采购业务，它涉及经济、贸易、自然科学等多学科知识，要求管理、执行和评标人员不仅要熟悉财政业务，还应掌握招投标、合同管理等多方面的知识和技能。但是目前中国政府采购人员的素质仍有待提高，而且相关培训的内容也有待规范。

（五）政府采购的公共政策职能有待加强

政府采购需要体现社会公共利益，具有公共政策职能和对经济进行宏观调控的作用。由于政府采购制度承担着公共政策职能，如支持本国企业、保护民族产业、优化产业结构、均衡区域经济协调发展、保护弱势群体等。但是由于《政府采购法》使用范围的局限以及配套法规的不完善，一些政府采购人或出于"经济人"的本性，或迫于采购资金的限制极易导致采购非环境友好型和非资源节约型的产品、工程和服务，不利于对自主创新和本国国货的保护。这使得政府采购的社会职能削弱，同时也降低了政府采购的社会形象。

三 健全中国政府采购制度的措施

从改革开放到现在中国现有的政府采购制度的框架已经基本确立，但中国的政府采购制度仍然存在上述问题。下面将结合发达国家政府采购制度的先进经验,提出进一步完善中国政府采购制度的对策与建议。

(一) 完善政府采购法律体系

其一,应尽快出台《政府采购法实施细则》,提高《政府采购法》的可操作性,使政府采购的各个环节有法可依、有章可循。其二,进一步修订和完善《政府采购法》,调整和修改相关规定使其更符合工作实际。其三,应完善政府采购救济机制,保障供应商的合法权益。其四,理顺《政府采购法》与《招标投标法》的关系,在细则中统筹两法。其五,完善其他配套法律法规。而且应该根据与国际接轨的需要,把握好开放度,制定法律法规确定适用GPA等国际规则的政府采购范围和程度等等。

(二) 完善政府采购组织管理体制

第一,规范政府采购执行机构设置。要使采购决策程序和采购执行程序相分离,以保证政府采购的规范化、程序化和法制化。应该根据《政府采购法》的规定,设立与任何行政机关均不存在隶属关系的集中采购机构,这一机构应直属于同级人民政府,并对其进行统一规范和管理。

第二,从制度上明确主体的权利、义务和责任,理清政府采购管理机构、执行机构、监督检查机构的职责划分。

第三,在政府采购过程中要建立良好的信息发布和信息沟通机制,提高政府发布采购信息的透明度,加强和供应商的信息沟通。建立完善政府采购的绩效管理和绩效评估制度。

第四,促进政府采购人员的职业化与专业化,应定期对政府采购人员进行专业化培训,既要提高政府采购人员的业务能力,还应高度重视对政府采购人员道德操守的教育。此外,应建立明确政府采购人员准则和岗位标准,实行科学的考核制度,加强专家库建设。

(三) 健全政府采购监督管理机制

完善政府采购的监督工作,首先应建立全国统一政府采购监督管理机构,并加强对政府采购活动的绩效管理。其次,应采用制度监督与法律监督并行,再辅之以行政监督，并采用对政府采购的事前、事中和事后监督的多重监督机制。最后，建立有效、透明的社会监督制度。社会监督的主体和对象都具有很强的广泛性，不受时间、地点和方式的限制，因此要更好地发挥媒体舆论和公众监督的力量，以更好地维护国家利益和社会公共利益。

（四）完善相关配套措施

首先，应改革预算会计制度，加强预算监督。其次，建立与政府采购制度相配套的国库集中支付管理方式。现行的财政预算资金拨付管理制度具有计划经济的性质，已无法满足支出改革的需要。政府采购资金实行统一支付有利于政府采购活动的规范，是保证政府采购活动公开、透明的重要手段。

（五）充分发挥政府采购的政策功能

政府采购应当充分发挥政府采购的政策功能，努力实现宏观调控的政策目标。应当建立健全政府采购政策目标体系，并在政府采购活动中充分发挥其政策功能，对宏观经济进行调控。政府采购应当有倾向性地扶持民族企业、科技创新企业和中小企业，支持农业、基础教育和公共卫生事业，促进产业结构升级、环境保护、就业和社会保障，缩小区域差距等等。

思考题：
1. 政府采购的含义是什么？
2. 什么是招标性政府采购与非招标性政府采购？
3. 政府采购的特点是什么？
4. 政府采购的目标与原则包括哪些？
5. 简述政府采购的组织体系构成。
6. 政府采购模式主要包括哪些？
7. 政府采购审计的含义是什么？包括哪些内容？

第十一章

国有资产管理

所谓国有资产管理是指对所有权属于国家的各类资产的经营和使用,进行组织、指挥、协调、监督和控制的一系列活动的总称。具体地说,就是对国有资产的占有、使用、收益和处置进行管理。国有资产管理的基本目标是实现国有资产的保值与增值。通过本章学习,应当掌握国有资产的概念及分类,国有资产管理的含义及目标,了解国有资产管理的相关理论,以及中国的国有资产管理现状。

第一节 国有资产的概念及分类

国有资产是法律上确定为国家所有并能为国家提供经济和社会效益的各种经济资源的总和,即属于国家所有的一切财产和财产权的总称。国家属于历史范畴,因而国有资产也是随着国家的产生而形成和发展的。

一 国有资产的概念

国有资产是与国家这个特定的经济实体紧密相连的经济资源的总称。国有资产存在于任何社会形态下的国家,但也因不同的国家性质或同一国家不同时期的经济特征,而在社会经济生活中占有不同的比重,起着大小不一的作用。

(一) 资产

资产(assets),是指可作为生产要素投入到生产经营过程中,并能带来经济利益的财产。《企业会计准则》规定："资产是企业拥有或者控制的能以货币计量的经济资源，包括各种财产、债权和其他权利。"[①] 美国财务会计准则委员会在《财务会计概念公告》中将资产定义为"资产是某一特定实体由于过去的交易或事项获得或控制的可能的未来经济利益"。

资产的特征是服务潜力或未来经济利益，即为资产使用者提供服务或利益的生产能力。可见，资产主要强调的是经济资源，而且是能够带来经济利益的经济资源。

（二）国有资产

国有资产，是属于国家所有的一切财产和财产权利的总称。国有资产有广义和狭义之分。

广义的国有资产是指国有财产，是指国家以各种形式投资及其收益、拨款、接受馈赠、凭借国家权力取得，或者依据法律认定的各种类型的财产或财产权利。广义的国有资产包括企业国有资产、行政事业单位国有资产、资源性国有资产。

狭义的国有资产仅指企业国有资产。企业国有资产主要是指国有资本，是企业资产负债表中的所有者权益部分。国有独资企业的国有资产是该企业的所有者权益（净资产），总资产是企业作为独立法人所拥有的资产，企业国有资产是企业总资产来源的一部分；股份制企业的国有资产是该企业所有者权益中的国家出资人权益，而企业总资产则是各类出资人出资形成的全部企业法人财产。

二 国有资产的分类

国有资产的分类，是指按照一定的标准，对国有资产进行科学系统的划分。对国有资产进行分类，是加强国有资产管理的重要内容，也是优化国有资产配置、正确发挥国有资产作用的必要前提。国有资产的分类主要有六种方法。

[①] 李松森、孙晓峰：《国有资产管理》，东北财经大学出版社2010年版，第2页。

（一）按国有资产占有使用主体分类

按国有资产的占有使用主体分类，可以划分为企业国有资产和行政事业单位国有资产两类。

1. 企业国有资产

《中华人民共和国企业国有资产法》（以下简称《企业国有资产法》）第一章第2条规定："本法所称企业国有资产（以下称国有资产），是指国家对企业各种形式的出资所形成的权益。"[①] 企业国有资产是指中央和地方政府作为出资者在国家出资企业中依法拥有的权益，表现为由各类企业占有使用的国有资产。具体说，企业国有资产是指在产品生产、流通和经营服务等领域的国家出资企业，以营利为主要目的，依法经营或占有使用，其产权属于国家所有的一切财产。国家出资企业，是指国家出资的国有独资企业、国有独资公司，以及国有资本控股公司、国有资本参股公司。表11—1显示了2003—2007年中国国有企业主要财务指标。

表11—1　　　　　　2003—2007年中国国有企业主要财务指标

年份	2003	2004	2005	2006	2007
企业户数（个）	149988	137753	127067	119254	115087
资产总额（亿元）	197103.3	223081.2	253721.6	290116.1	354813.4
销售收入（亿元）	107339.7	123253.8	142490	161969.3	200823.2
利润总额（亿元）	4951.2	7525.4	9682.8	12242	17625.2
上缴税金（亿元）	8104.5	10107.2	11919.3	13936.9	177220

资料来源：国资委2009年1月发布的《国资委五年回顾报告》。

2. 行政事业单位国有资产

行政事业单位国有资产是指由行政事业单位占有使用的、在法律上确认为国家所有，能够以货币计量的各种经济资源的总和。行政事业单位国有资产包括国家划拨的资产、按规定组织收入形成的资产、接受馈赠和其他法律确认的

[①] 《中华人民共和国企业国有资产法》由中华人民共和国第十一届全国人民代表大会常务委员会第五次会议于2008年10月28日通过，自2009年5月1日起施行。

国有资产。

(二) 按国有资产性质分类

按国有资产的性质分类，可以划分为经营性国有资产、非经营性国有资产和资源性国有资产三类。

1. 经营性国有资产

经营性国有资产是指以保值为基础、以增值为目的，直接投入生产经营过程的国有资产。经营性国有资产具有增值性的特点，即通过对经营性资产的运用，创造出新的价值和剩余价值。经营性国有资产既包括国家出资企业占有使用的国有资产，也包括行政事业单位转作经营用途的国有资产。

2. 非经营性国有资产

非经营性国有资产是指不直接投入生产经营过程，由国家机关、军队、社会团体、文化教育、学校和科研机构等行政事业单位占有使用的国有资产。非经营性国有资产具有非增值性的特点，即非经营性国有资产的占有使用不是为了自身价值的增值，而是为国家履行行政管理职能和社会管理职能提供物质基础。

3. 资源性国有资产

资源性国有资产是指在人们现有的知识、科技水平条件下，通过开发能够带来一定经济价值的国有资源。国有资源是指自然界中存在的、所有权属于国家的自然资源。国有资源是资源性国有资产的源泉和基础，把国有资源变为资源性国有资产是国家组织经济活动的目标之一。

(三) 按国有资产存在形态分类

按国有资产存在形态分类，可以划分为有形资产和无形资产两类。

1. 有形资产

有形资产是指具有价值形态和实物形态的资产。有形资产的实物形态是指资产的自然形态。例如，资产的大小、形状、颜色等。有形资产的价值形态要经过交换，才能以价格的形式表现出来。这类资产包括土地、房屋及其设备和各种原材料等。

有形资产按其运动方式又可以划分为动产和不动产。动产是指能够自由移动其位置而不改变其性质、形状，或者不失去其经济价值的资产。例如，机器设备和各种运输工具等。不动产是指不能自由移动其位置的资产。如果移动其位置，就会使资产遭受损坏而丧失其经济价值。例如，厂房和建筑物等。

2. 无形资产

无形资产是指由特殊主体控制、不具有独立形态、对生产经营持续发挥作用并能带来经济利益的一切经济资源。无形资产是企业拥有的一种特殊财产权利。例如，专有技术、专利权、商誉、版权、特许权、经营者的管理经验、管理才能等。

（四）按国有资产所处地域分类

按国有资产所处地域分类，可以划分为境内国有资产和境外国有资产两类：境内国有资产是指一国国境范围内的国有资产；境外国有资产是指一国拥有的、在国境范围以外的国有资产。

（五）按国有资产形成方式分类

按国有资产形成方式分类，可以划分为自然界固有的国有资产和人工创造的国有资产两类。

自然界固有的国有资产是指国家凭借经济主权所拥有的国有自然资源，主要包括土地资源、矿产资源、水资源、森林资源等。人工创造的国有资产是指国家凭借生产资料所有权所拥有的国有资产，主要包括国家投资形成的机器设备、房屋建筑物、原材料等。

（六）按国有资产管理体制分类

按国有资产管理体制分类，可以把国有资产按管理层次不同划分为中央政府管理的国有资产和地方政府管理的国有资产。企业国有资产属于国家所有。《企业国有资产法》第3条规定："国有资产属于国家所有即全民所有。国务院代表国家行使国有资产所有权。"国家实行由国务院和地方人民政府分别代表国家履行出资人职责，享有所有者权益，实行权利、义务和责任相统一，管资产和管人、管事相结合的国有资产管理体制。第4条规定："国务院和地方人民政府依照法律、行政法规的规定，分别代表国家对国家出资企业履行出资人职责，享有出资人权益。"

1. 中央政府管理的国有资产

国家国有资产监督管理委员会履行出资人权能，代表全体社会成员监督管理的国有资产。国务院代表国家对关系国民经济命脉和国家安全的大型国有及国有控股、国有参股企业，重要基础设施和重要自然资源等领域的国有及国有控股、国有参股企业，履行出资人职责。国务院履行出资人职责的企业，由国务院确定公布。《企业国有资产法》第4条还规定："国务院确定的关系国民经济命脉和国家安全的大型国家出资企业，重要基础设施和重要自然资源等领域的国家出资企业，由国务院代表国家履行出资人职责。其他的国家出资企业，由地方人民政府代表国家履行出资人职责。"

2. 地方政府管理的国有资产

由国务院授权省、自治区、直辖市人民政府和设区的市、自治州级人民政府分别代表国家监督管理的国有资产，主要是对由国务院履行出资人职责以外的国有及国有控股、国有参股企业，履行出资人职责。省、自治区、直辖市人民政府履行出资人职责的国有及国有控股、国有参股企业，由省、自治区、直辖市人民政府确定、公布，并报国务院国有资产监督管理机构备案；其他由设区的市、自治州级人民政府履行出资人职责的国有及国有控股、国有参股企业，由设区的市、自治州级人民政府确定、公布，并报省、自治区、直辖市人民政府国有资产监督管理机构备案。

有一种观点认为，国有资产是社会公共资产的一部分，而非全部。其理由是：由于社会公共需要的层次性，社会公共资产也有层次性，只有那些满足全民公共需要的公共资产才应纳入到国有资产管理的范围中来，而只用于满足某一地区居民公共需要的公共资产则应纳入地方性公共资产的范围来管理[1]。按照广义资产的范围，社会公共资产就是国有资产，二者没有区别。地方政府管理的地方性公共资产是经中央政府授权，代表国家监督管理的资产。实行分级代表的国有资产管理体制，并不意味着改变地方性公共资产的国有性质[2]。

---

[1] 薛誉华：《国有资本经营与资产管理》，中国财政经济出版社2000年版，第35页。
[2] 李松森、孙晓峰：《国有资产管理》，东北财经大学出版社2010年版，第45页。

第二节　国有资产管理的含义及目标

国有资产管理是国家以产权为基础，以提高国有资产运营的经济效益和社会效益为目标，以资产占有者和使用者为对象开展的管理活动。

一　国有资产管理的含义

国有资产管理有广义和狭义两种含义。广义的国有资产管理是指作为国有资产所有者的各级政府实施所有者权利的一系列行为的总称。而狭义的国有资产管理则是指国有资产的授权经营者依照法律和国家的授权所实施的国有资产经营行为的总称。

根据资产性质的不同，国家对不同性质的资产规定不同的管理目标。对于投入企业的经营性国有资产的管理，除公益性企业外，以实现资产增值为主要目标；对于行政事业单位占用的非经营性国有资产的管理，以合理配置，防止资产流失，保证资产的有效、节约使用为主要目标；对于土地、海洋、水流、矿产、森林、草原、滩涂等资源性国有资产的管理，以合理有偿开发利用，使可再生资源的再生得到保障和不可再生资源得到开发替代，形成良性循环为主要目标[①]。

国有资产管理的内容关系企业生产和再生产的全过程。按照国有资产的营运过程，其管理活动可以分解为以下三个主要环节。

第一，投入的管理，也称为国有资产投资管理，包括确定投资主体、选择投资规模和投资结构并对投资项目进行监督，以保证投资者落实责任，实现国有资产投资收益，达到保值增值的目的。

第二，存量经营的管理，即对形成生产能力的国有资产，实行以增值为目标进行的国有资产运营活动，包括经营方式的选择、经营业绩的考核和对经营活动的监督。

第三，收益分配的管理，即对国有资产经营收益的支配、使用等活动的管

---

① 李松森、曲卫彬：《国有资产管理》，东北财经大学出版社2004年版，第51页。

理，其实质是国家、企业、投资者及员工之间的经济利益关系，包括确定收益额、确定科学合理的收益分配原则，以及对企业留利使用的监督。科学、合理的收益分配制度，能够调动投资方和经营方等各方面的积极性，保证企业实现健康发展。

除此之外，国有资产管理还包括一系列日常的基础性工作，如清产核资、产权界定和产权纠纷的调处、产权登记、国有资产的统计和报告制度、国有资产的评估制度等。

二　国有资产管理的基本目标

经过30多年的改革，中国公共财政制度框架已经初步建成。财政的公共化要求所建立的公共财政应该是弥补市场失效的财政、非营利性的财政、一视同仁的财政、法制化的财政。相应地，财政的公共化对国有资产管理活动提出了要求。根据中国公共财政建设目标和目前国有资产的实际运营情况，国有资产管理的基本目标有两个层次：一是实现经营性资产的保值增值，使国有资产价值量得到增加；二是确保国民经济的稳定发展和保证国家经济安全，为全社会提供公共物品，以满足社会不断增长的公共物品需求。[1]

为了保证国有资产管理基本目标的实现，必须科学合理地安排国有经济的布局。国有经济应该集中于那些影响国民经济发展全局、掌握国家经济命脉、非国有企业办不了或办不好，因此只能由国家来办的事业。根据中国国民经济的实际情况，国有经济分布领域首先是关系国家安全的行业，包括军事工业、造币工业、航天工业等；其次是大型基础设施以及其他具有较大正外部性的建设项目，大型不可再生资源的开发项目，如大型的油田、煤矿开发项目，以及对国家长期发展具有战略意义的高新技术开发和研制等。

随着财政公共化改革的不断深入，国有经济退出竞争性领域，未来的国有经济将成为具有特殊功能的企业，国有资产将成为国家引导和调节市场的一种有效工具和强大力量，配合宏观经济调控，发挥政策工具的作用。

---

[1] 武彦民：《财政学》，中国财政经济出版社2011年版，第344—346页。

第三节 国有资产管理的相关理论

目前,世界上多数国家国有资产管理的理论基础是西方经济学的相关理论。其中影响比较大的理论主要有:委托—代理理论、产权理论、公共产品理论、交易费用理论和企业制度理论等。

一 国外关于国有资产管理的相关理论

(一) 委托—代理理论

在西方经济学中,委托—代理理论认为,委托—代理关系实际上是一种契约关系。詹森和麦克林(Jensen & Meckling)从债务人与债权人关系的角度将代理关系定义为一种契约关系①。企业中的契约关系是指劳动投入者、物质投入者和资本投入者、产品消费者之间的契约关系。在这种契约关系下,一个人或更多的人(委托人)聘用另一个人(代理人)代表他们来履行某些服务,包括把若干决策权托付给代理人,从而产生代理成本问题。从委托—代理的角度看,企业是一种组织,企业的本质是契约关系。在现代企业中,企业管理者通常不是企业资本的完全所有者,因而就存在代理成本。代理成本包括三项内容,即委托人的监督支出、代理人的保证金支出和企业的剩余损失。如果让管理者完全拥有剩余权益,则可以减少直至消除代理成本。

(二) 产权理论

西方经济学的产权理论普遍认为,产权是在法律或国家强制性规定的人对物的权利。阿尔钦认为产权是"一种通过社会强制而实现的对某种经济物品的多种用途进行选择的权利"。法兰西民法把产权定义成"以法律所允许的最独断的方式处理物品的权利"。他们的定义都强调三个内容。其一,产权必须是法律或社会强制规定并允许的人对物的权利;其二,在法律和社会许可的条

---

① 刘玉平:《国有资产管理》,中国人民大学出版社2012年版,第55页。

件下，产权所有者拥有他所拥有物的一切权利；其三，产权主体选择的依据是产权经济学的重要内容。

1991年诺贝尔经济学奖获得者罗纳德·科斯是西方产权理论的代表人物。他认为，产权是一种人们所享有的权利。科斯定理是关于产权安排、交易费用与资源配置效率之间存在着内在联系的定理。科斯第一定理说明，在交易成本为零的理想状况下，权利的任何安排都可以无成本地得到相关主体的纠正。如果仅从经济效率的角度看，权利的一种初始配置与另一种初始配置并无差异。科斯第二定理的实质是，如果交易成本大于零，权利的初始安排将影响社会福利，提供较大社会福利的权利初始安排就较优。科斯第三定理的实质是，如果交易成本大于零，初始产权的明晰界定和分配，可以节约甚至消除纠正性交易。通过政府较为准确地界定初始权利，将优于私人之间通过交易来纠正权利的初始配置[①]。

（三）公共产品理论

在公共产品理论中，把产品分为公共产品和私人产品。公共产品是指那些在消费上具有非竞争性和非排他性的产品。公共产品理论认为，有许多企业，既是一个公民有能力去经营的，又是有希望去赢利的，但也保留给国家。其简单理由是，他们可能给予私人企业者太多的权力，或者可能为他保证太大的赢利。所虑的是这类企业所有必要给予经营这些企业的人的特殊地位，有可能被滥用。属于这类的经营大部分必然是独占——特别是大规模的独占，诸如邮政、铁路等等。按照公共产品理论，目前美国等西方国家的国有企业只是经营一些私人所不愿意生产和提供的公共产品。20世纪70年代后期，英国等一些国家纷纷进行私有化，将国有资产和国有企业私营化，实现国有资本的大规模退出，也是以公共产品理论为基础的。

（四）交易费用理论

在西方经济学理论中，交易费用具有如下性质：其一，交易费用是机会成本。不进入交易就没有交易费用，交易的方式不同，交易费用也不同。人们对

[①] 刘玉平：《国有资产管理》，中国人民大学出版社2012年版，第56页。

交易方式的选择，使交易费用具有了机会成本性质。其二，交易费用是经济主体之间知识、信息不对称的结果，知识与经验的差异性、资源的稀缺性、事件的不确定性以及空间的局限性都会影响交易费用。其三，交易费用是无法彻底消除的。其四，交易费用无法准确计量，只能是在事前根据不完备的知识和经验进行估计，准确的计量只有在事后进行。交易费用理论认为，企业是用以节约交易费用的一种交易模式。价格制度或市场机制的运转是有成本的，企业组织的出现是对市场组织的替代。企业没有无限扩大，是由于企业内部组织也有成本，企业与市场达到交易费用的均衡时就是企业规模的边界。

（五）企业制度理论

西方经济学的企业制度理论是公司治理（Corporate Governance）的理论基石。公司治理最早在 20 世纪 70 年代初由美国经济理论界提出，是一组规范公司相关各方面的责权利的制度安排，是现代企业中最重要的制度架构。有学者把企业制度理论分为两大部分：一是企业的性质问题，二是企业组织结构问题。国内有学者把企业制度理论的基本内容进一步细分为四个部分，即企业的本质和界限、企业内部的等级制、企业资本结构、企业所有权与控制权分离。

1. 关于企业的本质和界限

西方学者认为，契约是不完全的；在不完全的契约条件下剩余控制权的配置方式影响交易费用；企业不同于市场是因为权威的存在；在权威下，市场式的议价消失，代之以上下级的代理人关系；这种代理人关系不可避免地产生费用；企业形态是这些费用最小化的结果。

科斯认为，企业的产生源于对市场及市场交易的替代，其目的是为了节省交易成本。这是因为，在市场经济条件下，各生产要素所有者或拥有资本、劳动力，或拥有技术和企业家才能，几乎没有人能拥有进行大规模生产所需要的所有生产要素。而现代化大生产又需要各种生产要素共同组织才能形成现实的生产力，所以各生产要素所有者就必须以契约的形式"组织起来"，以谋求共同的、最大的利益。这个契约既包括各要素所有者的义务——包括投入要素的多少与承担投入要素的风险等，也包含了各要素所有者的权利，如按企业总体收益情况进行分红等，于是企业就在契约的基础上产生了。企业的产生，大大减少了交易环节，节约了各要素所有者之间进行交易的成本，从而提高了经济运行和生产的效率。因而企业不仅是对交易的替代,从本质上说是对市场的替代①。

2. 关于企业内部的等级制

企业内部结构激励理论应用于等级制主要有三个方面。一是企业的内部监督。威廉姆斯认为,企业越大,等级层数越多,上级对下级的监督就越困难,因此企业内部职员偷懒带来的费用就越高。企业不能无限期地扩大下去。监督和奖惩是联系在一起的,没有有效的奖惩结构,监督的作用就会降低。二是企业内部的竞争。罗森(Rosen)用模型证明了企业最优的工资分配应具有如下特征:越高的职位,工资差距越大。这是因为越往上,上升的机会就越小,非得提高奖励,才能有足够的激励。三是合谋与协调。西方学者认为,在一个多人的组织结构中,人与人之间的合作既可以带来效率(如多个委托人之间的协调),也可以带来费用(如合谋);同样,人与人之间的竞争和不合作,既可以带来效率(如市场招标、三权分立),也可以带来费用(如"影响"活动和"寻租"活动)。

3. 企业所有权与控制权的分离

西方学者认为,在自由市场经济中,即使在所有权与控制权分离的情况下,由于市场竞争,经理所受到的压力也是多方面的,虽然这种制约可能不是完全的,代理费用不可能消除,但市场机制保证了这种费用被限制在某一限度内,不可能无限制地增长②。

二 国内关于国有资产管理的相关理论

从1949年到20世纪90年代初,中国将国有资产作为非商品性质的资产进行管理。在传统计划经济体制下,经营性国有资产没有被看成有别于一般公共资源进行管理,而是将其视为与公共资源同样的管理对象,追求的是社会效益,管理的主要目标是如何管好,使其不浪费和被破坏,更多的是为了维护社会稳定和经济发展,企业没有利润目标,管理体制自然完全按照行

---

① 刘玉平:《国有资产管理》,中国人民大学出版社2012年版,第59页。
② 金成晓:《所有权与控制权分离问题再探讨——兼论中国国有资产管理体制改革的相关问题》,《财经问题研究》2002年第5期。

政管理方式设置，与国家管理非经营性国有资产的体制相同。在这种体制下，国有资产管理体制都建立在一般公共资源管理基础上。随着中国经济由计划经济向市场经济转轨，国有企业需要由传统的行政单位向独立的市场主体转变。在社会主义市场经济条件下，中国逐步形成了一套较为全面的国有资产管理理论。

（一）基本经济制度理论

党的十五大、十六大和十六届三中全会、五中全会，对社会主义基本经济制度理论做了全面的阐述。党的十五大提出：公有制为主体、多种所有制经济共同发展，是中国社会主义初级阶段的一项基本经济制度。这一制度的确立，是由社会主义性质和初级阶段国情决定的：一是中国是社会主义国家，必须坚持公有制作为社会主义经济制度的基础；二是中国处在社会主义初级阶段，需要在公有制为主体的条件下发展多种所有制经济；三是一切符合"三个有利于"的所有制形式都可以而且应该用来为社会主义服务。党的十六大进一步阐述，要根据解放和发展生产力的要求，坚持和完善公有制为主体、多种所有制经济共同发展的基本经济制度。其一，必须毫不动摇地巩固和发展公有制经济。发展壮大国有经济，国有经济控制国民经济命脉，对于发挥社会主义制度的优越性，增强中国的经济实力、国防实力和民族凝聚力，具有关键性作用。集体经济是公有制经济的重要组成部分，对实现共同富裕具有重要作用。其二，必须毫不动摇地鼓励、支持和引导非公有制经济发展。个体、私营等各种形式的非公有制经济是社会主义市场经济的重要组成部分，对充分调动社会各方面的积极性、加快生产力发展具有重要作用。其三，坚持公有制为主体，促进非公有制经济发展，统一于社会主义现代化建设的进程中，不能把这两者对立起来。各种所有制经济完全可以在市场竞争中发挥各自优势，相互促进，共同发展。党的十六届三中全会提出，要"坚持公有制的主体地位，发挥国有经济的主导作用。积极推进公有制的多种有效实现形式"，并且强调，要"使股份制成为公有制的主要实现形式"。党的十六届五中全会进一步指明了"十一五"期间坚持和完善基本经济制度的重点和要求：加大国有经济布局和结构调整力度，进一步推动国有资本向关系国家安全和国民经济命脉的重要行业和关键领域集中，增强国有经济控制力，发挥主导作用。加快国有大型企业股份制改革，完善公司治理结构。深化垄断行业改革，放宽市场准入，实现投资主体和产权多元化。加快建立国有资本经营预算制度,建立健全金融资产、非经营性资产、自然资源资产等监管体制,防止国有资产流失。

(二) 现代企业制度理论

1993年党的十四届三中全会通过的《中共中央关于建立社会主义市场经济体制若干问题的决定》指出,必须进一步转换国有企业经营机制,建立适应市场经济要求,产权清晰、权责明确、政企分开、管理科学的现代企业制度。以公有制为主体的现代企业制度是社会主义市场经济体制的基础。建立现代企业制度,是发展社会化再生产和市场经济的必然要求,是国有企业改革的方向。现代企业制度的基本特征主要有五个方面:一是产权关系明确,企业中的国有资产所有权属于国家,企业拥有包括国家在内的出资者投资形成的全部法人财产权,成为享有民事权利、承担民事责任的法人实体。二是企业以其全部法人财产,依法自主经营,自负盈亏,照章纳税,对出资者承担资产保值增值的责任。三是出资者按投入企业的资本额享有所有者的权益,即资产受益、重大决策和选择管理者等权利。企业破产时,出资者只以投入企业的资本额对企业债务负有有限责任。四是企业按照市场需求组织生产经营,以提高劳动生产率和经济效益为目的,政府不直接干预企业的生产经营活动。企业在市场竞争中优胜劣汰,长期亏损、资不抵债的应依法破产。五是建立科学的企业领导体制和组织管理制度,调节所有者、经营者和职工之间的关系,形成激励和约束相结合的经营机制。所有企业都要向这方面努力。党的十五大和十五届四中全会进一步强调,建立现代企业制度是国有企业改革的方向。

(三) 现代产权制度理论

改革开放以来,中国关于产权问题的理论研究和实践探索不断深化,党的十六届三中全会通过的《中共中央关于完善社会主义市场经济体制若干问题的决定》明确提出了建立健全现代产权制度的任务,并从理论和政策上做了阐述。产权是适应现代市场经济发展要求而出现的经济范畴。一般认为,产权主要是指财产权或者财产权利,是以财产所有权为主体的一系列财产权利的总和,包括所有权及其衍生的占有权、使用权、经营权、收益权、处置权、让渡权等权利。产权具有独立性、排他性、流动性、可分性等基本特征①。

产权制度是关于产权界定、运营、保护等一系列体制安排和法律规定的总称②。现代产权制度则是与社会化大生产和现代市场经济（股份制经济出现是主要标志）相适应的产权制度。其主要特征是：归属清晰，即各类财产所有权的具体所有者明确并为相关法律法规所清晰界定；权责明确，即产权具体实现过程中各相关主体权利到位，责任落实；保护严格，即保护产权的法律制度完备，各种经济类型、各种形式的产权一律受到法律的严格保护；流转顺畅，即各类产权以谋求收益最大化为目的，依法在市场上自由流动、有效经营。

产权和所有制有密切关系又不完全相同，产权是所有制的核心和主要内容。产权和所有制的区别在于：同一所有制可以有不同的产权制度；不同的所有制，也可以采用相同的产权制度。现代产权制度，实质上是通过保证和强化收益权来弱化传统的所有权或归属权。将财产权分离为多种功能，不同产权主体分别支配相应的权利，不仅可以发挥财产的社会功能和价值增值功能，而且可以为所有人带来更多的选择和收益。按照现代产权制度理论，当前中国正在进一步完善国有资产管理体制，保障国有资本出资人权益，落实企业作为市场主体和法人实体应享有的各项权利，加快现代企业制度建设。

第四节　中国的国有资产管理

中国社会主义国有资产，是通过在中国共产党领导的革命根据地和解放区建立公营经济，新中国成立初期通过没收官僚资本、接管和征用帝国主义在华企业、改造民族资本，特别是经过几十年大规模的经济建设，由政府财政部门通过国有资本投入和财政资金拨付而逐步形成和发展起来的。本节主要介绍中国国有资产的形成、计划经济体制下的国有资产管理体制、国有资产管理体制改革探索，以及国有资产监督管理委员会的设立及职责等内容。

---

① 国务院体改办研究所课题组：《产权制度与国有资产管理体制改革》，《经济学动态》2003年第1期。

② 同上。

一　中国国有资产的形成

据统计，中国 2004 年全国国有资产总量已经达到 115830.4 亿元，其中，企业国有资产为 77345.6 亿元；行政事业单位国有资产为 38448.8 亿元。[①] 截至 2007 年末，中国共有国家出资企业 11.5 万户。其中，国务院国有资产监督管理委员会监管的中央企业有 141 户，还有财政部负责监管的金融类企业，以及行业主管部门监管的其他为数众多的国家出资企业。全国国有及国有控股的非金融类企业的总资产达到 35.5 万亿元，净资产达到 14.8 万亿元。[②] 中国国有资产的形成主要有以下五种途径。

(一) 公营经济转化形成的国有资产

新民主主义革命时期，中国共产党领导的人民民主政权为了保证革命战争的军需供应和改善人民生活，在革命根据地建立了公营经济，包括公营企业、公营商业和银行。公营经济的建立，对于支持革命战争、满足根据地人民生活需要、促进生产发展起到了积极的作用，是中国最早的具有社会主义国家所有制性质的国有资产。新中国成立后，它们就自然转化为社会主义国有资产。

(二) 国家依据法律取得的国有资产

新中国成立后，中华人民共和国中央人民政府依据宪法取得的资产，包括属于国家所有的自然资源、没收官僚资本、征用和接管帝国主义在华财产等。

属于国家所有的自然资源，实际上是依据国家主权原则拥有的国有资产，包括矿藏资源、水资源、森林资源、海岸带资源、土地资源、野生动物资源、草原和滩涂资源等。

没收官僚资本，主要是没收由国民党中央政府、省政府、县市政府经营的企业（包括在抗日战争后由国民党政府接收的日本、德国和意大利等帝国主

[①] 财政部科教文司：《事业单位国有资产管理暂行办法问答》，中国财政经济出版社 2006 年版，第 2 页。

[②] 李保民：《贯彻执行〈企业国有资产法〉的现实意义和实现途径》，《国有资产管理》2009 年第 1 期。

义国家在中国的企业）和以国民党官僚为首的垄断资本所经营的企业，包括工厂、矿山、商店、银行、仓库、船舶、码头、铁路、邮政、电灯、电报、电话、自来水、农场、牧场等。到1949年底，人民政府已接收了全部官僚资本，按固定资产原值计算，约合人民币150亿元。其中，金融方面有：中央银行、中国银行、交通银行、中国农民银行、中央信托局、邮政储金汇业局、合作金库和国民党省市地方银行系统共2400多家银行，还有原国民党官商合办的其他银行中的官股。工矿企业方面有：控制全国资源和重工业生产的国民党政府资源委员会，垄断全国纺织工业的中国纺织建设公司，国民党兵工系统和军事后勤系统办的企业，国民党政府交通部、粮食部和其他部门办的企业等共2858个。这些企业包括发电厂138个，采煤、采油企业120个，铁锰矿15个，有色金属83个，炼钢厂19个，金属加工厂505个，化学加工厂107个，造纸厂48个，纺织厂241个，食品企业844个。交通运输方面有：国民党交通部、招商局等所属全部交通运输企业的资产，包括铁路2万多公里，机车4000多台，客车约4000辆，货车约4.7万辆，铁路车辆和船舶修造厂约30个，各种船舶吨位约20多万吨和原中国、中央航空公司的飞机12架。商业方面有：复兴、富华、中国茶叶、中国石油、中国盐业、中国蚕丝、中国植物油、孚中、中国进出口、金山贸易、利泰、扬子建业、长江中美实业等十几家垄断性的贸易公司。

征用和接管帝国主义在华财产，主要是指废除帝国主义国家强迫签订的包括经济条约在内的一切不平等条约，接管帝国主义长期霸占的海关，收回中国征收关税和管理海关的自主权，对帝国主义国家遗留在华的1000多家企业分别采取管制、征购、征用和代管等措施逐步接收。

（三）赎买民族资本形成的国有资产

中华人民共和国成立后，国家对民族资本主义金融业和工商业采取"利用、限制、改造"和"赎买"政策进行社会主义改造，有步骤地把资本主义金融业和工商业改造为社会主义国营经济。

"利用、限制、改造"政策，是指利用民族资本主义金融业和工商业在国计民生中的积极作用，限制其资本主义性质的生产经营，逐步改造为社会主义国营经济。例如，对私营银行和钱庄实行规定业务范围、缴纳存款准备金、规定存放款利率、私营金融银行业务联营等政策，使私营金融业转变为国家资本主义的初级形式。到 1952 年底，对全部私营银行、钱庄实行了公私合营，基本上完成了对私营金融业的社会主义改造。对私营工业，实行公私合营、加工订货，或者统销包销和收购经销三种形式。对私营商业实行公私合营、代购、代销三种形式。到 1956 年底，私营工业企业共有 11.2 万户转变为公私合营企业；私营商业有 40 万户实行了公私合营。

"赎买"政策，是指在公私合营企业中通过实行对原私人资本支付定息的办法，将私人资本逐步转变为国有资金①。例如，1950 年国家颁发了《私营企业暂行条例》，规定资本家可以在企业盈余缴纳所得税、弥补亏损和提存 10%以上公积金后，取得年息不超过资本额 8%的股息，如有余额，再提取一部分股东红利及董事、经理、厂长等人的酬劳金。1953 年，实行了委托加工、计划订货、经销代销和价格、税收等政策，把资本主义工商业利润的一部分或者大部分，转移为国营商业利润和国家税收，成为社会主义国有经济积累。之后，国家又实行了"四马分肥"政策，即对私营企业的利润，按所得税、企业公积金、职工福利奖金和企业股东红利四个方面进行分配，资本家所得股息红利一般占 1/4 左右；在公私合营企业，股息红利再按公私股份比例分配。全行业公私合营后，实行定息政策，即按照公私合营时核定的私股股利，付给资本家年息 5%的固定股息。1958 年，对公私合营和合作社经营企业实行了统一规划、统一调整政策，一批公私合营企业并入国营企业，工资制度也基本上与国营企业统一。经过这些改革，公私合营企业除了仍发给私方人员定息外，基本上变为全民所有制的国营企业。"赎买"政策的实施，逐步实现了对资本主义工商业和金融业的社会主义改造，使原来私人资本拥有的财产逐步转变为国有资产。

（四）国家投入资金形成的国有资产

新中国成立以后，全国开展了大规模的经济建设，国家依靠社会主义经济的内部积累，投入大量资金用于兴建国家出资企业和社会各项事业的发展，为巩固和发展社会主义公有制建立了雄厚的物质基础。

第一，通过国家预算拨款和贷款形成的国有资产，即通过财政无偿拨款、

---

① 李松森、孙晓峰：《国有资产管理》，东北财经大学出版社 2010 年版，第 329 页。

拨款改贷款、基本建设基金贷款、财政信用贷款、贷款转增资本金等形式形成的国有资产。

第二，折旧基金使用权下放企业用于发展生产形成的国有资产。国家向国家出资企业投资形成的固定资产按规定比率提取的折旧基金，是国家资本回流的一种形式。折旧基金留归企业支配使用，是国家资本使用权的下放，而不是国家资本所有权的转移。因此，折旧基金使用权下放给企业，实质是国家向企业增加了资本投入，其形成的资产是国有资产。

第三，资产收益再投入形成的国有资产，包括国家出资企业利润留成、应当归国家所有的未分配利润、国有资产的溢价收入等用于发展生产形成的资产。利润是企业收益的基本形式。国家出资企业利润留成，是国家为了增强企业发展能力，而从企业应上缴国家的利润中按一定比例留归企业支配使用的资金。实质是国有资产所有者向企业增加投资的一种形式。因此，国家出资企业利润留成形成的资产是国有资产。未分配利润，是企业留于以后年度分配的利润或待分配利润。在存在包括国家投资者在内的多元投资主体情况下，未分配利润中有一部分是应当属于国家投资者的投资收益。因此，应当归国家所有的未分配利润实质上是国家资本收益的再投入，其形成的资产是国有资产。国有资产的溢价收入形成的资产，如国有股票的溢价收入、国有法定财产重估增值等，实质上是国有资本的盈余，其形成的资产也是国有资产。

（五）接受馈赠、援助、转让形成的国有资产

接受外国政府、国际组织、海外华侨和中国公民的馈赠、援助、转让和捐助形成的资产，以及国家依法收归国有的无主财产，包括所有人不明的地下埋藏物和无主拾得物等，都是国有资产的组成部分。

二 计划经济体制下的国有资产管理体制

国有资产管理体制，是国家关于国有资产管理的机构设置、职责划分以及国有资产管理的方式、制度和方法等的总称。

国有资产管理体制的基本内容包括：国有资产管理机构的性质、机构设置和职能配置；国有资产管理机构与国家一般经济管理机构的关系；中央与地方国有资产管理的权责划分；管理体系内部各机构之间的权责划分及相互关系；

国有资产所有者权能的实现方式，即国家实施国有资本经营运作，对国家出资企业实行管理和监督的制度和方法。

计划经济体制下国有资产管理体制的主要弊端有以下几个方面①。

（一）政企不分

政府作为社会管理者和国有资产所有者具有双重职能——政治职能和经济职能。对政府而言，政治职能一般是优先于经济职能的。由于国家出资企业承担了许多本该由政府承担的社会义务，同时政府要以这些任务的完成情况作为考核企业和经营者绩效的标准，结果造成了企业职责的模糊、错位，使得企业不可能将经营目标放在第一位，集中全力搞好生产经营活动，无法实现提高经济效益和国有资产保值增值的目标。

（二）产权管理主体多元化与所有者缺位并存

在计划经济体制下，国有资产所有者权能由不同行政机关分别行使，所有者的统一权能被分割。例如，企业投资权由计委行使，干部任命权由组织人事部门行使，资产收益权由财政部门行使等。这些部门都以产权主体的身份出现，按照自己的要求甚至自身的利益来行使产权，由此造成了多头管理、政出多门，使企业无所适从，妨碍了生产的统一管理与效能的提高。同时，多头管理又必然产生推诿掣肘、相互扯皮的问题，没有哪一个部门为企业生产经营和国有资产保值增值问题承担责任。人人都管、无人负责，造成国有资产产权主体虚置，企业所有者管理缺位。

（三）政资不分

在计划经济体制下，国家对国有资产的管理与对整个国民经济的管理是紧密结合在一起的，在政府机构设置上，没有独立行使国有资产管理的职能部门；在职能划分上，也未明确提出国家的资产所有者职能或国家出资企业产权管理的问题。国有资产管理职能被分解在政府不同经济部门之中，由这些部门分别行使。于是，在政府与企业的关系上，往往出现以行政管理权取

---

① 黄速建、金书娟：《中国国有资产管理体制改革30年》，《经济管理》2009年第1期。

代资产所有权，以行政隶属关系取代产权关系的现象，即所谓政资不分的问题。

（四）行政性分权形成产权管理中的部门所有

在计划经济体制下，企业隶属于不同的部门，由于各部门按照自身利益进行经济管理与决策，从而割裂了企业间的分工协作关系，形成了部门经济。部门自成体系，行政垄断，重复建设，产业结构趋同，导致国有资产整体配置效益低下。同时，由于国家出资企业事实上的部门所有制，造成了经济资源优化配置的体制障碍，阻滞了国有资产的合理流动和有效重组，使国有经济布局难以按照市场要求适时调整，产业结构和企业组织结构难以优化。

三 国有资产管理体制改革探索

新中国成立60多年来，总的来说，前30年和后30多年实行了截然不同的两种国有资产管理体制。前30年实行的是政府经营的国有资产管理体制，后30多年逐步实行的是出资人监管的国有资产管理体制。

新中国成立后到1978年党的十一届三中全会之前，由于没有意识到社会主义经济仍然是商品经济，国家实行高度集权的计划经济体制，同这一体制相适应，国家建立起政府经营式国有资产管理体制，即国有资产和国有企业是通过中央各部委的"条条"和地方政府的"块块"来直接管理和经营的。这种国有资产管理体制的主要特征是：政资不分、无人负责，即中央及各级地方政府混淆了其作为国有企业资产的所有者和社会经济的管理者的双重身份，往往对国有企业的生产经营活动进行直接的行政干预；两权不分，国有国营，即把国有资产的国家所有与国家直接经营混同，国有企业被称为"国营企业"，国有资产所有权与经营权高度统一，企业的经济地位行政化；国资管理，中央集权，即国有资产管理权限高度集中于中央政府，地方政府和企业缺乏积极性和灵活性；中央各部，多头管理，导致国有资产所有权虚置[1]。

1978年以来，随着中国社会主义市场经济体制的建立和完善，国有资产

---

[1] 张卓元：《国有资产管理体制改革的目标》，《宏观经济研究》2003年第6期。

管理体制也在逐步展开、不断深化。这段时间国有资产管理体制经历了"政企分开"即微观上为企业扩权、"政资分开"即宏观上将国有资产所有者职能与政府社会管理者职能分开、"资企分开"即国资委国有股东权与公司法人财产权分开的三个国有资产管理体制改革阶段。党的十六大提出新的国有资产管理体制的总体架构是三个"三"的架构,即第一个"三"是指三级出资人制度,要把过去抽象的国家所有变为"国家统一所有",由中央政府和地方政府"分别代表国家"行使出资人职责、享有出资人权益,形成权责利明确的中央、省和市三级国有资产管理体制;第二个"三"是指三结合式管理,管人、管事和管资产相结合,对国有资产保值增值考核,经营、管理人员的考核,人员的招聘、激励机制等都是统一的;第三个"三"是三层架构经营,第一层是国资委,第二层是国有控股公司,第三层是由国有控股公司控股或参股的从事具体生产经营活动的企业[①]。

四 国有资产监督管理委员会的设立及职责

国务院国有资产监督管理委员会是根据第十届全国人民代表大会第一次会议批准的《国务院机构改革方案》和《国务院关于机构设置的通知》设置的,为国务院直属正部级特设机构。国务院授权国有资产监督管理委员会代表国家履行出资人职责。国有资产监督管理委员会党委履行党中央规定的职责。国有资产监督管理委员会的监管范围是中央所属企业的国有资产。

(一) 国有资产监督管理委员会的设立

在 2003 年 3 月召开的第十届全国人民代表大会上,通过了《国务院机构改革方案》,在方案中提出了组建国有资产监督管理委员会(以下简称国资委)的决定,这是中国国有资产管理体制改革的新探索。它标志着中国对国有资产的管理进入了一个新的体制,即在坚持国有资产由国家统一所有的前提下,建立中央政府和地方政府分别代表国家履行出资人职责,享有所有者权益,权利、义务与责任相统一,管理资产和管人、管事相结合的国有资产管理

---

① 李毅中:《深化国有资产管理体制改革》,《管理世界》2003 年第 9 期。

体制。国资委是国有资产的出资人代表,是国有企业的"老板",它既不是面向全社会进行公共管理的行政机构,也不是国务院的事业单位。中央国资委与地方国资委之间不是隶属关系,只有指导与监督关系。

组建国资委的必要性在于:首先,明确国资委是代表国家履行出资人职责,并享有所有者权益的机构,这就解决了长期以来国有资产出资人不到位或长期缺位的问题,国资委就能以出资人的地位,通过董事会和股东大会行使自己的权力,对经营者进行必要的业绩考核,并施行相应的激励机制,按市场经济体制的要求管理国有资产。其次,调动了地方政府在国有资产管理上的积极性。中国传统国有资产管理体制的一个重要特征就是国有资产归国家所有,地方分级管理,地方政府只有管理权而没有所有权,不能享有所有者收益,所以地方政府就缺乏对国有资产管理的积极性。再次,改变了国有资产分散管理状态,实行集中管理,有利于提高管理效率。长期以来,中国国有资产是由多个部门参与管理的,其中,财政部门负责资金管理,中组部和中央企业工委负责人事管理与党务管理,国家纪委负责基础设施投资的审批,国家经贸委负责技改项目的审批,由此形成"五龙治水",多头管理。这种各行其是、分散管理的格局,一方面使企业无法对市场的变化做出迅速的反应,决策迟缓,在竞争中经常处于不利地位;另一方面使企业响应市场变化所进行的组织创新难以有效进行,这就影响了企业改革的深入发展。国资委成立以后,实现了集中管理,更加明确了管理责任,企业面对一个主管部门,会极大地降低管理成本和决策成本,提高管理效率。最后,组建国资委有利于解决长期存在的政企难以分开的弊端。由于政府既是社会管理者,又是国有企业的出资人,这种双重身份,最容易导致政府对企业干预过多,从而出现政资不分、政企不分的现象,降低了国有资产的运营效率。组建国资委使之专门负责国有资产的运营和管理,而没有直接经营和管理企业的权力,也没有行业管理和宏观调控的权力。要求国资委在管理国有资产中,要突出强调股权管理,按出资的多少行使股东权力,而不能进行行政干预。这就可以较为有效地避免政府对企业的行政干预,有利于放活企业。

(二)国有资产监督管理委员会的主要职责

根据第十届全国人民代表大会第一次会议印发的《国务院机构改革方案》和《国务院关于机构设置的通知》(国发〔2003〕8号),设立国务院国有资产监督管理委员会，为国务院直属正部级特设机构。国务院授权国有资产监督管理委员会代表国家履行出资人职责。根据党中央决定，国有资产监督管理委员会成立党委，履行党中央规定的职责。国有资产监督管理委员会的监管范围是中央所属企业（不含金融类企业）的国有资产。其主要职责有：

第一，根据国务院授权，依照《中华人民共和国公司法》等法律和行政法规履行出资人职责，指导推进国家出资企业改革和重组；对所监管企业国有资产的保值增值进行监督，加强国有资产的管理工作；推进国家出资企业的现代企业制度建设，完善公司治理结构；推动国有经济结构和布局的战略性调整。

第二，代表国家向部分大型企业派出监事会；负责监事会的日常管理工作。

第三，通过法定程序对企业负责人进行任免、考核并根据其经营业绩进行奖惩；建立符合社会主义市场经济体制和现代企业制度要求的选人、用人机制，完善经营者激励和约束制度。

第四，通过统计、稽核对所监管国有资产的保值增值情况进行监管；建立和完善国有资产保值增值指标体系，拟定考核标准；维护国有资产出资人的权益。

第五，起草国有资产管理的法律、行政法规，制定有关规章制度；依法对地方国有资产管理进行指导和监督。

第六，承办国务院交办的其他事项。

（三）国有资产监督管理委员会的内设机构

根据上述主要职责，国有资产监督管理委员会设18个职能机构。

1. 办公厅（党委办公室）

负责协助委领导处理机关运转的日常工作；负责委机关文秘、会议、纪要、保密、信息、档案、安全工作；负责党委会和委主任办公会议决定事项的督办工作；负责委机关财务工作；负责委机关信息化工作；负责信访工作（对外可使用委信访办公室名义）；负责联系行业协会。

2. 政策法规局

研究起草国有资产管理和监督的法律法规草案，负责有关法规和重大政策起草、拟订的协调工作；研究国家出资企业改革和发展中的有关法律问题，负责指导国家出资企业法律顾问工作；承担委机关的法律事务。

3. 业绩考核局

拟定并组织落实国有资产经营责任制度，研究和完善授权经营制度并对授权企业进行监督，研究提出业绩合同等企业资产保值增值目标管理和方法并组织实施；综合研究国有经济和重点企业的运行状况；根据各方面对所监管企业的评价意见，综合考核所监管企业的经营业绩；研究提出重大决策责任追究的意见和措施。

4. 统计评价局

负责国有资产的统计和所监管企业财务决算备案工作，建立国有资本金统计信息网络，根据有关规定对外发布统计信息；建立和完善国有资产保值增值考核办法，拟订考核标准；建立和完善企业绩效评价体系并负责组织实施；拟订国家出资企业清产核资的政策及制度、办法，组织所监管企业清产核资工作；按照国家有关规定，负责所监管企业资产损失核销工作。

5. 产权管理局

研究提出改革国有资产管理办法和管理制度的意见，拟订国有资产产权界定、登记、划转、处置及产权纠纷调处等方面的规章制度和管理办法；负责所监管企业国有资产产权界定、登记、划转、处置及产权纠纷调处等工作；负责所监管企业资产评估项目的核准和备案；对所监管企业国有资产进行预算管理，对资本收益的使用进行监督；审核所监管企业资本金变动、股权转让及发债方案；监督、规范国有产权交易。

6. 规划发展局

研究提出国有经济布局和战略性调整的政策建议，指导所监管企业进行结构调整；审核所监管企业的发展战略和规划；对所监管企业重大投资决策履行出资人职责，必要时对投资决策进行后评估；协助所监管企业解决发展中的有关问题。

7. 企业改革局

研究提出国家出资企业改革的方针政策；指导国家出资企业的现代企业制度建设，完善公司治理结构；研究所监管企业合并、股份制改造、上市、合资等重组方案和国有资产经营公司的组建方案，对其中需要国有股东决定的事项提出意见；研究提出发展具有国际竞争力的大公司大企业集团的政策、措施；指导所监管企业的管理现代化和信息化工作。

8. 企业改组局（全国企业兼并破产和职工再就业工作办公室）

编制并组织实施国家出资企业兼并破产计划，研究提出有关债权损失核销和职工安置等方案；组织协调债转股工作；组织协调所监管企业的合并、分立、解散、清算和关闭破产、困难企业重组工作，协调解决企业改组中的重大问题。

9. 企业分配局

拟订国家出资企业收入分配制度改革的指导意见；根据国家有关规定，承担调控所监管企业工资分配总体水平的工作，提出所监管企业负责人薪酬制度和激励办法并组织实施；按照有关规定，规范所监管企业负责人职务消费和职工福利制度。

10. 监事会工作局（国家出资企业监事会工作办公室）

根据《国家出资企业监事会暂行条例》，负责监事会的日常管理工作。

11. 企业领导人员管理一局

12. 企业领导人员管理二局

以上两个局的主要职责是：根据有关规定，承担对所监管企业领导人员的考查工作并提出任免建议；考查推荐董事、监事及独立董事人选；探索符合社会主义市场经济体制和现代企业制度要求的企业领导人员考核、评价和选任方式；研究拟订向国有控股和参股公司派出国有股权代表的工作方案。

13. 党建工作局（党委组织部）

根据有关规定，负责所监管企业党的组织建设和党员教育工作。

14. 宣传工作局（党委宣传部）

根据有关规定，负责所监管企业党的思想建设、精神文明建设和宣传工作，指导所监管企业的思想政治工作和企业文化建设工作；负责对外宣传和新闻工作。

15. 群众工作局（党委群众工作部、党委统战部）

根据有关规定，协调所监管企业的工会、青年、妇女工作，承担所监管企业共青团工作委员会的日常工作；负责所监管企业维护稳定方面的工作；指导所监管企业的统战工作和知识分子工作。

16. 研究室

负责研究总结国有资产管理体制改革的理论和实践经验；负责调查研究所监管企业的改革发展、党的建设、领导班子建设和社会主义精神文明建设等重大问题；负责重要文件和报告的起草工作。

17. 外事局

负责委机关和直属单位的外事工作，开展国际交流与合作。

18. 人事局

按照管理权限，负责委机关和直属单位的人事管理工作。

19. 机关服务管理局（离退休干部管理局）

负责所属离退休干部机构、机关服务中心的各项管理工作；负责委机关和所属单位的国有资产、财务等行政管理工作；负责指导、监管所联系协会的国有资产和财务等工作。

20. 机关党委

负责委机关和在京直属单位的党群工作。

21. 纪律监察委员会

为便于国有资产监督管理委员会纪律监察委员会开展工作，国有资产监督管理委员会纪律检查委员会设综合室、一室、二室、三室、四室等五个室（副司级）。

（四）国有资产监督管理委员会的人员编制

国有资产监督管理委员会机关编制暂定为 555 名。其中：司局级领导职数 82 名（含秘书长 1 名、副秘书长 2 名，国有资产监督管理委员会纪委专职副书记 2 名，机关服务局正副局长 3 名，机关党委副书记和机关纪委书记 3 名，纪委机关室主任 5 名）。

（五）其他事项

1. 国有资产监督管理委员会与企业的关系

按照政企分开以及权能分解的原则，国有资产监督管理委员会依法对企业的国有资产进行监管，依法履行出资人职责。国有资产监督管理委员会不得直接干预企业的生产经营活动，使企业真正成为自主经营、自负盈亏的市场主体和法人实体，实现国有资产保值增值。企业应自觉接受国有资产监督管理委员会的监管，不得损害所有者权益，同时努力提高经济效益。

2. 国有资产监督管理委员会与财政部的关系

国有资产监督管理委员会国有资产管理工作在财务会计方面执行国家统一

的财务会计制度，接受财政部监督；国有资产监督管理委员会管理的国有资产统计结果报财政部备案，国有资产管理法律、法规草案的起草、拟订征求财政部意见。国家支持国家出资企业改革与发展的财政措施，包括中央困难企业下岗职工基本生活保障费用、分流人员费用、破产企业安置职工费用等，由财政部按原渠道解决，继续由财政部管理和监督。国有资产监督管理委员会对所监管的国有资产进行预算管理，条件成熟时按国家有关预算编制规定，负责所监管企业国有资产经营预算的编制工作，作为国家总预算的组成部分由财政部统一汇总和报告，预算收入的征管和使用接受财政部监督。

3. 离退休干部管理与联系协会工作

原国家经济贸易委员会离退休干部管理和联系协会的工作，交由国有资产监督管理委员会承担。

思考题：
1. 简述国有资产的内涵与外延。
2. 如何对国有资产进行分类？
3. 国有资产管理活动包含哪些主要环节？
4. 国有资产管理的基本目标是什么？
5. 中国的国有资产是如何形成的？
6. 国有资产监督管理委员会的主要职责是什么？

第十二章

公共分配与社会保障

自 20 世纪 70 年代初以来,受全球经济衰退、人口老龄化以及贫困人口增加等因素的影响,西方各国经济增长速度放缓,失业率上升,导致西方福利国家体制陷入困境。为了摆脱困境,西方各国纷纷改革社会保障制度,试图通过建立健全社会保障制度来改善收入分配状态。因此,社会保障制度改革成了各国改革问题的焦点。中国自 1978 年实行改革开放以来,经济发展取得了巨大成就。但是,市场机制并不能保证收入分配的公平状态,伴随经济增长的同时,中国居民的个人收入分配差距呈现不断扩大的趋势,客观上要求有一种有助于实现公平的再分配机制。在制度设计上,建立科学规范的社会保障体系,能更好地发挥社会保障对社会变迁过程中出现的功能失调、贫困依存、社会不公平加剧以及社会成员福利水平不平等等社会问题的调节作用,以达到通过社会保障的再分配来促进社会平等和提高社会成员共同福利的目的,从而实现社会公平与正义。通过本章学习,应当掌握收入分配制度、社会保障制度以及中国的社会保障制度改革。

第一节 收入分配制度概述

分配制度即劳动产品在社会主体中如何分割和配给的制度的总称。收入分配制度是指凡是有劳动能力的人都应尽自己的能力为社会劳动,社会以劳动作为分配个人消费品的尺度,按照劳动者提供的劳动数量和质量分配个人消费品,等量劳动获取等量报酬,多劳多得,少劳少得,不劳动者不得食的制度设计。在中国,个人消费品分配领域实行按劳分配原则,是由社会主义社会的客观经济条件决定的。本节主要介绍收入分配的含义、收入分配的测量指标和收入分配的主要机制。

一 收入分配的含义

收入分配是指社会在一定时期内创造的生产成果,按照一定的规则,在社会群体或成员之间进行分割的经济活动。其中,"规则"的设定和调整,首先要对现行收入分配状态从不同维度进行测量,即收入分配的测量指标,再根据具体目标,通过各种机制进行调节。

(一) 收入的概念

衡量一个国家总收入的指标有多种,其中最常用的是国内生产总值(GDP)。国内生产总值是指在本国领土生产的最终产品的市场价值总和。GDP以领土为统计标准,换言之,无论劳动力和其他生产要素属于本国还是外国,只要是在本国领土上生产的产品和劳务的价值都计入国内生产总值。GDP是一个"市场价值"的概念,这使得不同时期的 GDP 不能够直接比较,也使得像家务劳动、自给自足生产等不通过市场的活动很难在其中得到反映。GDP核算"生产的""最终产品"的市场价值,因此是一个相对纯净的流量指标,且该指标并不反映产品的实现情况。

与国内生产总值有关的收入指标还有四种。

一是国内生产净值(Net Domestic Product, NDP):指一国之内一定时期新创造的价值,它等于国内生产总值减去折旧后的余额,即 NDP = GDP - 折旧。

二是国民收入(National Income, NI):指按生产要素报酬计算的国民收入,相当于一国生产要素(劳动、资本、土地、企业家才能)在一定时期内提供生产性服务所得报酬即工资、利息、租金和利润的总和。公式为 NI = NDP - 企业间接税 + 政府对企业的补贴。这里,企业间接税不是居民提供生产要素后应得的收入,所以应该把它从国内生产净值中减去。对企业的补贴是支付给企业的政策性亏损的补贴,它是对生产要素所有者应得收入所受损失的一种补偿,因此在计算中应加入这一部分。国民收入中仍包括各种所得税,它们是要素所有者从其报酬中拿出来用于公共支出的收入。

三是个人收入（Personal Income，PI）：个人收入是个人和非公司企业纳税前得到的收入，它是从国民收入中减去人们在现期生产中创造的但是又没有被人们得到的收入，再加上人们得到的那些不是在现期生产中创造出来的收入。即从国民收入中扣除公司未分配利润、公司所得税和社会保险税，然后再加上政府给个人的转移支付之后的收入。公式为：PI = NI – 公司未分配利润 – 公司所得税 + 转移支付 – 社会保险税（费）。未分配利润是企业赚到的没有分配给生产要素所有者的收入，所以在计算 PI 时应把它从国民收入中减去。同理，公司所得税个人也没有得到，也应该把它从国民收入中减去。但是，家庭从政府转移支付项目中得到的福利补贴、社会保障收入和公债利息收入，是个人得到的收入，所以应该加上这部分转移支付。

四是个人可支配收入（Disposable Personal Income，DPI）：指个人缴纳各项税收后（所得税、财产税、遗产税等）剩下的收入。它等于个人收入减去税收。即 DPI = PI – 税收。对这种收入人们拥有充分的支配权，人们可据以决定消费和储蓄的水平。DPI 用于消费和储蓄两种用途。

（二）收入分配的概念

经济学意义上的收入分配，是指对社会物质财富的分配，它是社会再生产过程中的一个环节，是联系生产和消费的中介[①]。

按收入的顺序、层次、主体，可以建立两个收入分配分析结构：微观上的初次分配和宏观上的再分配。在市场经济中，初次分配是市场竞争的结果。初次分配是生产活动形成的净成果在参与生产活动的生产要素的所有者及政府之间的分配，因此初次收入分配被称为要素收入分配。生产要素包括劳动、土地、资本，这三个要素的收入分别是工资、地租和利润，即劳动所有者因提供劳动而获得劳动报酬；土地所有者因出租土地而获得地租；资本的所有者因资本的形态不同而获得不同形式的收入：借贷资本所有者获得利息收入，股权所有者获得红利或未分配利润，政府因直接或间接介入生产过程而获得生产税或政府补贴。初次分配的结果形成各个机构部门的初次分配总收入。初次分配是收入分配的基本内容，收入分配差距也主要是从初次分配中产生的。再次分配

---

① ［美］布朗芬伯伦纳：《收入分配理论》，方敏译，华夏出版社 2009 年版，第 66—70 页。

是政府调控的结果，其目标是纠正初次分配中产生的收入分配差距，即政府行使税收调节职能，对国民收入进行第二次分配。一般来说，是向富人多收税，以此向穷人提供补贴。

二 收入分配的测量指标

由于收入分配理论对收入差距大小及其变动极为重视，西方经济学家在衡量收入差距状况时，使用过许多方法。在这些方法中，有的是从统计学中引进的，如库兹涅茨指数、国民收入分配结构、等分法、相对收入差距与绝对收入差距等；有的是由收入分配理论诱导出来的，如洛伦兹曲线、基尼系数等；有的是从其他经济理论或其他学科中推导出来的，如恩格尔系数等。在中国收入差距研究中，较为常用的方法主要包括国民收入分配结构、基尼系数、收入差距和恩格尔系数等。

（一）国民收入分配结构

国民收入分配结构是指国民收入的各组成部分占国民收入总额的份额。通常计算各构成要素（劳动者报酬、固定资产折旧、生产税净额、营业盈余）占国内生产总值的比重，或各收入主体（政府、企业、个人）占国内生产总值的比重[1]。国民收入分配结构反映了国民收入的构成情况。

（二）基尼系数

基尼系数（Gini coeddicient）是不平等收入占完全不平等收入之比，由20世纪初意大利经济学家C.基尼提出，它是西方经济学用来判断社会收入分配平均程度的指标，是衡量一个国家贫富差距的标准。由于基尼是根据洛伦兹曲线图而建立，因此基尼系数又称洛伦兹系数。

美国统计学家 M.O.洛伦兹提出了著名的洛伦兹曲线。洛伦兹首先将一国总人口按收入由低到高依次排队，然后考虑收入最低的任意百分比人口所得到

---

[1] ［美］图洛克：《收入再分配的经济学》，范飞、刘琨译，上海人民出版社2008年版，第48—55页。

的收入百分比。例如，收入最低的 20% 人口、40% 人口……所得到的收入比例分别为 4%、8%……（见表 12—1）最后，将这样得到的人口累计百分比和收入累计百分比的对应关系描绘在图形上，即得到洛伦兹曲线，如图 12—1 所示。图中横轴 OH 表示人口（按收入由低到高分组）的累计百分比，纵轴 OM 表示收入的累计百分比，ODL 为洛伦兹曲线。由曲线可知，收入最低的 20% 人口所得到的收入占总收入的大约 4%，而收入最低的 80% 人口所得到的收入还不到总收入的一半。

表 12—1　　　　　　　　　　收入分配资料

人口累计（%）	收入累计（%）
0	0
20	4
40	8
60	30
80	50
100	100

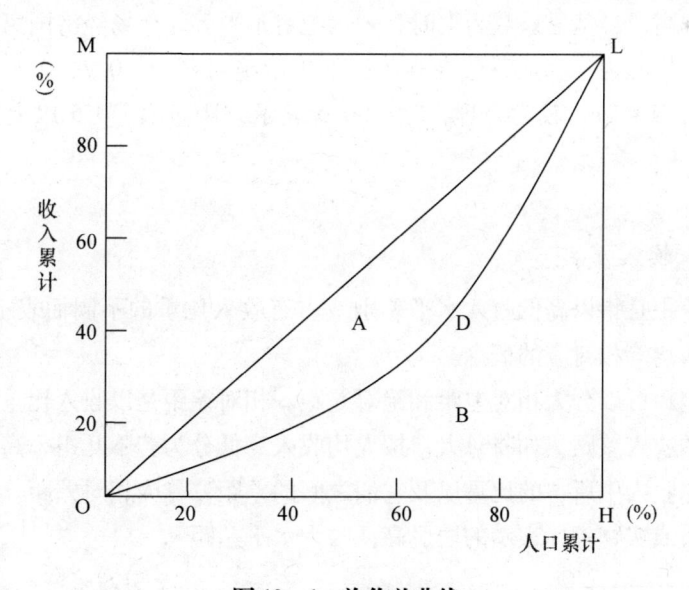

图 12—1　洛伦兹曲线

可见，洛伦兹曲线的弯曲程度反映了收入分配的不平等程度。弯曲程度越大，收入分配越不平等；反之亦然。极端情况是，如果所有收入都集中在某一个人手中，而其余人口均一无所获时，收入分配达到完全不平等，洛伦兹曲线成为折线 OHL；同时，如果任一人口百分比均等于其收入百分比，从而人口累计百分比等于收入累计百分比，则收入分配就是完全平等的，洛伦兹曲线成为通过原点的 45°线 OL。

一般来说，一个国家的收入分配，既不是完全不平等，也不是完全平等，而是介于两者之间；相应地，洛伦兹曲线既不是折线 OHL，也不是 45°线 OL，而是像 ODL 那样向横轴凸出，当然凸出的程度可能有所不同。收入分配越不平等，洛伦兹曲线就越向横轴凸出，它与完全平等线 OL 之间的面积就越大。因此，可以将洛伦兹曲线与 45°线之间的部分 A 叫作"不平等面积"。当收入分配达到完全不平等时，洛伦兹曲线成为折线 OHL，OHL 与 45°线之间的面积 A + B 就是"完全不平等面积"。不平等面积与完全不平等面积之比即为基尼系数。若设 G 为基尼系数，则：

$$G = A / (A + B)$$

显然，$0 \leq G \leq 1$。当基尼系数为 0 时，表示绝对平等；基尼系数越大，不均等程度越高；当基尼系数为 1 时，表示绝对不平等。市场经济国家衡量收入差距的一般标准为：基尼系数在 0.2 以下表示绝对平均，0.2—0.3 表示比较平均，0.3—0.4 表示较为合理，0.4—0.5 表示差距较大，0.5 以上说明收入差距悬殊。

（三）收入差距

收入差距是指以高低收入水平差别或占有收入比重的不同而表示的差距，它是与收入均等相对应的概念。

收入差距可以分为相对差距和绝对差距。相对差距是以收入比重或收入相对额表示的收入差距，如将总人口按人均收入高低分为若干几组，高、低组的收入额在总收入中所占的比重以及它们之间的差距，称为相对差距。绝对差距是指以货币或实物指标表示的居民高低收入水平差距[1]。

---

[1] 李晓西：《中国地区间居民收入分配差距研究》，人民出版社 2010 年版，第 315 页。

与收入差距相似的一个常用概念是贫富差距，它一般指在特定的地域和时段内，在一部分较为富有的居民和一部分与前者数量相同的较为贫穷的居民之间，依照一定的规则，在对他们的平均收入和平均财产进行比较的基础上，所计算出来的特定比例关系、系数或差额等。同样，贫富差距也有相对差距和绝对差距之分。相对贫富差距是以比例关系、百分比、相对份额等所显示出来的贫富之间的经济差距；绝对贫富差距，是指一种以一定的货币单位、某些实物指标等所表示出来的贫富之间的经济差距。

（四）等分法

等分法也是国际上经常使用的研究手段之一，其原理是将全部居民（家庭）按其收入水平由低到高顺次排序，然后依次按相同人数分组，如分为五个收入组。通过计算和比较各收入组的收入在总收入中的份额或者不同收入组的平均收入的差距，可以得到全体居民总收入按收入组分布的情况。等分法是一种常用的方法，具有相对简单、直观和容易理解的特点，能够被用于各类收入主体的收入关系研究当中。但是，等分法没有形成一个综合的数值来体现总体收入分配的均等性。为了弥补这一缺陷，便于广泛地比较，学者们在等分法原理的基础上，对其中的部分等分法比较形式进行了定义。经常使用的分析指标有：

1. 阿鲁瓦利亚指数

该指数是收入最低的40%人口的总收入占全体人口总收入的份额值，最高值为0.4。该指数越小，表示收入差距越大。

2. 库兹涅茨指数

早在1955年库兹涅茨就提出了经济增长与收入分配不平等呈倒U型关系的假说。他认为在收入水平较低的阶段，经济增长与收入分配差距扩大相伴随；然而当收入水平达到一定程度后，经济增长有助于缓解收入分配不平等[①]。库兹涅茨指数又叫相对收入阶层分布，它代表一定收入水平以下的阶层所占的比重，是反映收入分配平均程度的主要指标之一。通常情况下，库兹涅茨指数最低值为0.2，该系数越大，表示收入差距越大。

---

① 尹恒、龚六堂、邹恒甫：《收入分配不平等与经济增长》，《经济研究》2005年第4期。

3. 收入不良指数和欧希玛指数

这是两个比较接近的指标，其中，收入不良指数又称五等分法，是指用收入最高的 20% 人口的收入份额与收入最低的 20% 人口的收入份额之比来说明总体收入差距程度；欧希玛指数是指收入最高的 10% 人口的收入份额与收入最低的 10% 人口的收入份额之比。这两个指标的最低值为 1，指数越大，表示收入差距越大。

4. 绝对极比

指最高收入组的平均收入与最低收入组的平均收入水平之比。

5. 相对极差

指极差（最高收入与最低收入差额）与总体人均收入之比。以上的特定指数或许其名称没有得到普及，但是这些方法因其易于理解而被研究者广泛采用。

（五）恩格尔系数

恩格尔系数是根据恩格尔定律得出的比例数，是表示生活水平高低的指标[①]。其计算公式如下：

$$恩格尔系数（\%）= 食品支出总额 / 家庭或个人消费支出总额 \times 100\%$$

国际上常常用恩格尔系数来衡量一个国家或地区人民生活水平的状况。一个国家或家庭生活越贫困，恩格尔系数就越大；反之，生活越富裕，恩格尔系数就越小。根据联合国粮农组织提出的标准，恩格尔系数在 59% 以上为贫困，50%—59% 为温饱，40%—50% 为小康，30%—40% 为富裕，低于 30% 为最富裕。

19 世纪德国统计学家恩格尔根据统计资料，得出一个消费结构的变化规律：一个家庭收入越少，家庭收入中用来购买食物的支出所占的比例就越大；随着家庭收入的增加，家庭收入中用来购买食物的支出则会下降。恩格尔定律的公式：

[①] 崔军：《调节居民收入分配的财政制度安排》，经济科学出版社 2011 年版，第 151 页。

食物支出占总支出的比率（R₁）＝食物支出变动百分比／总支出变动百分比
食物支出占收入的比率（R₂）＝食物支出变动百分比／收入变动百分比

R₂又称为食物支出的收入弹性。

恩格尔定律表述的是食物支出占总消费支出的比例随收入变化而变化的一种趋势。它揭示了居民收入和食物支出之间的相关关系，用食物支出占消费总支出的比例来说明经济发展、收入增加对生活消费的影响程度。

三　收入分配的主要机制

所谓机制，是指一个复杂的系统、系统的结构及其运行方式等。这里所称的机制是其最窄的含义，是指体现收入分配目标、原则的具体规则、方式和途径①。收入分配制度通过对这些具体的分配规则、分配方式和分配措施途径的操作，分配目标和分配原则就变成了现实。

（一）生产要素合理价格的形成机制

这是体现生产要素按贡献分配原则的一个最主要的机制。生产要素按贡献获得合理收入的前提是对投入生产经营过程的生产要素的公平合理的定价。在市场经济条件下，生产要素合理的定价不是主观的想当然，而要在市场竞争中形成。为使各种生产要素在市场竞争中形成合理的价格，实现公平分配，必须培育和发展各种要素自由竞争的市场。一要明确各种生产要素的产权，使其所有者在市场交易中能够做到平等地讨价还价、议定价格。二要消除不必要的垄断和障碍，促使生产要素自由流动，使各种生产要素的供求达到均衡，从而"形成均衡的要素价格"。三要逐步形成全国统一的要素市场，使各种生产要素在全国范围内流动，实现优化配置。

（二）工资集体谈判协商机制

这是生产要素价格的形成机制之一，是企业的普通职工劳动力合理价格的

---

① 崔军：《调节居民收入分配的财政制度安排》，经济科学出版社2011年版，第108页。

形成机制。工资集体谈判协商机制即代表工人利益的工会或工人代表与企业经营方或雇主协会通过双方平等谈判、民主协商，共同决定职工工资的形式，这是市场经济社会普遍采用的一种雇佣劳动者工资制定形式。工资集体谈判协商的前提条件，一是工会必须独立代表工人的利益，二是工会组织与企业经营方或雇主组织的力量能够达到某种均衡。在雇主不愿与工会谈判或把企业、资方的意志强加给工人时，工会既有权力也有力量要求经营方、资方参与谈判，直到达成双方都较为满意的协议。

（三）工资正常增长和支付的保障机制

这是体现效率与公平并重原则的机制。正常的工资增长机制是要求职工工资要随着经济的发展而提高的制度性机制。它包括两方面的内涵：一是保证企业职工的工资随着企业效益的提高、利润的增长而增长。企业工资性收入实行"两个不低于"政策，即企业工资性收入总额的增长不低于企业利润总额的增长；企业平均工资性收入的增长不低于企业平均利润总额的增长。二是全国各行业职工的工资要随着 GDP 的增长而增长，尤其要关注和提高低收入职工的工资，使他们分享经济发展的成果①。

（四）利润分享机制

所谓利润分享机制即对企业利润的形成做出贡献的所有要素均享有对利润适当比例的分配的一种制度性机制。马克思把劳动分为必要劳动和剩余劳动，必要劳动创造劳动力的市场价值即劳动力价格——工资，剩余劳动创造剩余价值。这一理论为劳动者参与剩余价值的分享奠定了理论基础。马克思以后的西方学者提出的产权理论、人力资本理论、按生产要素的贡献分配理论、分享经济理论等又从某些方面阐述了分享利润的根据、必要性和意义。

利润分享的基本形式主要有两种：一是按一定比例把利润分配给生产要素的主体；二是职工持股，即职工把分享的利润用来购买企业的股票。实行利润分享是分配制度的重大变革。它是市场经济社会调节劳资矛盾、形成和谐的劳

---

① ［德］罗兰·贝格等：《破解收入分配难题：欧美政治、商业、工会领袖解析国民收入差距》，何卫宁译，新华出版社 2012 年版，第 98—100 页。

资关系最有效的措施,是共享经济发展成果、缩小贫富差距的具体途径,是实现共同富裕价值目标的重要路径。因此,在中国逐步建立起利润分享机制应是分配制度改革的方向[①]。

(五) 居民财产性收入的增长和保护机制

这是体现民富和国富相互促进原则的机制,也是体现共同富裕价值目标的机制。在市场经济社会,富裕的主要标准是对财产的拥有并达到相当的数量。在市场经济条件下,实现民富的原则、实现共同富裕的价值目标的根本性途径就是"让更多的民众拥有财产性收入"。首先,政府通过制定法律法规,保护企业职工参与企业利润的分享。职工将分享的利润用于购买本企业的股票,使职工参与企业分红。随着职工股份的增加,其收入也将随之增长。其次,在国有企业做大做强到一定程度后,在不影响其在国民经济中的主导地位的前提条件下,可将一部分国有资产卖掉,将其收入转变为有价证券发放给全国居民。再次,通过政策优惠,鼓励和支持广大群众创业,创办中小企业扩大资本主和中产阶层的队伍使更多的人拥有企业、拥有财产、拥有财产性收入,发财致富。最后,创造条件使居民拥有的财产能够增值。

(六) 再分配的调节机制

这是体现社会公平价值目标的机制。再分配是政府在企业初次分配的基础上进行的第二次分配,再分配的目的是实现社会公平公正。虽然在初次分配中按生产要素的贡献分配的原则体现了市场公平,但由于人们的能力不同、所拥有的机会不同、占有财产的多少不同,初次分配后就形成了很大的收入差距,而财富的"马太效应"会使人们在后续的投入与收入的循环中形成更巨大的收入差距,甚至导致两极化社会的形成。所以政府必须对初次分配形成的差距和格局进行调整,实现分配的公平公正。

---

① [德] 罗兰·贝格等:《破解收入分配难题:欧美政治、商业、工会领袖解析国民收入差距》,何卫宁译,新华出版社2012年版,第101—102页。

第二节 社会保障制度概述

社会保障制度是伴随着社会经济的发展而逐步形成和发展起来的，它的产生是社会进步和文明的重要标志。从几千年前的社会成员之间的互助互济发展到今天的社会化保障，社会保障制度不断完善。本节主要介绍社会保障的含义和特征、社会保障的主要内容以及社会保障的主要模式。

一 社会保障的含义和特征

社会保障是一个十分古老的问题。因为自古以来，就总有一部分社会成员会因各种原因陷入生活困境，需要政府、社会或他人援助才能避免生存危机，各国政府为了维护社会稳定、缓和阶层矛盾，亦在很早以前就制定并实施过诸如救灾、济贫等方面的社会政策，如中国历代统治者就均实施过救灾救荒的措施。英国则在1601年颁布过《济贫法》。19世纪末，德国为适应工业社会的需要，率先建立了与工业文明相适应的社会保险制度。但"社会保障"一词的出现，最早是在美国1935年颁布的《社会保障法》中。此后，社会保障一词即被有关国际组织及多数国家接受，并逐渐成为以政府和社会为责任主体的福利保障制度的统称。不过，由于社会保障要受到政治、经济、社会乃至文化等诸多因素的影响，各国具体国情的差异又使其在社会保障制度的实践中出现很大差异，对社会保障的含义和特征的认识自然也会存在较大差异。

（一）社会保障的含义

社会保障是一个历史的概念，又是一个在不同国家和不同地区具有特定含义的概念。即社会保障不仅在同一时期的各国之间存在着差别，就是在同一国家，各个历史时期也有所差异。作为"福利国家之窗"的瑞典，其社会保障囊括了一个人"从摇篮到坟墓"的人生各环节的保障项目；而作为新兴工业化国家的新加坡，其社会保障虽被誉为"东方型"社会保障的成功模式，但基本上只顾及老年保障。第二次世界大战前，欧洲各国的社会保障是分散管理、单项立法的，保障水平相对较低，且遵循选择性社会保险原则；而二战后，欧洲的经济和社会重建使得欧洲各国普遍逐步建立了管理统一、结构完整、保障水平高的全民性社会保障。发达的工业国与二元经济的发展中国家之间，在社会保障的保护对象、保障项目以及保障待遇水平等方面的差异则更大。另外，世界各国在实行社会保障的方法上也有差别。上述差异是与各国的经济、政治、社会和文化背景密切相关的，归根到底是由各国的经济发展水平和经济体制决定的。

虽然社会保障在不同的国家其含义有所差异，在同一国家的不同历史时期也有变化和发展，这些差异和变化可能还很大，但是，国际社会对社会保障这一概念还是有大体一致的共识。国际劳工组织在20世纪80年代出版的《社会保障介绍》一书中对社会保障的界定大致可以代表这种共识："社会保障基本上可以看作是：社会为防止由于疾病、生育、工伤、失业、伤残、年老和死亡带来的收入丧失或收入大幅度减少所造成的经济和社会贫困，通过一系列措施为其成员提供保护；提供医疗；为有子女的家庭提供补贴。"该界定比较科学地表述了社会保障的一般功能和范围。这个概括是世界性的，它是对不同经济发展水平、不同社会经济制度下社会保障的一般抽象[1]。中国社会保障的界定要参考上述定义，但我们要建立的是一个发展中国家在社会主义市场经济体制下的社会保障制度，将社会保障的外延无限扩大是不对的。中国社会保障学界从经济学的角度把社会保障的内涵界定为：社会保障是社会（国家）通过立法，采取强制手段对国民收入进行分配和再分配形成社会消费基金，对基本生活发生困难的社会成员给予物质上的帮助，以保证劳动力再生产和社会安定的一系列有组织的措施、制度和事业的总称。[2]

这一定义包含以下四个要点。

1. 社会保障的责任主体是政府

其一，唯有政府才有能力担当社会保障的主体。国家是对社会进行管理的最高权力机关，政府是具体执行国家权力的行政机构，唯有政府才能通过国民收入的再分配，对全社会实行生活保障。其二，政府承担社会保障最具规模经济，可以降低分散化保障的过高的执行成本。其三，社会稳定和经济

---

[1] 赵曼：《社会保障制度结构与运行分析》，中国计划出版社1997年版，第42页。
[2] 郑功成：《社会保障概论》，复旦大学出版社2007年版，第5页。

增长是社会的基本目标，政府有运用社会保障寻求稳定和参与发展的内在动因。

2. 社会保障得以实施的依据和保证是相应的社会立法

现代社会是法治社会，市场经济是法制经济。现代社会保障制度以健全、完备的法律体系为支撑，以法律形式规范政府、企业和个人及其他社会保障主体之间的权利与义务，各项社会保障费缴纳比例及保障津贴给付标准的确定与调整，社会保障职能机构的设置、编制、职能、责任与工作程序，各种社会保障基金的管理与投资运营的原则和方法，社会保障管理费的提取比例、使用范围与开支办法等。正是这些法律的规范使社会保障制度的运作制度化、规范化。

3. 社会保障的资金来源是通过国民收入再分配形成的社会基金，用它来支付保障费用

建立健全社会保障制度的关键在于资金。根据权利与义务相对应的原则，社会保障资金应该由政府—企业—居民个人分项负担。

4. 社会保障的目标是满足公民的基本生活需要

社会保障是对那些由于各种原因处于生活困难或面临生存危机的社会成员给予生活保障，以保障其基本生活需求为目标。社会保障的这一目标是基于生存权这一基本权利，因此，社会保障应能使社会的每个成员达到维持生存所需的生活标准。

（二）社会保障的主要特征

根据对各国社会保障制度发展实践的全面考察，可以发现它作为一项久远的制度安排，尤其是进入现代社会上升到法制规范的层次后，体现出一些鲜明的特征，这些特征不仅使社会保障区别于其他社会化保障机制，而且揭示出社会保障制度的本质。现代社会保障制度的基本特征，主要表现在它的强制性、互济性、储备性和补偿性等方面。

1. 强制性

社会保障制度是国家通过法律、法规强制实施的，要求符合条件的用人单位和劳动者必须参加，国家实施社会保障制度的经费是依靠国家的力量强制征

收的，任何单位、个人不得就社会保险缴费率和缴费额度讨价还价[1]。社会保险基金的投资运营是依据国家政策、法规运作的，社会保障资金的给付也是依法强制实施的。

2. 互济性

社会保障制度的设立是运用国民收入的再分配实施，社会保障资金的筹集具有使国民收入由高收入向低收入阶层转移分配的特征，是使国民收入由效益好的行业向效益差的行业转移支付的特性和代际收入分配的特性。同时，社会保障制度将用人单位和职工缴纳的社会保险费聚集起来，建立社会保险基金。当有人遭遇风险而遭受经济损失时，可以按规定从社会保险经办机构领到一定数额的保险金，实现了风险分摊、互济互助的作用。

3. 储备性

社会保障制度的参加者，按照国家的规定缴纳一定数额的保险费，这些缴费的积累形成社会保险基金，储存待用，这使社会保障制度具有储备性。对于劳动者个人而言，在年轻时期缴费，等达到法定退休年龄以后，领取自己年轻时储蓄的一部分资金，这实际上是职工工资的延期支付。

4. 补偿性

社会保障制度给予参加者的物质帮助，仅限于收入损失的补偿，即在劳动者没有工作、收入中断时，给予必要的补偿。但是，劳动者得到的并不是100%的收入补偿，只是一定比例的补偿，以保障劳动者的基本生活需要为限度[2]。

二 社会保障的主要内容

一般而言，社会保障的主要内容包括社会救济、社会保险、社会福利、社会优抚四个部分。

（一）社会救济

即劳动者在不能维持其最低限度的生活水平时，根据有关法律规定，有权

---

[1] 郑功成：《社会保障概论》，复旦大学出版社2007年版，第33页。
[2] 同上书，第41页。

要求国家和社会按照法定的标准向其提供满足最低生活需求的资金和实物援助的一种社会保障制度。例如，中国《宪法》第45条明文规定："中华人民共和国公民在年老、疾病或者丧失劳动能力的情况下，有从国家和社会获得物质帮助的权利。"它是一种公民应该享有的基本权利，其目标是克服贫困。由于现实生活中的贫困现象基本上可分为遭受自然灾害造成的贫困、职业竞争失败造成的贫困、个人生理原因造成的贫困和个人能力原因造成的贫困等四类，因此，社会救济一般包括自然灾害救济、失业救济、孤寡病残救济和城乡困难户救济等项目。

（二）社会保险

指劳动者及其家属由于生育、年老、疾病、工伤等原因而丧失劳动能力或失业，从而失去生活来源时，根据立法享有的、由社会提供必要物质帮助的社会保险制度。主要包括：养老保险，即对因年老丧失劳动能力的劳动者，在养老期间给予养老金、医疗待遇及生活方面的照顾等；生育和疾病保险，即对因生育而中断劳动和因患病而暂时丧失劳动能力者，给予其在生育和患病期间的收入补助和医疗保险待遇；失业保险，即对因失业中断工作的劳动者，给予基本的生活费、医疗费，并为他们提供转业培训和职业介绍等服务。

（三）社会福利

即由国家或社会为立法或政策范围内的所有公民普遍提供旨在保证其一定的生活水平和尽可能提高生活质量的资金和服务的一种社会保障形式。它偏重于提供福利设施和福利服务，不带任何前提条件地给予每一位符合规定的公民，囊括了除社会保险、社会救济之外的其他所有社会保障内容。例如，中国城镇职工和居民所享受的物价补贴等，就是一种社会福利。

（四）社会优抚

指国家和社会依照法律规定，对社会上的特殊公民——为保卫国家安全而做出贡献和牺牲的军属、烈属、残废军人、退伍官兵等所给予的优待和抚恤，旨在保障国家安全和社会稳定。社会优抚在理论上可以归入选择性社会福利，以便使其所需物力、财力和退伍官兵安置工作落在实处。

三 社会保障的主要模式

现代社会保障制度以19世纪80年代德国制定并实施有关的社会保险法令为起始标志。在这100多年的发展历程中，社会保障制度由单一项目的制度安排逐渐发展成为一个包含多个子系统及众多保障项目在内的社会安全体系。然而，由于社会制度、经济发展水平及文化传统等差异，各国建立的社会保障制度也不尽相同，从而形成不同的社会保障模式。从各国社会保障制度的具体安排出发，可以分为四种模式，即投保资助型社会保障模式、福利国家型社会保障模式、国家保障型社会保障模式和强制储蓄型社会保障模式等。

（一）投保资助型社会保障模式

投保资助型社会保障模式是世界上最早出现的社会保障模式，例如日本、德国、美国等国家就采用了这种模式，中国企业单位实施的社会统筹也是投保资助型社会保障模式[1]。这种模式的特点主要有以下几个方面。

1. 用人单位、员工共同缴费

社会保障资金的筹集主要以用人单位、员工缴纳社会保险税（或费）为主，国家财政给予适当的支持。实行投保资助型社会保障模式的国家，用人单位、员工的缴费大多为各缴1/2。

2. 权利与义务相结合

劳动者享受社会保险的权利与履行社会保险缴费的义务相联系，社会保障制度的受益者首先是缴费者，劳动者应该履行缴纳社会保险税（或费）的义务。一般来说，劳动者未来享受社会保险给付的待遇，是同个人缴纳社会保险税的多少和个人的收入状况相联系的。

3. 财政转移支付的资金较少

投保资助型社会保障制度的资金主要以用人单位、员工共同缴费为主，从

---

[1] 孙光德、董克用：《社会保障概论》（第三版），中国人民大学出版社2010年版，第28页。

投保资助型国家筹集的社会保障资金来看，目前大多数国家还能够应付社会保障资金支出的需要，政府用于社会保障转移支付的资金比较少，政府的资金支付压力也不大。

4. 社会保障资金在社会成员之间调剂使用

社会保障资金在缴税（或费）职工之间调剂使用，充分体现了互济互助和风险共担的原则。投保资助型社会保障的资金不仅在年轻人和老年人之间调剂使用，而且还在不同社会阶层之间进行转移分配。由于投保资助型社会保障模式调剂资金的能力相对于福利国家型保障模式来说比较弱，因此，社会成员的收入差距较大。

5. 保障水平不高

投保资助型社会保障模式具有鲜明的选择性，其保障的水平不高，仅能满足社会成员的基本生活，强调社会保障实施于社会弱势群体。这种社会保障模式的保障项目也不尽完备，社会各层次人员享受社会保障待遇的差别比较大。例如，美国在职职工是不能够享受国家提供的医疗保险保障的，只有当职工退休以后，才能够享受国家提供的医疗社会保险的保障。这种保障水平不高的社会保障制度，在避免福利"大锅饭"方面具有较显著的成效。

（二）福利国家型社会保障模式

福利国家型社会保障模式是国家担负公民福利的职责，是"从摇篮到坟墓"的、高福利的社会保障制度，这种社会保障模式主要以瑞典、英国等西欧国家为代表①。

1. 用人单位缴费，员工不缴费或者低缴费

例如，历来被称为福利国家橱窗的瑞典，社会保障资金主要来源于用人单位的纳税，用人单位按照《社会保险法》的有关规定，按照规定的标准缴纳社会保险税（或费），员工基本不缴费。

2. 权利和义务不对称

福利国家型社会保障模式为全体社会成员提供保障，社会保障制度的受益者未必是社会保险税的纳税者，社会成员享受保障的权利和履行缴费的义务不

---

① 孙光德、董克用：《社会保障概论》（第三版），中国人民大学出版社2010年版，第29页。

对称。例如，1946年英国政府出台了《国民保险法》，根据这一法律，每一位公民都可以获得失业、疾病、生育、孤寡、退休等方面的保障。

3. 财政转移支付的资金比较多

由于福利国家广泛、全面的福利保障，国家财政转移支付的资金比较多。强大的国家财政转移支付，已经成为福利国家社会保障制度正常运转的根本保证，社会保险税已经成为这些国家的第一大税种。

4. 社会保障资金实行有利于低收入者的再分配

例如，瑞典、英国在按照国家法定的工资替代标准给付养老金时，对于低收入者和中等收入者采用不同的养老金替代率，这就可以缩小贫富差距。瑞典低收入者的养老金替代率为69%，中等收入者的养老金替代率则为49%；英国低收入者的养老金替代率为66%，中等收入者的养老金替代率为50%。此外，国家通过赋税对国民收入实行有利于劳动者的再分配，这样也就实现了社会各阶层收入从富人再分配给穷人的倾向。[①] 由于福利国家型社会保障模式调剂资金的能力相对于投保资助型社会保障模式强些，社会成员之间的收入差距比较小。

5. 保障水平高

福利国家的社会保障是一项内容广泛、繁琐而全面的保障制度，保障的项目除了生育、疾病、伤残、养老保险之外，还有儿童、遗属、单亲家庭、住房、教育和培训津贴等；除了给付现金津贴外，还提供医疗、护理等方面的服务。福利和保障措施比较完备，高保障、高福利是福利国家的重要标志，国家通过社会保险、社会救济、公共卫生、医疗保健、家庭补助、养老金以及住房补贴等方面的保障，力争实现充分就业，消灭经济上和社会上的不平等，消灭无保障、匮乏、贫困等现象。但是，应该看到，福利国家这种"从摇篮到坟墓"的高保障，是依靠高税收、高财政赤字来维持的，这种福利制度已经影响福利国家的经济发展。

（三）国家保障型社会保障模式

国家保障型社会保障模式是指国家举办社会保险事业，给予暂时和永久丧

[①] [美]保罗·A. 萨缪尔森：《经济学》上册，高鸿业译，商务印书馆1979年版，第250页。

失劳动能力的社会成员提供保障的社会保障制度。目前，澳大利亚、新西兰等国家实行国家保障模式[1]。中国行政事业单位实施的社会保险制度也是国家保障模式。

1. 用人单位和员工都不缴费，由国家举办社会保障事业

劳动者在丧失劳动能力以后，就可以享受国家法定的社会保险待遇，国家不向用人单位和职工征收任何形式的社会保险税。

2. 权利和义务不对称

国家保障模式下，个人享受社会保险给付的权利和履行缴费的义务是不对称的。例如，只要是本国居民，就可以获得相应的保障，保障水平同员工是否就业无关，同居民在本国的生活年限有关。国家保障型社会保障制度的管理工作比较简单，管理成本也不高。

3. 财政转移支付资金较多

国家举办社会保障事业是以国家拥有丰富的资源或者较强的资金调动能力为前提的。例如，改革开放以前，中国的企业生产和利润都由政府统一计划、统一管理，企业只有完成计划的义务，没有计划企业生产和运用资金的权利，适应这种经济体制的社会保障制度必然是国家举办社会保障。在这种保障模式下，职工对政府的依赖性比较强，自我保障意识不强。

4. 社会保障资金的分配取决于制度设计的给付标准

国家保障型社会保障资金的分配主要取决于政府规定的给付标准。如果制度设计倾向于中、低收入者，则中、低收入者领取社会保险金的替代率就会比较高；反之，中、低收入者领取社会保险金的替代率就会比较低。

5. 保障水平较高

相对于投保资助型社会保障模式来说，国家保障型社会保障模式提供的保障水平还是比较高的。社会保障提供的保障水平越高，国家的负担就越重。

（四）强制储蓄型社会保障模式

这种制度是通过国家立法，强制用人单位、员工按照工资收入的一定比例向社会保险基金纳税（或缴费）的社会保障模式。目前，东南亚、拉丁美洲

---

[1] 孙光德、董克用：《社会保障概论》（第三版），中国人民大学出版社2010年版，第31页。

国家和部分非洲国家就采用了这一模式，主要以新加坡、智利为代表，中国企业单位的个人账户就是这种强制性储蓄模式①。这种模式具有以下几个方面的特点。

1. 用人单位、员工共同缴费或只由员工缴费

例如，新加坡政府不仅要求用人单位缴费，而且要求员工也向社会保险基金缴费。又如，智利政府只要求员工缴费，不要求用人单位为员工缴费，这些缴费直接计入员工的个人账户。新加坡每名公积金会员都有一个公积金账户，由用人单位和员工每月共同缴费后，存入员工的个人账户，以解决员工退休后的生活之需。1955 年公积金初创时期，缴费率仅为工资总额的 10%，用人单位和员工各缴 5%；1980 年为工资总额的 38.5%，员工缴 18%，用人单位缴 20.5%；1985 年为 50%，用人单位和员工各缴 25%；1986 年为 35%，员工缴 15%，用人单位缴 20%；1994 年为 40%，用人单位和员工各缴 20%。

2. 权利和义务高度对称

同瑞典、美国相比，强制储蓄型社会保障制度下，用人单位、员工为职工老年生活储蓄保障资金的数额决定员工将来获得养老金数额的多少，取决于职工工作期间的储蓄积累。显然，这种高度相关的社会保障制度不具有代际互助互济、分摊风险的功能，也不具有收入再分配的功能，员工享受养老金的权益同履行的缴费义务高度相关。

3. 财政转移支付的资金较少

同瑞典、美国相比，强制储蓄型社会保障模式，政府用于社会保障的转移支付资金比较少，只有在养老保险基金管理公司出现亏损的情况下，政府才支付最低额度的投资收益担保。例如，智利政府规定，养老基金管理公司经营亏损时，其他养老基金管理公司接管该公司的债权、债务，政府为投资于其中的个人账户提供最低收益担保。

4. 保障水平取决于社会保险基金的实际投资收益率

在储蓄型社会保障模式下，社会保险基金投资收益率的高低是决定养老金给付水平的重要因素。社会保险基金的积累，是沉淀下来的巨额的金融资产，这部分金融资产投资收益率的高低，决定缴费职工未来领取养老金的

---

① 孙光德、董克用：《社会保障概论》（第三版），中国人民大学出版社 2010 年版，第 32 页。

多少。

表 12—2　　各国社会保障制度类型比较

制度类型		代表国家	基本特征	费用来源	责任归属
投保资助型		美国、德国、日本	权利与义务相对应；支付限期；保障基本生活；强调公平与效率兼顾	国家、个人、企业	三方
福利国家型		英国、瑞典	全民保障；措施系统完善；津贴广泛而优厚，与个人收入及缴费不相联系；收支标准统一；财政负担沉重	国家一般性税收	政府
国家保障型		澳大利亚、新西兰	用人单位和员工均不缴费；权利和义务不对称；财政转移支付资金较多；保障水平较高	企业主、国家	政府
强制储蓄型	集中管理和运营基金	新加坡	强制劳资双方缴费并计入个人账户；基金投入资本市场，保值增值	雇主、雇员	个人
	私营公司竞争运营基金	智利		雇员	

资料来源：作者自行编辑整理。

第三节　中国社会保障制度改革

在中国的改革发展进程中，社会保障改革因事关国家的长治久安和亿万人民的切身利益而显得格外引人注目。作为一种以解除国民生存危机和保障国民基本生活为主要职责的制度安排，现代社会保障更是显著地具有了增进国民福祉及促进社会和谐发展的责任。本节主要介绍中国社会保障改革的历程、中国现行的社会保障体系、中国社会保障制度存在的问题以及中国社会保障改革的基本思路。

一　中国社会保障改革的历程

中国社会保障的思想和实践，古已有之。但是作为现代意义上的社会保障制度，则始建于20世纪50年代初。由此以来的几十年中，中国社会保障制度大致经历了初创、调整、倒退、重建和改革等五个阶段。

（一）中国社会保障制度的初创时期（1949—1957年）

1949年，中华人民共和国的成立为新中国社会保障制度的创建奠定了坚实的基础，当时的《中国人民政治协商会议共同纲领》规定"革命烈士家属和革命军人家属，其生活困难者应受国家和社会的优待。参加革命战争的残疾军人和退伍军人，应由人民政府给予适当安置，使其能谋生自立"，并明确提出人民政府应"逐步实行劳动保险制度"的目标；1954年9月，第一届全国人民代表大会第一次会议通过的《宪法》第93条更明确规定："中华人民共和国劳动者在年老、疾病或者丧失劳动能力的时候，有获得物质帮助的权利。国家举办社会保险、社会救济和群众卫生事业，并且逐步扩大这些设施，以保证劳动者享受这种权利。"国家根本大法的明确规定为中国社会保障制度的创建提供了坚实的法律保障。

1949年10月新中国成立，正值百废待兴的经济恢复时期，人民政府要解决的问题千头万绪，但是本着保障劳动者合法权益、促进经济发展、稳定社会秩序的目的，中央人民政府从一开始就把建立劳动者社会保障制度的任务提上了议事日程。这一时期主要做了以下工作。

1. 发布一系列法规文件开展济贫救灾

面对农村灾害严重、大量灾民外流以及城市失业工人生活窘迫的现状，人民政府发布了一系列社会保障法规文件，指示各地切实展开济贫救灾的工作。这些文件包括：1949年12月19日由政务院发布的《关于生产救灾的指示》；1950年6月17日由政务院颁布的《关于救济失业工人的指示》；同年7月1日由劳动部颁布的《救济失业工人的暂行办法》。

2. 建立城镇企业职工劳动保险制度

1951年2月26日，由劳动部与中华全国总工会拟定的《劳动保险条例》，经全国人民政治协商会议审议后，由政务院正式颁布实施。

《劳动保险条例》是新中国成立后第一部全国统一的社会保障法规。其实施范围包括城镇所有企业的职工，内容涉及养老、疾病、工伤、残疾、死亡、生育等多方面的保险，见表12—3。该条例具体规定了职工在疾病、伤残、死亡、生育及年老后获得必要物质的办法，同时规定职工供养的直系亲属也可享受一定的社会保险待遇。经过 1951 年、1956 年两次修订,劳动保险扩大了实施范围,提高了部分待遇标准。该条例的实施范围包括城镇机关、事业单位之外的所有企业和职工,从而成为新中国社会保障制度中最重要的一项社会保障制度[①]。当时,中国国家机关事业单位的社会保险和企业职工的社会保险是分开的,单独制定政策,单独执行。《劳动保险条例》的颁布实施,标志着中国城镇企业职工社会保障制度初步建立。

表 12—3   中国 1951 年颁布的《劳动保险条例》主要内容

	企业直接支付	劳动保险基金支付
负伤待遇	1. 因公负伤:全部诊疗费,药费,住院费,住院时的膳费与就医路费,全额发给工资 2. 非因公负伤:诊疗费,手术费,住院费及普通药费,病伤假期工资	非因公负伤(医疗期连续 6 个月以上者):救济费
残废待遇		1. 因公负伤致残:抚恤费或补助费 2. 因病或非因公致残:救济费
疾病待遇	1. 诊疗费,手术费,住院费及普通药费 2. 病伤假工资	1. 本人负担贵重药费,住院膳费及就医路费确有困难,酌予补助 2. 疾病救济费
死亡待遇	丧葬费(仅限因公死亡)	1. 抚恤费(因公死亡或因公全残后死亡) 2. 丧葬补助费和救济费
养老待遇	照发工资(已符合退休养老条件但仍被企业留用,1958 年取消)	1. 退职养老补助费 2. 在职养老补助费(1958 年取消)
生育待遇	1. 产假工资 2. 检查费和接生费	生育补助费
供养直系亲属待遇	1. 免费诊疗,并负担一半手术费和普通药费 2. 丧葬费	1. 抚恤费或救济费 2. 丧葬补助费 3. 生育补助费

资料来源:中国 1951 年颁布的《劳动保险条例》。

[①] 费梅萍:《社会保障概论》(第三版),华东理工大学出版社 2008 年版,第 85 页。

3. 建立国家机关、事业单位社会保障制度

中国在成立初期，国家机关、事业单位的社会保险和企业职工的社会保险是分开的，单独制定政策，单独管理。1950年后，国家在供给制待遇的基础上，逐步对机关、事业单位人员的疾病、养老、生育、死亡抚恤等做了具体规定，先后制定和发布了一系列单项法规：1950年12月11日由内务部颁布实施的《革命工作人员伤亡抚恤暂行条例》；1950年6月27日由政务院颁布的《关于各级人民政府、党派、团体及所属事业单位的国家工作人员实行公费医疗预防措施的指示》；1952年9月12日由财政部、卫生部和国务院人事局联合发布的《关于各级人民政府工作人员在患病期间待遇暂行办法》；1955年12月29日由国务院颁布的《国家机关工作人员退休处理暂行办法》和《国家机关工作人员退职处理暂行办法》等。

4. 对革命军人的优待和抚恤

第二次国内革命战争时期，中华全国苏维埃代表大会颁布《全国工农红军优待条例》，初步建立了对军人的社会保障制度。新中国成立后，军人的社会保障制度不断得到健全和发展，如《中华人民共和国兵役法》、《关于军队干部退休的暂行规定》、《军人抚恤优待条例》等法规中，对军人的工作和生活、军人离退休后的生活保障、伤残和死亡军人及其家属优待事项都规定了明确的保障办法。

新中国成立到50年代末，中国已基本建立起一套全国统一的社会保障制度。在城镇，有企业职工的劳保制度和国家机关工作人员的劳保制度；在农村，有农业合作社规范的章程。同时还进一步发展了社会福利、社会优抚以及社会救助等工作在政策上的规定。这一时期社会保障制度的主要特点是以国家（通过中央政府）为主要责任主体、城乡单位共同承担责任并一起组织实施的较为完整的社会保障制度。

（二）中国社会保障制度的调整时期（1957—1966年）

新中国社会保障制度的建立和实施，结束了劳动者在旧社会老无所养、病无所依的悲惨命运，对保障人民生活、发展生产和安定社会起到了重要作用。但是，在实践中，国家保障型社会保障制度也表现出与中国经济发展水平不相适应，以及制度规定不尽合理、不够完善的问题。随着三大改造任务的完成，使国家转入有计划的社会主义经济建设时期。为适应新形势的发展，中央政府

开始对社会保障制度进行调整与完善。

这一时期,从职工劳保福利方面看,虽然为职工办了好多事情。但是,"某些方面走得快了,某些项目办得多了,某些规定不切合实际和不够合理"。根据这些问题,第二个五年计划期间对劳保福利工作和制度应该着重整顿。整顿的方针是:简化项目,加强管理,克服浪费;改进不合理的制度,降低过高的福利待遇;同时提倡少花钱,多办事;提倡依靠群众集体的力量,举办福利事业;提倡用互助互济的办法,解决职工生活中的某些困难问题。根据上述精神,这一阶段在社会保障制度建设和完善方面,主要做了以下事情:

1. 建立企业职工和国家公务人员统一的退休制度

1957年11月16日,全国人民代表大会常务委员会第八十五次会议原则批准《国务院关于工人、职员退休处理的暂行规定》,经全国范围内300多万人讨论并经修改后,由国务院于1958年2月9日公布实施。该《暂行规定》的实施,使企业和事业单位、国家机关、人民团体的工人、职员的退休条件、退休待遇实现了统一,避免了不同劳动群体在社会保障方面的待遇差别和矛盾,有助于不同职业岗位间人员的流动和联系,是新中国社会保障制度发展史上的一次重大进步。

2. 制定了民族工商业者以及集体企业职工养老保险方面的政策法规

1962年4月17日,中共中央批转《中央统战部关于处理资产阶级工商业者退休问题的意见》,同年7月16日,国务院又公布《关于处理资产阶级工商业者退休问题的补充规定》,对资产阶级工商业者的退休条件、待遇等都做了相应规定。

随着集体经济的发展和壮大,为了解决集体企业职工的退休待遇,1964年4月,原第二轻工业部和全国手工业合作总社颁布了《关于轻、手工业集体所有制企业职工、社员退休统筹暂行办法》和《关于轻、手工业集体所有制企业职工、社员退职暂行办法》,经过试点推行和修改完善,1966年4月20日正式公布实施。这样,除了国营企业、公司合营企业外,中国轻、手工业集体所有制企业职工的退休退职也迈出了制度化、规范化的步伐。

3. 落实了精简职工养老保险政策,并解决保险待遇异地支付问题

"大跃进"运动之后的国民经济大规模调整期间,几千万企业职工和城市居民被下放到农村。针对精简下放职工及其家属生活安置问题,国务院于1962年6月1日制定和颁布了《关于精简职工安置办法的若干规定》,这一政

策规定解决了精简职工中老弱人员的生活保障问题。

针对大批职工及其家属被动员回家乡或下放农村,职工退休待遇的支付领取发生困难,1963年1月23日修订颁布的《关于享受长期劳动保险待遇的异地支付办法》规定,职工、家属在转移居住地点时,退休费、因工伤残抚恤金、因工伤残救济费和因工死亡供养直系家属抚恤费可以异地领取,解决了职工家属的后顾之忧。

4. 对医疗制度进行改革

1965年9月21日,中共中央在批转卫生部《关于把卫生工作的重点放到农村的报告》中指出:"公费医疗制度应当适当改革,劳保医疗制度也应适当整顿。"根据这一精神,卫生部和财政部发出《关于改进公费医疗管理问题的通知》,对国家工作人员的医疗制度做了适当的改革,具体内容包括:看病要收适量的挂号费;除医院领导批准使用的营养滋补药品外,一律实行自费。

在企业职工的医疗保险方面,劳动部和全国总工会于1966年4月14日发出《关于改进企业职工劳保医疗制度几个问题的通知》,内容包括:企业职工患病和非因工负伤,在指定医院或企业附设医院治疗时,其所需的挂号费、出诊费,均由职工本人负担;职工患病所需贵重药费改由行政方面负担;职工因工负伤或患职业病住院期间的膳费,改由本人负担1/3,行政负担2/3;职工供养直系亲属的医疗待遇,其挂号费、检查费、化验费改由本人负担,而手术费和药费收半费的办法依然保留。

(三) 中国社会保障制度的倒退时期(1966—1976年)

1966年,"文化大革命"开始,中国进入"十年动乱"时期。这十年使中国的政治、经济、文化受到空前的浩劫,社会保障事业遭到重创,一度处于瘫痪状态[①]。

首先,职工社会保障管理体制方面出现了倒退现象,由政府、工会分工合作的社会化管理模式倒退到由政府一家做主的集权化管理模式。1951年颁布的《劳动保险条例》明确规定:"中华全国总工会为全国劳动保险事业的最高领导机关","中央人民政府劳动部门为全国劳动保险业务的最高监督机关"。

---

① 费梅萍:《社会保障概论》(第三版),华东理工大学出版社2008年版,第102页。

这种由政府和工会分工合作、各司其职的管理体制，有利于促进社会保障工作的立法、执法、监督工作的完善、协调和相互制约。但是在"文化大革命"中，各级工会组织遭受严重冲击致使瘫痪，劳动保障领导机关的功能无法履行。在此情况下，1968年国家计委劳动局发出通知，要求各地劳动部门把劳动保险工作统管起来，各地由此建立起了劳动保险业务的工作机构。这种做法对于扭转社会保障的瘫痪局面起到了一定作用，但由此也形成了由政府部门独揽社会保险业务，劳动部门集劳动保险政策规定、业务管理和监督检查多种职能于一身的管理格局。

其次，职工社会保险资金筹集方式出现了倒退现象，从由企业按比例提取劳动保险金统筹使用的社会保险形式倒退到企业营业外列支的企业保险形式。"文化大革命"之前，中国职工劳动保险资金是由各企业按职工工资总额的一定比例提取后，由各级工会统筹调剂使用的。当时的统筹程度虽然不高，且资金都由企业一方承担，但在相当范围内还是起到了社会统筹、企业互助、风险分担的作用。但"文化大革命"中这种激进调剂使用的做法被取消了。1969年2月，国家财政部颁发《关于国营企业财务工作中几项制度的改革意见（草案）》规定：国营企业一律停止提取劳动保险金，企业的退休职工、长期病号工资和其他劳保开支在营业外列支。这一做法使社会保险丧失了统筹调剂的职能，变成了"企业保险"。

再次，企业用工支付方面出现了倒退现象。一方面，由于正常的社会保障业务被破坏，社会保险机构被撤销，致使大批具备退休、退职条件的企业职工没有及时退出生产领域；另一方面，"上山下乡"运动致使千百万青年学生到农村就业，企业得不到生产力的补充和更新。这种状况造成企业职工年龄构成的不断老化，一方面影响了劳动力的更新，另一方面使社会保险制度中的代际资源传递发生阻隔。

（四）中国社会保障制度的重建时期（1976—1991年）

1976年10月，"文化大革命"结束，社会保障事业也随各行各业一起开始了拨乱反正和恢复重建的工作。主要工作包括：

1. 恢复职工退休、退职制度

1978年6月2日，国务院颁发《关于安置老弱病残干部的暂行办法》和《关于工人退休、退职的暂行办法》。此文件的颁布和执行，较好地扭转了

"文化大革命"中退休、退职制度执行不力，职工队伍老化、企业冗员增多等不利局面。

2. 整顿和恢复企业劳动保险管理工作

1980年3月14日，国家劳动总局、全国总工会联合发出《关于整顿与加强劳动保险工作的通知》，开始对中断的企业职工劳动保险管理工作进行全面整顿和恢复。整顿工作纠正了"文化大革命"期间不符合国家社会保险政策规定的错误做法；健全了企业社会保险的管理机构；清理和建立了各种社会保险管理资料；培训了一批社会保险的专业干部。

3. 开展国营企业职工退休费用社会统筹试点工作

1984年起，部分市、县开始进行"国营企业职工退休费用社会统筹"的改革试点，其后向全国各地推广。这次试点名为改革，实际上还是恢复性质的工作，其实质是跳出企业保险的范畴，恢复到"文化大革命"前就已存在的养老基金社会统筹的道路上来。

4. 社会救济工作得到恢复重建

1968年，国家撤销主管救灾救济、社会福利等事务的内务部，社会救济工作陷入瘫痪。1978年2月，五届全国人大一次会议决定重新设置主管社会救灾救济、社会福利事务的民政部。

这一时期的社会救济工作，在范围上有所扩大，除了传统的救济对象外，还增加了生活困难的原国民党起义投诚人员、摘帽右派分子、错划地（主）富（农）分子、归国华侨等共计25种人员。社会救济的方法和手段也从单独发放救济救灾款项变为实行救济救灾同扶贫、扶优相结合。1980年，中央政府专门成立了贫困地区经济开发领导小组，成立了中国扶贫基金会，把社会救济的重点转移到帮助贫困户脱贫致富上来，并把扶贫工作的重点放在"老少边穷"地区。

5. 探索新型养老保险制度

1978年召开的中共十一届三中全会扭转了中国社会经济的混乱局面，为社会保障制度改革提供了宽松的政治、社会条件。自1978年中国进行经济体制改革以后，政府针对养老保险制度存在的弊端进行了一系列改革，主要是实行了养老保险费用社会统筹，建立劳动合同制工人养老保险制度，养老保险基金实行国家、企业和个人三方负担，引入个人缴纳养老保险费机制，探索建立国家基本养老保险、企业补充养老保险和个人储蓄性养老保险多层次的养老保险体系。

总之，1978年以前中国社会保障制度的典型特征是"企业保险"，而这一阶段主要是维持、巩固和完善这种制度模式，因此这一阶段的主要目的还是为了解决历史遗留问题和重建被"文化大革命"破坏的养老保障制度。

（五）中国社会保障制度的改革时期（1991年至今）

1. 1991—2000年探索性改革阶段

1991—2000年这10年是中国社会保障制度的探索性改革阶段，也是中国社会保障制度框架形成的重要时期。在这个时期，中国社会保障制度的形成主要由以下四个重要法规文件构成。

第一，1991年6月，国务院发布《关于企业职工养老保险制度改革的决定》，开始尝试社会养老保险结构的改革实践。在养老保险的筹资方面，确定社会养老保险费用由国家、企业和职工三方共同筹资，职工个人按本人工资的3%缴纳养老保险费。在制度结构上，确定探索建立国家基本养老保险、企业补充养老保险和个人储蓄性养老保险相结合的多层次养老保险体系。当时制定这个制度模式的目的是想通过企业补充养老保险和个人储蓄性养老保险的方式调动多方面的积极性，适当分散国家的经济负担，并能够适当积累起一定的基金，促进经济发展。

第二，1993年中共中央十四届三中全会通过的《中共中央关于建立社会主义市场经济体制若干问题的决定》正式决定实行社会统筹和个人账户相结合的社会保险制度，其中，一个重大的突破是关于个人账户的设置；"社会统筹和个人账户相结合"实际上就是社会统筹和积累制的结合。另一个突破是要求建立统一的社会保障管理机构，社会保障行政管理和社会保险基金经营要分开，社会保障管理机构主要是行使行政管理职能；社会保险基金经办机构，在保证基金正常支付和安全性与流动性的前提下，可依法把社会保险基金主要用于购买国家债券，确保社会保险基金的保值增值。

第三，1995年3月，国务院发布的《关于深化企业职工养老保险制度改革的通知》具体确定"社会统筹与个人账户相结合"的实施方案，确定"统账结合"是中国城镇企业职工基本养老保险制度改革的方向。提出到20世纪末，基本建立适应社会主义市场经济体制要求，适用于城镇各类企业职工和个体劳动者，资本来源多渠道，保障方式多层次，社会统筹与个人账户相结合、权利与义务相对应,管理服务社会化的养老保险体系。但在实际运行中,由于对探索建立一种新社会保障制度存在认识上的差异,同时也由于在具体操作中遇到地方与中央、行业与地方,不同省份各市、县之间利益不一致,形成了城镇职工养老保险制度多种方案并存的破碎局面。结果导致在全国产生了上百种改革方案,也导致地区之间养老金水平相互攀比,中央难以管理、调控,职工跨地区流动困难等问题。这些现象在一定程度上暴露出中国养老保险改革的深层次矛盾和改革的复杂性[①]。

第四,1997年7月国务院颁布《关于建立统一的企业职工基本养老保险制度的决定》,为解决养老保险制度多种方案并存的破碎局面,采取了以下果断的措施:(1)在养老保险费的筹集方面,按职工工资的11%建立养老保险个人账户,其中个人缴费最终上升到8%,企业缴费划入的部分最终降低到3%。(2)在企业缴费的控制方面,企业缴费(含划入个人账户部分)的费率不得超过工资总额的20%。(3)养老金的构成由基础养老金和个人账户两部分组成。(4)将11个行业统筹划归地方社会保险机构管理。至1997年末,11个参加行业统筹的在职职工人数为1400万人,占国有企业职工总数的15.8%,离退休人员360万人,占参加统筹企业离退休人数的13.2%。(5)为了加速养老保险制度改革,国务院还决定在行业统筹移交地方统一管理的同时,加大推进省级养老保险统筹的力度,确立了基本养老保险基金省级调剂金制度的推进计划。确定到2000年,在省、自治区、直辖市范围内,要基本实现统一企业缴纳基本养老保险费比例,统一管理和调度使用基本养老保险基金,对社会保险经办机构实行省级垂直管理。

2. 2000—2006年"做实"试点阶段

在"社会统筹和个人账户相结合"的制度模型下,由于改革前退休的"老人",以及改革前参与工作、改革后才退休的"中人"缺乏积累,造成统筹账户存在巨大支付缺口,各地社保部门均调用个人账户资金用于当期支付,个人账户有名无实,长年"空转"。挪用个人账户造成的新债,加之远未偿还的"隐性负债",一起将偿付责任推向了未来。个人账户的长期空转不仅严重打击了个人缴费的积极性,而且背离了"统账结合"的改革方向。

2000年,国务院决定选择辽宁省进行完善城镇社会保障体系试点,颁布

---

① 郑功成:《中国社会保障改革与制度建设》,《中国人民大学学报》2003年第1期。

了《关于印发完善城镇社会保障体系试点方案的通知》,决定从2001年7月开始在辽宁省进行完善城镇社会保障体系试点工作。试点的内容主要有两个方面:(1)将个人账户的规模从11%降到8%;(2)逐渐将个人账户由个人全部"做实",到2003年11月底,全省参加企业基本社会养老保险人数687万人,累计征收做实个人账户资金83.6亿元,个人账户计清率为99.9%。辽宁试点的核心内容是将一直"空账"运行的个人账户"做实",实行真正的"半积累制"。辽宁试点的其他内容还包括:完善城镇企业职工的基本养老保险;解决下岗职工的安置、结束旧的劳动关系,完成再就业中心向失业保险并轨工作的历史使命;实施城镇居民最低生活保障;推进城镇企业职工的基本医疗保险;探索社会保障筹资的途径和管理方法;推进社会保险的社会化管理。目标是建立独立于企业、事业单位之外,资金来源多元化,保障制度规范化,管理服务社会化的社会保障体系。

2003年,党中央、国务院决定,在黑龙江和吉林两省进行扩大完善城镇社会保障体系试点工作,提出在总结辽宁省试点经验的基础上,通过两省的试点,为完善中国城镇社会保障体系进一步积累经验。2005年12月,国务院发布《关于完善企业职工基本养老保险制度的决定》,从2006年起又将试点改革扩大到除东三省之外的八个省、区、市,包括天津、上海、山东、山西、湖北、湖南、河南和新疆。

3. 2006年至今"全覆盖"改革阶段

2006年中共十六届六中全会从构建社会主义和谐社会的战略高度,明确提出到2020年建立覆盖全民的社会保障体系。2007年中共十七大报告再次提出加快建立覆盖城乡居民的社会保障体系。这标志着中国社会保障制度建设进入了一个新的历史阶段。到2020年,中国政府要在一个十几亿人口的大国做到全民保障。这不仅是中国人民的福音,也是对世界养老保障制度的一个重大贡献。同时,这个任务也是十分艰巨的,需要更多的智慧和付出更多的努力。

到2006年末,全国基本养老保险、基本医疗保险、失业保险、工伤保险和生育保险参保人数分别达到18766万人、15732万人、11187万人、10268万人和6459万人,有2241万城市居民和1509万农民享受最低生活保障,5400万人参加农村养老保险。2006年,五项社会保险基金总收入8626亿元,总支出6472亿元,年底累计积累8239亿元。为应对将来人口老龄化可能带来的资金支付压力,国家建立了具有战略储备性质的全国社会保障基金,目前已积累 3300 多亿元[①]。2007 年底,《中华人民共和国社会保险法(草案)》提交全国人大常委会审议,草案确定了"广覆盖、保基本、多层次、可持续"的方针,明确了中国社会保险制度的基本框架,对社会保险的覆盖范围、社会保险费征收、社会保险待遇的享受、社会保险基金的管理和运营、社会保险经办机构的职责、社会保险监督以及法律责任等方面做了规定。《社会保险法》的出台有助于推动中国社会保障事业的法制化,增强社会保障制度的权威性和稳定性。

二 中国现行的社会保障体系

社会保障体系是指由各社会保障项目、保障措施等构成的整体,各保障项目之间是相互独立又相互联系的。社会保障体系有广义和狭义之分。广义的社会保障体系是由政府承办的社会保障、补充保障和商业人身保险三部分构成。其中,政府承办的社会保障制度又称为狭义的社会保障体系。一般而言,社会保障体系包括社会救济、社会保险、社会福利、社会优抚四个部分。图 12—2 显示了中国的社会保障体系构成。

总之,社会保障制度是一个多层次、多渠道、多形式的网状体系,旨在充分提高社会劳动者的福利水平,成为现代经济社会的一种重要的"稳定器"、"减震器"。其中社会救助是最低层次的社会保障,保障社会成员的生存需要;社会保险是基本保障,保证劳动者在失去劳动能力从而失去工资后仍能享有基本生活水平;社会福利是增进城乡全体居民生活福利的高层次社会保障;社会优抚则是特殊性质的社会保障。社会保障制度的四个组成部分互相衔接,互相补充,构成一个相对完整的社会安全网络。

三 中国现行社会保障制度存在的问题

中国社会目前正处于转制时期,是以劳动力过剩为显著特征的阶段,社会保障制度的主要目标是为低收入者提供保障。社会保障制度的改革应该与其他

---

① 郑功成:《从国家—单位保障制走向国家—社会保障制——30 年来中国社会保障改革与制度变迁》,《社会保障研究》2008 年第 2 期。

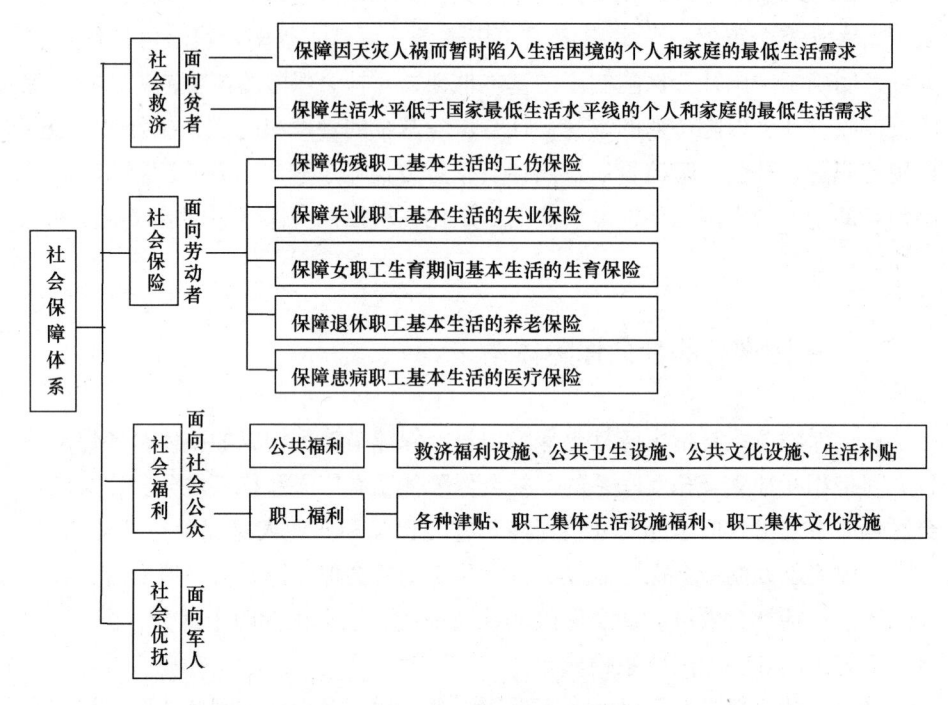

图 12—2　中国社会保障体系图

经济体制改革相配套，要有利于经济体制改革。近些年在建设有中国特色社会保障制度过程中，最低生活保障制度从无到有并发展迅速，目前在城镇已经基本做到应保尽保。但在社会保障制度改革的过程中仍然存在一些问题，有必要对其进行改进以利于中国的社保制度进一步完善发展。

（一）社会保障的覆盖面窄，社会化程度低

目前，中国社会保障的覆盖面主要限于城镇职工及其家属，部分集体企业职工、个体经营者、私营企业雇员和外商企业的职工几乎没有参加社会保障，而广大农村则更处于家庭自保状态。统计资料表明，占全国人口70%的农民的社会保障支出费占不足总数的11%，而占人口30%的城镇居民却占总数的89%；从社会保障的覆盖面看，城镇已达到91%，而农村只有2%公有制经济与非公有制经济，城市和农村之间的这种巨大差距，不仅影响了收入公平目标

的实现，也阻碍了经济的有序发展[①]。由于中国现有生产力发展水平还不够高，因此，社会保障也只能是低水平的。

（二）社会保障管理体制分散

现行的社会保障制度改革中存在的一个相当突出的问题和困难即是社会保障管理体制问题。这是由于分散的社会保障制度形成于计划经济时代，而且传统的管理体制在一定程度上仍然影响着现在的管理。虽然现行社会保障体制中的机构设置及职能已经做出很大改进，主要包括决策机构、经办机构、基金运营机构和监督机构。然而分散的管理仍使得很多职能部门落实社保时处于分割的状态。这种多头分散的管理模式最终阻碍了劳动力的自由流动，不利于人力资源在社会经济生活中充分发挥作用。增大了社会保障运作成本，各机构之间也因权责不明造成遇事相互推诿或争抢[②]。

（三）社会保障体系运行成本过高

所谓的社会保障体系运行成本过高，一方面是指社会保障资金中用于基本养老、基本医疗、失业补助等保险项目的那一部分社会保障资金征缴成本高。由于这部分社会保障资金仍以"费"的形式征收，力度不够，很难取得被征收单位和个人的有力配合和支持。另一方面，中国已往的社会保险工作分属于多家政府职能部门，这些部门都没有社会保障机构，自成体系，管理分散，没有一个权威性的机构进行统一管理，缺乏强有力的宏观协调平衡机制。

（四）社会保障立法滞后

在建立社会保障制度的过程中，长期以来中国对社会保障制度的立法重视不够。到目前为止，20多年的改革方案主要依据国务院甚至地方政府的决定或条例，尚无一部全国性的《社会保障法》。这不仅使中国的社会保障制度的权威性不强，缺乏规范性和统一性，而且使很多改革措施很难得到有效的实

[①] 邓大松、谢圣远、钟健威：《农村社会保障制度改革中的政策建议》，《中国软科学》2002年第7期。

[②] 张秀兰、徐月宾、方黎明：《改革开放30年：在应急中建立的中国社会保障制度》，《北京师范大学学报（社会科学版）》2009年第2期。

施,严重影响了社会保障功能的发挥。

四 中国社会保障改革的基本思路

中国社会保障制度改革的总体目标是建立功能健全、社会化程度高、有充分资金保证的社会保障体系。但是,通过上述分析可知,中国社会保障改革过程中仍存在诸多问题,距离这一目标还有很长一段路要走。基于此,在未来一段时期内,应遵循以下改革思路,从中国国情出发,稳健地迈出改革步伐。

(一) 加快社会保障法制建设

社会主义市场经济是法制经济,社会保障的管理也应依法进行。目前,应尽快出台《社会保障法》。它是国家社会保障方面的基本法律,是规范社会保险行为、制定单项保险政策的基础和依据。它应包含公民社会保障的基本权利法案和各项专门的社会保障法案,应通过《社会保障法》以法律形式明确社会保障的范围、资金筹集办法和管理体制、规范社会保险及其他社会保障系统的性质、国家或政府在其中的责任、企业与个人应承担的义务等,做到规范运行,尽快结束目前无法可依的局面。

(二) 扩大社会保障制度的覆盖范围,加强社会保障金的收缴

首先,健全的社会保障制度必须覆盖城乡各类职工,使全体劳动者都能依法享受社会保险,这是维护劳动者合法权益的基本要求。其次,必须尽快、尽早地把占中国人口绝大多数的农民纳入社会保障体系之中。农村社会保险工作的顺利推进,农村社会保障水平的提高,是关系中国国民经济发展全局的大事,是关系中国国家安全与稳定的大事。为此,我们应进一步加快城市化步伐,在富裕的农村地区推广现行的社会保障制度,根据各地区的特点建立相应的社会保障制度。

(三) 尽快建立以税收为主要来源的社会保障资金筹资机制

目前,中国的社会保障资金的筹集办法不够规范,不能适应经济发展的需要,存在很多弊端。因此,社会保障税应是最理想的筹资手段,有利于统一税

负，及时、稳定地筹集社会保障基金，减轻国家和企业的负担；也有利于建立和完善社会保障预算，从管理上缓解目前社会保障基金征缴困难的矛盾。今后，应适时开征社会保障税。

（四）加大财政支持力度，进一步完善社会福利制度

根据现阶段中国社会保障制度发展的重点，财政应增加对社会保障的投入，主要包括：一是增加对社会保险的补助支出，这既可增加对国有企业下岗职工基本生活保障基金的投入，落实破产关闭企业职工分流安置，保证养老金的按时足额发放，又可化解中国社会保障制度转轨时期的隐性债务；二是增加社会福利、社会救济、社会优抚的投入，这部分是中国社会保障的重要组成部分，是对社会保障系统的补充；三是政府应制定财政等各种优惠政策，鼓励社会各界参与社会福利、救济和优抚事业。

（五）不断强化社会保障的社会化管理

社会化管理是社会保障制度改革的一个重要目标，也是建立现代企业制度的重要条件。社会化管理的重点是养老保险中企业退休人员的管理服务，其方向是退休人员与原企业相分离。当前社会化管理服务的首要任务是改基金的差额发放为全额缴拨，并实行养老金的社会化发放，即由社会保障机构统一负责，通过银行、邮局、社区和其他中介机构，直接把养老金发到退休人员手中。在养老金社会化发放的基础上，要逐步使退休人员与企业相分离，按照属地化管理的原则由社区组织管理。

思考题：
1. 收入分配的主要机制有哪些？
2. 社会保障的特征是什么？
3. 社会保障制度的收入分配功能是怎样实现的？
4. 简述社会保障制度的主要模式。
5. 中国现行的社会保障体系包括哪些内容？
6. 中国现行的社会保障体系有什么不足？下一步改革的思路是什么？

第十三章

政府的宏观调控

建立市场经济体制，不但要发挥市场机制的基础性调节作用，还需借助政府的宏观调控作用。政府的宏观调控可以弥补市场失灵，维护市场秩序，维护公正分配和国家整体利益，还可以应对经济周期性波动。政府的宏观调控是政府通过各种宏观经济政策、经济杠杆对市场经济从总量和结构上所进行的调控活动。本章主要介绍了宏观调控的目标和手段、财政政策、货币政策、产业政策、就业政策等宏观经济政策的基本内容及其在调控国民经济发展中的具体应用。

第一节 宏观调控的目标和手段

宏观调控是国家为了实现特定的经济目标而运用经济、法律、行政等多种手段对经济所进行的调控活动。宏观调控是目标与手段的结合。其中，宏观调控的根本目的是达到宏观经济总量的价值平衡，具体目标是充分就业、经济增长、物价稳定和国际收支平衡。宏观调控的手段主要有经济手段、法律手段、行政手段等，其中，经济手段是最常用的手段。本节主要对宏观调控的内涵、目标与手段进行介绍。

一 宏观调控的内涵

从一般意义上讲，宏观调控是国家作为经济调节的主体，运用一定的调节形式和手段，把微观经济活动纳入符合宏观经济发展所要求的状态的过程。① 具体而言，宏观调控是指国家或政府通过多种宏观经济政策（主要是财政政策和货币政策）对宏观经济总量（即总供给和总需求）进行调节和控制的活动，其根本目的是保持经济总量的基本平衡，实现国民经济和社会的持续、快速、健康发展。宏观调控是一个包含了主体、对象、政策、方式、手段和目标等完整的内容体系。

宏观调控的主体是国家或政府，国家的宏观调控职能更主要由中央政府执行。比如在中国，一般由中共中央确定大政方针、指导原则或提出建议方案，然后再由国务院制定具体政策目标和措施，以红头文件下发，再由国务院有关部门和各级政府负责组织实施。有些重要的宏观调控政策还需提请全国人民代表大会或全国人大常委会审议批准，如国民经济发展计划、财政收支预算安排等。

宏观调控的对象是经济总量，即总供给和总需求，其调控的目的是促使总供给和总需求之间达到价值平衡。宏观调控以价值管理而非实物管理为主。② 市场经济是一种货币化经济，市场活动的主要特点在于市场的价值运动，宏观调控的根本目的是达到宏观经济总量的价值平衡，具体表现为财政收支平衡、信贷收支平衡、外汇收支平衡等多种平衡。宏观调控要求政府通过价值形态的商品货币运动的平衡来调节市场运行，为市场运行和企业的微观经营活动创造良好的宏观经济环境。

宏观调控政策主要是宏观经济政策，即政府利用经济政策对经济总量进行调节，这些经济政策包括财政、金融、货币、收入分配、产业、价格、就业、外贸等方面的政策。每一个大的宏观调控政策中又包含着若干具体政策，如财政政策又包括税收、支出、预算、国债等具体政策。

宏观调控方式具有间接性特点。政府不直接控制微观企业，而是通过各种经济政策或经济杠杆改变市场环境，影响众多分散的微观决策者，从而根据企业对市场信号变动做出的反应和对经济行为的调整，来保证宏观经济目标的实现。宏观调控的手段主要有经济手段、法律手段、行政手段等，其中，经济手段是最常用的手段。宏观调控的目标包括根本目标和具体目标，其根本目标是保持经济总量的基本平衡，其具体目标包括充分就业、经济增长、物价稳定和

---

① 刘诗白：《政治经济学》，西南财经大学出版社1998年版，第351页。
② 郭小聪：《政府经济学》，中国人民大学出版社2011年版，第76页。

国际收支平衡。

宏观调控政策在实际应用过程中，根据"相机抉择"原则，根据经济运行状况和现实中出现的经济问题做出灵活的选择与组合，比如某一阶段产业结构不合理，则可以侧重于用产业政策加以调整；如果出现通货膨胀或紧缩等经济问题，则可以借助于财政政策和货币政策进行调节，并根据具体经济问题决定是采取扩张性、紧缩性还是中性的财政政策和货币政策。

二 宏观调控的目标

宏观调控目标是指一国政府在一定时期对一定范围内经济总体进行调控所达到的预期结果。宏观调控的主要任务是保持经济总量的基本平衡，以促进经济结构的优化，这也是宏观调控的根本目标。

（一）宏观调控的根本目标

实现经济稳定增长的前提是经济均衡运行，马歇尔指出这种均衡是经济中各种经济变量的相互均等。[①] 就宏观经济而言，社会总供给与总需求是宏观经济运行中的两个重要变量，经济波动的根本原因是供求总量或供求结构的失衡。宏观调控的根本目标是通过国家的有效调节和控制，使得社会总供给与总需求之间保持基本平衡。社会总供给主要是指一国国民生产总量和进口量。社会总需求主要是指一国的投资需求、消费需求和出口需求。总供给与总需求的大致平衡是指二者在价值形态和实物形态的大体平衡。如果总供给过大，必然会出现产品过剩与滞销、物价下降、企业倒闭、失业增加、生产增长变缓等现象；如果总需求过大，则会出现市场紧张、物质匮乏、经济过热，甚至会导致通货膨胀。无论是哪种情况都会影响经济和社会的稳定与发展。因此，实现社会总供给与总需求之间的平衡就成为各国宏观调控的重要目标。

（二）宏观调控的具体目标

实现社会总供给与总需求均衡这一根本目标必须依靠一些具体目标的实现

[①] ［英］马歇尔：《经济学原理》下卷，陈良璧译，商务印书馆 1965 年版，第 17、37 页。

来达到，主要包括实现充分就业、经济增长、物价稳定和国际收支平衡。

广义上讲，充分就业是指经济中达到了现有的经济资源或生产要素都得到使用的一种理想状态。[①] 狭义上讲，充分就业则是指所有有工作能力且愿意工作的人都能获得就业机会。充分就业意味着劳动力资源的有效利用与合理配置，劳动效率和工时利用率较高。充分就业并非指全部就业，而是一种有限的充分就业，它包含着一定程度的失业率，被认为是正常的"自然失业率"，主要包括"自愿性失业"和"摩擦性失业"。所谓的"自愿性失业"是指存在就业机会，但是工人不愿意接受现行工资水平而不愿工作所引起的失业；所谓的"摩擦性失业"是指由于技术不对口或季节性原因或经济周期进入萧条阶段而造成的失业。对于非自愿性失业，国家可以采取多种措施，如技术培训、鼓励劳动力自由流动，以及通过财政政策、货币政策等方式提高总需求，克服经济危机，提高就业率。一般而言，自然失业率被控制在4%—6%之间就算是达到充分就业目标了。

经济增长目标是指一定时期内经济的持续均衡增长，即一定时期内经济社会生产导致的人均产量或者人均收入的增长。衡量经济增长的指标一般用国内生产总值（GDP）增长状况或人均国内生产总值的增长状况来衡量。国内生产总值，是指在一定时期内（一个季度或一年），一个国家或地区的经济中所生产出的全部最终产品和劳务的价值，常被公认为是衡量国家经济状况的最佳指标。目前大多数国家都把经济增长作为国家宏观调控的主要目标之一，尤其对于转型时期的中国，由于正处于深化改革和结构调整的关键时期，解决就业等经济和社会问题均要求以经济快速增长为前提，因此保持经济增长更是中国尤为关注的目标。但是，并非经济增长速度越快越好，过快的经济增速必然导致通货膨胀和国民经济比例关系的破坏，而过慢的经济增速也不利于实现中国的转型目标和社会资源的充分利用。因此，一个适合中国国情的经济增长速度对于中国经济社会持续稳定的发展至关重要，在近期，一般认为中国经济增速保持在7%—8%比较适合，在这个经济增长速度下处理好中国经济发展中的速度、比例和效益之间的关系，实现经济持续稳定的增长。

物价稳定目标是指将通货膨胀率控制在一个"安全区"内，使其不对经济稳定产生不利影响。物价稳定是通货稳定、经济增长、比例协调的综合反

[①] 莫童：《公共经济学》，北京大学出版社2008年版，第361页。

映。物价稳定不是指每种商品的价格固定不变，也不是价格总水平保持不变，而是指价格指数相对稳定，不出现严重的通货膨胀。价格指数的变动情况大都以"一般物价水平"来衡量，即各类商品和劳务的价格水平的平均数。各类商品物价指数包括批发物品指数、零售物价指数、国民生产总值折算价格指数。其中，零售物价指数中的消费物品物价指数的变化对通货膨胀率的影响最大。一般认为，如果物价指数每年升降不超过5%，就可以认为物价总水平是基本稳定的。要做到物价稳定，国家必须把财政赤字、通货膨胀量、总供需差率控制在一定限度内，严格控制货币发行量，同时，建立完善的市场价格形成机制。

国际收支平衡目标是指在一定时期内（一般是一年），国家贸易支出和收入保持相对平衡。国际收入大于国际支出将会出现收支顺差；国际支出大于国际收入则会出现收支逆差。过量的收支顺差或逆差都不利于国家宏观经济的发展。持续过量的顺差将导致外汇储备增加和本币升值，从而抬升本国商品在国际市场上的价格，从而对出口造成不利影响；而持续过量的逆差则将导致外汇储备减少，本币贬值，国内经济萎缩，失业增加。在国际收支平衡中，重要的是外汇收支差额和偿债率要适当，尤其对于对外开放的中国而言，这点尤为重要。这就要求将外汇收支差额控制在合理的范围内。在利用外资时，要做到外债规模与中国的经济实力和偿债能力相适应，因此外债规模要适度。适度的标志是保持在合理的偿债率之内，对中国而言一般为15%左右。当出现国际收支不平衡时，政府应该主动采用汇率等政策进行调节。

上述四个目标既有一致性又有相互矛盾性，比如如果实现充分就业，就必然会运用扩张性财政政策和货币政策，而这些政策又会由于财政赤字的增加和货币供给量的增加而引起通货膨胀。另外，充分就业与经济增长也存在一定的目标冲突。因为，经济增长一方面会提供更多的就业机会，有利于充分就业；另一方面经济增长中的技术进步又会引起资本对劳动的替代，减少市场对劳动力的需求，使得部分工人（尤其是技术水平低的工人）失业。由于这些宏观经济政策目标之间存在矛盾，政策制定者需要对各个目标进行协调，在确定宏观经济政策时，既要考虑各项政策目标在不同时期的重要程度，也要考虑国内外各种社会、政治、文化等因素的影响。

三 宏观调控的手段

宏观调控手段是政府为实现一定时期内宏观经济运行目标,对社会经济生活和国民经济进行调节与控制的工具,主要包括经济手段、法律手段和行政手段等。其中,经济手段是最主要的手段。

经济手段是指国家运用经济政策和经济杠杆,引导和调节经济运行的一种手段。经济手段主要包括价格、财政、税收、信贷、货币发行、利率、汇率、工资等。经济手段具有间接调控性特点。经济手段通过一系列参数如利率、贴现率、价格等直接影响市场运行,再通过市场运行机制来影响和调节、引导企业经济行为。

法律手段是指国家运用经济法律规范、采用法律手段来调控经济的一种手段。主要包括经济立法和经济司法。经济立法是指通过制定各种经济法规,确保各种经济政策、经济合同和经济措施能够得到有效保护,解决经济运行主体与宏观调控有法可依的问题。比如许多经济发达国家不仅有调控各经济领域的立法,如反垄断法、反竞争限制法、预算法、税法、银行法等,还高度重视宏观经济政策的综合协调立法,如美国的《充分就业和平衡增长法》、德国的《经济增长与稳定促进法》。[①] 经济司法是指通过经济执法以及相应的法律制裁手段制止经济活动中的非法竞争和犯罪活动,旨在解决经济管理中有法可依、执法必严、违法必究的问题。

行政手段是指国家通过行政机构采用强制性的命令、指示、规定、指令等行政方式,对经济行为进行干预的一种手段。该手段具有直接性和强制性的特征,它依靠下级必须服从上级的原则,依靠行政领导机关和领导人的权力和威信直接影响被控者的行为意志。运用行政手段进行调控在解决一些全局性的调控问题以及有关国计民生和国际性的重大项目上能够集中财力、人力和物力及时快速地达到目标,但对其要进行必要限制,尤其对于转型时期的中国而言,更要关注行政权力滥用这一问题。由于各项配套制度建设未能跟上,行政手段的滥用会给改革带来负面影响并延缓改革进程,如在政绩考核标准单一化的前提下,下级政府可能会虚报数字或造假等欺瞒上级政府,使得决策者决策失

[①] 潘静成、刘文华:《经济法》,中国人民大学出版社2005年版,第348—350页。

真,使得行政手段没能较好地反映客观经济规律的要求。此外,过多地通过行政手段干预还会导致官僚主义和政府寻租现象的加重。

总之,宏观调控只有综合使用经济手段、法律手段和行政手段才能取得良好的调控效果,本章重点分析宏观调控的经济手段,主要包括财政、货币、产业、就业等政策与工具。

第二节 财政政策

财政政策是一个国家宏观经济政策的重要组成部分,主要是指那些政府通过变动自身的收入支出来主动调节经济的政策。财政政策往往是国家为实现特定目标而制定并由财政部门来实施。财政政策的主要内容就是对国家筹集和分配财政资金的活动进行引导和规范。本节将从财政政策的含义与功能、财政政策的工具与应用等方面对财政政策进行介绍。

一 财政政策的含义

自凯恩斯提出财政政策以来,经济学界对财政政策理论进行广泛研究,并从不同角度界定财政政策这一概念。一些学者从目标角度界定财政政策,比如 J. F. 都教授认为"所谓财政政策意即政府收支的调整,以达到经济更加稳定,实现预期经济增长率"。[1] 格劳维斯教授则指出:财政政策"即研究有关国家资源的充分、有效利用以及维持价格水平稳定等问题。财政政策的短期目标是消除经济周期;而它的长期目标则是防止长期停滞和通货膨胀,与此同时,为经济增长提供一个有利的环境"[2]。还有一些学者从手段角度界定财政政策,比如 V. 阿盖迪认为:"财政政策可以被认为是税制、公共支出、举债等种种措施的整体,通过这些手段,作为整个国家支出组成部分的公共消费与投资在

---

[1] Due, J. F., *Government Finane*: *Economics of the Public Sector*, Richard D. Irwin, Inc., 1986, p. 267. 转引自郭庆旺、赵志耘《公共经济学》,高等教育出版社 2006 年版,第 327 页。

[2] Groves, H. M., *Financing Government*, New York: Holt, Rinehart & Winston, Inc., 1964. 转引自郭庆旺、赵志耘《公共经济学》,高等教育出版社 2006 年版,第 327 页。

总量和配置上得以确定下来,而且私人投资的总量与配置受到直接或间接的影响。"① 随着经济学研究的发展,人们对财政政策的认识更加深入与客观,财政政策是目标与手段相结合的观点逐渐被广泛接受,正如美国财政学家阿图·埃克斯坦教授所言:"政府为了实现充分就业和稳定物价水平这些短期目标而实行的各种税收和财政支出的变化,通常叫做财政政策。"②

结合上述观点,本教材认为,财政政策是指国家为了实现一定的宏观经济目标,通过财政收入和财政支出的变化来调节总需求水平以及社会总供给与总需求之间平衡的经济政策。财政政策往往是为了实现国家的宏观调控目标而制定的,既促进经济增长,保持充分就业,又能避免通货膨胀,因此财政政策被普遍认为是一种发展战略的工具。国家要实现特定的目标,就要综合运用税收、债务、投资、补贴、公共支出、预算等多种财政政策手段,并使彼此密切配合,形成合力共同实现国家政策目标。此外,财政政策对经济的干预是一种间接调控,虽然具有一定的强制性,如税收,但更多的却是通过市场机制来影响主体行为,如对所得征税改变了闲暇与工作的相对价格;对商品课税则改变了应税商品的相对价格,这些改变最终会影响人们的市场行为选择。

二 财政政策的功能

财政政策作为国家或政府的经济管理手段,主要有四种功能。

(一) 导向功能

财政政策的导向功能主要是对个人和企业的经济行为以及国民经济的发展方向产生作用。财政政策不仅通过利益机制引导人们应该做什么,不应该做什么,而且还可以配合国民经济总体政策和各部门、各行业政策,提出明确的调节目标,如稳定经济发展或保障收入分配公平等,并用相应的财政政策保证这些目标得以实现。

---

① Jain, P. C., *Economics of Public Finance*, Atlantic Publishers, 1989, p. 49. 转引自郭庆旺、赵志耘《公共经济学》,高等教育出版社 2006 年版,第 327 页。

② [美] 阿图·埃克斯坦:《公共财政学》,张愚山译,中国财政经济出版社 1983 年版,第 144 页。

财政政策的导向功能包括直接导向和间接导向。直接导向是财政政策对其调节对象直接发生作用。例如，加速折旧的税收政策可以大大提高私人的设备投资欲望，加速固定资产的更新改造。间接导向是财政政策对非直接调节对象的影响。例如，对某行业施以高税政策，不但对该行业产生直接的抑制作用，还间接影响其他企业和新投资的投资选择，以及影响消费者对该行业产品的消费数量。

（二）协调功能

财政政策的协调功能主要是对社会经济发展过程中的某些失衡状态的制约、调节能力。它可以协调地区之间、行业之间、阶层之间的利益关系。[①] 财政政策的协调功能的有效发挥需要借助于多种财政政策工具综合使用，例如，为协调个人收入分配以实现社会公平，需要通过财政投资政策，增加社会就业机会；通过税收政策，降低高收入者的边际收入水平；通过转移支出政策，提高低收入者的收入水平。因此，达成目标的手段的综合性和多维性使得在实施财政政策时必须关注手段之间以及手段与目标之间的兼容性。同时，还要针对国民经济发展阶段和国家总体经济政策以及经济形势的变化适时调整相关目标与手段。此外，财政政策协调经济主体的利益关系时，应做到"取之有度，予之有节"，使政府花最少的钱办最大的事。

（三）控制功能

财政政策的控制功能是指国家或政府通过财政政策对人们的经济行为进行制约与调节，实现对宏观经济的控制。例如，对个人所得税征收超额累进税是为了防止收入分配的两极分化。财政政策的控制功能主要源于政策的规范性。

（四）稳定功能

财政政策的稳定功能是指政府通过财政政策调整总收支水平，使社会总供给与总需求大致平衡，实现国民经济的稳定发展。例如，在经济萧条、通货紧缩、失业严重时，政府通过增加支出来推动经济复苏；在通货膨胀时，政府通

---

① 潘明星、韩丽华：《政府经济学》，中国人民大学出版社2011年版，第130页。

过将总支出减少到总供给与总需求相等的水平来抑制经济过热。

三 财政政策的工具

财政政策的作用和财政政策目标是通过财政政策工具来实现的。所谓财政政策工具是指国家为了实现一定财政目标而采取的措施，主要包括国家预算、税收、国债、财政投资、财政补贴、转移支付等。这些政策工具既可以单独使用，也可以相互配合协调使用。

（一）国家预算

国家预算是国家财政收入与支出的年度计划，国家预算作为一种财政政策工具，相对于其他财政政策工具而言，具有总体制约的特点。财政预算的调节功能主要体现在财政收支规模和差额上。在财政收支规模上，财政收入规模涉及财政收入应占国民收入的比重以及中央财政收入占国家财政收入的比重有多大，财政收入的增长与经济增长间保持何种关系。财政支出规模涉及财政收支平衡关系，是扩大支出还是压缩支出，等等。财政收支规模还可以决定民间部门可支配的收入规模，决定政府的投资规模和消费规模，影响经济运行中的货币流通量，从而对整个社会的总需求和总供给产生重大影响。这些涉及财政总量的基本政策问题都需要通过预算的编制、审定和执行得以具体体现和贯彻实施。在财政收支差额上，财政预算有三种形态，即赤字预算、盈余预算和平衡预算，它们的调节作用各不相同。当有效需求不足时，可以通过赤字预算刺激总需求的增长；当需求膨胀时，通过盈余预算来抑制总需求；当供求大体平衡时，则要求平衡财政预算。可见，财政预算对物价稳定、促进经济增长等目标均能发挥重要作用。

（二）税收

税收是国家凭借其政治权力、按照预先确定的标准，强制性地、无偿地向社会成员收取实物或货币，以取得财政收入的工具。税收已经逐渐成为政府收入的主要形式和政府活动的主要财政支柱。总体而言，税收具有调节社会总供求平衡和调节各种收入分配的功能。

税收的调节作用主要通过税率的高低及变动来反映赋税负担轻重和税收总量的关系。社会总需求是由消费需求和投资需求构成的，在对社会总需求的影响上，比如，可以向个人征收个人所得税和个人收入调节税来调节居民个人收入，也可以通过征收奖金税和工资调节税来控制企业单位的奖金发放和工资基金的过快增长。在对社会总供给的影响上，主要涉及税负政策问题。如果税负过重，企业税后留利过低，会影响投资和生产的发展，从而减少供给；而降低税负，增加企业的可支配收入，则有利于刺激投资和增加供给。可见，在总需求不足时，可以通过减税来刺激有效需求；在总需求过度时，则可通过增税来抑制总需求。

税收对收入分配的调节功能主要体现在国家可以通过征收各种所得税对企业和居民收入进行直接的调节，并制定适当的税率体现中国按劳分配的收入分配原则，拉开一定距离以提高效率。同时，又要通过累进所得税等税收方式来解决收入分配上差距过大的问题，以防止贫富悬殊，保障社会公平。

（三）国债

国债是国家按照信用、有偿的原则筹集财政资金的一种形式，同时也是实现宏观调控和财政政策的一个重要手段。马克思曾指出，国债产生的原因就在于国家支出经常超过收入。国债的调节作用主要体现在三方面：一是调节国民收入的使用结构。国民收入的使用分为积累基金和消费基金两部分，居民通过购买国债可以在不改变其所有权的条件下，使其消费基金转化为积累基金，从而调节积累与消费之间的比例关系。二是调节货币供求和货币流通。国债是调节金融市场的重要手段，国债的发行会使潜在的货币变为现实流通的货币，也会把居民手中的货币转移到政府手中，或者中央银行购买国债从而增加货币市场的货币供应量。总之，通过增加或减少国债的发行，以及调节国债的利率和贴现率，可以有效地调节资金供求和货币流通量。三是调节产业结构。国债投入农业、能源、交通、原材料等国民经济薄弱和基础产业部门，通过影响投资结构影响产业结构，促进国民经济结构的合理化，弥补微观经济主体对那些微观经济效益低但宏观经济效益高的产业投资不足的缺陷。

（四）财政补贴

财政补贴是国家为了某种特定需要，提取一部分财政资金无偿补助给企业或居民的一种再分配形式。它是配合价格政策和工资政策发挥调节作用的一个政策手段。财政补贴大都与价格政策有关。中国的财政补贴主要包括价格补贴、企业亏损补贴、财政贴息、房租补贴、职工生活补贴和外贸补贴等。一般而言，合理的财政补贴政策配合价格政策可以稳定物价，避免社会震荡，还可促进外贸收支平衡，调节社会总供求的平衡。要正确运用财政补贴手段以使其发挥应有的调节作用，这就要求补贴要适当与灵活，要合理规定补贴的范围和数额，还要适应经济改革和发展变化的情况，有升有降，有增有减，不能把补贴凝固化。同时，要改革补贴方式，尽可能改暗补为明补，提高补贴效应，为经济发展创造良好的宏观环境。

（五）转移支付

财政的转移支付是指政府把以税收形式形成的财政资金转移到社会福利和财政补贴等费用的支出，它是财政支出体系的一个重要组成部分，也是实施财政政策的一个重要手段。从世界各国的情况看，转移支付包括中央政府对地方政府拨付的各项补助、政府对企业的补贴以及政府向个人提供的社会保障资金。

转移支付的功能主要是调节中央政府与地方政府间的财政纵向不平衡和地区间的财政横向不平衡。就中国而言，由于地区间经济发展不平衡，各地政府之间在收入能力和支出规模方面也存在很大差异。从各地区财政收支状况看，东部地区是收入大于支出，向中央上缴收入；中部地区是收支基本平衡，收入略大于支出或支出略大于收入；西部地区是支出大于收入，由中央给予一定的财政补助。这种地区间的收入差距，往往需要由中央财政通过转移支付制度实施调节，将高收入地区的一部分财力转移支付给低收入地区，以支持落后地区的经济发展。此外，转移支付也包括中央财政对经济发达地区和中等发达地区的某项特定事业的专项补助。

（六）公共支出

公共支出是指政府为满足公共需要的一般性支出（或称经常性支出），是国家在预算中安排的社会文教、行政、国防等支出的总称。公共支出对国民经济和社会发展有着长期而潜在的重要作用，其支出具有刚性作用。当经济萧条时，政府可以通过增加公共支出来刺激经济增长，当经济过热时政府可以通过减少公共支出来抑制通货膨胀。运用公共支出实现财政政策目标，关键是要合理确定公共支出的规模和支出结构，健全公共支出的管理办法。

公共支出包括购买性支出和转移性支出，其中购买性支出在公共支出总额中所占比重较大，对生产和就业的直接影响大。购买性支出是指政府对商品和劳务的实际购买，是政府的一种实质性支出，主要购买军需品、机关公用品和支付公务员工资等，因此具有商品和劳务的实际交易，直接影响社会总需求。政府购买规模的大小以及增减直接影响一个国家的国民收入，是财政政策的重要工具之一。

四 财政政策的应用

政府利用财政政策调控宏观经济主要是根据不断变化的经济形势推行不同的财政政策，以此达到平衡总量、稳定宏观经济以及实现资源的合理配置和收入的公平分配的目标。实现这一目标的财政政策主要有两种：一种是自动稳定的财政政策；另一种是相机抉择的财政政策。

（一）自动稳定的财政政策

萨缪尔森在其《经济学》中指出："不管白天黑夜，不管总统是睡是醒，财政体制一直在保持着我们经济的稳定。"[①] 在西方经济学家看来，现代西方财政制度本身具有内在的自动稳定功能。所谓自动稳定的财政政策是指无须政府改变现行财政措施或借助外力而根据社会经济形势的变化自动发挥调节作用的政策。自动稳定的财政政策主要表现在两方面：一是税收政策的自动稳定性。税收制度尤其是公司所得税和累进的个人所得税，都具有自动稳定性。当经济不景气，国民生产减少，税收就会自动减少，政府要保持预算平衡就会自动减少支出，或者要保持预算支出就必须以财政赤字来弥补经济发展的不足，通过这一过程，税收政策根据经济形势的变化而发挥其自动稳定的调控功能。二是政府支出政策的自动稳定性。当经济衰退、失业增加，符合政府救济条件

---

① ［美］保罗·A. 萨缪尔森、威廉·D. 诺德豪斯：《经济学》，高鸿业等译，发展出版社1992年版，第286页。

的人数增加，政府支出政策就会自动通过转移支付的手段增加财政支出，如增加政府失业救济和其他社会保障支出，以增加个人收入，刺激需求以推动经济复苏；当经济繁荣，出现通货膨胀，失业人数减少，国民收入增加时，转移支付会自动下降，政府支出减少，从而在一定程度上抑制了总需求的增长。

无论是政府通过税收政策还是通过政府支出政策，对经济的稳定和调节力度都是有限的，它们只能缓解经济波动，并不能完全消除经济波动。因此，还需借助于相机抉择的财政政策来弥补自动稳定的财政政策的不足。

（二）相机抉择的财政政策

相机抉择的财政政策是指政府针对不同的经济形势采取不同的财政政策。也就是说，政府的财政政策不固定，要根据经济形势的变化而变化。相机抉择的财政政策主要包括扩张性财政政策、紧缩性财政政策与中性财政政策。

扩张性财政政策又称为膨胀性、赤字性或积极财政政策，是指政府通过财政分配活动增加和刺激社会总需求的财政政策。① 在有效需求不足、宏观经济形势不景气时，政府往往推行扩张性财政政策。扩张性财政政策一般主要采用减税和增加财政支出两种方式。减税可以增加民间的可支配收入，在财政支出规模不变的情况下也可以扩大社会总需求，从而刺激投资和扩大就业。公共支出是社会总需求的直接构成因素，因此，增加公共支出可以直接扩大社会总需求。在减税和增加支出并举的情况下，扩张性财政政策一般会导致财政赤字，因此，扩张性财政政策又常被称为赤字性财政政策。此外，公开市场业务、买入国债和投放货币以及增加财政补贴等也是实施扩张性财政政策的重要形式。

紧缩性财政政策又称为盈余性财政政策，是指通过财政分配获得来减少或抑制社会总需求的财政政策。在国民经济总量上出现需求过旺导致通货膨胀严重时，紧缩性财政政策可以通过增加税收、提高税率和缩小减免税范围，以及压缩财政支出来缩小社会总需求，消除通货膨胀，抑制经济过热，达到总量供给的平衡。此外，公开市场操作、政府出卖国债吸收货币以及减少财政补贴等也是实施紧缩性财政政策的重要形式。

---

① 王彩波、王庆华：《政府经济学》，首都经济贸易大学出版社 2009 年版，第 221 页。

中性财政政策是指对社会需求保持中立、不产生扩张性或紧缩性效应的财政政策。这种财政政策一般要求保持财政收支的基本平衡，因此，又称为平衡性财政政策。

一国政府究竟采用何种财政政策通常是一国中央政府根据本国国情、经济形势以及国际经济环境来确定。一般而言，在经济萧条、社会总需求不足的情况下采取扩张性财政政策，通过减税和增加财政开支扩大总需求以刺激经济复苏。当总需求明显超过总供给并已发生严重通货膨胀时采用紧缩性财政政策，以抑制通货膨胀和经济过热。当总需求与总供给大致平衡时，应选择中性财政政策，但是由于现实中，经济运行经常处于非均衡状态，因此中性财政政策很少被采用。总之，根据社会总需求与总供给的平衡状况，适时采用适当的财政政策，将有助于保持社会总量平衡，实现宏观调控目标，并促进国民经济的持续、稳定和健康发展。

第三节 货币政策

货币政策是中央银行为了实现其特定的宏观调控目标而采用的各种控制和调节货币供应量及利率，从而影响宏观经济的方针和措施的总和。货币政策是金融调控的最基本载体，在国家的宏观经济政策中居于十分重要的地位，它经常与财政政策交织在一起共同发挥作用。本节主要介绍货币政策的含义、目标与工具、货币政策的类型及其应用等内容。

一 货币政策的含义

货币政策有广义和狭义之分。广义的货币政策是指政府、中央银行和其他有关部门所有有关货币方面的规定和所采取的能够影响货币数量的一切措施。[1] 不仅包括中央银行对货币、信贷控制与调节的行为标准，还包括中央银行对货币、信贷控制与调节的一般行为过程：货币政策的长期目标、货币政策的中介指标或检测指标的选择、货币政策工具的运用、货币政策行为的传递、

---

[1] 杨龙、王骚：《政府经济学》，天津大学出版社 2004 年版，第 204 页。

货币政策与宏观经济政策的协调，等等。狭义的货币政策是指中央银行根据一定时期的经济和金融形势，对货币、信贷总量与结构进行调控与调节的行为过程。①

货币政策的制定和实施主体是中央政府，但是由于货币涉及国民经济的各个方面，在贯彻实施过程中，中央政府需要与政府其他部门，特别是财政部门密切配合，这样才能使货币政策达到预期效果。货币政策是市场经济条件下最重要的宏观经济政策之一。货币政策的调节对象是货币供应量，货币政策可以通过调控货币供应量保持社会总需求与总供给的平衡，还可以通过调控货币总量和利率控制通货膨胀，保持物价稳定。通过利率变化影响投资成本和投资的边际效率，提高投资转化的比重，并通过金融市场的有效运作来实现资源的合理配置；还可通过利率影响人们的消费倾向和储蓄倾向，从而调节国民收入中消费与投资的比重。

二 货币政策的目标

货币政策的最终目标要与宏观调控的目标一致，即实现充分就业、经济增长、物价稳定、国际收支平衡。但是作为一项具体的宏观调控政策，仅靠它自身又难以实现所有的目标，因此，任何国家的货币政策对其中四个目标均有所侧重。就中国而言，货币政策的目标更侧重于稳定货币，并借此促进经济增长。十六届三中全会《决定》中指出："货币政策要在保持币值稳定和总量平衡方面发挥重要作用，健全货币政策的传导机制。"中国《中央银行法》规定："中国货币政策的目标是保持币值稳定并以此促进经济增长。"中国正处于体制转型时期，经济的落后和人们物质生活的长期匮乏使得国家必须将经济增长作为首要目标，而经济增长需要一个稳定的政治经济环境，其中货币稳定是一个重要原因。如果货币不稳定必然会导致生产、流通和分配秩序混乱，必然会影响经济进程。同样货币稳定也需要借助经济的发展，从而为市场提供不断增多的商品，为稳定货币提供物质基础。可见经济增长与稳定货币相辅相成，缺一不可。例如2012年中国的《金融业发展和改革"十二五"规划》中指出，要优化货币政策目标体系，更加突出价格稳定目标，关注更广泛意义的

---

① 郭小聪：《政府经济学》，中国人民大学出版社2011年版，第111页。

整体价格水平稳定。处理好促进经济增长、保持物价稳定和防范金融风险的关系。合理调控货币信贷总量，保持合理的社会融资规模。在继续关注货币供应量、新增贷款等传统中间目标的同时，发挥社会融资规模在货币政策制定中的参考作用。

货币政策目标为中央银行制定货币政策提供指导思想，但并不提供现实的数量依据，它是长期的、非数量化的目标。因此，需要找出具备可控性、可测性且与政策目标高度相关的金融变量作为货币政策的中介指标，政策工具往往通过这些中介指标对经济运行产生影响，进而实现政策目标。在市场经济比较发达的国家，中介指标一般选择利率、货币供应量、存款准备金、汇率和基础货币等金融变量。在中国，根据国务院关于金融体制改革的决定，货币政策的中介指标主要有货币供应量、同业拆借利率和银行备付金率。

三 货币政策的工具

货币政策工具是指中央银行为实现货币政策目标所要用的政策手段，主要包括法定存款准备金率、再贴现政策、公开市场业务、其他手段。

（一）法定存款准备金率

法定存款准备金率是指金融机构按照法律规定向中央银行缴纳的存款准备金占其存款总额的比例。它是中央银行控制专业银行信贷总量的重要手段，通常被认为是货币政策最有效的工具之一。将存款准备金集中于中央银行，最初始于英国。但是以法律形式规定商业银行必须向中央银行缴存存款准备金，则始于1913年美国的《联邦储备法》。当时规定的法定准备金率，是为了确保银行体系不因过多地贷款而发生清偿危机。1935年美国通过立法，开始授权联邦储备委员会对会员银行的存款准备金率进行调升、调降。现在，法定存款准备金率已成为中央银行调节货币供给的重要政策工具。中央银行通过调整存款准备金率来调节货币供应量。当经济萧条时，中央银行可以降低存款准备金，减少商业银行上缴中央银行的准备金，扩大商业银行信用和增大货币供应量，促使商业银行增大信贷规模，增加市场货币供应量，促进经济复苏。当出现通货膨胀时，中央银行则可以提高存款准备金率，从而减少商业银行信贷供给和市场货币供给量，提高市场利率，以抑制总需求，从而稳定市场的供求平衡。

由于法定准备金率会改变货币乘数，因此，即使准备金率调整的幅度很小，也会引起货币供应量的大幅波动。中央银行经常变动它不利于经济稳定，也不利于对商业银行的管理，因此不宜作为中央银行日常调控货币供给的工具，只有在经济严重衰退或严重通货膨胀时才会使用这一政策工具。

(二) 再贴现政策

贴现是指持票人为获取现款将未到期的票据转让给银行并为此支付一定的利息。再贴现是指商业银行或其他金融机构由于业务需要或资金不足，以支付一定的利息为代价，将贴现获得的未到期的票据向中央银行所做的票据转让。再贴现实际上是由中央银行买进商业银行已贴现的票据，也是中央银行对商业银行提供的一笔贷款。商业银行或金融机构向中央银行进行这种贴现时所付的利息率就称为再贴现率。

中央银行可以通过再贴现利率和贴现条件来调节货币供给量。再贴现政策是指中央银行对商业银行用未到期票据向中央银行融资所做的政策规定，一般包括调整再贴现率和确定申请再贴现资格条件两部分。中央银行根据市场资金状况调整再贴现率，能够影响商业银行介入资本的成本，从而调节货币供给总量。中央银行提高再贴现率，意味着商业银行从中央银行获得贷款的成本提高了，因而商业银行也会提高对企业或个人的贴现率或放款利率，导致整个市场利率升高，信用量收缩、货币供给量减少，从而达到紧缩通货的目的。反之，中央银行降低再贴现率，则会导致市场利率降低，商业银行的信用扩张，引起货币供给量的增加。

确定申请再贴现资格条件包括对贴现票据的规定和对申请机构的规定，主要着眼于长期。中央银行对申请再贴现资格条件的确定和调整，可以起到抑制或扶持的作用，并能改变资本流向。

再贴现政策虽然调控效果比较明显，但是由于商业银行自身决定是否愿意到中央银行申请再贴现或再贴现多少，中央银行不具有主动权，因此就不能有效地控制货币供应量。而且，再贴现率高低有限度，在经济高速增长时期，再贴现率无论多高，都难以遏制商业银行向中央银行再贴现或借款的冲动。虽然贴现率较法定准备金率易于调整，但随时调整再贴现率也会引起市场利率的经常波动。

(三) 公开市场业务

公开市场业务是指中央银行在金融市场上公开买卖有价证券的行为，这些有价证券主要包括国库券、其他政府债券、机构债券和银行承兑汇票。买进或卖出有价证券可以达到调节信用、控制货币供给量的作用。当经济下滑、金融市场资金匮乏时，中央银行买进有价证券（国库券、公债券等），相当于向社会投放了一笔基础货币，这些基础货币如果流入居民和企业手中，则会直接增加货币供应量；如果流入商业银行，则会增加商业银行的存款，从而促进商业银行增加放款，引起信用的扩张和货币供应量的增加。同时，中央银行买进债券，也将导致债券价格上升，银行利率相对下降；市场货币流通量的增加也会改变货币供求关系，迫使利息下降，减轻投资者借款的负担，刺激投资意愿上升，社会总需求也会相应扩张。而当经济过度增长和出现通货膨胀时，中央银行则可以卖出政府债券，收回货币，从而引起信用规模的收缩与货币供应量的减少，进而达到抑制社会总需求的目的。

公开市场业务是中央银行控制货币供应量最常用的手段，中央银行用这一工具来影响商业银行准备金，从而直接影响货币供应量。而且在应用过程中，中央银行处于主动地位，可以随时根据金融市场的变化，进行经常性、连续性的操作。由于可以运用它对货币供应量进行微调，因此，不会产生像变动存款准备金的震动性效应。但是该项工具的使用必须有其他政策工具的配合。

(四) 其他手段

以上三大手段主要是对国民经济总量进行调节，即对货币供应总量和利率总水平发生直接影响。至于对经济结构的调节，则主要依靠以下几种货币政策手段来实现。其一，道义上的劝告。所谓劝告，是指中央银行对商业银行在放款、投资等方面应采取的手段和行为给予指导或劝告，希望商业银行与中央银行在货币政策方面相互配合。这种手段虽对商业银行没有法律约束，但也能收到一定的效果。其二，中央银行直接向所要支持的产业和地区提供贷款。其三，提供优惠的利率。这主要指对国家重点发展的产业与地区规定较低的贴现率或放款利率，以促进这些产业和地区的投资。其四，直接信用管制。这是指中央银行以行政命令方式直接对商业银行和其他金融机构存放款的数量进行控制。此外，还包括各种信用管制规制、消费信贷管制、不动产信贷管制等，这些手段可以放松或抽紧银根，保证货币供应量和需求量的平衡。①

四　货币政策的类型及其应用

和财政政策一样，货币政策也分为扩张性货币政策、紧缩性货币政策和中性货币政策三类。

（一）扩张性货币政策

扩张性货币政策是指货币供应量较大地超过了货币需求量的政策。由于货币供应量通常与社会需求量联系在一起，而货币需求量又与社会总供给联系在一起，因此扩张性货币政策的主要功能是刺激社会总需求，使社会总需求较大地超过社会总供给。扩张性政策主要表现为扩大信贷规模，降低利率，降低存款准备金率和再贴现率，在公开市场上回购有价证券。通过这些举措可以刺激投资需求和消费需求进而增加社会总需求，推动经济复苏。也可以适度调高汇率，使本币适当贬值，以利于出口，扩大出口需求以弥补内需不足。可见，扩张性货币政策是在社会有效需求不足、市场疲软、经济运行缓慢或停滞的境况下应用的，政府借助于扩张性货币政策扩大需求，推动经济发展。应用扩张性货币政策时，要注意避免信贷的过度扩张，防止通货膨胀的发生，而且还要与其他宏观调控政策相配合。

（二）紧缩性货币政策

紧缩性货币政策是指货币供应量远小于货币需求量，即缩小货币供应量的政策。紧缩性货币政策主要功能在于抑制总需求的增长，使得社会总需求的增长落后于总供给的增长。紧缩性货币政策主要表现是紧缩名义货币供应量，适当提高再贷款利率、再贴现率以及商业银行存款利率，适当压缩再贷款及再贴现额；在公开市场上大量出售有价证券，回笼资金。这些举措可以减少货币流

---

① 郭小聪：《政府经济学》，中国人民大学出版社2011年版，第115页。

通量，降低社会总需求，缓解通货膨胀压力。也可以适度调低汇率，使外币适当贬值，以利于扩大进口，增加国内有效供给。可见，紧缩性货币政策是针对社会总需求过高、通货膨胀压力过大、投资和消费过热、经济发展过快所应用的政策。政府借助于紧缩性货币政策可以适当抑制总需求，缓解通货膨胀和经济过快的压力。

（三）中性货币政策

中性货币政策又称为均衡性货币政策，是指货币供应量大体等于货币需求量的政策。在这种情况下，货币供应量所形成的社会总需求和货币需求量所代表的社会总供给大体是平衡的。由于中性货币政策是按照社会总产值或国民收入的增长率来控制货币供应量，因此，其调节功能主要是保持或促进社会总需求与总供给的平衡。当社会总供求基本平衡、物价稳定、经济增长以正常速度递增时，中央银行应采取中性货币政策。中性货币政策表现为货币投放量适度，基本上能够满足经济发展和消费需要，利率、汇率基本不变，存款准备金率和再贴现率维持正常水平，既不调高也不调低。

上述三种货币政策及其应用只是一种理论的抽象，现实中具体使用哪种政策还要结合社会总需求和总供给的具体情况进行选择。一般而言，货币性政策的选择有三个依据。[1]

一是关注宏观经济运行状况，主要是看社会总供给与总需求是否平衡。如果社会总需求小于总供给，产品大量积压、资金短缺、资产闲置、经济运转困难，就要采用扩张性货币政策；反之，则采用紧缩性货币政策。如果社会总供求基本平衡则采用中性货币政策。

二是关注货币供应量与货币实际需求量之间的关系。货币供应量过分小于货币实际需要量，应当放松银根，采用扩张性货币政策；反之，则紧缩银根，采用紧缩性货币政策。如果货币供应量与货币实际需求量大体相等，则应采用中性货币政策。

三是关注经济发展处于何种阶段。如果经济处于起飞阶段，国内尚有大量闲置资源，为刺激经济发展应投入较多资金，可采用适度扩张性货币政策。如

---

[1] 王彩波、王庆华：《政府经济学》，首都经济贸易大学出版社 2011 年版，第 233—234 页。

果经济进入稳定发展阶段，资源得到较充分的应用，则应采用中性货币政策或适度紧缩性货币政策。

在实际运用中要综合考虑这三方面情况，不能将三个依据断然割裂开。任何一种货币政策都有各自优缺点，需要搭配使用。同时，采用某种货币政策只是表明货币政策的运行方向，还要注意把握好货币政策的松紧度。这就需要中央政府通过恰当的中介指标来体现其控制力度，还需要建立严密监测系统来监测货币政策运作的传导过程，及时发现问题，并对各种信息和反应进行及时整理和分析，对货币政策运行效果以及未来的经济形势和金融发展态势进行分析和推断，以利于为选择正确的货币政策提供科学依据。

五　财政政策、货币政策的联合运用

财政政策和货币政策是国家宏观经济调控的两种基本政策手段，二者都是通过影响总供给与总需求的关系来影响国民经济，只有将财政政策和货币政策有效结合，搭配使用，才能取得预期的政策实施效果。长时间连续使用或偏重使用任何一类政策都会导致这种政策的效果下降，比如当出现"流动性陷阱"[①]时，利率已下降到极点，经济一般也处于极度萧条状态，这时仅靠货币政策显然是徒劳的，这时的货币政策如同"用一根绳子推东西一样"完全无效，[②]因此还需借助财政政策来救援。再如，政府扩张性的财政政策刺激社会总需求，但是这种扩张性财政政策必然会伴随着政府支出的"挤出效应"[③]的出现，比如20世纪90年代初的一些研究表明，美国联邦政府债务和赤字对私人投资活动具有显著的负面影响，它们降低了私人投资占国内生产总值的比重。[④]"挤出效应"使得财政政策效果下降，这时就需要货币政策加以辅助才

[①] 流动性陷阱是指在经济严重衰退时，利率下降到极限或某个极低的临界值，人们将预期它不会再下降，因此不愿意进一步增加投资和消费开支，而是偏好于持有更多的具有最高流动性的货币资产。这时，市场参与者对利率调整等货币政策不再做出反应，导致货币政策失效。

[②] [美] 保罗·M. 霍维兹：《美国货币政策与金融制度》，谭秉文、戴乾定译，中国财政经济出版社1980年版，第172页。

[③] 挤出效应是指增加政府投资对私人投资产生的挤占效应，从而导致增加政府投资所增加的国民收入可能因为私人投资减少而被全部或部分地抵消。

[④] [德] 阿尔弗雷德·格雷纳：《财政政策与经济增长》，郭庆旺、杨铁山译，经济科学出版社2000年版，第184页。

能使其达到预期的政策效果。

只有这两种政策不同程度地结合使用才可以更有效地实现政府追求的某些社会、经济目标。实际上，各国政府在解决各类宏观经济问题时也都是同时搭配使用两种政策。财政政策与货币政策的配合运用也就是扩张性、紧缩性和中性三种类型政策的不同组合。现在我们从松紧搭配出发，来分析财政政策与货币政策的不同组合效应。

（一）"双紧"政策

即紧的财政政策和紧的货币政策。紧的财政政策一般是指旨在抑制社会需求的政策，主要通过增加税收、削减政府支出规模等手段来限制支出、抑制社会总需求。紧的货币政策是指以紧缩需求、抑制通货膨胀为目的的货币政策，主要通过提高法定准备金率等市场经济手段以及紧缩信贷计划等行政计划手段减少货币供给，进而达到紧缩的目的。在经济发生严重通货膨胀时可以使用这种政策组合，因为这时往往伴随着经济过热，紧缩性财政和货币政策可有效地控制经济过热和通货膨胀，同时，紧缩性财政政策又可以防止利率过分提高。

（二）"双松"政策

即松的财政政策和松的货币政策。松的财政政策主要通过减少税收和增加政府财政开支来扩大社会总需求，同时，由于政府支出和税收一般都带有明显的方向性，它们能对经济结构和资源配置结构产生重要影响。松的货币政策在总量上会扩大货币供给，进而扩大社会总需求，因而在方向上与财政政策是一致的。这种组合一般是在经济萧条比较严重时使用。扩张性财政政策会增加总产出，同时利率会上升，用扩张性货币政策降低利率可以克服可能带来的"挤出效应"。在经济萧条和社会总需求不足的情况下，采取这种政策组合可以起到扩大需求、刺激经济、增加就业的作用。但是，与此同时，这种政策组合往往会造成严重的通货膨胀。

（三）"松货币、紧财政"政策

即松的货币政策和紧的财政政策。松的货币政策是以扩大社会需求来实现刺激经济增长为目标的货币政策。由于紧的财政政策具有抑制需求的作用，所以它和松的货币政策相配合，一般可以起到既控制需求又保持适度经济增长的作用。这种政策组合往往是当出现不太严重的通货膨胀时使用。但两者也有个松紧搭配适度的问题，过松的货币政策可能会在总量上抵消紧的财政政策对需求的抑制作用，进而产生通过膨胀；而过紧的财政政策可能会进一步使经济增长速度放慢，甚至造成经济停滞。

（四）"紧货币、松财政"政策

即紧的货币政策和松的财政政策。紧的货币政策则可以防止过高的通货膨胀。而松的财政政策具有刺激需求、加大对经济结构调整力度的作用。因此，这种政策组合既可以使经济保持适度增长，同时实现对经济的结构性调整，又可以尽可能地避免通货膨胀。在经济萧条不太严重而又要控制通货膨胀时往往使用这种政策组合。比如在20世纪80年代初，美国经济出现经济萧条和通货膨胀并存的"滞涨"局面，里根政府就采用了减税和紧缩货币的"松紧结合"政策，一方面刺激需求，使总产出增加；另一方面又控制了通货膨胀。但若松紧搭配不当，可能会造成其他不良后果。例如，过松的财政政策有可能造成赤字累积，同时造成社会总需求过于旺盛，进而在总量上抵消紧的货币政策的抑制需求作用。反之，如果货币政策过紧，也往往会对经济增长产生不良的阻碍作用。

从上述分析可以看出，所谓政策的松与紧，实际上是指财政与银行在资金供给上多与少的问题。凡是财政上实行减税、增加政府购买、增加转移支付、中央银行降低法定准备金率和再贴现率，以及在公开市场上买进政府债券，都属于"松"的政策；相反，凡是在财政上实行增税、减少政府购买、减少转移支付、中央银行提高法定准备金率和再贴现率，以及在公开市场上卖出政府债券，都属于"紧"的政策。可见，所谓的松紧搭配，主要是利用财政政策和货币政策各自的特殊功能，达到在总量上平衡需求、在结构上调整市场资源配置的目的。政府在一定时期，到底选择怎样的搭配组合，不仅取决于该时期的宏观经济形势，还取决于政府在政治上和体制上的考虑。

第四节　其他宏观调控政策

政府进行宏观调控的经济政策是由一个相互联系、相互配合的政策体系共同组成，这些政策中除了财政政策、货币政策以外，还包括产业政策、就业政策、收入分配政策、社会保障政策、投资政策和对外经济政策等等。本章主要介绍产业政策和就业政策，以了解其政策内容及其在调控国民经济中的具体作用。

一　产业政策

产业政策是国家促进产业发展、引导经济结构优化的各项政策的总称，也是国家干预社会经济生活的一种重要方式。产业政策的任务是优化资源在各产业间的配置，使产业组织和结构的效率最大化，进而推动经济健康发展。本部分主要分析了产业政策的含义、构成、功能与选择等内容。

（一）产业政策的含义

产业政策是国家弥补市场缺陷，规划、调控产业发展的政策体系总和，也是国家根据本国国情及其经济发展不同阶段的需要，对资源配置结构进行调整，以使产业结构和产业组织向着既定目标发展演化的重要手段和调控机制。[1]

产业政策形成于第二次世界大战后的日本，并逐渐成为世界各国政府干预调控产业发展的重要手段。第二次世界大战后，日本认识到产业发展对国家经济发展的重要性，通过制定和实施产业政策，促使国内生产和对外贸易协调发展，促进高新技术产业的发展，率先占领国际市场，是日本战后经济复苏的主要原因。20世纪70年代之后，联合国、世界银行等世界组织开始研究日本产业政策取得的成功经验并将之推广，而此时西方发达资本主义国家因新技术革

---

[1] 杨龙、王骚：《政府经济学》，天津大学出版社2004年版，第210页。

命浪潮导致传统工业萎缩、市场萧条、失业增加，面临新的经济危机，传统经济理论包括凯恩斯理论已经失效，这时产业政策成为西方国家政府引导国家摆脱危机的一种新手段，被广泛采用。而社会主义国家在这一时期，也开始认识到传统计划经济体制导致的产业结构不合理、产业组织上政府权力过于集中，企业依附于政府，经济发展乏力，这一弊端导致经济发展停滞，促使社会主义国家开始进行经济体制改革，政府开始用产业政策替代指令性计划，进行宏观经济调控，这成为社会主义国家体制改革的核心内容。

虽然目前大多数国家都使用产业政策对宏观经济进行调控，但是具体表现形式并不完全相同。日本、中国等国家实施的是积极主动的产业政策，而美、德、英、法等国实施的则是消极被动的产业政策。[①] 所谓积极主动的产业政策是指政府主动规划产业发展目标、明确产业结构安排和产业组织措施，不论市场运转是否出现问题，产业政策都会积极主动地推行，以保障产业目标的实现。如二战后的日本在 20 世纪 50 年代一方面积极缩小政府权限，减少其对经济的干预；另一方面促使资本与经营分离，促进自由竞争的市场体系的建立，并将基础产业确立为产业政策的主要目标。60 年代，日本提出以规模效益为核心的产业发展目标，优先发展收入弹性高、生产率上升快的重型企业，促使企业兼并和重组，形成规模效益。70 年代，日本以发展知识密集型产业为主要目标，积极制定产业政策促使全国产业向知识密集型发展。由于日本产业政策规划积极主动、目标明确、推行有效，致使 20 世纪 80 年代实现了经济腾飞，日本的通用机械、家电、汽车、化工产品以及建筑业都在国际市场上占有一席之地。再如改革开放后的中国，经过十年"双轨制"探索以后，1989 年 3 月颁布《国务院关于当前产业政策要点的决定》，明确规定了"八五"期间产业结构调整方向、产业政策制定原则、政策实施的综合手段、产业发展顺序以及保障政策和组织措施等。其后又制定了《"九五"计划和 2010 年远景目标纲要》及"十五"规划对未来产业方向进一步加以明确。1993 年 11 月，中共十四届三中全会通过了《关于建立社会主义市场经济体制若干问题的决定》，对现代企业制度、市场体系的培育重点、政府职能的转变及相关政策做出明确规定，形成了完整的产业组织政策。中国政府积极制定和实施产业政策，直接促进了社会经济的高速发展。

---

① 杨龙、王骚：《政府经济学》，天津大学出版社 2004 年版，第 211—212 页。

消极被动的产业政策受到以亚当·斯密为代表的自由主义经济理论的影响，认为市场机制具有产业结构和产业组织的自我调整功能，通过市场自由竞争机制能够自我确定产业未来发展方向，并有效配置资源。因此，只有出现经济危机时政府才会制定并推行补救性政策。一般情况下，政府不会主动干预市场的资源配置和企业的运行，而是以市场经济自由发展为基本前提，在市场运转正常的情况下，政府的主要职责是促进市场机制的完善，创造公平的市场竞争环境，反对企业间不正当的竞争和垄断。例如，在资本主义发展早期，西方国家采取消极放任政策，直到20世纪30年代经济危机爆发以后，这些国家政府才推行一系列补救性的产业政策，如美国罗斯福新政、约翰逊的"战胜贫穷计划"以及"反托拉斯法案"等。

（二）产业政策的构成

产业政策主要包括产业结构政策、产业组织政策、产业布局政策、产业技术政策等内容。

1. 产业结构政策

产业结构政策是指有关调整产业结构的政策。产业结构是指各产业部门之间以及产业内部构成之间的比例关系，也是指国家产业发展重点按总体战略构成、各产业所占比重和优先顺序排列。产业结构政策是产业政策的核心内容。产业结构是否合理、优化，对一个国家和地区的资源能否有效配置，以及国民经济能否持续增长和增长质量的高低，起着重要作用。要合理确定产业结构，首先要确定优先发展的重点产业。一般来说，政府在制定产业政策时，是通过在"瓶颈"产业、先导产业和支柱产业这三种产业中进行选择来确定优先发展的重点产业。"瓶颈"产业是指那些因其发展不足而限制其他产业正常运转甚至会严重影响国民经济持续增长的关键产业，如能源、原材料、交通运输、邮电通信等产业；先导产业是指那些产品收入弹性高、全要素生产量上升幅度大、对其他产业部门带动效应大的产业；支柱产业是指那些长期稳定发展、产出占GDP比重最高的产业。在这三种产业中，"瓶颈"产业与先导产业一般会成为一国一段时间内的重点发展产业，而支柱产业则是长期稳定发展的战略性重点产业。

2. 产业组织政策

产业组织是指产业存在与发展的形式，主要涉及产业与国家之间、产业部门之间的相互关系。产业组织政策包括企业形式的确定、反对垄断和不正当竞争、促进兼并重组形成产业规模、扶植优化中小企业等政策措施。制定和实施产业组织政策是为了通过选择高效的且能使资源有效使用与合理配置的产业组织形式，保证供给的有效增加，并使供给总量的矛盾得以协调。由于各国经济体制、发展重点不同，因此产业组织政策也不同。比如美国由于以私有制为产业主体，企业与政府关系明确，政府的产业组织政策核心内容是协调企业之间的关系、保障市场秩序、反对垄断和不正当竞争，美国制定的一系列反托拉斯法即体现了这一政策重点，如1890年的《谢尔曼反托拉斯法》、1914年的《克莱顿法》、1950年的《塞勒—开佛尔法》等。而中国目前正处于转型期，作为产业组织重要组成部分国有企业的市场化改革正在深入，产业组织政策也多是强调企业的产权关系、组织形式以及企业之间的竞争、兼并、重组、协作关系，以保障市场机制下资源配置和企业运作的高效率。1993年11月中共中央《关于社会主义市场经济体制若干问题的决定》中关于建立现代企业制度的决定，以及1994年2月国家计委发布的《汽车工业产业政策》中关于促进产业重组、支持"强强联合"、形成规模效益的措施，都体现了中国现行的产业组织政策的内容。

3. 产业布局政策

产业布局政策又称为产业区位政策，是指有关调控产业区位的政策。这一政策主要解决如何利用生产的相对集中所引起的"集聚效应"，尽可能缩小各区域间经济活动的密度和产业结构不同所引起的各区域间经济发展水平的差距。一个国家各项产业的发展与产业所处地区的各种条件密切相关，例如交通运输、能源供给等是否便利，生活资料、自然资源是否丰富，地理环境是否优越，信息传递是否迅速通畅等等，这些都将决定生产成本的高低、职工的生产积极性以及对投资者的吸引力。可见，合理的产业布局将产生较高的生产效率和发展空间，产业布局政策是产业政策的重要组成部分。

4. 产业技术政策

产业技术政策是指国家制定的用以引导、促进和干预产业技术进步的政策的总和。它以产业技术进步为直接的政策目标，是保障产业技术适度和有效发展的重要手段。由于其几乎涉及国民经济的所有产业，因此，产业技术政策也往往被看作是整个国家的技术政策。产业技术政策具体包括：产业技术进步的指导性政策，即政府确定产业技术的发展目标、具体规划和指导各技术进步主体的行为的相关政策；产业技术进步的组织政策，即政府主持或参与旨在加速推进产业技术进步的各种组织制度与组织形式的安排；产业技术进步的奖惩政策，即为了建立起切实有效的技术进步激励机制，使企业成为技术创新主体，政府通过制定直接或间接的经济刺激和制裁政策，对民间科研机构、企业的研究开发以及技术引进、扩散工作进行劝诱和鼓励，对技术进步迟缓者或缺乏技术进步具体规划和措施者实施经济惩罚。

(三) 产业政策的功能

产业政策的主要作用是调控经济结构，即调控产业结构、产业组织结构、产业区域布局结构，使社会资源在各行业、企业、地区之间得到合理配置，逐步实现产业结构的优化。具体而言，产业政策的功能主要体现在以下几方面。

1. 对企业行为进行规范

产业政策是衔接国家计划与市场机制的中介，其基本作用是指导市场机制的作用方向，规范企业行为，为产业结构的协调发展提供必要的促进条件和约束条件。产业政策以及相关利益机制促使企业基于利益最大化考虑，选择有利于自身发展的生产经营决策，使企业行为纳入产业政策总体目标，由此，产业政策的实施将对企业行为进行规范，避免企业盲目发展造成结构失调。

2. 弥补市场失灵，优化资源配置

在市场经济条件下，资源配置的优化过程主要通过市场机制完成，但是，仅依靠市场机制无法排除垄断、不正当竞争、基础设施投资不足、过度竞争、环境污染、资源浪费等现象。这就需要借助政府的产业政策来弥补市场缺陷，引导资源配置。同时，在市场竞争中，由于价格信号滞后、环境透明度低，所以企业很难把握市场长期的发展趋势，往往只会关注短期投资行为，对长期投资缺乏规划，也不明确资金的合理流向。政府的产业政策则可以明确未来市场环境的发展变化方向，坚定企业家长期投资信心并为其投资指明方向。政府通过产业政策的制定和实施可以建立一种市场信息交换体系，提高市场环境的透明度，补充市场机制自身的不足，降低企业投资的信息费用和交易成本，加快投资结构的优化。

3. 调整产业结构，明确产业发展重点，并对弱势产业进行保护和扶植

产业政策对企业行为的规范与引导，其最终目的则是从国民经济的全局

利益和长远利益出发，确定影响经济发展的主导产业、"瓶颈"产业和支柱产业，进而确定整个产业结构的总体调整方针。① 产业政策在某种程度上可以充当贯彻国家发展战略的工具。政府制定和实施产业政策可以明确地规划出国家的产业发展重点，实现强国富国的目标。比如，2010年10月《国务院关于加快培育和发展战略性新兴产业的决定》指出，到2020年，七大战略性新兴产业中的环保、新一代信息技术、生物、高端装备制造产业将发展成为"国民经济的支柱产业"，新能源、新材料、新能源汽车产业将发展为"国民经济的先导产业"。② 然而，任何国家在经济发展初期或某一产业领域的发展初期，都会遇到基础设施（交通、电力、通信等）和基础工业（重工业和基础化学工业）薄弱的"瓶颈"制约。这些部门的"外部性"较强，具有投资巨大、盈利性低、资本回收期长等特征，仅靠市场机制无法满足经济快速发展的需求，这就需要政府采取积极的政策措施加以保护，促使本国产业发展。尤其是发展中国家由于资金、技术、经营管理等各方面都处于较低水平，因此，与发达国家相比，其产业发展总体上处于弱势地位，必须借助政府产业政策的保护才能生存和壮大。根据《国民经济和社会发展第十二个五年规划纲要》，中国产业政策的主要内容包括：坚持把经济结构战略性调整作为加快转变经济发展方式的主攻方向。加强农业基础地位，提升制造业核心竞争力，发展战略性新兴产业，加快发展服务业，促进经济增长向依靠第一、第二、第三产业协同带动转变。统筹城乡发展，积极稳妥推进城镇化，加快推进社会主义新农村建设，促进区域良性互动、协调发展。

4. 增强产业的国际竞争力

产业的国际竞争力是建立在本国资源的国际比较优势、骨干企业的生产力水平、技术创新能力、国际市场开拓能力基础之上的。产业政策对增强企业的创新能力和开拓国际市场等都有重要作用。由于经济全球化和世界经济一体化趋势的出现，国际经济关系和国际分工体系经历了前所未有的变化，各国经济都面临着新的机遇和挑战。在这种形势下，各国政府都迫切需要以产业政策为基本工具，审时度势，充分发挥政府经济职能作用，增强本国产业的国际竞争

---

① 郗永勤：《政府经济管理》，北京大学出版社2012年版，第148页。
② 《国务院关于加快培育和发展战略性新兴产业的决定》，国发〔2010〕32号，国务院办公厅，2010年10月10日。

力，以维持或争取本国产业在经济全球化中的优势地位，使本国在经济全球化过程中趋利避害，保障国家的经济安全。

（四）产业政策的选择

一国对产业政策的选择除了出于其经济发展战略的考虑外，还要符合产业结构演变的趋势和规律。当前世界产业结构演变规律呈现出由第一产业为主过渡到以第二产业为主，再过渡到第三产业充分发展的阶段，第三产业的持续发展成为不可逆转的趋势。同时，从资源结构的演变过程看，产业结构已从劳动密集型发展到资金密集型，进而过渡到技术密集型。因此，各国产业政策的制定与实施，必须符合上述产业结构演变趋势，加速发展第三产业和技术密集型产业，引导产业结构向高级化阶段过渡。①

除此之外，国家在制定与实施产业政策时还需依据本国资源状况和经济发展水平。资源主要包括自然资源和社会资源，包括人力、物力、科技、文化、信息等。经济发展水平包括生产力发展水平、人均国民生产总值水平、消费水平、综合国力等。国情不同，政府运用产业政策的基本态度、干预经济的力度和范围以及具体目标均不同。一般而言，对于先发国家，由于具有技术进步优势、规模经济优势等，使其在国际分工体系的竞争中处于领先优势，使得它们可以相对稳定地保持其"先行者利益"，其产业政策主要集中于弥补或修正市场机制的缺陷以及调整竞争关系和防止垄断方面，政府往往是在充分尊重市场作用的前提下参与和干预经济活动的。而对于后发国家，政府面临双重任务，不仅要克服市场固有的缺陷，而且还要运用政策去健全和培育市场，而且由于有限理性，人们往往把因市场欠发展引起的问题误以为是市场失灵引起的问题，再加上强烈的赶超意识，使得这些后发国家过分强调产业政策的干预力度和干预范围，阻碍了市场机制的正常形成。比如，政府利用产业政策促使一部分产业较快发展时，也可能导致相应企业过分依赖政府的优惠政策，缺乏改进绩效、提高生产效率的动力，中国的电信、电力行业就是典型的例子。又如，有些地方政府为了取得规模效益，不顾实际情况通过"拉郎配"的方式组织企业集团，这不仅没达到预期目的，而且还阻碍了竞争机制在企业规模行程中

---

① 郭小聪：《政府经济学》，中国人民大学出版社2011年版，第120页。

作用的发挥。

可见,产业政策的制定和实施受不同国家特定发展阶段的经济发展水平和经济条件制约。同时,还要认识到,产业政策不等同于行政手段,而是一种把宏观经济指导与微观经济行为通过市场机制联结起来的宏观调控方式,产业政策通过市场机制来引导企业行为,其功能的发挥离不开市场,离开了市场,产业政策就会变成单纯的行政命令,无法达到预期效果。只有在尊重市场机制的前提下,借助一定的法律手段乃至必要的行政手段,产业政策才能发挥其应有功能。

二 就业政策

就业不仅关系到每个劳动者的切身利益,而且也关系到社会经济的发展和政治的稳定。当前,劳动者失业是普遍存在的社会现象和公共问题,各国政府普遍把促进就业作为社会经济发展的基本目标。

(一) 就业与就业政策

按照国际劳工组织的定义,就业是指一定年龄阶段内的人们所从事的为获取报酬或为赚取利润而进行的活动。[①] 2003 年,中国劳动和社会保障部对"失业"和"就业"均做了重新界定。"失业"指在法定劳动年龄内,有工作能力,无业且要求就业而未能就业的现象。虽然从事一定社会劳动,但劳动报酬低于当地城市居民最低生活保障标准的,视同失业。"就业"是指在法定劳动年龄内(男 16—60 岁,女 16—55 岁),从事一定的社会经济活动,并取得合法劳动报酬或经营收入的活动。其中,劳动报酬达到或超过当地最低工资标准的,为充分就业;劳动时间少于法定工作时间,且劳动报酬低于当地最低工资标准,高于城市居民最低生活保障标准,本人愿意从事更多工作的,为不充分就业。

就业反映着一个国家或地区经济社会发展的状况,因此成为各国政府决策、政策制定和公共管理的重要问题。所谓就业政策是指国家和社会为解决就

[①] 转引自王彩波、王庆华《政府经济学》,首都经济贸易大学出版社 2009 年版,第 238—239 页。

业问题所制定和实行的基本原则、方针及做法的规定,是社会政策与法规体系中的重要内容。① 总体上看,就业政策的目标是解决失业和不充分就业问题,以促进经济增长和发展,提高人民生活水平,满足社会经济发展对劳动力的需求,最终实现充分的和自由选择的就业。具体来说,就业政策的目标,一是要确保向一切有劳动能力并寻找工作的人提供生产性的、最适合的工作;二是要积极促进职业选择自由,使每个劳动者都能得到培训机会,以便能自由地选择就业岗位;三是要保证机会平等,取消就业和培训中的歧视。

(二) 就业政策的实施手段

一般而言,实行市场经济的国家实施就业政策的主要手段包括:

1. 政府利用宏观经济政策来增加岗位需求,促进就业

政府可以采用多种宏观调控政策来提高就业水平,比如政府通过增发货币、降低利率、放松信贷等货币政策来刺激投资和消费需求,以提高就业水平。也可以通过采取积极的财政政策来拉动经济增长,扩大内需,创造就业机会。一般经济理论认为,GDP 每增长 1%,就业可增长 0.8%,在中国的具体条件下,则可增加约 60 万人就业。据此计算,1998 年政府推行积极财政政策为社会增加了 90 万个就业机会。② 政府还可以通过平衡企业投资,来防止经济过热或衰退,实现就业宏观调控的目标;或者采取转换外贸政策,创造就业机会;也可采用其他方式如给创造就业机会的企业以资助、减免费用,大力发展第三产业与中小企业,鼓励制度创新等来增加就业。

2. 政府向劳动者提供公共就业服务

职业指导和职业介绍为劳动力市场的供需双方架起了一座桥梁。政府通过加强劳动力市场信息网络建设、提高职业介绍机构人员的素质、改进职业指导和职业介绍工作方法、提高职业介绍机构的工作效率等来促进就业水平的提高。

3. 政府加大对职业培训资金的投入

为确保失业人员顺利找到工作,对其进行再就业的职业培训变得异常重

---

① 花菊香:《社会政策与法规》,社会科学文献出版社 2002 年版,第 425 页。
② 中国社会科学院公共政策研究中心、香港城市大学公共管理及社会政策比较研究中心:《中国公共政策分析》2001 年卷,中国社会科学出版社 2001 年版,第 63 页。

要，这项开支成为很多国家就业政策中的较大支出项目。为解决再就业问题，许多国家在保留失业津贴制度的保护功能的同时，逐步减少用于消极的失业救济方面的资金投入，将节省下来的资金用于就业岗位的开发和职业培训，积极促进失业人员实现再就业。

4. 调整失业保险制度

消极的失业保险制度有利于保障失业人员的基本生活和维护社会稳定，但却无法解决再就业问题。因此，在强化失业保险的生活保障功能的同时，还需要探索新的失业保险措施和具有激励性的就业措施，以促使失业者尽快就业。

5. 实施积极人力政策，优化劳动力供给结构，降低劳动力参与率

各国政府都非常重视强化职业训练，提高就业人员素质，同时根据产业结构的调整对劳动力结构进行积极的优化引导，以形成适应产业结构的劳动力结构。此外，还通过各种方式如缩短劳动时间、建立劳动预备制度、实行带薪休假制、限制移民进入和控制人口等各种举措来降低劳动力的参与率，并缓解就业压力。

（三）就业政策的功能

就业政策作为国家经济政策的一个重要组成部分，对社会政治经济发挥重大的调控作用。首先，保障社会稳定。社会稳定包括稳定的社会环境和政治经济秩序，持续的经济增长和人民生活水平的不断提高。保障社会稳定的前提是发展经济，使劳动者充分就业。可以说，经济发展和充分就业是社会稳定的基础因素。就业政策通过规定就业规则并以法律手段保障其实施给劳动者提供公平竞争的就业机会；同时为求职者提供具体服务项目，保障劳动者充分就业；也为失业者提供再就业培训和失业保险，从多角度多层次服务于就业者和失业者，使就业者能够获得满意报酬，安心工作，也使失业者较快摆脱失业困境，重新回到工作岗位，这就从基本层面上保障了社会的稳定。

其次，促进了人力资源的开发和利用。人力资源，又称劳动力资源或劳动力，是指能够推动整个经济和社会发展、具有劳动能力的人口总和。经济学把为了创造物质财富而投入生产活动中的一切要素通称为资源，包括人力资源、物力资源、财力资源、信息资源、时间资源等，其中人力资源是一切资源中最宝贵的资源，是第一资源。人力资源包括数量和质量两个方面。人力资源的数量为具有劳动能力的人口数量，其质量指经济活动人口具有的体质、文化知识

和劳动技能水平。一定数量的人力资源是社会生产的必要的先决条件。一般说来，充足的人力资源有利于生产的发展，但其数量要与物质资料的生产相适应，若超过物质资料的生产，不仅消耗了大量新增的产品，且多余的人力也无法就业，反而对社会经济的发展产生不利影响。政府政策的制定和实施就是在创造就业机会、保障劳动力充分就业的同时，促进人力资源的合理开发与高效利用，其具体做法包括：完善劳动力市场以促进劳动力合理流动和高效配置；通过市场机制提供产业发展信息和劳动力需求信息以引导就业；有针对性地进行培训或再教育，以开发劳动力潜能，提高劳动力的综合素质与技能；通过考核、行业准入等手段保障就业质量；通过有关法律法规的制定与实施，合理使用就业人员以创造更高价值。

再次，调控供求总量平衡。在国民经济运行过程中，劳动力就业与社会供给与需求密切相关。劳动力充分就业，扩大产品的生产，将会增加社会供给量，而就业者也是消费者，通过就业获取的工作报酬又有相当比例转化为社会消费需求。失业率过高不仅会因劳动力闲置而减少社会供给，同时也会因劳动者报酬减少而降低社会消费需求。由于就业问题关涉供求总量平衡，政府就业政策的有效实施将有助于社会供求总量的平衡。

思考题：
1. 政府宏观调控的目标和手段是什么？
2. 如何理解财政政策的功能？
3. 财政政策的工具有哪些？
4. 货币政策的目标是什么？
5. 货币政策的工具有哪些？
6. 货币政策有哪些类型？
7. 如何合理搭配使用财政与货币政策？
8. 简述产业政策的基本内容。
9. 简述就业政策的基本内容。

第十四章

地方公共经济

资源分配是地方政府的主要职能，地方政府通过提供地方公共产品来谋求本地区资源有效配置，但由于公共产品的层次性决定了中央政府和地方政府在事权和财权上既相互分工，又相互合作，这就涉及中央政府与地方政府之间的财政分权问题。具体而言，地方政府包括维护地方经济稳定、促进收入分配、提供地方公共产品等方面的职能，地方公共经济活动渗透在地方政府的基本职能中。

第一节 中央与地方分权理论

财政分权是指中央政府给予地方政府一定的税收权力和支出责任范围，允许地方政府有一定的自主权，可以说，财政分权已成为世界各国十分普遍的现象。由于不同的国家在进行财政分权时，可能面临经济环境、政治体制、民主发达程度等方面的不同，财政分权的表现形式也会呈现差异。在西方公共财政理论研究文献中，西方财政学家主要从公共产品的空间性和层次性特点入手，论证了多级政府以及财政分权的必要性，形成了若干与地方财政分权有关的理论。

一 斯蒂格勒的最优分权模式

1957 年，乔治·斯蒂格勒（George Stigler）发表了《地方政府功能的有效范围》一文，对地方分权问题给出了一个公理性解释。斯蒂格勒的解释集中于地方政府存在的合理性上。他认为可以从以下两条原则出发阐明地方政府存在的必要性①：（1）与中央政府相比，地方政府更接近于自己的民众。即地方政府比中央政府更了解它所管辖的选民的效用与需求。（2）一国国内不同的人们有权对不同种类、不同数量的公共服务进行投票解决。这就是说，不同的地区应有权自己选择公共服务的种类与数量。这一条原则实际上就是美国历史上提出过的"州的权力"。

而马斯格雷夫指出，在公共产品的供给效率和公平性分配的实现方面，中央政府和地方政府之间必要的分权是可行的，这种分权通过各级政府间的税权分配而固定下来，从而赋予地方政府相对独立的权力，这种财政称为"财政联邦主义"。他认为，中央政府通过中央财政政策和货币政策的运用调控宏观经济，稳定社会秩序，保障国家安全；地方政府则主要追求资源的合理配置，追求经济效率。由于这种功能上的差异，导致了各级政府财政收支总量和结构上的差异，特别是各国的政治经济发展都存在路径依赖问题，政治体制和经济体制的特征加剧了政府功能在不同水平分布的差别，从而导致国与国之间财政收支总量和结构的差异性②。

二 奥茨的分权定理

奥茨（Wallace E. Oates）通过线性规划谋求社会福利最大化的推论，他在1972年出版的《财政联邦主义》一书中为地方政府的存在提出了一个分权定理："对于某种公共物品来说——关于这种公共品的消费被定义为是遍及全部地域的所有人口的子集的，并且，关于该物品的每一个产出量的提供成本无论对中央政府还是对地方政府来说都是相同的——那么，让地方政府将一个帕累托有效的产出量提供给他们各自的选民，则总是要比由中央政府向全体选民提供任何特定的并且一致的产出量有效得多。"③

有学者指出，奥茨的分权定理实际上并没有在最优的政策环境中为地方政府的存在进行论证，而只是在一种次优的理论框架中为地方政府的合理性做出

---

① Stigler. G., *Tenable Range of Functions of Local Government*, Washing, D. C, 1957, pp. 213 – 219.
② Musgrave, R. A., *The Theory of Public Finance*, New York: McGraw-Hill, 1959, pp. 162 – 163.
③ Oates W., *Fiscal Decentralization*, New York: Harcourt, Barce Jovanovich, 1972, pp. 32 – 45.

说明，因为这个定理的证明是建立在中央政府对每个人口子集等分地提供公共产品这一假定之上的，而等量提供公共产品这个限制条件较为勉强，很难令人信服。因为中央政府事实上不见得把公共产品相等地分给每一位公民。

基于此，后续的研究通过改变奥茨的假设条件，进一步证明了财政分权的重要性。首先，分权与地方政府对公共产品的需求的差异以及供给成本的差异有关。其次，地方政府与中央政府相比具有信息上的优势。最后，相较地方政府，中央政府供给公共产品缺乏灵活性。

三 布坎南的"俱乐部理论"

詹姆斯·布坎南在1965年发表的《俱乐部的经济理论》一文中对地方政府分权的合理性进行了论证。布坎南将社区比作俱乐部，然后研究在面临外在因素的条件下任何一个俱乐部——为分享某种利益而联合起来的人们的一个自愿协会——如何确定其最优成员数量。布坎南指出，随着某一俱乐部新成员的增加，现有的俱乐部成员原来所承担的成本由更多的成员来分担，这就如同固定成本由更多的人来分担。另外，新成员的进入产生了新的外部不经济，使俱乐部更加拥挤，从而设施紧张等。[1] 因此，一个俱乐部的最佳规模就在外部不经济所产生的边际成本（拥挤成本）正好等于由于新成员分担运转成本所带来的边际节约这个点上。

四 特里西的偏好误识论

特里西为中央政府的合理性所做的论证存在两个明显的问题：其一，将中央政府设想为一个全能的政府，它能够清楚、准确地认识和了解全体公民的消费偏好，并具有所有适当的政策工具。其二，假定中央政府出面解决地区冲突与收入在不同地区之间的再分配问题是十分合适的。这样，地方政府就没有存在的必要，只需完全按照中央政府的旨意办事，就能实现公共产品提供的最优化。

特里西（Richard W. Tresch）提出"偏好误识理论"[2] 对中央政府的认

---

[1] Jim Buchana, "An Economic Theory of Clubs", *Economist*, Feb, 1965, pp. 1-14.
[2] Richard W. Tresch, *Public Finance*, Business Publication. Lnc, 1981, pp. 574-576.

知能力及其代表性提出了质疑，它从信息角度论述了地方政府的优越性以及地方分权的必要性。社会经济活动中的信息并不完整，也不确定，地方政府因接近民众，能够较好地了解本地区的偏好，而中央政府所掌握的关于地方民众偏好的信息则带有随机性和片面性。这样，中央政府在提供公共产品时，由于受失真信号的误导，提供的公共产品太少满足不了需要，从而无法到达资源配置优化与社会福利最大化。因而，偏好误识理论为西方地方分权主义与地方自治提供了强有力的理论依据。

五 中央集权与地方分权的逻辑

（一）中央集权的逻辑

1. 有利于生产规模经济效益

第一，辖区间外部性问题。地方性公共产品收益与成本的对称，是其有效提供产品的基本要求。也就是说，地方公共财政提供的公共产品所带来的所有效益都为本地区人民所享有，而为此付出的成本则由本地人民来承担。但是，地方政府提供公共产品的收益或成本也常常会外溢到辖区以外[①]。

第二，公共产品提供的规模经济。有些公共产品的提供成本随着消费人数增加而下降。如果由各地分别提供这类产品，则会因生产达不到最优规模而增加成本，降低效率。例如，更多的人使用公共图书馆，人均成本就会下降，如果每个社区都建立各自的图书馆，人均成本就会较高。因此，在财政的资源配置职能主要采取分权模式的基础上，中央政府也必须承担一定责任，以保证效率原则的最终实现。

2. 有利于宏观经济稳定

保持国民经济稳定是政府的另一项重要职能，一般涉及总需求和总供给的调节问题。"政府作用于经济，必然涉及资本和商品劳务的流动，而在一个统一的国家，资本和商品劳务是自由流动的，因此，一地为扩大本地区总需求政策的好处往往为国内其他地区所获得，或其他地区的竞争使地方政府的宏观经

---

① Stiglitz J. E., *The Theory of Local Public Goods*, London: The Macmillan Press, Ltd., 1977, p. 174.

济调控能力大打折扣。"①

另外，稳定经济的财政政策需要政府的预算周期性地发生赤字或盈余，即经济衰退时期，应扩大政府开支，减少税收，以扩张经济，因而会形成财政赤字；相反，在经济增长过快时期，应增加税收，减少政府开支，会形成财政盈余。而财政赤字尤其是大规模的长期性财政赤字，只有中央政府才能够实行。总之，无论从财政政策的效果还是从使用政策工具的能力上看，中央政府功能有利于保持宏观经济稳定。

3. 有利于解决地区间发展的不均衡以及由此带来的不平等

只有中央政府才能有效解决因自然和历史条件造成的地区差异，以及由此产生的地方政府间存在的事实上的不平等；只有中央政府才能通过税率、财政政策、再分配政策，使地区之间、行业之间的收入分配趋于平等；也只有中央政府才能通过财政转移支付，有效地配置全国性公共产品或准全国性公共产品，保证贫困地区的居民享受最低水平的公共产品，从而促进整个社会的协调发展。

4. 加强对下级政府的控制和引导

在多级政府下，地方政府既要保持一定的独立性，但是如果完全不受上级政府的约束，也不利于中央政府从全国角度加强政策间的协调。因此，通过财政的中央集权，特别是中央向地方进行专项转移支付，可以增加地方政府对优质品的提供量，从而增加地方效率水平。也就是说，财政的中央集权，可以实现在优质品的供给方面中央政府对省级政府、下级政府的控制和引导。

5. 中央政府的征税效率更高

在民族国家的范围内，中央政府的管辖范围最宽，从而有利于发展与税收和税基有关的各种收入，从而使税率的确定更适合各种税基；中央政府在全国范围内征税，能有效地避免流动性人口的收入漏税；从中央财政的角度决定税率，可以减少由地方决定税率带来的税款或税率减免的现象。

(二) 地方分权的逻辑

在前文的分权制理论中，西方经济学家对地方分权的优点已做了很多分

---

① 杨志勇：《公共经济学》，清华大学出版社2005年版，第363页。

析，这里做一简要总结：其一，有利于地区居民的偏好在地方政府决策中得到显示；其二，有利于调动地方政府竞争；其三，有利于发挥地方政府的信息优势；其四，有利于推动制度创新；其五，有利于缩小政府规模。

总之，只有实行适度的集权和分权，才能趋利避害。世界各国的实践表明，只有财政联邦制度才能确保中央政府和地方政府决策权的分离。"财政联邦制"是一个政府学概念，是指中央政府与地方政府在分工合作基础上共同完成公共经济职能，各自拥有一定的财权和财力的制度安排。从法学的角度看，财政联邦制的基本特征是各个联邦单位（州）在联邦宪法规定的权限内拥有自主的立法权。由于财政联邦制中的"联邦"，仅指中央政府与地方政府的权限都拥有一定程度的决策权，而非政治学意义上的联邦制，因而单一制国家也可以实行财政联邦制。

第二节 地方政府的职能与规模

地方政府的职能，也称为地方政府职责，包括维护地方经济稳定、促进收入分配、提供地方公共产品等。地方政府的最优规模理论并非是对地方政府机构规模大小或地方政府公务人员的数量进行直接描述，而是从人口的角度给出地方政府的最优管辖范围，从而使地方政府能够有效地履行其提供地方公共产品的职能。

一 地方政府的职能

财政学的创始人马斯格雷夫在《公共财政学的理论》一书中，从财政联邦制的角度对中央政府与地方政府的职能做了如下论述，"财政联邦制的核心在于如下命题，有关配置职能的政策应当允许在各州之间有所不同，这取决于各州居民的偏好。而分配职能和稳定职能的目标实现，主要是中央政府的职责"[①]。

[①] 转引自［英］彼德·M. 杰克逊《公共部门经济学前沿问题》，郭庆旺等译，中国税务出版社2000年版，第190页。

（一）地方政府与经济稳定

财政政策工具主要包括政府开支和税收，在现代市场经济条件下，民族国家内部各辖区之间是高度统一和全面开放的，不存在任何贸易壁垒，商品、资本、技术、劳动力等生产要素在国内各地区也是高度自由流动的。这种开放性和流动性严重限制了地方政府反周期财政政策的能力。只有中央政府在全国内统一实施财政政策，才能限制"进出口漏损"的程度。此外，地方政府很难进入全国统一的资本市场，即使发行地方公债融资，由于相当于本地方公债被其他辖区的居民所持有，这部分"外债"的还本付息就会引起本地的资本外流。因此，世界各发达国家的绝大部分地方政府都是力求收支平衡。

货币政策工具主要包括货币铸造权、利率和汇率。货币铸造权是国家的象征，如果地方政府拥有此权力，由于货币发行权的分散会使货币流通失控，造成巨大的通货膨胀压力。可见，地方政府是不能通过货币政策促进经济稳定的。

（二）地方政府与收入分配

收入分配包括两个方面：一是个人之间的收入再分配；二是国内各地区之间的财富再分配。

在生产要素充分自由流动的前提下，由地方政府协调个人之间的收入再分配，那么不同辖区之间的收入再分配计划必然引起居民的流动。流动性的存在不仅使地方政府再分配的能力受到限制，而且削弱了地方政府进行收入再分配的意欲。

从国内各辖区之间的财富再分配来看，由于居民构成、自然资源禀赋、社会经济发展水平等各因素的作用，各辖区之间的经济差异是不可避免的，但由于地方政府的政治地位是平等的，贫困的辖区与富裕的辖区都无权强迫对方无偿转让部分财富。因此，协调辖区之间的贫富差别的任务只能由中央政府承担。

总之，从排除的角度来看，地方政府无法履行公共部门三大经济职能中的两种，即协调收入分配、促进经济稳定。这样，地方政府的经济职能就只剩下一项，即通过提供公共产品参与资源配置。需要指出的是，这里所说的"公共产品"指的是地方公共产品。

二 地方公共产品

政府存在的主要任务是提供公共产品。根据公共产品受益范围的大小,可以将之分为全国性公共产品和地方性公共产品。根据收益与成本对称的原则,全国性公共产品应由中央政府提供,而地方性公共产品应由地方政府提供。

(一) 地方公共产品的特征

1. 受益上的地方性

地方公共产品在消费上具有空间限制性。比如,水利设施和防洪工程的受益范围就要受到地域上的限制,超出这一范围的居民无法获得相应的利益。

2. 层次性

因受益范围不同而得出的地方公共产品层次性的理论概括是非常重要的。因为这直接关系到地方各级政府间事权、财权的划分及其相互关系,因而是分析地方公共经济重要的理论依据。

(二) 地方公共产品的供给

从理论上说,地方性公共产品也可由中央政府提供,但大多数经济学家认为,公共产品的提供主要应由地方政府负责,因为中央政府在提供效率方面不如地方政府。对此,可借助图14—1来说明。

假定一个国家仅有两个地区,两个地区的居民对地方公共产品的偏好是不同的,但同一个地区居民对公共产品的偏好是相同的。在图14—1中,X、Y轴分别代表居民对地方公共产品的需求数量和价格(税赋);D_1、D_2分别代表两个地区居民对公共产品的需求曲线。

再假定公共产品的人均供给成本(税赋)不变,为OP,则第一地区的居民对公共产品的需求量为Q_1,第二地区的居民需求量为Q_2。如果由中央政府统一提供,则只可能存在一个供应量Q_c。出于公平考虑,中央政府只能在两个地区居民的需求量中取一个折中水平。由于人均成本相同,对第一个地区的居民而言,成本超出收益,因此其福利损失为阴影部分的△ABC;

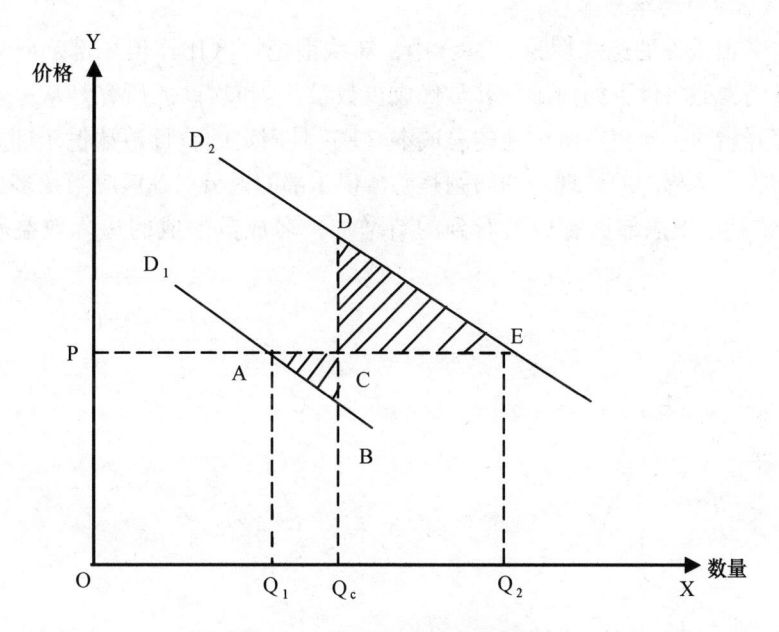

图 14—1　地方公共产品的供给

对第二个地区的居民而言，由于需求得不到满足，因此福利损失为阴影部分的△CDE。由此可见，由中央政府统一提供的地方公共产品并不可取，可采取分权的方式，让各地区自行提供公共产品，减少居民的福利损失，提高资源的配置效率。

三　地方政府的最优规模

地方政府的最优规模理论并非是对地方政府机构规模大小或地方政府公务人员的数量进行直接描述，而是从人口的角度给出地方政府的最优管辖范围，从而使地方政府能够有效地履行其提供地方公共产品的职能。

（一）俱乐部理论

俱乐部理论是由经济学家詹姆斯·布坎南和马丁·麦圭儿提出的，是西方学术界研究地方政府最佳规模的代表性理论。

1. 布坎南的俱乐部理论

在《俱乐部的经济理论》一文中,布坎南把社区比作俱乐部,研究在面临外界因素的条件下如何确定其最优成员数量。[①] 布坎南的研究是从一个游泳俱乐部开始的。他假定游泳池的总成本(F)是固定的,且游泳俱乐部成员的偏好和收入是相同的。现在的问题是游泳俱乐部的人员(N)应当是多少。图 14—2 描述了俱乐部原有成员看到的新增加一名成员形成的边际效益和边际成本。

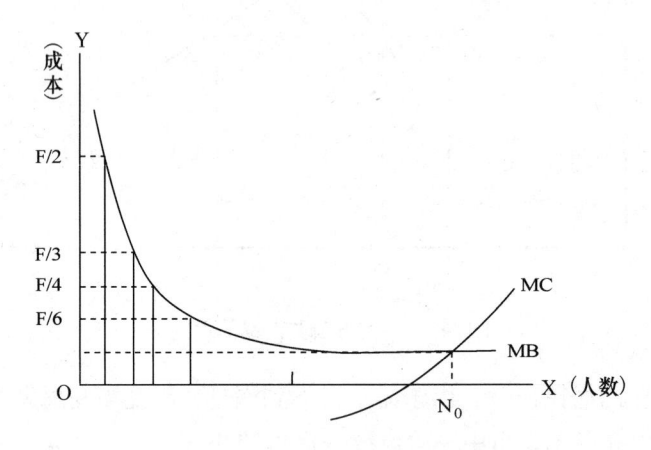

图 14—2　最优俱乐部规模的确定

横轴是俱乐部的人数,曲线 MB、MC 分别代表因俱乐部成员增加而带来的边际收益和边际成本(拥挤成本)。根据图 14—2,俱乐部的第二名成员给第一名成员带来的边际成本是他所担负的游泳池成本(F)减少 1/2。第三名成员给第二名成员带来的边际收益是节约了成本(F)的 1/3。新成员的增加使原有成员不断从分摊固定成本中获益,每人为维持游泳池所花费的成本随着俱乐部成员增加而不断下降。

俱乐部成员的增加在带来成本下降的同时,也带来了拥挤程度(边际成本)的上升。在最初阶段,拥挤成本可能很低,甚至为负值。但随着人数的增加,拥挤成本不断上升,最终使游泳池不堪重负而造成俱乐部解体。那么,游泳俱乐部的人数应当为多少才是最佳的?按照一般均衡原则,当边际

---

① Jim Buchana, "An Economic Theory of Clubs", *Economist*, Feb, 1965, pp. 1 – 14.

收益 MB 等于边际成本 MC 时，因人员增加带来的分摊成本下降的收益与因人员增加带来的拥挤成本正好抵消，此时的游泳俱乐部人数（N_0）是最佳规模。

2. 麦圭儿的俱乐部理论

在布坎南俱乐部理论的基础上，麦圭儿（Martin McGuire）做了进一步的发挥和补充。在地方政府的管辖范围内，人口的最佳数量与给地区所提供的公共产品的最优提供水平应该同时被决定。每一个地方政府都应遵循公共产品提供原则，使人均分担的公共产品成本正好等于新加入成员所引起的边际成本。每一个地方政府也就是一个俱乐部，人们按照一定的要求形成一个集团或一个社区。

（二）蒂博特模型

各地分别提供地方性公共产品，可以形成政府间竞争（Fostering intergovernment competition），有利于提高政府运作的效率。但同时为什么人们会聚集在某一地方政府周围？蒂博特模型（又称"以足投票"理论）不仅回答了上述问题，而且论证了地方政府的最优规模问题。

在1956年发表的《地方支出的纯粹理论》一文中，蒂博特（C. M. Tiebout）指出，人们之所以愿意在某一地方政府周围聚集起来，是由于他们想在全国寻找地方政府所提供的服务与所征收的税收之间的精确组合，以便自己的效用达到最大化。当他们在某地发现这种组合符合自己的效用最大化目标时，他们就会在这一地区居住下来，从事工作，并受该地政府管辖[①]。

蒂博特认为，人们就像选购商品那样选择自己感到满意的辖区去居住，即选择那种公共产品最能满足其偏好而税收又是最合理的辖区。如果人们都能自由地去寻找，那么各地之间在公共产品供给与税收征收的组合上就会相互模仿和学习。具有相同偏好或相近偏好的人聚集在同一辖区，就有可能通过投票让地方政府按照他们的偏好、以最低的成本提供一定数量的公共产品。当人们从公共产品供给成本较高的辖区不断流向供给成本较低的辖区时，辖区之间公

[①] Tibeout, C. A., "Pure Thoery of Clubs", *American Economic Review*, No. 64, 1956.

产品的供给成本差距就会逐渐缩小。长此以往，就可能实现社会福利的最大化。

蒂博特模型提出后，麦圭儿又对其做了两点补充：一是提出居民迁移的原因，即寻找公共产品提供水平与税收之间的差异；二是提出居民停止迁移的条件，即公共产品与税收达到最佳组合状态。

第三节　地方公共收入

跟公共收入的产生一样，地方公共收入同样产生于地方公共需求和地方共同需要。在地方经济社会发展过程中，为了解决地区公共事务或公共问题，就形成了地方公共需求和共同需要。但仅凭私人力量和社会力量难以满足这些公共需求，于是就需要借助地方公共权力。地方公共权力在发挥作用的过程中，需要配置和使用一部分社会资源，地方公共收入由此产生。

一　地方与中央公共收入的划分原则

（一）收入划分的基本问题

对于收入划分问题的解决，首先要看划分收入的目的何在。一般的解释是，收入用于满足支出的需要。这一点与整个公共部门的收入要用于公共支出的要求是一致的。但问题在于，不同级别的政府是否都应该拥有足够的收入，以满足各自支出的需要。如果各级政府都能做到以本级政府直接筹集的收入满足支出的需要，那么各级政府实际上就变成真正的相互独立了。因此，在一个政府体系中，通常认为地方政府不应该拥有充分的财权，这样，中央政府就可以对地方政府实施调控，以维护国家的统一和中央的权威。

（二）收入划分原则

在中央收入与地方收入的划分原则上，学者们的意见并不完全一致。目前，主要的划分原则有马斯格雷夫的七原则、戴维·金（David King）的"四不原则"、塞利格曼（E. R. Seligman）的三原则。

1. 马斯格雷夫的七原则

一是再分配潜力大的税种应由中央政府负责，二是事关经济稳定的税种应由中央政府负责，三是地区间分布不均衡的税种应由中央政府负责，四是可动因素和货物应由中央政府负责，五是不可动或几乎不可动因素和货物应由地方政府负责，六是依附于居住地的税收较适合于划归地方，七是受益性税收及收费对各级政府都适用。

2. 戴维·金的"四不原则"

英国学者戴维·金在1984年出版的《财政层次性：多级政府经济学》一书中，提出了地方政府收税的"四不原则"。包括：一是地方政府不应征收高额累进税，二是地方政府不应征收税基流动性很大的税，三是地方政府不应征收转嫁给非（本地）民的税种，四是地方政府不应征收为本地居民所不能察觉的税种。

3. 塞利格曼的三原则

美国财政学者塞利格曼提出了中央政府与地方政府财政收入划分的三原则，包括：一是效率（efficiency）原则，该原则以征税效率高低为划分标准；二是适应（suitability）原则，该原则以税基广狭为划分标准，税基广的税种归中央政府，税基狭的税种归地方政府；三是恰当（adequacy）原则，该原则以租税负担分配公平为划分标准。

综合上述看法，结合中国实际，我们认为划分应该遵循以下基本原则。

第一，效率性原则。效率性原则就是以征税效率高低为划分标准，看由哪一级政府征收更有效率。

第二，公平性原则。公平性原则就是以税负分配的公平性为划分标准。有的税收具有很强的调节收入分配的功能，而收入分配职能应该主要由中央政府行使，因此这些税也应该由中央政府征收。

第三，适应性原则。适应性原则就是以税基广狭、收入多少为划分标准。通常为了保证中央政府的政令能够在全国推行，维护国家的统一，中央政府应该掌握足够的财力，能够通过转移支付对地方形成制约。因此，税基较广、收入较多的税种应该归中央政府，税基较窄、收入较少的税种应该归地方政府。如个人所得税，税基广泛、收入较高，应由中央政府征收；房产税，则应为地方税。

第四，经济性原则。经济性原则就是以税收的调控能力为划分标准。宏观调控能力强的税种应该划分为中央税，如关税。营业税宏观调控能力较弱，所以应由地方政府进行征收。

因此，属于中央政府的税收应该是那些税源广泛、对宏观经济调控能力较强、具有公平税负和再分配性质、适于中央政府征收的税种。其他税收应该划分地方税或中央与地方分享税。

二 地方政府的税收收入

税收收入就是政府通过征税的方式而取得的公共收入，具有强制性、无偿性和固定性等特点。

现代国家普遍实行复合税制，复合税制就是由各种税种合成的税制体系。中央政府和地方政府因为税权不同而征收不同的税种。比如，美国州和地方政府征收以下税种[①]，见表14—1。

表14—1　　　　　　　　　州和地方的税收概况

收入和经营	消　费	财　产
个人所得税	销售税	财产税
公司所得税	使用税	地产税
增值税	汽车燃料税	遗产税
养老金税	酒精饮料税	赠与税
保险公司增益税	烟草制品税	
证照税	宾馆（旅馆）税	
	餐饮税	
	电话税	
	赌博税	

中国政府自1994年分税制改革之后，形成了7大类25个税种[②]：

[①] ［美］费雪：《州和地方财政学》，吴俊培总译校，中国人民大学出版社2000年版，第98页。
[②] 郭庆旺：《财政学》，中国人民大学出版社2002年版，第433页。

表 14—2　　　　　　　　　　　中国政府主要税种

税类	税种
流转税类	增值税、营业税、消费税、关税
所得税类	企业所得税、外商投资企业和外国企业所得税、个人所得税
资源税类	资源税、城市土地使用税
特定目的税类	城市维护建设税、耕地占用税、固定资产投资方向调节税、土地增值税
财产税类	房产税、城市房地产税、遗产税
行为税类	车船使用税、车船使用牌照税、印花税、契税、证券交易税、屠宰税、筵席税
农业税类	农业税（自 2006 年以来，农业税类已全面取消）和牧业税

三　地方政府的非税收收入

地方政府的非税收收入主要包括经营和财产收入、管理费和收费收入、罚款和没收收入、相关人员缴款、其他非税收收入等。

（一）地方政府非税收收入的构成

1. 经营和财产收入

经营和财产收入来自非金融公共企业和公共金融机构。主要有：邮局、中央银行、国家彩票、电力公司、码头当局及货币当局（铸币收入）的净利润和利息转移；各级政府所属企业（军工厂、政府印刷局、建筑单位及出租少量房屋的单位）向公众的营利性销售的现金经营盈余；特许使用费、利息、股息、土地租金等其他财产收入。

2. 管理费和收费收入

管理费和收费的主要项目有：政府医院和诊所的收费，政府学校的收费，政府博物馆、公园以及不作为公共企业组织的文化和娱乐场所的入场费，许可证费，驾驶执照费，法庭费、法院裁定费等等。

3. 罚款和没收收入

罚款和没收收入也是地方政府收入的来源之一。需要说明的是，这里所说的罚没收入不包括违反税收规定的罚没收入（违反税收规定的罚没收入划归税收收入），主要包括交通罚款、刑事罚款、法庭罚款、法院裁定罚款及其他罚没收入。

4. 相关人员缴款

主要是政府内部公务员养老金和福利基金缴款、武装部队退休基金的雇员缴款、教师退休基金缴款（公办教师）及来自其他各级政府的雇员缴款。

5. 其他非税收入

这些收入包括来自私人部门的赠与和自愿捐款等。

（二）地方政府非税收收入的特点

与税收相比，非税方式分摊公共产品生产成本费用中的一小部分，规范的非税收入（尤其是公共收费）包含以下几个要素：(1) 征收主体是各级政府。(2) 征收目的是为了实现公共利益，而不是出于特定部门、单位、个人的局部利益需要。(3) 征收范围一般限定在能够按受益原则确定特定消费者的公共产品或劳务项目内，它只能在市场领域与一般政府活动两级之间的规制领域内发挥分配和调节作用。(4) 征收标准通常要低于政府提供该产品或劳务的平均成本，平均成本与收费间的差额（实际上是对使用者的补贴）要靠税收弥补。(5) 基本特征是非强制性（规费具有半强制性）和偿还性，政府不能为了收费而强迫消费者接受其他服务或产品，更不能只收费不服务。

非税收入依法管理，其项目和标准要依法确定，调整、变更以及资金征集和使用要依法进行，非税收入和支出要纳入财政预算管理，预算具有统一性、完整性、公开性，预算以外不允许存在政府的分配活动。

四 主要的地方政府收入项目

主要的地方政府收入项目包括地方政府税收、地方性收费、地方国有资产收益、上级政府转移支付等。

（一）地方政府税收

1. 财产税

财产税是一个古老的税种，是对资本收入和价值征税的一种，是对商品和服务中的一种主要投入品（包括劳动和原材料）征税。它根据财产和资本的实际数量和实际价值，对存量课税。中国财产税一般可以做以下的分类①，具体见表14—3。

表14—3　　　　　　　　　　　中国财产税分类

一般财产税	选择性财产税、比例（税率）财产税、累进（税率）财产税	
个别财产税	土地税	土地财产税、土地收益税、土地所得税、土地增值税
	房屋税	房屋财产税、房屋收益税、房屋所得税、房屋消费税
	不动产税（土地与房屋并用）	
遗产税	总遗产税、分遗产税（继承税）、总分遗产税	
赠与税	赠与人赠与税（由赠与人缴纳）、受赠人赠与税（由接受人缴纳）	

资料来源：杨宏山：《政府经济学》，对外经济贸易大学出版社2008年版，第128页。

财产税在地方政府收入中占有重要地位。在美国，财产税已经是地方政府收入的基本来源，财产税收入中的96%是由地方政府课征的。其他发达市场经济国家也普遍对土地和房产等不动产征税。

2. 所得税

英国是所得税的发祥地，美国是所得税的集大成者。所得税是直接税的主要税种，也是在财政、国民经济和社会政策方面最能体现贡品的税制。所得税分为以下三种：（1）分类所得税，是对纳税人的各种应纳税所得分为若干类别，不同类型的所得税采用不同的税率征税，比如薪给报酬所得、服务报酬所得、利息所得、财产出租所得、盈利所得等；（2）综合所得税，是对纳税人的应税所得综合征收；（3）分类综合所得税，先按分类所得税课征，然后再对个人全年总所得超过规定数额以上的部分进行综合加总，另按累进税率计税。

3. 商品税

商品税是对货物和服务的交易额课税，是古老的税种之一。商品税主要包括：（1）关税。关税是对通过海港、道路、桥梁等商品课税。关税一般由国

---

① 郭庆旺：《财政学》，中国人民大学出版社2002年版，第445页。

家统一征收。(2) 营业税、货物税等税种。营业税是对所有或者几乎所有的商品课征的税，它可以在任何销售阶段上征收；货物税一般指对特定商品的销售课税，是对商品的制造商课税。(3) 增值税。这是对产品在其生产过程中的每个阶段的价值增值征税。

(二) 地方性收费

地方性收费就是地方公共部门依法通过对某种社会公益事业提供公共服务而向受益者收取的费用。作为准公共物品的补偿形式，合理的收费能够保障公共物品及其有效率的提供。地方性收费可以分为规费和使用者付费。

政府规费是政府在执行社会管理职能过程中，出于管理目的而向有关社会团体和个人提供公共服务时收取的费用。包括行政规费和司法规费两种。前者如商标登记费、护照费、律师执照费等等，后者如诉讼费。

使用者付费一是在存在市场失灵的领域和行业中，公共部门向其所提供的特定公共设施的使用者按照一定的标准收取的费用，如水费、电费、煤气费、停车费等。二是通过赋予某种特许权向从事该项事业活动者收取的证照费。三是特别服务费，就是因公共部门提供了某种特别服务而收取的费用。

(三) 地方国有资产收益

国有资产是指国家所拥有的全部资产。国有资产收益是国家凭借其拥有的国有资产所有权取得的收入。主要包括：(1) 国有资产的经营性收入。中国经营性国有资产的收入形式，主要包括国有企业上缴利润、国有资产租金和国有股的股息和红利等。(2) 国有产权转让收入。这是指通过对国有资产所有权和国有资产使用权的转让获得的收入。

(四) 上级政府转移支付

为了解决纵向和横向财政失衡以及公共产品的外部性等问题，政府间转移支付制度应运而生。规范的政府间转移支付不只是为了实现财政平衡，还以全国各地公共服务水平的均等化为最终目标。政府间转移支付主要是上级政府对下级政府的转移支付，包括三种形式：(1) 无条件拨款。就是不要求下级政府拿出一定数额或比例的配套资金，也不规定具体用途的转移支付。(2) 配套拨款。在上级政府进行转移支付的同时，要求下级政府拿出相应的配套资金，以便共同提供公共产品和服务的转移支付。（3）专项拨款。为了特定用途拨付给下级政府，下级政府不得挪用的转移支付。

五　地方政府融资

地方政府融资是地方政府以国家信用为基础，通过多种渠道筹措资金。地方政府融资对于促进地方经济发展具有重要的意义。地方政府融资分为三个层次：地方政府直接举借的内外债（政府承借或担保的债务）、地方政府的"点贷"项目（政府授意金融机构借款，政府提出风险承诺）、地方政府的间接债务（地方国有企业或地方政府持大股的股份制企业举措，并承担偿还责任的债务）。地方政府融资的主要资金来源途径有：（1）国内政策性借款。通过地方信托投资公司等金融机构向国家开发银行、农业银行或政策性银行借款，用于解决大型水利工程及其他重要基础设施项目建设，一般为中长期借款，期限为5—10年左右，由政府提供担保。（2）国外长期借款。通过资信度较高的地方国际信托投资公司向外国政府、国际金融机构借款，期限很长，一般为15—30年，有的可达50年。由当地政府、财政、发改委或外经贸委提供担保，用于特大型基础设施项目建设。（3）进入国际金融资本市场，尝试上市发行债券，吸收国外民间资本。（4）为某些大型基础设施建设项目进行社会集资。（5）将国有土地有偿出让收入、城市基础设施使用收费等财政预算外资金，纳入地方政府融资系统。（6）将股份制引入基础设施建设领域，由政府、企业、社会、个人共同出资，满足基本建设的资金需求。

第四节　地方公共支出

地方公共支出既是政府实现其职能和政治经济目标的财力保证，也是政府为社会提供公共产品、满足公共需要的物质前提，它集中反映了政府执行各项职能的耗费，是国家重要的微观经济调控手段之一。地方公共支出规模适度、合理增长及结构优化，将有助于巩固国家基层政权、促进地区经济可持续发展以及不断提高国民福利水平。

一 地方与中央公共支出的划分原则

巴斯特布尔（C. P. Bastable）提出了关于划分中央与地方公共支出的三个原则。

（一）受益原则

凡政府所提供的服务，其受益对象是全国民众的，则支出应属中央政府；凡其受益对象是地方居民的，则支出应属地方政府。从政府投资的角度看，基础设施的投资应由受益的那一级政府承担。

（二）行动原则

凡政府公共服务的实施在行动上必须统一规划的领域或财政活动，其支出应属于中央政府；凡政府公共活动在实施过程中必须因地制宜的，其支出应属于地方政府。

（三）技术原则

凡政府活动或公共工程，其规模庞大、需要高度技术才能完成的项目，则其支出应归中央政府；否则，应属于地方政府的财政支出。

二 地方公共支出的范围

（一）行政管理项目支出

行政管理费用支出是地方政府的基本支出内容之一，是地方政府确保政府机构的正常运转，履行政府职能的重要保障。在中国，地方行政管理支出主要包括行政支出、公安支出、国家安全支出、司法检查支出。行政支出包括党政机关经费、行政业务费、干部培训费及其他行政经费。公安支出包括各级公安机关经费、公安业务经费、警察学校和公安干部训练学校经费以及其他公安机关经费、安全业务费等。司法检察机关支出包括司法检察机关经费、司法检察业务费、司法学校司法检察干部训练费及其他司法检察费用。20 世纪 90 年代以来，地方政府行政管理费用开支的逐年增长是一个趋势，这当中的原因是多方面的，既有地方政府职能扩展的原因，也有行政改革不到位的原因。

（二）公共财政投资支出

地方政府投资是以当地政府为主的投资活动。地方政府的投资取决于地方政府职能和权限、中央与地方之间的关系以及地方政府经济发展阶段和战略的选择。

地方政府投资主要包括三大领域：一是公益性行业的投资，比如文教、卫生、广电、福利事业、科技服务业、机关团体办公用房及宿舍。二是基础性行业的投资，比如农林牧渔业、水利、气象业、能源、交通、邮政、通信业、地质普查和勘探业。三是竞争性行业的投资，比如工业、建筑业、商饮供销仓储业、房产公用服务咨询、金融保险业和其他服务业。

（三）社会保障支出

社会保障是指政府通过专款专用的税种筹措资金，向老年人、无工作能力的人、失去工作机会的人、病人等提供基本生活保障的计划。社会保障具有覆盖面广、参与的强制性、制度上的立法性和收益程度的约束性等特点。社会保障的内容分为以下四个方面：一是社会保险，就是国家根据法律，强制由劳动者、企业和政府三方面共同筹集资金，在劳动者及其家属生、老、病、伤、残、失业时给予物质帮助。社会保险是社会保障的核心内容。社会保险由五部分组成，即养老保险、失业保险、医疗保险、工伤保险和生育保险。二是社会救济，就是政府通过财政拨款，向城乡贫困人口提供生活保证。三是社会福利，就是对特定的社会成员的优待和提供的福利。四是社会优抚，是一种特殊的社会保障体系，保障对象是现役军人和退役人员及其有关人员。

（四）文化、科学、教育和卫生事业支出

文化、科学、教育和卫生事业支出是地方政府支出的重要方面。按照部门划分一般包括：文化事业费、教育事业费、科学事业费、卫生事业费、体育事业费、通信事业费、广播电视事业费，此外还有出版、文物、地震等项事业费。这些支出项目中，教育事业是最主要的支出，其次是卫生事业的支出，其他支出占的比例较小。

三 影响地方公共支出的因素

影响财政支出规模的因素多种多样，但归纳起来主要有四个。

（一）经济因素

经济因素对财政支出规模的影响，主要体现在经济发展水平、经济干预政策等对财政支出规模的影响上。经济的不断发展，为财政支出增长提供了可能性。总体而言，社会财富随着经济发展水平的提高而不断增加，人们维持最低生活需要的部分在社会财富中所占的比重下降，因此政府集中更多的社会财富用于满足社会公共需要的可能性将不断提高。

（二）政治因素

政治因素对财政支出规模的影响主要体现在两个方面：一是国家的政局是否稳定；二是政体结构的行政效率。关于前者皮考克和威斯曼的分析已经明确表示，在正常条件下，经济的发展，收入水平的不断提高，以不变的税率所征得的税收也会上升，于是政府支出上升。这是内在因素作用的结果。但如果发生外部危机，比如战争，政府会被迫提高税率，而公众在危机时期也会接受提高了的税率，财政支出比重增加，但在危机时期过去以后，财政支出并不会减少，而会持续很高。至于后者，若一个国家的行政机构臃肿、人浮于事、施政效率低下，经费开支必然增多。

（三）社会因素

社会因素主要包括人口、就业、社会保障等因素，这些因素都会在很大程度上影响财政支出的规模。在一些发展中国家，由于人口基数大，增长速度快，因此相应的教育、卫生保健、社会保障、贫困救济、生态环境保护等支出的压力较大；而在一些发达国家，人口老龄化等问题较为突出，公众要求增加养老金，不断改善社会生活质量，不断提高社会福利水平，这也进一步增加了政府支出的压力。因此，这些社会因素从不同的方面影响着财政支出的规模。

此外，政府在一定时期的社会经济发展政策也是影响地方公共支出的一个重要因素。公共支出是以公共产品及公共服务等价值形式实现的，在市场经济条件下，任何商品价值都以统一的价格表现，也以统一的成本参与市场竞争，因此，社会资源按公私品需求而流动，而且财政支出还会因公共产品投入价格的上升而增长。根据鲍莫尔法则，公共产品与私人产品的成本都是持续累计上升的，但是，公共部门的成本受价格的影响更强，更缺乏弹性，因此，公共支出大多以超价格比在增长。

四　现实中的地方公共支出

地方公共支出是国家财政支出的重要组成部分，是国家财政支出的基础。一般而言，地方公共支出由地方两级支出构成，包括地区级政府（如省）公共支出和当地地方政府（如市、县）公共支出。由于中国地方公共支出还存在着诸如事权划分不清和财政越位与缺位等问题，严重影响了政府履行其职能的效率。因此，下面对典型市场经济国家美国、日本的地方公共支出做比较分析，从而总结出地方公共支出一般性的特征。

（一）美国地方政府的事权与支出责任划分

美国各级财政支出以事权为基础划分，其地方公共支出包括州政府和地方政府的公共支出，主要有交通（道路和公共交通）、教育、公共医疗服务、社会福利（通常是管理，有时也主要提供支持）、治安和消防、休闲娱乐与文化以及用地规划和地方商业管理等项目支出，支出总额一般为联邦政府的60%—70%。地方公共支出重点包括两个方面：一是区域性较强的项目，也就是支出项目的收益范围，一般只限于某州或某地方政府所辖区域；二是与人民日常生活联系更为密切和直接的项目。

表14—4显示，在美国的公共支出中，地方公共支出（州政府和地方政府）承担了排水和消防的所有支出；其次是失业救济、高速公路、教育和监狱；在州政府支出中，失业救济比例最高达到99.3%。不难看出，州政府的主要职能是进行收入分配和处理州与地方政府交叉的事务；完全由地方政府支出的是消防，排水支出比例也很高，为93.1%。此外，在警察、教育、监狱、高速公路等方面，地方政府也负有很大的支出责任。由此可见，地方政府支出的重点是与居民生活密切相关的公共服务，同时地方政府也承

担了一定的公共工程支出责任。

表14—4　　　　　　　　美国三级政府分项支出比例

支出项目	联邦政府（%）	州和地方政府		
^	^	合计（%）	州政府（%）	地方政府（%）
国防	100	0	0	0
教育	7.6	92.4	24.5	67.9
高速公路	1.2	98.8	74.3	24.5
公共福利	23.6	76.4	62.1	14.3
邮政服务	100	0	0	0
自然资源	80.9	19.1	14.2	4.9
警察	16.3	83.7	11.8	71.9
监狱	7.8	92.2	59	33.2
排水	0	100	6.9	93.1
退伍军人福利	99.2	0.8	0.8	0
消防	0	100	0	100
社会保障和医疗保险	100	0	0	0
政府职员退休金	42.3	57.7	45	12.7
失业救济	0.3	99.7	99.3	0.4

资料来源：苏丽敏：《美日地方公共支出比较对中国的启示》，《合作经济与合计》2008年12月号（下）。

（二）日本地方政府的事权与支出责任划分

日本是一个单一制国家，实行财政分权制，其地方政府包括都道府县和市町村两级政府，按照相关法律规定，日本的都道府县和市町村两级政府主要负责的是基础设施、治安、教育、社会福利、卫生保健等，而这些都是与居民生活有密切关系的事务。与事权划分相对应，各级政府负责各自的支出责任。日本的地方公共支出包括都道府县和市町村两级政府支出，占全国总支出的2/3，其中市町村公共支出占总支出的1/3，也就是说，地方政府公共支出责任是比较大的。

(三) 美、日两国地方两级政府公共支出的一般性特征

美国和日本是典型的市场经济国家,总结两国在公共支出方面的公共性,可以为中国地方公共支出改革提供有益的启示。

1. 各级政府事权明晰,支出范围明确

政府的事权及职责,是划分各级政府预算收支范围的基本依据。事实上,各级政府的事权是财政职能在各级政府间具体界定的结果,而财政职能的有效发挥需要财政支出提供物质保障,因此各级政府事权的明确划分为地方公共支出的合理安排提供了依据。美国、日本均实行"财政联邦主义",各级政府的财政支出依照各级政府的事权进行安排,事权一旦划分清楚,就通过相关法律确定下来。各级政府只有事权明晰,支出范围明确,才能提高政府财政支出的效率。

2. 地方公共支出结构与重心基本相同

从以上比较中可以看出,在发达国家地方政府的支出中,教育、医疗卫生、社会保障、交通等占了很大比重,这充分体现了在经济发展的较高阶段,地方政府致力于提高人民生活质量的努力。这一点符合经济发展阶段论的观点,即在早期阶段,政府投资会在总投资中占有较高的比例,这时公共部门的主要任务是为社会提供必要的物质条件和人力资源;在中期阶段,政府支出增加了新的支出项目,其中主要是对私人投资的补充;在成熟阶段,又出现了对教育、医疗和社会福利等方面的支出项目①。

第五节 中国地方公共经济的发展

中国是单一制国家。宪法总纲规定"中央和地方的国家机构的职能划分,遵循在中央的统一领导下,充分发挥地方的主动性、积极性原则"。中国又是一个多民族国家,幅员辽阔,人口众多,各地区社会经济水平差异较大,地方政府起着十分重要的作用。分税制是中国中央政府和地方政府划分财政收支坚

---

① 苏丽敏:《美日地方公共支出比较对中国的启示》,《合作经济与合计》2008年12月号下。

持的重要制度，中国地方公共收入包括税收收入和非税收收入。当然，在收入和支出方面，也还存在着与中国经济社会发展不相适应的一些问题。

一 分税制

分税制是指将国家的全部税种在中央和地方政府之间进行划分，借以确定中央财政和地方财政的收入范围的一种财政管理体制。分税制的实质是根据中央政府和地方政府的事权确定各自相应的财权，通过税种的划分形成中央与地方的收入体系。分税制是市场经济国家普遍推行的一种财政管理体制模式。

一是中央与地方的事权和支出划分。根据现行中央政府与地方政府事权的划分，中央财政主要承担国家安全、外交和中央国家机关运转所需经费，调整国民经济结构、协调地区发展、实施宏观调控所必需的支出以及由中央直接管理的社会事业发展支出。地方财政主要承担本地区政权机关运转所需支出以及本地区经济、社会事业发展所需支出。

二是中央与地方的收入划分。根据事权与财权结合的原则，按税种划分中央与地方收入。将维护国家权益、实施宏观调控所必需的税种划分为中央税；将同经济发展直接相关的主要税种划分为中央与地方共享税；将适合地方征管的税种划分为地方税，充实地方税税种，增加地方税收入。分设中央与地方两套税务机构，中央税务机构征收中央税和中央与地方共享税，地方税务机构征收地方税。

三是政府间财政转移支付制度。分税制在重新划分中央财政收入与地方财政收入的基础上，相应地调整了政府间财政转移支付数量和形式，除保留原体制下中央财政对地方的定额补助、专项补助和地方上解外，根据中央财政固定收入范围扩大、数量增加的新情况，着重建立了中央财政对地方财政的税收返还制度。具体办法是，中央税收上缴完成后，通过中央财政支出，将一部分收入返还给地方使用。

四是预算编制与资金调度。实行分税制后，中央和地方都要按照新口径编报预算。同时将中央税收返还数和地方的原上解数抵扣，按抵顶后的净额占当年预计中央消费税和增值税收入数的比重，核定一个"资金调度比例"，由金库按此比例划拨消费税和中央分享增值税给地方。

二　地方公共收入现状

（一）地方公共收入现状

中国地方公共收入包括税收收入和非税收收入。就税收收入而言，国内将税收分为三类：中央预算固定收入、地方预算固定收入和中央预算与地方预算共享收入（见表14—5）。

表14—5　　　　　　　　　　中国税收收入分类

中央预算固定收入	地方预算固定收入	中央预算与地方预算共享收入
海关代征的消费税和增值税	营业税（不含铁道部门、各银行总行、各保险总公司集中缴纳的营业税）	增值税（中央分享75%，地方分享25%）
消费税	地方企业所得税（不含上述地方银行和外资银行及非银行金融企业所得税）	资源税（按照不同的资源品种划分，陆地资源税作为地方收入，海洋石油资源税作为中央收入，证券交易印花税中央与地方各分享50%，2002年起中央与地方分享证券交易印花税的比例改为97∶3）
中央企业所得税	地方企业上缴利润	
地方银行和外资银行及非银行金融企业所得税	城镇土地使用税	
	个人所得税	
铁道部门、各银行总行、各保险总公司集中缴纳的收入（包括营业税、所得税、利润和城市建设维护费）	固定资产投资方向调节税	
	城市维护建设税（不含铁道部门、各银行总行、各保险总公司集中缴纳的部分）	
	房产税	
	车船使用税	
	印花税	
中央企业上缴利润等	屠宰税	
	农牧业税	
	农业特产税	
	耕地占用税	
	契税	
	遗产税和赠与税	
	土地增值税	
	国有土地有偿出让收入等	

来源：吴敬琏：《当代中国经济改革》，远东出版社2004年版，第259页。

现阶段，中国地方公共收入呈现以下主要特点。

第一，近十年来，在地方公共收入和中央收入总量不断扩大的基础上，地方公共收入占全国财政收入的比重总体上呈扩大趋势，地方公共收入结构发生变化。2002 年，中央财政收入和地方财政收入分别为 10388.64 亿元、8515.00 亿元，所占总财政收入比重分别为 55.0%、45.0%。2011 年，中央财政收入和地方财政收入分别为 51327.32 亿元、52547.11 亿元，所占总财政收入比重分别为 49.4%、50.6%。根据中央和地方财政主要收入项目，说明地方收入中的专享税收有了大幅增长，如资源税、房产税、城镇土地使用税、土地增值税、车船税、耕地占用税、契税等，反映了近年来地方政府的"土地财政"效应。

第二，以 2011 年中央和地方财政主要收入项目为例（见表 14—6），税收收入和非税收收入之比约为 4∶1，非税收收入占总收入比重比较高。非税收收入包括专项收入、行政事业性收费、罚没收入和其他收入，说明政府凭借财产权力和行政权力募集到的公共收入比较多，政府职能中的服务型职能表现不显著。另外，对非税收收入的有效管理也成为地方政府财政管理的一个重点。

表 14—6　　　　　　　中央和地方财政主要收入项目（2011 年）

项目	国家财政收入（亿元）	中央（亿元）	地方（亿元）
合计	103874.43	51327.32	52547.11
税收收入	89738.39	48631.65	41106.74
国内增值税	24266.63	18277.38	5989.25
国内消费税	6936.21	6936.21	
进口货物增值税、消费税	13560.42	13560.42	
出口货物退增值税、消费税	-9204.75	-9204.75	
营业税	13679.00	174.56	13504.44
企业所得税	16769.64	10023.35	6746.29
个人所得税	6054.11	3633.07	2421.04
资源税	595.87		595.87
城市维护建设税	2779.29	169.37	2609.92
房产税	1102.39		1102.39
印花税	1042.22	425.28	616.94

续表

项目	国家财政收入（亿元）	中央（亿元）	地方（亿元）
城镇土地使用税	1222.26		1222.26
土地增值税	2062.61		2062.61
车船税	302.00		302.00
船舶吨税	29.76	29.76	
车辆购置税	2044.89	2044.89	
关税	2559.12	2559.12	
耕地占用税	1075.46		1075.46
契税	2765.73		2765.73
烟叶税	91.38		91.38
其他税收收入	4.15	2.99	1.16
非税收收入	14136.04	2695.67	11440.37
专项收入	3056.41	361.40	2695.01
行政事业性收费	4039.38	404.02	3635.36
罚没收入	1301.39	38.76	1262.63
其他收入	5738.86	1891.49	3847.37

数据来源：《中国统计年鉴2012》，中国统计出版社2013年版。

（二）地方公共收入存在的问题

1. 预算外收入[①]和体制外收入[②]管理混乱

一是制度外收费。一些行政事业单位凭借权力和垄断地位，巧立名目，擅自扩大收费范围，随意提高收费标准；有的行政机关变无偿服务为有偿服务；一些部门和单位借评比、竞赛、达标等名义，要求企业交纳各种抵押和保证金，一些行政部门通过组织各种考试、验收、培训和咨询取得收入。

二是强制性摊派。地方政府及其所属部门，在提供公共服务和建设基础设施时，采取行政命令强制性地向企事业单位和居民集资和摊派费用。

三是制度外罚没。一些行政管理和司法行政部门凭借权力，在法律法规以

---

① 预算外收入是指不纳入国家财政预算，由地方、部门和企事业单位按照国家规定范围自行筹集和使用的收入。

② 体制外收入，也称为非规范性公共收入，有集资、摊派、收费、配套费、捐款、借款等。

外擅自扩大罚没范围，提高罚没标准，取得各种不上缴财政、不纳入预算内或预算外管理的罚款、没收钱物收入。

四是制度外基金和"小金库"。一些地方政府越权审批和设立了很多基金项目，其管理规避于财政监督以外，一些行政部门非法设立"小金库"，私自管理通过各种名目募集的自收自支资金。

2. 非税收入分配的利益归属不当

非税收入是行政事业单位依法履行行政管理和事业任务职责的"副产品"，收费收入的所有权应属于国家，使用权属于政府，管理权属于财政，但中国的收费制度长期采用谁收费、谁所有、谁享用的权属，即使实行了"收支两条线"管理后，收费主体对收费资金的所有权和使用权事实上也没有改变。

3. 国有资产经营收入严重流失

国有资产流失问题，是社会持续关注的热点问题。有学者测算，从1982年到1992年，由于各种原因造成的国有资产流失、损失高达5000多亿元[①]。近年来学者对中国国有资产流失的数额大体有三种不同的估计：一是低位估计，认为平均每天流失一个多亿，一年流失400亿—500亿元；二是中位估计，认为国有资产每年平均流失5%，每年流失至少1000亿元；三是高位估计，认为国有资产每年流失超过1500亿元[②]。

4. 财政收入占GDP比重偏低，制约着政府公共供给能力的提高

随着市场经济的完善与政府公共服务范畴与要求的提高，中国财政收入占GDP比重偏低的矛盾越来越突出。2007年中国财政收入为77608亿元，占GDP比重为30%，但仍然低于国际平均水平。根据国际货币基金组织公布的2006年数据计算，全部51个国家的财政收入占GDP比重平均为40.6%，21个工业化国家的平均水平为45.3%，30个发展中国家的平均水平为35.9%。这表明，当前中国政府财政收入占GDP比重不仅低于发达国家平均水平，而且低于发展中国家平均水平，严重制约着政府履行公共服务职能和基本的保障能力。

---

① 何清涟：《现代化的陷阱》，今日中国出版社1998年版，第106页。
② 杨宏山：《政府经济学》，对外经济贸易大学出版社2008年版，第132页。

三 地方公共支出现状

(一) 总量不足与结构调整矛盾并存

随着市场经济成熟与经济的发展，中国财政支出占 GDP 比重偏低的矛盾凸显，尤其是财政职能与分配重点的转移，重点向社会保障、教育、公共卫生、环境保护转移；重点向基础设施、"三农"转移，这些都是制约现代化的瓶颈和制约中国经济的"短板"。地方公共支出也是如此。根据最新统计[①]：2011 年，中国国内生产总值为 472881.6 亿元，财政支出总额为 109247.79 亿元，其中中央财政支出 16514.11 亿元，地方财政支出 92733.68 亿元，三项财政支出占 GDP 比重分别为 23.1%、3.5%、19.6%，远低于发展中国家同期 25% 的水准。因此，首先表现为地方公共支出总量不足，这种总量不足又会影响地方政府职能的有效发挥。

在支出结构中，教育、公共卫生缺口严重，基础设施、"三农"公共供给缺口更大。2011 年中央财政、地方财政在教育、科学技术、文化体育与传媒、社会保障和就业、医疗卫生、环境保护方面的投入还非常少，六项投入总额为 42398.6 亿元，占财政支出比重的 38.8%，远远低于发达国家仅教育、公共卫生和支农三项投入大多占财政支出比重的 70%。因此，中国的财政支出结构（无论中央财政还是地方财政）都面临着调整的重任。

财政"缺位"现象严重。以社会保障为例，社会保障支出严重偏低。社会保障是各国公认的社会经济发展的"稳定器"。早在 20 世纪 80 年代，许多发达国家的社会保障支出就已经占到财政支出的 30% 以上，目前中国虽已建立一定的社会保障体系，但是社会保障支出的比重还很低，仅接近于西方发达国家 60 年代的水平。同时，中国公共养老保障体系的覆盖面狭窄，只占人口总数的 15% 左右，低于世界劳工组织确定的 20% 的国际最低标准，再加上社会保障支出资金使用效率低下，致使中国广大农村和农民还难以与城镇居民同等享有社会保障"阳光"的普照。

[①] 《中国统计年鉴 2012》，中国统计出版社 2013 年版。

(二) 均衡服务与转移支付调节矛盾突出

公共财政越成熟，为全体公民提供大致均衡公共服务要求越高，但目前中国财政的均衡化服务的水平是比较低的。近10年来，发达地区与落后地区的财政政权性供给大致仍存在1—1.5倍的差距，教育、公共卫生均衡服务差距更大。转移支付调节虽然在不断加强，已从1995年的不足1%提高到约5%，但与发达国家的平均20%差距悬殊。地方之间的财政支出差别悬殊，甚至出现扩大化的趋势，直接制约着地区均衡发展和社会的稳定。

(三) 地方公共支出比重不断扩大

在财政公共支出结构中，地方公共支出的比重逐年扩大。2000年，地方财政支出比重为65.3%，2011年，这一比重增长为84.9%，见表14—7。从表14—7中可以看出，地方公共支出增长快是这一比重增长的主要原因。因此，一方面要注意地方公共支出的总量问题，要将事权和财权匹配起来；另一方面要注意地方公共支出结构的优化问题。

表14—7　　　　　　　　中央和地方财政支出及比重

年　份	财政支出（亿元）			比重（%）	
	合计	中央	地方	中央	地方
2000	15886.50	5519.85	10366.65	34.7	65.3
2001	18902.58	5768.02	13134.56	30.5	69.5
2002	22053.15	6771.70	15281.45	30.7	69.3
2003	24649.95	7420.10	17229.85	30.1	69.9
2004	28486.89	7894.08	20592.81	27.7	72.3
2005	33930.28	8775.97	25154.31	25.9	74.1
2006	40422.73	9991.40	30431.33	24.7	75.3
2007	49781.35	11442.06	38339.29	23.0	77.0
2008	62592.66	13344.17	49248.49	21.3	78.7
2009	76299.93	15255.79	61044.14	20.0	80.0
2010	89874.16	15989.73	73884.43	17.8	82.2
2011	109247.79	16514.11	92733.68	15.1	84.9

数据来源：《中国统计年鉴2012》，中国统计出版社2013年版。

（四）供给方式落后与支出效率欠佳并存

科学的供给方式是提高支出效率的基础，许多适应市场的支出方式亟待进一步探索，同时，支出效率欠佳的现象也普遍存在，诸如扣压、截留支出现象屡禁不止，浪费现象随处可见，这些都是亟待解决的问题。根本原因在于至今尚未建立起一套科学规范、行之有效的财政支出管理和控制机制。这方面问题的表现还有预算支出内容较粗，无法按公共支出标准确定部门支出，也无法向社会提供均等化服务；支出的分配上透明度不高，一些项目资金的分配方法不科学、监督管理不严格，专项资金分散管理、多头分割现象大量存在。更具体的原因在于多年来一直沿用"基数＋增长"的预算支出分配办法，以承认既得利益为前提，既不利于财政供给范围的科学界定和支出结构的调整与优化，也忽视了经济社会形势的变化发展。

思考题：
1. 中央集权和地方分权的逻辑是什么？
2. 如何确定地方政府最优规模？
3. 地方公共收入的形式有哪些？
4. 地方公共支出的影响因素有哪些？
5. 中国为什么要实行分税制改革？
6. 中国地方公共收入、公共支出存在哪些不足，应该如何完善？

各章参考文献

第一章

1. ［美］约瑟夫·斯蒂格利茨：《政府经济学》，高曾强等译，春秋出版社1988年版。
2. ［美］保罗·A.萨缪尔森等：《经济学》上册，高鸿业等译，中国发展出版社1992年版。
3. ［英］安东尼·B.阿特金森等：《公共经济学》，蔡江南等译，上海三联书店、上海人民出版社1994年版。
4. ［美］詹姆斯·布坎南：《宪法经济学》，载《市场社会与公共秩序》，生活·读书·新知三联书店1996年版。
5. ［美］约瑟夫·斯蒂格利茨：《经济学》下册，姚开建等译，中国人民大学出版社1997年版。
6. ［英］凯恩斯：《自由放任主义的终结》，载赵波等译《预言与劝说》，江苏人民出版社1997年版。
7. ［美］福山：《信任——社会道德与繁荣的创造》，李宛蓉译，远方出版社1998年版。
8. ［英］彼德·M.杰克逊主编：《公共部门经济学前沿问题》，郭庆旺等译，中国税务出版社2000年版。
9. 洪银兴等主编：《公共经济学导论》，经济科学出版社2003年版。
10. 樊勇明、杜莉：《公共经济学》（第二版），复旦大学出版社2007年版。
11. 黄恒学：《公共经济学》（第二版），北京大学出版社2009年版。

第二章

1. ［美］阿瑟·奥肯：《平等与效率》，王奔洲译，华夏出版社1987年版。

2. ［美］保·R. 格雷戈里：《比较经济制度学》，葛奇等译，知识出版社1988年版。

3. ［美］詹姆斯·布坎南：《自由、市场和国家》，吴良健等译，北京经济学院出版社1988年版。

4. ［美］保罗·A. 萨缪尔森等：《经济学》下册，高鸿业等译，中国发展出版社1992年版。

5. ［美］詹姆斯·E. 米德：《效率、公平与产权》，施仁译，北京经济学院出版社1992年版。

6. ［美］查·沃尔夫：《市场或政府：权衡两种不完善的选择》，谢旭译，中国发展出版社1994年版。

7. 世界银行编：《1997年世界发展报告》，蔡秋生等译，中国财政经济出版社1997年版。

8. ［美］平狄克、鲁宾菲尔德：《微观经济学》，张军等译，中国人民大学出版社2000年版。

9. 柯武刚、史漫飞：《制度经济学——社会秩序与公共政策》，韩朝华译，商务印书馆2000年版。

10. 王绍光：《国家、市场经济和转型》，载王浦劬等主编《经济体制转型中的政府作用》，新华出版社2000年版。

11. ［美］科斯、诺思等：《制度、契约与组织——从新制度经济学角度的透视》，刘刚等译，经济科学出版社2003年版。

12. ［美］保罗·萨缪尔森、威廉·诺德豪斯：《宏观经济学》，萧琛等译，人民邮电出版社2004年版。

13. ［美］约瑟夫·E. 斯蒂格利茨：《公共部门经济学》，郭庆旺等译，中国人民大学出版社2005年版。

14. ［美］保罗·克鲁格曼、罗宾·韦尔斯：《微观经济学》，黄卫平等译，中国人民大学出版社2012年版。

15. ［美］保罗·克鲁格曼、罗宾·韦尔斯：《宏观经济学》，赵英军等译，中国人民大学出版社2012年版。

第三章

1. ［英］亚当·斯密：《国民财富的性质和原因的研究》下，商务印书馆

1974 年版。

2. 丹尼斯·缪勒：《公共选择》，杨春学等译，中国社会科学出版社 1999 年版。

3. 方福前：《公共选择理论——政治的经济学》，中国人民大学出版社 2000 年版。

4. ［英］C. V. 布朗、P. M. 杰克逊：《公共部门经济学》，中国人民大学出版社 2000 年版。

5. ［美］里贾纳·E. 赫兹琳杰：《非营利组织管理》，人民大学出版社 2000 年版。

6. ［美］迈克尔·麦金尼斯主编：《多中心体制与地方公共经济》，毛寿龙、李梅译，生活·读书·新知三联书店 2000 年版。

7. ［美］文森特·奥斯特罗姆等编：《制度分析与发展的反思——问题与抉择》，王诚等译，商务印书馆 2001 年版。

8. 邓国胜：《非营利组织评估》，社会科学文献出版社 2001 年版。

9. ［美］E. S. 萨瓦斯：《民营化与公私部门的伙伴关系》，中国人民大学出版社 2002 年版。

10. ［美］曼瑟尔·奥尔森：《集体行动的逻辑》，陈郁、郭宇峰、李崇新译，上海三联书店、上海人民出版社 2003 年版。

11. 句华：《公共服务中的市场机制——理论、方式与技术》，北京大学出版社 2006 年版。

第四章

1. 王传纶、高墙勇：《当代西方财政经济理论》，商务印书馆 1995 年版。
2. 叶文虎：《环境管理学》，高等教育出版社 2000 年版。
3. 洪银兴、刘建平：《公共经济学导论》，经济科学出版社 2003 年版。
4. 高培勇：《公共经济学》，中国人民大学出版社 2004 年版。
5. 宋国君：《排污权交易》，化学工业出版社 2004 年版。
6. 王金南、邹首民、洪亚雄：《中国环境政策》第 2 卷，中国环境科学出版社 2006 年版。
7. 刘伯龙、竺乾威：《当代中国公共政策》，复旦大学出版社 2009 年版。

第五章

1. ［日］植草益：《微观管制经济学》，朱绍文等译，中国发展出版社1992年版。

2. ［美］丹尼尔·F. 史普博：《管制与市场》，余晖等译，上海三联书店、上海人民出版社1999年版。

3. 洪银兴、刘建平：《公共经济学导论》，经济科学出版社2003年版。

4. 王雅莉、毕乐强：《公共规制经济学》，清华大学出版社2005年版。

5. ［美］吉帕·维斯库斯、约翰·弗农、小约瑟夫·哈林顿：《反垄断与管制经济学》，机械工业出版社2004年版。

6. 曲振涛、杨恺钧：《规制经济学》，复旦大学出版社2006年版。

7. 王俊豪：《管制经济学原理》，高等教育出版社2007年版。

8. 王健：《政府经济管理》，经济科学出版社2009年版。

9. 徐晓慧、王云霞：《规制经济学》，知识产权出版社2009年版。

10. 肖兴志：《现代规制经济分析》，中国社会科学出版社2011年版。

第六章

1. Anthony Downs, *An Economic Theory of Democracy*, Harper & Row Publishers, 1957.

2. William A. Jr Niskanen, *Bureaucracy and Representative Government*, Chicago: Aldine-Atherton, Inc., 1971.

3. ［美］詹姆斯·布坎南：《寻求租金和寻求利润》，《经济社会体制比较》1988年第6期。

4. K. J. 科福特：《对付寻租者的办法》，《经济社会体制比较》1988年第6期。

5. ［美］詹姆斯·布坎南：《经济学家应该做什么》，罗根基译，西南财经大学出版社1988年版。

6. ［美］詹姆斯·布坎南：《自由、市场和国家》，吴良健等译，北京经济学院出版社1988年版。

7. James Wilson, *Bureaucracy*, New York: Basic Book, 1989.

8. ［日］小林良彰：《公共选择》，经济日报出版社1989年版。

9. ［美］曼瑟尔·奥尔森：《集体行动的逻辑》，陈郁、郭宇峰、李崇新译，上海三联书店、上海人民出版社 2003 年版。

10. 文建东：《公共选择学派》，武汉出版社 1996 年版。

11. 贺卫：《寻租经济学》，中国发展出版社 1999 年版。

12. [美] 丹尼斯·C. 缪勒：《公共选择理论》，中国社会科学出版社 1999 年版。

13. 科武刚、史漫飞：《制度经济学——社会秩序与公共政策》，商务印书馆 2002 年版。

14. 方福前：《公共选择理论——政治的经济学》，中国人民大学出版社 2000 年版。

15. Dennis C. Mueller, *Public Choice Ⅲ*, Cambridge：Cambridge University Press，2003.

第七章

1. [美] 罗伯茨：《供应学派的革命》，上海译文出版社 1987 年版。

2. 叶振鹏：《财政理论与实践》，中国财政经济出版社 1998 年版。

3. 马国贤：《财政学原理》，中国财政经济出版社 1998 年版。

4. Harvey S. Rosen. Public Finance，中国人民大学出版社 2000 年版。

5. 樊勇明、杜莉：《公共经济学》，复旦大学出版社 2001 年版。

6. 郭小聪：《政府经济学》，中国人民大学出版社 2003 年版。

7. 高培勇：《公共经济学》，中国人民大学出版社 2004 年版。

8. 杨龙、王骚：《政府经济学》，天津大学出版社 2004 年版。

9. 杨宏山：《政府经济学》，对外经济贸易大学出版社 2008 年版。

10. 江沁、杨卫：《政府经济学》，同济大学出版社 2009 年版。

11. 刘怡：《财政学》，北京大学出版社 2010 年版。

第八章

1. [德] 理查德·A. 马斯格雷夫：《比较财政分析》，上海人民出版社、上海三联书店 1996 年版。

2. 杨之刚：《公共财政学：理论与实践》，上海人民出版社 1999 年版。

3. [美] 哈维·S. 罗森：《财政学》，平新乔等译，中国人民大学出版社 2000 年第 4 版。

4. 耿忠平：《现代领导百科全书（第四卷）：经济与管理卷》，中共中央党校出版社 2006 年版。

5. 陈共：《财政学》，中国人民大学出版社 2009 年第 6 版。

第九章

1. ［美］巴克：《各国预算制度》，彭子明译，商务印书馆 1936 年版。

2. Donald Axelord, *Budgeting for Mordern Government*, New York: St. Martin's Press, Inc, 1998.

3. 丛树海：《中国预算体制重构——理论分析与制度设计》，上海财经大学出版社 2000 年版。

4. ［美］爱伦·鲁宾：《公共预算中的政治：收入与支出，借贷与平衡》，中国人民大学出版社 2001 年版。

5. 王雍君：《公共预算管理》，经济科学出版社 2008 年版。

6. 彭成洪：《政府预算》，经济科学出版社 2010 年版。

7. ［美］艾伦·希克：《公共预算译丛·联邦预算：政治、政策、过程》，中国财政经济出版社 2011 年第 3 版。

第十章

1. 楼继伟：《政府采购》，经济科学出版社 1998 年版。

2. 王亚星：《中国政府采购的市场化运作》，红旗出版社 2003 年版。

3. 倪东生：《现代采购技术丛书——政府采购的有效运作》，中国物资出版社 2003 年版。

4. 李进：《政府采购实务》，江苏科学技术出版社 2006 年版。

5. 宗煜：《政府采购概论》，电子科技大学出版社 2007 年版。

6. 张照东：《政府采购制度比较研究》，江西人民出版社 2007 年版。

7. 宋丽颖、王满仓：《政府采购》，西安交通大学出版社 2007 年版。

8. 湖北财政厅：《政府采购工作规范概论》，经济科学出版社 2009 年版。

9. 邹昊：《政府采购体系建设研究》，清华大学出版社 2011 年版。

10. 张璐：《政府采购理论与实务》，首都经济贸易大学出版社 2011 年版。

第十一章

1. 薛誉华：《国有资本经营与资产管理》，中国财政经济出版社2000年版。
2. 李松森、孙晓峰：《国有资产管理》，东北财经大学出版社2010年版。
3. 文宗瑜、袁媛：《经营性国有资产管理》，经济科学出版社2010年版。
4. 郑国洪：《国有资产管理体制问题研究》，中国检察出版社2010年版。
5. 李松森、孙晓峰：《国有资产管理》，东北财经大学出版社2010年版。
6. 武彦民：《财政学》，中国财政经济出版社2011年版。
7. 刘玉平：《国有资产管理》，中国人民大学出版社2012年版。

第十二章

1. 赵曼：《社会保障制度结构与运行分析》，中国计划出版社1997年版。
2. 郑功成：《社会保障概论》，复旦大学出版社2007年版。
3. ［美］图洛克：《收入再分配的经济学》，范飞、刘琨译，上海人民出版社2008年版。
4. 费梅萍：《社会保障概论》（第三版），华东理工大学出版社2008年版。
5. ［美］布朗芬伯伦纳：《收入分配理论》，方敏译，华夏出版社2009年版。
6. 孙光德、董克用：《社会保障概论》（第三版），中国人民大学出版社2010年版。
7. 李晓西：《中国地区间居民收入分配差距研究》，人民出版社2010年版。
8. 崔军：《调节居民收入分配的财政制度安排》，经济科学出版社2011年版。
9. ［德］罗兰·贝格等：《破解收入分配难题：欧美政治、商业、工会领袖解析国民收入差距》，何卫宁译，新华出版社2012年版。

第十三章

1. ［英］马歇尔：《经济学原理》下卷，陈良璧译，商务印书馆1965年版。
2. 保罗·M.霍维兹：《美国货币政策与金融制度》，谭秉文、戴乾定译，中国财政经济出版社1980年版。

3. ［美］阿图·埃克斯坦：《公共财政学》，张愚山译，中国财政经济出版社1983年版。

4. ［美］保罗·A. 萨缪尔森等：《经济学》下册，高鸿业等译，中国发展出版社1992年版。

5. 刘诗白：《政治经济学》，西南财经大学出版社1998年版。

6. ［德］阿尔弗雷德·格雷纳：《财政政策与经济增长》，郭庆旺、杨铁山译，经济科学出版社2000年版。

7. 潘静成、刘文华：《经济法》，中国人民大学出版社2005年版。

第十四章

1. Stigler, G., *Tenable Range of Functions of Local Government*, Washing, D. C., 1957.

2. Musgrave, R. A., *The Theory of Public Finance*, New York: McGraw-Hill, 1959.

3. Oates W., *Fiscal Decentralization*, New York: Harcourt, Barce Jovanovich, 1972.

4. Richard W. Tresch, *Public Finance*, Business Publication. Lnc, 1981.

5. ［英］彼德·M. 杰克逊主编：《公共部门经济学前沿问题》，郭庆旺等译，中国税务出版社2000年版。

6. ［美］费雪：《州和地方财政学》，吴俊培总译校，中国人民大学出版社2000年版。

7. 杨志勇：《公共经济学》，清华大学出版社2005年版。

8. 胡书东：《经济发展中的中央与地方关系——中国财政制度变迁研究》，上海三联书店2001年版。

9. 郭庆旺等：《财政学》，中国人民大学出版社2002年版。

10. 吴敬琏：《当代中国经济改革》，远东出版社2004年版。